高等院校电子商务系列教材

跨境电子商务概论

张夏恒◎编著

Introduction to
Cross-border E-commerce

机械工业出版社
China Machine Press

图书在版编目（CIP）数据

跨境电子商务概论 / 张夏恒编著 . —北京：机械工业出版社，2020.10（2023.7 重印）
（高等院校电子商务系列教材）

ISBN 978-7-111-66585-4

I. 跨… II. 张… III. 电子商务 - 高等学校 - 教材 IV. F713.36

中国版本图书馆 CIP 数据核字（2020）第 180178 号

中国跨境电商的迅猛发展，催生了对跨境电商专业人才的巨大需求。为此，本书密切结合当前跨境电商的发展状况和我国的对外贸易实践，充分吸收新知识、新内容和新实践，从宏观、中观和微观三个角度对跨境电商的知识点进行阐述。本书涉及的理论和实务主要包括跨境电商平台、跨境物流、跨境金融、营销管理、风险管理、法律等，几乎覆盖了跨境电商实际工作中的主要环节，体现了现阶段跨境电商的前沿趋势。

本书适合高等院校跨境电子商务、电子商务、物流管理、信息系统与信息管理、国际经济与贸易、国际商务等专业的学生学习，也可供相关从业人员阅读参考。

出版发行：机械工业出版社（北京市西城区百万庄大街 22 号 邮政编码：100037）

责任编辑：程天祥		责任校对：李秋荣	
印　　刷：北京建宏印刷有限公司		版　　次：2023 年 7 月第 1 版第 7 次印刷	
开　　本：185mm×260mm　1/16		印　　张：21	
书　　号：ISBN 978-7-111-66585-4		定　　价：55.00 元	

客服电话：(010) 88361066　68326294

前　言

近几年，随着国内外电子商务行业的发展与变化，跨境电子商务作为新兴的电子商务业务模式逐渐得到社会各界的关注与重视。网经社电子商务研究中心发布的《2019年度中国跨境电商市场数据监测报告》指出，中国跨境电子商务市场规模2019年突破了10万亿元，成为又一个10万亿级别的市场。据海关2015～2017年统计数据，通过海关跨境电子商务管理平台的零售进出口总额年均增长率达50%以上。跨境电子商务交易规模呈现出逐年递增态势。2018年，习近平总书记在推进"一带一路"建设工作五周年座谈会、首届中国国际进口博览会等场合多次强调要发展跨境电子商务，积极培育以跨境电子商务为代表的贸易新业态与新模式。2019年《政府工作报告》更是两次提及发展跨境电子商务。可见，跨境电子商务的发展受到了国家的高度重视。

2018年初，教育部发布实施《电子商务类本科专业教学质量国家标准》（教高司函〔2017〕62号），专门将"跨境电子商务"课程列入本专业类"建议的相关课程"。教育部高度重视对跨境电子商务人才的培养，2019年在《中等职业学校专业目录（2010年修订）》修订工作及《普通高等学校高等职业教育（专科）专业设置管理办法》中均增补了跨境电子商务专业，2020年3月又在《普通高等学校本科专业目录（2020年版）》新增跨境电子商务本科专业。2020年5月人力资源和社会保障部在《全国技工院校专业目录（2018年修订）》中新增了跨境电子商务专业。据悉，国内部分高校在国际经济与贸易专业开设了跨境电子商务专业实验班，部分高校在国际商务硕士专业设置了跨境电子商务方向。这也预示着跨境电子商务的发展引发了巨大的人才缺口，国内高校注意到该现状与趋势，纷纷设立跨境电子商务专业或课程，以满足日益增长的跨境电子商务人才需求。

本书既包括理论，又提供相关案例，实现了跨境电子商务理论知识与实践内容的结合。本书共分为11章，围绕跨境电子商务核心环节进行解读，同时采用循序渐进的逻辑刻画跨境电子商务的全场景。

第 1 章是导论，旨在梳理跨境电子商务的发展背景，介绍跨境电子商务的基本概念，采用行业生命周期理论分析跨境电子商务发展阶段。

第 2 章使用生态系统理论解读跨境电子商务，依托生态系统相关理论提出跨境电子商务生态系统及其相关知识，为后续章节学习跨境电子商务关键要素提供思路。

第 3 章主要学习跨境电子商务平台相关知识，对其概念、特征、类型及作用进行分析，尤其对几类主要的跨境电子商务平台进行分析。

第 4 章从消费者角度分析跨境电子商务，通过学习消费者行为理论，对网络购物消费者行为进行分析，以此为基础，重点解读了跨境电子商务消费者行为及其行为差异。

第 5 章主要学习跨境电子商务供应链知识，通过介绍供应链管理与电子商务供应链方面的内容，重点学习跨境电子商务供应链管理体系与采购管理。

第 6 章主要学习跨境电子商务支付知识，主要介绍了跨境电子商务支付方式、线上支付工具与跨境支付模式，并对支付风险管理进行了分析。

第 7 章主要学习跨境电子商务物流相关知识，包括跨境物流的概念、特征、分类等，还对跨境物流涉及的通关、商检及物流追踪技术进行了分析。

第 8 章主要学习跨境电子商务仓储与配送知识，重点介绍了跨境电子商务仓储的概念与作业流程，并对跨境电子商务配送相关知识与业务流程进行了讲解。

第 9 章从 4P 理论视角探究跨境电子商务营销问题，重点分析了跨境电子商务营销的产品策略、价格策略、渠道策略与促销策略。

第 10 章从风险视角分析了跨境电子商务经营问题，从内部角度与外部角度分析了跨境电子商务风险的来源与类型，并针对性地提出各类风险防范措施。

第 11 章主要学习跨境电子商务相关的法律知识，除了分析跨境电子商务法律现状及主要环节面临的法律问题外，还重点分析了跨境电子商务知识产权与消费者保护的相关知识。

自 2014 年开始接触与研究跨境电子商务，笔者接触过很多跨境电子商务企业，亦熟悉跨境电子商务实践领域，同时深刻了解到这些企业对于跨境电子商务人才的急切需求，一直想编撰一本高质量的跨境电子商务教材，苦于过多琐事困扰而未能完稿。在此要特别感谢机械工业出版社的支持与鼓励；感谢南京奥派信息产业股份公司刘志铭副总裁的支持，与我多次探讨与交流本书的框架结构，助力本书成为教育部 2019 年第一批产学合作协同育人项目"跨境电子商务理论与实务课程及教材建设研究与实践（201901161009）"的成果之一；感谢我的学生李豆豆，为本书部分案例的资料收集、整理与编撰付出很多努力；感谢中国政法大学的朱晓娟副教授，近两年一直与我交流跨境电子商务法律问题；感谢西北政法大学商学院、浙江大学中国跨境电子商务研究院与山东丝路电商研究中心对我工作的鼓励与支持；还有许多帮助与鼓励过我的家人、同仁与朋友，在此一并表示衷心的感谢。

　　经过多年发展，跨境电子商务行业逐渐成熟，但它仍是一个较新的行业，且发展速度飞快，也不断发生新的变化。跨境电子商务虽衍生于电子商务，但仍缺少专有的理论支撑，这都给本书编撰带来巨大挑战，尤其给跨境电子商务相关知识的梳理与界定带来较多困难。笔者虽深耕跨境电子商务领域多年，取得了一定的研究成果，在本书编撰过程中也结合与吸收了很多跨境电商企业及实践领域的资料，但在本书具体编撰中仍不免出现一些不足与疏漏，不当之处望读者不吝批评指正。

目 录

第 5 章 跨境电子商务供应链管理 ·································· 95

第9章 跨境电子商务营销管理 ·············· 229

第1章

导　　论

学习目标

完成本章后，你将能够：

- 了解跨境电子商务产生的背景。
- 掌握跨境电子商务的概念、特征。
- 掌握跨境电子商务发展的阶段。

开篇案例　线上丝绸之路——敦煌网签约杭州跨境电子商务综合试验区

杭州市人民政府与敦煌网携手积极参与国家"一带一路"倡议，共建"线上丝绸之路"，为推动杭州跨境电子商务综合试验区的发展迈出了关键的一步。

我国已经把线上丝绸之路纳入"一带一路"倡议。敦煌网作为中国第一个B2B跨境电子商务出口交易平台，致力于实现全球通商，为中小企业搭建一条"线上丝绸之路"。随着跨境电子商务的蓬勃发展，敦煌网在原有的基础上结合跨境电子商务新业态发展，计划启动一站式跨境电子商务综合服务平台项目，打造跨境电子商务的产业链和生态链。

杭州跨境电子商务综合试验区位于杭州经济技术开发区出口加工区内，利用海关特殊监管区域等政策优势，启动了进口全业务，全面打造跨境电子商务业务，功能覆盖保税进出口和一般进出口等模式，引进了众多知名跨境电子商务平台，包括网易考拉、苏宁易购、阿里巴巴、天猫国际等，交易金额达10亿元，其业务集聚、发展模式等方面均位于全国前列。

项目投资协议书签订后，敦煌网将在开发区投资建设"敦煌网跨境外贸综合3.0平台"项目。项目将敦煌网在跨境电子商务交易模式中的创新能力、完整供应链体系等优势与杭州跨境电子商务综合试验区的政策优势结合起来，充分发挥开发区全球化物流集散网络等优势，可以带动跨境电子商务产业升级、提高对外贸易销售额，为中小型企业提供一个优质的平台，合力打造跨境电子商务"线上丝绸之路"。

资料来源：根据雨果网资讯改编。原始出处：敦煌网签约杭州跨境电子商务综合试验区，共建网上丝绸之路 [EB/OL].(2015-08-28)[2019-12-15].https://www.cifnews.com/article/16803.

讨论题

敦煌网与杭州跨境电子商务综合试验区合作会带来哪些积极影响？

1.1　跨境电子商务产生的背景

1.1.1　时代背景

1. 全球经济一体化深入发展

自 20 世纪 70 年代以来，随着跨国公司的全球扩张，生产要素和活动在全球范围内开始重组。生产组织活动的全球化带来全球经济发展的同步性，同时带来对相应生产性服务业的全球需求，服务业开始出现全球化，令全球化发展进入新阶段。新兴经济体经过一定阶段的高速发展，生产和消费能力提升，开始逆向发展到发达地区，首先表现为对发达地区消费品的需求上涨，这样全球生产、消费、市场的一体化趋势更加明显。而国际组织和各国政府也在推动相关政策的制定，国家或区域间的自由贸易协定大量签订，推动贸易便利化以提高贸易过程的效率。全球信息和商品等流动更加自由，贸易全球化、无国界贸易进一步发展，跨境贸易日益频繁。

2. 传统国际贸易呈疲软之势

2008 年美国金融危机的爆发，给全球各国的经济带来沉重打击。后金融危机时代，主要国家国内经济增长乏力，全球范围内传统国际贸易呈现出增长疲软态势。以中国为例，与前几年相比，2015～2016 年对外贸易增速放缓，如表 1-1 所示。经济"新常态"的提出，体现出中央对中国经济发展的判断和认识，中国经济进入新常态阶段也成为共识。中国近几年传统外贸增长乏力，2015 年与 2016 年在进出口方面均出现负增长，这与高速增长的跨境电子商务形成显著反差。尽管中国经济增速放缓，但是经济新常态下的结构调整，为发展跨境电子商务提供了机遇。

表 1-1　中国对外贸易总额（2012～2018 年）

年份	2012	2013	2014	2015	2016	2017	2018
进出口（万亿元）	24.2	25.8	26.4	24.6	24.3	27.8	30.5
增长率（%）	—	6.61	2.33	−6.82	−1.22	14.40	9.71

资料来源：国家统计局。

3. 国内电子商务发展如火如荼

一方面，国内电子商务主要是在中国范围内进行电子商务交易，而跨境贸易是和不同国家或地区的客户进行电子商务交易，虽然在地域和形式上存在一定的差异，但是电子商务这种模式大同小异，国内电子商务的充分发展对跨境电子商务起到了探路者的作用，很多经验和模式都是跨境电子商务可以直接借鉴的。另一方面，随着互联网和电子商务在各国的发展，人们对网购不再陌生和排斥，在观念上消除了障碍。由于各国信息交流日益方便、快捷，消费者能够轻松地在互联网上搜集到来自世界各地的商品信息并进行购买，这为实现跨境电子商务提供了条件。

4. "一带一路"建设逐步推进

2013 年 9 月 7 日，习近平总书记出访哈萨克斯坦，在纳扎尔巴耶夫大学提出共同建设"丝绸之路经济带"；同年 10 月，习总书记在印度尼西亚提出共同建设"21 世纪海上丝绸之路"。自此，"一带一路"倡议走进世界视野，逐步引发全球共鸣。建设 5 年来，已有 103 个国家和国际组织同中国签署上百份"一带一路"方面的合作协议；5 年来，中国与沿线国家货物贸易累计超过 5 万亿美元，建设的境外经贸合作区总投资 200 多亿美元，创造就业数十万个；5 年来，"一带一路"国家在科学、教育、文化、卫生等多领域广泛开展合作，民心在交流交往中拉近并相通。[⊖]

5. 各国政策红利层出不穷

政府与政策的推力是巨大的，甚至能够起到导向性与决定性作用。在跨境电子商务成为全球热点后，各国政府出台了一系列政策推动其发展，政策红利的驱动进一步加快了其发展步伐。以中国为例，据不完全统计，政府出台诸多政策，旨在推动跨境电子商务的发展。2015 年 6 月在圣彼得堡经济论坛期间，俄罗斯提出将拉动经济增长的源头从能源（石油、天然气、核电）转向互联网经济、物流与跨境贸易。在印度，政府实施新自由主义经济政策，涉及印度的财政、货币、物价等多个领域，为服务业的发展创造了环境。在澳大利亚，政府鼓励中小企业通过跨境电子商务渠道开拓海外市场，并通过中国电商平台"京东商城"与"一号店"进行促销试验，充分验证了跨境电子商务对澳大利亚商品出口的驱动作用。在拉美地区，2014 年习总书记访问期间，与巴西等国协商，共同推动跨境电子商务业务等。

6. 相关基础设施不断完善

基础设施是跨境电子商务发展的基石，与网络、技术、物流、支付等相关的基础设施与资源的建设和完善，推动了跨境电子商务的快速发展。与互联网络、移动网络关联的网络基础设施的建设推动了互联网普及率的提升，打通了跨境电子商务的实现媒介；支付工具及技术、金融网络与设施等方面基础设施的布局，完善了跨境电子商务所需的支付载体；以物流网点、交通运输为代表的物流基础设施的大力发展，满足了跨境电子商务的商品流通需求。伴随着 PC 设备的性能提升以及价格走低，智能手机尤其是千元智能机乃至几百元智能机的普及，推动了电商网络以及移动网络的发展，在新兴市场对跨境电子商务发展的推力尤为显著。

⊖ 中国网. 中国与"一带一路"沿线国家货物贸易已累计超 5 万亿美元 [EB/OL].(2018-08-27)[2019-03-10]. http://finance.ifeng.com/a/20180827/16472334_0.shtml.

1.1.2 现实意义

1."一带一路"建设的重要内容

2015 年，国家发展和改革委员会、外交部、商务部联合发布了《推动共建丝绸之路经济带和 21 世纪海上丝绸之路的愿景与行动》，提出促进跨境电子商务的发展是实施"一带一路"倡议的重点内容之一。2018 年 8 月 27 日，习近平总书记在推进"一带一路"建设工作五周年座谈会上强调，要搭建更多贸易促进平台，发展跨境电子商务等贸易新业态、新模式。可见促进跨境电子商务的发展是"一带一路"建设的重点内容之一。

2.传统产业转型升级的新突破

党的十九大报告明确提出，支持传统产业优化升级，加快发展现代服务业……要以"一带一路"建设为重点……拓展对外贸易，培育贸易新业态新模式，推进贸易强国建设。不仅如此，近年来政府工作报告提出，把互联网作为当前信息化的核心，推动移动互联网、云计算、大数据、物联网等与现代制造业结合，将引导"中国制造"走向"中国智造"。互联网当前对传统产业的影响集中在第三产业，未来对第二第三产业的渗透空间相当巨大。在大数据、智能化、移动互联网和云计算等新技术带动下，运用"互联网＋"工具深层次助推我国传统产业与宏观经济转型升级，将通过信息化的融合与渗透对传统制造业产生革命性影响。

3.国际贸易创新发展的新载体

在经济全球化和以互联网为代表的新技术发展的推动下，千千万万中小企业成为经济全球化的重要载体。无论是在供给侧方面，还是在需求侧方面，跨境电子商务的发展都有了坚实的基础——中小企业成为供给侧和需求侧的重要力量，这就使得跨境电子商务成为全球贸易当中一股新兴力量。跨境电子商务发展推动普惠贸易发展，使得以跨国企业为主体的全球贸易转变为由跨国企业和中小企业共同主导，从以买家为主（即进口方为主）的全球贸易，进入买家和卖家、进口方和出口方全产业链合作共赢的新时代。基于互联网和国际贸易发展起来的跨境电子商务势不可挡。跨境电子商务从一种经济现象到一种商业模式，正在固化为一种新型贸易方式。

新闻摘录 ### 2018 年中国跨境电商交易规模达 9 万亿元

中国跨境电商延续近年来发展势头，2018 年表现依旧抢眼。这主要得益于一系列政策红利与改革创新，互联网基础设施的完善与全球性物流网络的布局。跨境电商正成长为推动中国外贸增长的新动能。为加快跨境电商发展，国务院又设立 22 个跨境电商综合试验区。作为新兴业态，跨境电商正在国家政策扶持下快速发展。

在跨境电商交易模式结构上，2018 年中国跨境电商交易中跨境电商 B2B 交易占比为 83.2%，跨境电商 B2C 交易占比为 16.8%。B2B 模式一直是跨境电商的主导商业模式。跨境电商 B2B 商业模式驱动了品牌商与商品直接联系，通过消费者反作用于生产方与品牌方。越来越多的跨境电商 B2B 平台建立起来，跨越众多的中间渠道商，直接对接工厂与消费者，减少了交易环节，消除了信息不对称。跨境电商 B2C 模式则通过化整为零面向终端，比传统外贸等形式更为灵活，也成为跨境电商交易中不可忽略的模式。

资料来源：根据雨果网资讯改编．原始出处：网经社．2018 年中国跨境电商交易规模达 9 万亿元 [EB/OL]. (2019-06-06)[2019-12-15]. https://www.cifnews.com/article/53067.

提问

1. 中国跨境电子商务为何能迅猛发展？
2. 试分析跨境电商 B2B 模式的优势。

1.2 跨境电子商务的概念

跨境电子商务的发展历程不长。如何定义跨境电子商务，不同学者从不同角度提出了不同的看法，尚未达成一个统一的界定。

来有为、王向前：跨境电子商务是指不同关境的交易主体，通过电子商务平台达成交易、进行支付结算，并通过跨境物流送达商品、完成交易的一种国际贸易活动。跨境电子商务是一种新型的贸易方式，它依靠互联网和国际物流，直接对接终端，满足客户需求。

张夏恒、马天山：跨境电子商务指处于不同国家或地区的交易主体，以电子商务平台为媒介，以信息技术、网络技术、支付技术等为技术支撑，通过互联网络实现商品的陈列、展示、浏览、比价、下单、处理、支付、客服等活动，通过线下的跨境物流实现商品从卖方流向买方，并完成最后的商品配送，以及与之相关的其他活动内容。这是一种新型的电子商务应用模式。

柯丽敏、王怀周：跨境电子商务指分属不同国家或地区的交易主体，通过电子商务手段将传统进出口贸易中的展示、洽谈和成交环节电子化，并通过跨境物流及异地仓储送达商品、完成交易的一种国际商业活动。

阿里研究院：跨境电子商务有广义和狭义之分。其中，广义的跨境电子商务是指分属不同关境的交易主体通过电子商务手段达成交易的跨境进出口贸易活动。狭义的跨境电子商务特指跨境网络零售，指分属不同关境的交易主体通过电子商务平台达成交易，进行跨境支付结算，通过跨境物流送达商品，完成交易的一种国际贸易新业态。跨境网络零售是互联网发展到一定阶段所产生的新型贸易形态。

艾瑞咨询：跨境电子商务分为广义和狭义。从狭义上看，跨境电子商务实际上基本等同于跨境零售。跨境零售指的是分属于不同关境的交易主体，借助计算机网络达成交易、进行支付结算，并采用快件、小包等行邮的方式通过跨境物流将商品送达消费者手中的交易过程。跨境电子商务在国际上流行的叫法是 Cross-border E-commerce，其实指的就是跨境零售。通常跨境电子商务从海关来说等同于在网上进行小包的买卖，基本上针对消费者。从严格意义上说，随着跨境电子商务的发展，跨境零售消费者中也会含有一部分碎片化小额买卖的 B 类商家用户，但现实中这类小 B 商家和 C 类个人消费者很难区分，也很难界定小 B 商家和 C 类个人消费者之间的严格界限。从总体来讲，这部分针对小 B 商家的销售也归属于跨境零售部分。从广义上看，跨境电子商务基本等同于外贸电商，是指分属不同关境的交易主体，通过电子商务的手段将传统进出口贸易中的展示、洽谈和成交环节电子化，并通过跨境物流送达商品、完成交易的一种国际商业活动。从更广义上看，跨境电子商务指电子商务在进出口贸易中的应用，是传统国际贸易商务流程的电子化、数字化和网络化。它涉及许多方面的活动，包括货物的电子贸易、在线数据传递、电子资金划拨、电子货运单证等内容。在这个意义上，国际贸易环节中涉及电子商务应用的都可以纳入这个统计范畴。

综合上述观点，我们发现跨境电子商务的界定有多个不同的分析视角，有的认为是一种新的贸易方式，有的认为是一种国际商务活动，有的认为是一种新型的电子商务应用模式，还有的将跨境零售视为跨境电子商务的狭义范畴，并相应地提出广义范畴的跨境电子商务概念。结合跨境电子商务企业实践领域专家的意见，本书提出一个具有活动代表性、含义具有包容性、范畴具有概括性的跨境电子商务定义。

跨境电子商务，抑或简称为跨境电商，是指分属不同国家或关境的交易主体，通过电子商务平台实现商品交易的各项活动，并通过跨境物流实现商品从卖家流向买家，以及相关的其他活动内容的一种新型电子商务应用模式。跨境电子商务延伸自电子商务，属于电子商务范畴，是电子商务的一种新型应用模式。跨境电子商务除了包括海淘、代购、跨境零售以及跨境 B2B 模式外，其他借助电子商务模式实现跨越国境或关境的商业活动也可归属为跨境电子商务范畴。

1.3　跨境电子商务的特征

1. 主体跨越关境

跨境电子商务最典型的特征是交易主体分属不同国境或关境，交易跨越不同的国境或关境。相对于国内电子商务而言，其交易主体一般在同一国家，如国内企业对企业、国内企业对个人或者国内个人对个人，跨境电子商务的交易主体突破了同一国家或关境的界限，强调位于不同国家或关境，可能是国内企业对境外企业、国内企业对境外个人或者国内个人对境外个人。由于主体跨越关境的特征，跨境电子商务在支付、物流、经营环境等方面也受到这一典型特征的影响。

国内电子商务由于交易主体同属一个国境或关境，商品交易时涉及的支付环节仍属于同一国境或关境，使用同一币种进行商品交易，不会涉及跨境支付业务。跨境电子商务由于交易主体不在同一国家或关境，商品交易需要通过跨境支付方式实现，通常会涉及不同国家，使用不同币种，也涉及不同国家的金融政策以及不同货币的汇率问题。国内电子商务只涉及同一国家内的物流与配送，以快递方式将货物送达消费者，路途近，到货速度快，货物损坏概率低。跨境电子商务则需要借助跨境物流来实现，涉及输出国海关与商检、输入国海关与商检，还涉及输入国物流与配送，因退换货而产生的逆向物流更是一个严峻的挑战。跨境电子商务比国内电子商务需要适应的规则更多、更细、更复杂。首先是平台规则。跨境电子商务经营借助的平台除了国内的平台，还可能有国外平台，各个平台均有不同的操作规则。其次是跨境电子商务要以国际一般贸易协定和双边多边的贸易协定为基础。故从事跨境电子商务要及时了解国际贸易体系、规则，以及进出口管制、关税细则、政策的变化，对进出口形势也要有更深入的了解和判断。

2. 网络属性鲜明

跨境电子商务延伸自电子商务，带有典型的互联网络属性。跨境电子商务以互联网络及信息技术为支撑实现商品交易活动，无法脱离互联网络而单独存在。跨境电子商务又被视作"互联网＋外贸"。2015 年 10 月 6 日召开的国务院常务会议曾指出，促进跨境电子商务健康快速发展，用"互联网＋外贸"实现优进优出，有利于扩大消费、推动开放型经济发展升级、打造新的经济增长点。[⊖]跨境电子商务交易活动实现了商品陈列、展示、销售、售后等活动互联网化，这些交易活动都依托互联网络而完成。

3. 关联活动复杂

跨境电子商务交易链复杂，除了跨境电子商务平台涉及的商品交易活动外，还会涉及跨境支付、跨境物流、海关商检等主要环节。交易主体遍及全球，有不同的消费习惯、文化心理、生活习俗，这要求跨境电子商务主体对各国流量引入、各国推广营销、国外消费者行为、国际品牌建设等有更深入的了解。跨境电子商务所涉及的环境要远远复杂于国内电商，交易主体双方国家间的政治、技术、经济、文化、社会等各方面环境都会对跨境电子商务造成影响。国内企业知识产权意识比较薄弱，大量的无品牌、质量不高的商品和假货、仿品充斥跨境电子商务市场，侵犯知识产权等现象时有发生。在商

⊖ 新华网. 用"互联网＋外贸"实现优进优出打造新的经济增长点 [OL].（2015-06-10）[2015-06-10]. http://www.xinhuanet.com/politics/2015-06/10/c-127901807.htm.

业环境和法律体系较为完善的国家，很容易引起知识产权纠纷，后续的司法诉讼和赔偿十分麻烦。国内电子商务行为发生在同一个国家，交易双方对商标、品牌等知识产权有统一的认识，侵权引起的纠纷较少；即使产生纠纷，处理时间较短，处理方式也较为简单。

4. 风险交错丛生

跨境电子商务交易活动复杂，经营风险繁多。在全球经济一体化背景下，涉足跨境电子商务的企业越来越多地在其跨国经营过程中面临许多新型、隐蔽而不容小觑的经营风险，例如信用风险、跨境物流风险、信息风险等内生风险，以及法律风险、政治风险、自然风险、基础设施风险等外生风险。就跨境电子商务服务供应链风险而言，就包括信用风险、跨境物流风险和信息风险等内生风险，以及法律风险、政治风险和自然风险等外生风险。仅以汇率风险为例，跨境电子商务无法脱离汇率变动的影响。汇率变动直接或间接地作用于跨境电子商务，带来诸多经营风险。

（1）支付风险。支付风险涉及交易真实性识别风险、资金非法流动风险、资金管理及外汇管制风险等。汇率变动同样会作用于支付环节。在跨境支付业务中，支付机构需在境内外不同备付金账户之间进行资金调度。由于结算周期长、业务操作复杂等因素，还会形成很大的资金流动风险。流动性受限的资金会受到汇率变动的影响，会因汇率变动而产生资金损失。

（2）汇率风险。跨境电子商务经营无法回避汇率变动问题。汇率变动是不同国家之间的货币兑换比率的变化，代表了一国货币的贬值或升值状态。跨境电子商务在商品交易中涉及的资金流环节，都会面临汇率风险的挑战。这类经营风险多发生在与汇率变动幅度大的国家或地区交易时。

（3）备货风险。本国货币币值亦表现出波动态势，汇率变动风险也传递到跨境电子商务经营活动中。在本国货币贬值时，商家已备货商品在不提价时利润变少，本国货币海外购买力下降，出口备货成本将增加。随着商品库存量的增大，汇率变动带来的这些风险将加剧，从而制约跨境电子商务的稳定发展。

（4）市场风险。由于跨境电子商务业务涉及不同国家或地区，以及不同的关境，导致市场的准入与退出障碍较高。对于一些汇率波动比较频繁及幅度较大的市场，跨境电子商务会面临进入还是退出的选择性困难。

新闻摘录 ┃ **国内首个棉纱跨境电子商务服务平台启动**

随着跨境电子商务的发展，第一个国内进口棉纱在线交易平台"棉纱跨境电子商务交易服务平台"正式启动。此平台采用线上线下相结合的方式将进口棉纱、合同签订、进口证明和物流进行串联。

该平台的建立将降低进口棉纱的成本，同时，青岛作为进口棉纱转移的重要港口，承担了近一半的国内棉纱转移。一旦电子商务平台平稳运行，全国进口棉纱的数据分析和控制将出现新的突破。

日前，印度大型纺织公司拉浩迪海外有限公司来到青岛，完成了平台的谈判。记者了解到，"棉纱跨境电子商务交易服务平台"以印度和巴基斯坦的棉纱为基本资源。到目前为止，该平台已与二十多家外国制造商联系。

国内 B2B 行业网站"锦桥纺织"为平台提供了电子商务运营团队和 10 万家纺织用户资源。棉纱跨境电子商务交易服务平台目前处于测试阶段，预计将于明年初正式启动。

资料来源：根据雨果网资讯改编。原始出处：青岛财经日报. 国内首个棉纱跨境电商平台青岛上线 [EB/OL].(2014-06-16)[2019-12-15]. https://www.cifnews.com/article/9670.

提问

青岛棉纱将怎样开启跨境电子商务新模式？

1.4　跨境电子商务流程

跨境电子商务的交易主体分属于不同国家或关境。将交易主体一方所在国家固定时，依据商品流向的不同，可将跨境电子商务分为跨境电子商务出口与跨境电子商务进口。从跨境电子商务出口看，生产商将生产的商品直接供应给跨境电子商务平台，或者通过供应商将商品供给跨境电子商务平台，实现了商品在跨境电子商务平台上的陈列与展示。当消费者在跨境电子商务平台上浏览到商品，决定下单购买并完成支付后，商品将通过线下的跨境物流实现商品的空间位移，经过两次通关与商检，最后通过买方所在国的物流与配送，将商品送达买方手中，从而完成了商品的整个跨境电子商务交易流程。跨境电子商务进口的流程基本上与跨境电子商务出口的内容与环节相同，唯一的区别是流程的方向相反，如图 1-1 所示。

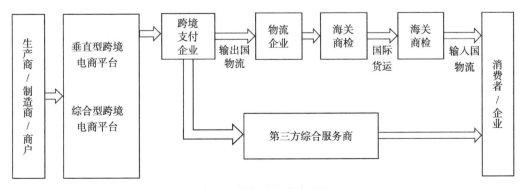

图 1-1　跨境电子商务流程

1.5 跨境电子商务、国内电子商务与国际贸易

跨境电子商务的出现源于国际贸易与国内电子商务的融合发展。在电子商务飞速发展的推动下，传统国际贸易融入了许多电子商务元素；国内电商发展日趋饱和，国内市场增长乏力，在互联网络与信息技术等的推动下，国内电商纷纷将触角伸向国外市场，从而为跨境电子商务的出现提供了动力。跨境电子商务带有国际贸易与国内电子商务的痕迹，又不完全等同于国际贸易与国内电子商务。如图 1-2 所示，我们能够清晰地理解三者之间的关系。

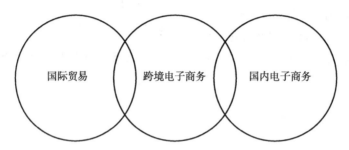

图 1-2 跨境电子商务、国内电子商务、国际贸易

1.5.1 跨境电子商务与国际贸易

与国际贸易相比，跨境电子商务既有相同点，也有显著的不同之处。两者都属于不同国家或地区间的商业活动，是商流、物流、资金流、信息流在两个或两个以上国家或地区间的流动，都会涉及进出口通关与商检活动，并因国家不同而受到政治、经济、文化等环境因素的影响。跨境电子商务又不等同于国际贸易，其差异主要体现在以下几方面。

（1）交易主体的性质。国际贸易的交易主体一般表现为组织范式；跨境电子商务的交易主体既包括组织对个体，也包括个体对个体。

（2）交易媒介。国际贸易虽然引入了现代化的互联网络及信息技术等，但是交易媒介仍以传统模式为主，如官方网站、贸易平台、电子邮件、通信工具等；跨境电子商务则以互联网络与信息技术为主导的电子商务平台为交易媒介，不管是自建电子商务平台，还是第三方电子商务平台，都归属于电子商务平台的范畴。

（3）物流。国际贸易多采用国际运输模式，尤其是国际多式联运，并不涉及输入国的终端配送等；跨境电子商务除了需要实现商品的跨国运输外，还需要提供输入国的物流与配送服务，目前多以国际邮政小包与国际快递为主。

（4）支付。国际贸易涉及金额较大，主要以线下支付为主，多采用汇付（T/T）、托收（D/P、D/A）、信用证（L/C）、西联汇款等方式；跨境电子商务的支付以在线支付及电子支付为主，尤其是通过第三方支付等中介机构，涉及金额较小，对象较分散，频率较高。

1.5.2　跨境电子商务与国内电子商务

与国内电子商务相比，跨境电子商务虽然属于电子商务大范畴，与国内电子商务有较多共同点，但是因为跨越国家的界限，体现出一些显著的不同点。跨境电子商务强调交易主体的空间位置，必须处于不同的国家或地区，由此在电子商务的诸多环节形成不同于国内电子商务的特征，环节更多，运作更复杂。其主要表现如下。

（1）交易主体的空间位置。国内电子商务的交易主体位于同一国家或地区；跨境电子商务的交易主体突破了国家或地区的界限，分属于不同的国家或地区。

（2）支付。国内电子商务无须跨境支付，跨境电子商务则使用跨境支付，尤其涉及不同国家的金融政策以及不同货币的汇率问题等。

（3）物流。国内电子商务只涉及同一国家内的物流与配送，跨境电子商务则需要跨境物流来实现。因为涉及不同国家或地区，跨境物流需要经过输出国海关与商检、输入国海关与商检，并延伸至输入国物流与配送，因退换货而产生的逆向物流更是一种严峻的挑战。

（4）环境。跨境电子商务所涉及的环境要远复杂于国内电子商务，因为涉及不同国家或地区，交易主体所属国的政治、技术、经济、文化、社会等各方面环境都会对跨境电子商务造成影响，其复杂程度要远高于国内电子商务。

1.6　跨境电子商务演进的历程

跨境电子商务的雏形源于海淘、个人代购等模式，在多种因素刺激下，中国跨境电子商务市场逐渐发展起来，其形式也不再拘泥于海淘与个人代购，并逐渐向规模化、企业化发展，越来越多的企业不断涌入跨境电子商务市场。海淘与个人代购存在诸多突出问题，因而跨境电子商务企业逐渐取代了海淘与个人代购，成为跨境电子商务市场的主力军。从海淘与代购出现起，跨境电子商务发展已有十多年。

根据行业生命周期理论，行业生命发展周期指一个行业从出现到完全退出社会经济活动所经历的时间。行业生命发展周期主要包括四个发展阶段：导入期、发展期、成熟期、衰退期。其中，行业进入衰退期之前，还有可能进入创新期，进而进入下一个生命周期循环。

跨境电子商务生命周期是指跨境电子商务所经历的由成长到衰退的演变过程，是从跨境电子商务出现到完全退出社会经济活动所经历的时间。我国跨境电子商务发展走过了行业导入期、发展期与成熟期，当下处于创新期。各阶段表现出不同的特征，如图 1-3 所示。

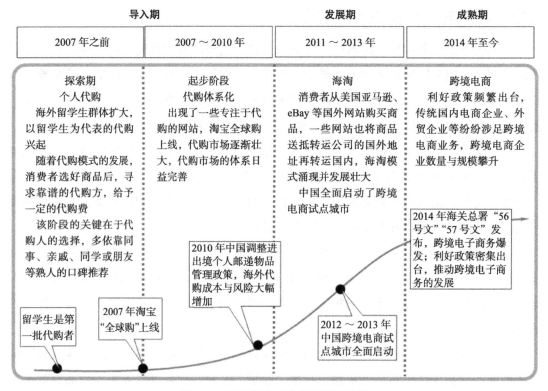

图 1-3　中国跨境电子商务发展历程

资料来源：根据网络资料绘制。

1.6.1　导入期

导入期是行业生命周期理论的第一个阶段。这一时期的市场尚未成熟，行业利润率较低，市场增长率较高，需求增长较快，技术变动较大，行业中的开拓者主要致力于开辟新用户、占领市场，但此时的技术有很大的不确定性，在产品、市场、服务等策略上有很大的余地，对行业特点、行业竞争状况、用户特点等方面的信息掌握不多，进入壁垒较低。

在 2007 年之前，随着留学生群体的剧增，以留学生为代表的第一批个人代购兴起，主要表现为熟人推荐的海外个人代购模式。除了代购模式外，跨境电子商务导入期的主要商业模式是网上展示、线下交易的外贸信息服务模式。该阶段第三方平台的主要功能是为企业信息以及产品提供网络展示平台，并不在网络上涉及任何交易环节。此时盈利模式主要是向进行信息展示的企业收取会员费（如年服务费）。该阶段发展过程中，逐渐衍生出竞价推广、咨询服务等为供应商提供的一条龙信息流增值服务。

在跨境电子商务导入期，阿里巴巴国际站、环球资源网为典型的代表平台。其中，阿里巴巴成立于 1999 年，以网络信息服务为主，线下交易为辅，是中国最大的外贸信息黄页平台之一。环球资源网 1971 年成立，前身为 Asian Source，是亚洲较早的贸易市场资讯提供者，并于 2000 年在纳斯达克证券交易所上市，股票代码 GSOL。在此期间还出现了中国制造网、韩国 EC21 网、Kellysearch 等大量以供需信息交易为主的跨境电子商务平台。互联网虽然解决了贸易信息面向世界买家的难题，但是依然无法完成在线交易，对于外贸电商产业链的整合止步于信息流整合环节。

在这个时期，很多人，确切地说就是一批海外留学的人在 eBay、亚马逊上卖游戏币，赚到了人生的第一桶金。2006 年后，网络游戏没那么流行了。2007 年，eBay 宣布不再从事虚拟的游戏币交易，这个阶段也就随之终止了。2004 年，王树彤从卓越网离职后创办敦煌网，主打小额在线批发。2006 年，以 eBay 起家的 DealeXtreme（即后来的 DX）上线，以电子产品为主。2007 年，兰亭集势上线，这是中国第一家有风投参与、以自营为主的外贸电商平台。这个时期平台电商开始活跃。

1.6.2　发展期

发展期是行业生命周期理论的第二个阶段。这一时期的市场增长率很高，需求高速增长，技术渐趋定型，行业特点、行业竞争状况及用户特点已比较明朗，企业进入壁垒提高，产品品种及竞争者数量增多。

2007 年，淘宝上线了"全球购"。同年，eBay.cn（eBay 中国）上线，主营外贸方式的 B2C 跨境电子商务。当时跨境电子商务还只是一个概念，敦煌网、兰亭集势等也刚起步。显然 eBay 希望利用自己在国际市场的先发优势再次吸引中国商家的兴趣。事实证明，eBay 这次做出了正确的选择。几乎在淘宝夺下国内在线零售的同时，eBay 夺取了跨境电子商务市场，实现了卷土重来。随后，一些专注于代购的网站不断涌现，发展壮大了海外代购行业的市场，尤其 2008 年席卷全国的"毒奶粉事件"刺激了海外代购、转运服务的发展，海淘的品类也从母婴商品扩展到保健品、电子产品、服装鞋帽、化妆品、奢侈品等。2008 年的全球金融危机全面催生和成就了中国外贸 B2C 行业。那一年，美国最大的 3 000 家进口商在中国市场采购中所占的市场份额下降了 10%，同时越来越多的进口商开始尝试用小额度、多频次的形式来规避风险。但更深层的原因在于，随着互联网消除了信息不对称和世界扁平化、网络支付工具 PayPal 的流行，以及快递渠道的完善，网络贸易的全球化壁垒被迅速打破。与国内电子商务尚在起步阶段不同，欧美发达国家电子商务环境已甚为成熟。在线贸易类型的中小企业数量众多，为外贸电子商务提供了极佳的土壤。2010 年 9 月，中国调整进出境个人邮递物品管理政策，缩紧了海淘与代购市场，海淘与代购成本与风险剧增。

越来越多的人开始相信，以跨境小额交易为代表的跨境电子商务更具诱惑力和爆发力。最为浅显的理由是，价格较低的中国制造商品在国外往往以数倍的价格出售。这无疑为绕过诸多中间环节的网上贸易提供了足够的利润空间。跨境电子商务的利润一般比国内电商高 10% ～ 20%，个别产品的利润可达到 100%。市场的爆发令 eBay、敦煌网等跨境小额交易平台的交易量猛增，eBay 中国平台上 2009 年的交易额为 7 亿～ 8 亿美元，

比 2008 年高一倍；敦煌网上的交易额每月增长 20%，2009 年的交易额达 3 亿美元。[⊖]
当然，和中国庞大的出口额相比，这些电子商务网站的交易只是九牛一毛。很显然，电子商务平台正成为中国企业面向世界的新窗口。在传统外贸市场受到金融危机打击后，国内大量剩余产品正在寻找各种新的销售渠道。这时，跨境电子商务正好填补了这一空白，它主要有两种形式：一是成为亚马逊或 eBay 这样的大卖家；二就是建立独立网站。这两种形式各有优缺点。前者比较适合中小企业和创业者，但随着规模的壮大或资本的介入，一些更有雄心的外贸 B2C 卖家则直接脱离 eBay 和敦煌网，建立批发兼零售的独立网站，如 Lightinthebox、Chinavasion 等。这类网站通常需要充足的资金支持以及丰富的在线营销经验，但其优势同样明显，首先是不需要再支付给平台交易费用，而且容易整合采购、物流等环节，产生规模效应，利润空间更高；其次是减少了平台环节后，更容易赢得买家的信赖，比如一旦货物出现纠纷，买家和卖家可直接沟通，比通过交易平台的三方沟通更为快捷方便。这个时期除大量第三方平台卖家外，也出现了一批比较知名的中国跨境电子商务平台。

1.6.3　成熟期

成熟期是行业生命周期理论的第三个阶段。这一时期的市场增长率不高，需求增长率放缓，技术上已经成熟，行业特点、行业竞争状况及用户特点非常清楚和稳定，买方市场形成，行业盈利能力下降，新产品和产品的新用途开发更为困难，行业进入壁垒很高。

2012～2013 年，中国启动了跨境电子商务服务试点城市，拉开了跨境电子商务发展的快车道。2011 年后，"跨境电商"这个词语开始为我们熟知，国家也开始重视，相关法规密集出台，地方政府的扶持力度加强，当然，竞争也越来越激烈。有传统的行业转型进入，线下供应商、物流商、服务商以及阿里系的卖家越来越多地涌入全球速卖通。经过前一轮的野蛮生长，中国跨境电子商务开始出现比较激烈的竞争。仅仅深圳一地，短短几年内就涌现出千余家外贸 B2C，但很多潜在的问题也随之暴露出来。

首先是国际上对仿品和假货的抵制越来越严厉。来自外国政府的限制和消费者的抵制让中国跨境电子商务陷入被"全面封杀"的局面。2012 年 12 月 2 日凌晨，美国有关部门关停了 82 家商业网站，声称涉嫌销售假冒产品。假冒商品包括运动装备、鞋、手提包、太阳镜等，大多数来自中国。谷歌开始对仿牌关键字进行封杀。亚马逊、eBay、PayPal 等都对仿牌零容忍。

除了"仿冒"，成本急剧增加也成了一道难解的题。做 B2C，搜索引擎的排名先后相当重要。近年来，Google 的关键字优化搜索价格越来越高，外国人支付习惯使用的 PayPal，每笔交易也要产生 4% 左右的交易费，这在利润压缩的背景下是笔不小的数目。

⊖　电子商务研究中心 . 在线外贸很"暴利"，每个月营业额 100% 增长 [EB/OL]. (2010-03-05)[2019-03-10].http://www.100ec.cn/detail--5025367.html.

人民币升值，也直接带来了产品成本的增加。而同行拼价，更进一步恶化了营商环境。一件婚纱，过去成本 300 元人民币，以 300 美元卖给美国人；现在成本 800 元人民币，却以 200 美元卖出去。这种恶性竞争挤压了行业的生存空间。最后就是来自人才缺乏的压力。

1.6.4　创新期

按照行业生命周期理论，经历成熟期后行业会进入衰退期，不过遇到一些因素刺激后，该行业不一定会立即进入衰退期，也可能出现一些新的变化，或者重新进入行业生命周期新的循环，步入创新期。在全球互联网经济大环境下，基于各类政策红利以及内外部利好因素的刺激，我国跨境电子商务进入了创新期。

2014 年 7 月起，包括海关总署的 56 号、57 号文件等各项利好政策不断出台，涉及海关、商检、物流、支付等环节，刺激了跨境电子商务的发展，至此跨境电子商务企业不断涌现，步入正常发展的轨道。2014 年为跨境电子商务的重要转型年，跨境电子商务全产业链的商业模式都发生了变化。随着跨境电子商务的转型，跨境电子商务"大时代"随之到来，出现了大型工厂上线、B 类买家成规模、中大额订单比例提升、大型服务商加入和移动用户量爆发五方面特征。与此同时，跨境电子商务服务全面升级，平台承载能力更强，全产业链服务在线化也成为我国跨境电子商务行业创新期发展的重要特征。在跨境电子商务创新期，用户群体由"草根"创业向工厂、外贸公司转变，且具有极强的生产设计管理能力。平台销售产品由网商、二手货源向一手货源转变。该阶段的主要卖家群体正处于从传统外贸业务向跨境电子商务业务的艰难转型期，生产模式由大生产线向柔性制造转变，对代运营和产业链配套服务需求较高。另外，该阶段的主要平台模式也由 C2C、B2C 向 B2B、M2B 模式转变，批发商买家的中大额交易成为平台主要订单。

1.7　跨境电子商务发展概况

1.7.1　我国跨境电子商务发展概况

自 2012 年起，我国跨境电子商务进入发展快车道。商务部 2013 年的数据显示，我国跨境电子商务平台企业超过 5 000 家，境内通过各类平台从事跨境电子商务活动的企业超过 20 万家。如图 1-4 所示，我国跨境电子商务交易规模在 2013 年突破了 3 万亿元，在 2014 年达到 4.2 万亿元，年增长率为 35%，2018 年我国跨境电子商务交易规模实现 9 万亿元，年增长率均超过两位数。如火如荼的跨境电子商务发展态势与传统国际贸易发展呈现明显的反差，后者受到国内与国外双重压力，表现不尽如人意，在 2015 年甚至出现了负增长。

图 1-4　中国跨境电子商务交易额及增速（2011～2018 年）

资料来源：中国电子商务研究中心。

2012 年，中国货物进出口贸易规模首次超越美国，跃居全球首位。2012 年也是中国跨境电子商务发展元年，当年交易额为 2.3 万亿元，同比增长 32%。但相比于中国整体进出口贸易市场规模而言，跨境电子商务比重偏低，仅占 9.6%。据艾瑞网预测，中国跨境电子商务交易规模将持续高速发展，其在中国进出口交易中的比重也将越来越大，至 2016 年将会达到 19%。在郑州、杭州、宁波、上海与重庆五个首批跨境电子商务试点城市后，国家又陆续批准苏州、深圳、平潭、长沙、银川、牡丹江、青岛、哈尔滨、烟台、西安等试点城市。2015 年 3 月 7 日，中国政府批复同意设立中国（杭州）跨境电子商务综合试验区，这是中国首例。中国的增长速度高于全球平均水平，从中国进出口贸易在全球市场的领先地位来看，未来中国跨境电子商务市场发展潜力巨大，且对全球跨境电子商务市场的影响也会与日俱增。跨境电子商务越来越受到中国政府部门的高度重视，国务院、发改委、商务部、海关总署、质检总局、人民银行、国家邮政局等部门积极围绕整体规划、法律法规、信息监管、通关商检、物流报税、示范试点等方面制定配套管理政策，跨境电子商务经营环境不断得到完善。中国跨境电子商务近两年发展迅猛，这一趋势得益于中央与各地方政府、国内电子商务企业、传统行业诸多企业、传统国际运输企业、物流行业相关企业的重视与推动。我国政府出台多项政策，推动着跨境电子商务的发展，诸多企业纷纷布局跨境电子商务市场，且在全球跨境电子商务市场中表现不俗。跨境电子商务虽然经历较短的发展历程，但是从参与企业的数量与规模、市场容量、市场区域、市场环境、相关环节等方面看，跨境电子商务热浪不减，呈现剧增趋势，预示着中国跨境电子商务时代的全面到来。

1.7.2　全球跨境电子商务发展概况

2018 年，全球 B2C 跨境电子商务交易额突破 6 500 亿美元，同比增长 27.5%，预计

2019 年全球 B2C 跨境电商交易额将突破 8 000 亿美元，近几年均呈现两位数增长态势，如图 1-5 所示。

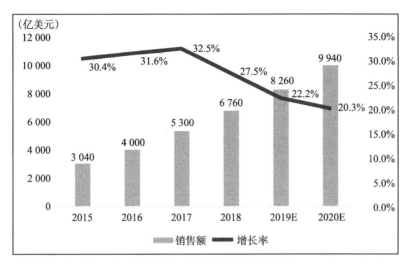

图 1-5　全球 B2C 跨境电子商务交易额及增长率（2015 ～ 2020 年）

资料来源：Statista，iiMedia Research（艾媒咨询）。

跨境电子商务从诞生之初便受到全球关注，从欧洲、北美等发达地区到亚太等发展中地区，再到拉丁美洲、非洲的相对落后地区，跨境电子商务普遍呈现出快速增长趋势，并在全球范围内快速扩展。从全球市场看，跨境电子商务虽然整体上发展迅速，但是在各区域上的表现也有差异。跨境电子商务的具体表现与各地的经济、技术、基础设施等发展水平相吻合。以美国为首的北美地区与以英国、德国、法国为首的西欧地区作为老牌经济发达区域，其市场相对成熟，也是跨境电子商务的成熟市场。

如图 1-6 所示，与其他地区相比，中东地区使用跨境电商进行网购的消费者占中东地区网购者的比例最高，达到 70%，而亚太地区与北美地区的跨境电商使用者不足50%，欧洲与南美地区的海淘消费者不到 60%。

如图 1-7 所示，欧洲各国中，跨境网购普及率最高的是马其顿地区和葡萄牙，其次是卢森堡，瑞士紧随其后。欧洲跨境网购普及率体现了较大的地区差异，排名第一的地区高至 85%，排名最后的地区低至 2%，普及率在 25% ～ 36% 的国家较多。

根据易点天下的《全球电商咨询——澳大利亚篇》披露，截至 2018 年，澳大利亚有 80% 的网购消费者使用过跨境电商购买商品，远高于全球平均的 51.2%。因为没有语言障碍，澳大利亚的跨境电商使用者更喜欢购买美国的商品。

根据 UPS（美国联合包裹）资料，截至 2018 年，加拿大有 63% 的网购消费者使用过跨境电商购买商品，他们较青睐美国、中国、墨西哥与德国的商品。

从全球范围看，跨境电子商务的区域差别性也体现在畅销产品上，这种差异性表现为不同地域间的差异、不同经济发展水平间的差异、同区域内不同语种国家间的差异、同区域内不同国家间的差异。如北美、欧洲、亚太、拉美等国家之间存在不同畅销品，北美、欧洲等发达国家与拉美等发展中国家的差异，欧洲地区的英国、法国与德国看重不同畅销品，北美地区的美国与加拿大畅销品也有所不同。

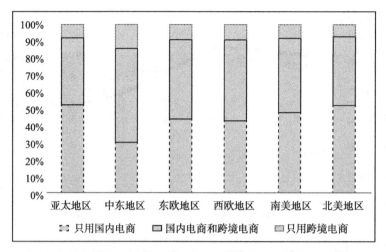

图 1-6　2018 年全球消费者在最近一年网购使用电商平台的类别

资料来源：PayPal 消费者报告，iiMedia Research（艾媒咨询）。

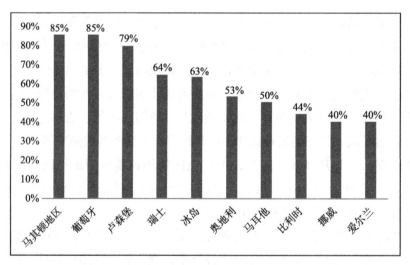

图 1-7　2018 年欧洲各国跨境网购普及率 TOP10

资料来源：欧洲电子商务协会，iiMedia Research（艾媒咨询）。

本章要点

- 跨境电子商务是指分属不同国家或关境的交易主体，通过电子商务平台实现商品交易的各项活动，并通过跨境物流实现商品从卖家流向买家，以及其他相关活动内容的一种新型电子商务应用模式。
- 跨境电子商务特征鲜明，主要表现为主体跨越关境、网络属性鲜明、关联活动复杂、风险交错丛生。

● 跨境电子商务发展经历了导入期、发展期、成熟期，现已进入创新期。

重要术语

跨境电子商务　　　　　跨境电子商务生命周期

复习思考题

1. 简述促进跨境电子商务发展的意义。
2. 简述跨境电子商务的特征。
3. 试论述跨境电子商务生命周期各阶段。

讨论案例

中非首个跨境 B2B 电商平台正式运营

中非电子商务有限公司旗下的中非网是目前我国唯一一个中非跨境 B2B 电商平台，旨在促进中国和非洲国家之间乃至全球的贸易、投资与合作。平台对于全面推动和实现我国"中非合作"倡议与"一带一路"倡议目标起到促进作用。

平台提供手工艺品、日用百货、美妆日化、通信设备、基础原材料、医疗设备、服装鞋帽、母婴用品、家用电器、农产品等多种项目。商品的多样性为平台增加了吸引力。

通过与海关数据端口的连接，中非网采用双方贸易机构建立的银联国际卡支付模式，打破了传统国际贸易壁垒，将国际贸易从线下转移到线上。该平台提供中文、英文、法文和其他语言环境，并为进出口贸易方提供在线签名、在线支付、在线海关申报和在线外汇审查等服务。同时，该平台已经入驻法律事务、物流和保险等第三方服务提供商，并建立了一站式国际贸易服务系统。此外，该平台还为非洲政府牵头的企业在技术设计上预留了连接端口，为中非公司完成平台上的国际贸易做好了充分的准备。

中非网为中国与非洲各国之间的经济贸易往来搭建了一个良好的跨境电子服务平台，将有利于加强中国和非洲国家之间乃至全世界国家间的投资与贸易合作，具有十分重要的意义。中非网目前已与中国太平保险、中国物流、银联国际、工商银行等多家单位达成了战略合作协议。据相关负责人介绍，中非网近期还将上线大宗商品板块，使非洲更多的商品进驻商城，并完善线上支付。此外，中非网会在完善国际贸易投资板块的基础上开发文化旅游板块。

资料来源：根据亿邦动力网资讯改编。原始出处：亿邦动力网. 中非首个跨境 B2B 电商平台正式运营 [EB/OL].
(2018-06-07)[2019-12-15]. http://www.ebrun.com/20180607/281077.shtml.

讨论题

中非跨境电子商务平台对中非关系有什么积极作用？

第2章
跨境电子商务生态系统

学习目标

完成本章后，你将能够：
- 了解跨境电子商务生态系统的演进轨迹。
- 了解生态位、自组织、协同理论等知识。
- 掌握生态系统架构理论。
- 掌握跨境电子商务生态系统概念、结构图与特征。
- 了解跨境电子商务生态系统协同机理。

开篇案例　　　　　　　　跨境电商生态集聚效应

成都天秤座跨境电商综合平台目前在欧洲、美国等地已拥有支付许可证，并建立了第三方物流资金池，规模达18亿元。作为跨境电子商务的综合测试区，成都担负着先试先行任务，致力于建设中西部最佳产业生态系统，联合众多优质跨境电商企业平台，快速接壤全球经济体系。

一、跨境电商生态集聚效应初显

综合测试区集聚了全球范围内从事平台、供应链、跨境物流、跨境支付等的市场主体，所体现的跨境电商生态集聚效应初步显现，半年内成都跨境电商交易规模达到112亿元，同比增长约92%。一些传统企业借助跨境电商平台打通了贸易新渠道，交易额倍增。平台业务范围覆盖欧美、大洋洲、东南亚及日韩等，旨在带动传统企业贸易发展，开拓跨境电商消费市场；构建产业公共服务体系，同时平台积极完成与海关、检验检疫跨境电商监管系统的对接，加速推动与税务、外管部门的信息共享，促进跨境电商的发展。

二、优化营商环境，推动跨境电商健康发展

成都市优化营商环境，与海关、税务等部门建立沟通机制，为各个企业全面拓展业务提供有力保障。为支持跨境电商的发展，海关方面建立了清单自动核放、汇总申报以及无纸化的监管模式；关区物流系统实现对商品的物流全程电子化监管；简化保税进口商品入区手续；实现商品的集中申报、提高验放速度等措施。

资料来源：根据中国经济网资讯改编。原始出处：中国经济网. 成都：跨境电商生态集聚效应初显 [EB/OL].(2019-09-11)[2019-12-15]. http://district.ce.cn/zg/201909/11/t20190911_33132583.shtml.

讨论题

成都市为打造跨境电商生态集聚推出了哪些举措？

2.1　跨境电子商务生态系统理论依据

2.1.1　跨境电子商务生态系统的演进路径

生态系统最早由坦斯利（Tansley，1935）提出，他认为生态系统是生物与环境之间形成的不可分割的相互关联与相互影响的整体。坦斯利在 *Ecology* 发表了题为《植被概念与术语的使用和滥用》一文中提及："更基本的概念……不仅包含有机体综合体，还包含成为环境的物理因素的全部综合体的整体系统……不能把它们从其特殊的环境中分离出来，它们与特殊环境形成了一个自然系统……正是如此，形成的这个系统构成地球表面自然界的基本单位……我们所称的这些生态系统（Ecosystem）。"在《生物多样性公约》（CBD）中对生态系统的定义被较普遍认同，即由植物、动物和微生物群落及其无机环境相互作用构成的一个动态、复杂的功能单元。也有学者提出，对生态系统的描述还应包括它的空间关系、自然特征的调查，它的栖息地与生态位，它的有机体与能量物质的基本存量，它的输入物质的性质、能量与行为，以及它的熵水平的趋势。从构成要素的角度，有学者强调突出三类要素以及与外界环境的物质、能量、信息交换关系，包括生产者、消费者与分解者；也有学者提出生态系统由六种成分构成，分别为无机物质、有机化合物、气候因素、生产者、消费者、分解者。

借助于生态系统观点与理论，詹姆斯·F.穆尔（James F. Moore，1993）最早提出了**商业生态系统**，认为商业生态系统是一种基于组织互动的经济联合体。随后穆尔（1996）在其著作（*The Death of Competition：Leadership and Strategy in the Age of Business Ecosystem*）中详细阐述了商业生态系统理论，认为商业生态系统是以组织与个体（商业世界里的有机体）的相互作用为基础的经济联合体，并生产出对消费者有价值的产品或服务；商业生态系统包括核心企业、消费者、市场中介（代理商、销售渠道等）、供应商、风险承担者与有力的成员（政府、立法机构等），在一定程度上还包括竞争者。

商业生态系统是一个复杂系统，成员面临复杂多变的环境，尤其在大数据环境下，企业间的竞争不再是个体竞争，也不是供应链的链条间的竞争，而演变为企业联合的商业生态系统间的竞争。为了应对动态不确定的环境变化，商业生态系统中形成的协同进化机制更加重要，各成员在自我改善的同时，必须对系统中其他成员加以关注，并予以积极配合，同时其他成员也应进行自我努力以实现改造的目标，其中骨干与和核心成员的作用更加关键。

电子商务生态系统是从生态系统与商业生态系统衍生出的一个概念。有人提出电子商务生态系统是在互联网环境下的生态系统，该观点比较片面。叶秀敏等（2005）较早提出了网商生态系统的概念。网商生态系统是网商之间相互交换信息与资源，进行交易，伴随着竞争与淘汰，网商努力与周围环境相适应，进而构成了一个不断完善、高速发展的以互联网为基础的商务生态系统，并提出网商生态系统由网商、规则、互联网信息交流及产品交易平台、环境四大要素共同构成。该观点也不全面，只关注了电子商务生态系统中的网商角度。刘志坚（2006）将生态系统与商业生态系统引入电子商务领域，提出电子商务生态系统是由一系列关系密切的企业与组织机构，超越地理空间位置的界限，将互联网作为竞争与沟通的平台，通过虚拟、联盟等形式进行优势互补与资源共享构成的一个有机生态系统。

电子商务生态系统是根据生态系统、商业生态系统理念而提出的。商业生态系统属于生态系统的一种类型，电子商务生态系统又属于商业生态系统的一种类型。在生态系统与商业生态系统理论背景下，作为构成物种的表现形式，即各类企业或组织结构，要将关注点从提升组织内部能力向增加组织所参与的商业网络的整体能力上转移。未来的竞争，已不再是单个组织之间的竞争，正演化成商业生态系统之间的抗衡，故要从生态系统—商业生态系统—电子商务生态系统的演变轨迹来探究跨境电子商务生态系统。

2.1.2　跨境电子商务生态系统的理论基础

1. 生态位理论

生态位（ecological niche）是指一个种群在生态系统中，在时间空间上所占据的位置及其与相关种群之间的功能关系和作用。生态位又称生态龛，表示生态系统中每种生物生存所必需的生境最小阈值。

生态位包含区域范围和生物本身在生态系统中的功能与作用。它1924年由J. 格林内尔（J. Grinell）首创，并强调其空间概念和区域上的意义。1927年查尔斯·埃尔顿（Charles Elton）将其内涵进一步发展，增加了该种生物在其群落中的机能作用和地位的内容，并主要强调该生物体对其他物种的营养关系。在自然环境里，每一个特定位置都有不同种类的生物，其活动及其与其他生物的关系取决于它的特殊结构、生理和行为，故具有自己的独特生态位。如每一种生物占有各自的空间，在群落中具有各自的功能和营养位置，以及在温度、湿度、土壤等环境变化梯度中所居的地位。一个种的生态位，是按其食物和生境来确定的，如海星在北美洲太平洋沿岸居于主要捕食者的龛位。按竞争排斥原理，任何两个种一般不能处于同一生态龛。在特定生态环境中赢得竞争的胜利者，是能够最有效地利用食物资源和生存空间的种，其种群以出生率高、死亡率低而有较快的增长。有着相似食物或空间要求的数群近缘种，因处于不同生态位，彼此并不竞争。R. H. 麦克阿瑟（R. H. MacArthur）的研究发现，北美洲东北部有五种鸣禽在针叶林里一起生活，都属于林莺属（Den-droica），均以昆虫为食，对营巢地点也有相似要求，但每一种鸣禽在取食和营巢行为上显示了复杂的差别并各自占据生态位，至少在食物丰富时防止了竞争。

惠特克（Whittaker）等人建议：在生态位多维体的每一点上，还可累加一个表示物种反应的数量，如种群密度、资源利用情况等。于是，可以想象在多维体空间内弥漫着一片云雾，其各点的浓淡表示累加的数量，这样就进一步描绘了多维体内各点的情况。此外，增加一个时间轴，还可以把瞬时生态位转变为连续生态位，使不同时间内采用相同资源的两物种，在同一多维空间中各自占据不同的多维体；如果进一步把竞争的其他物种都纳入多维空间坐标系统，所得结果便相当于哈钦森的实际生态位。

2. 自组织理论

协同学强调**自组织**的概念。"自组织"是相对于"他组织"而言的。"他组织"是指组织指令和组织能力来自系统外部，而"自组织"指系统在没有外部指令的条件下，其内部子系统之间能够按照某种规则自动形成一定的结构或功能，具有内在性和自生性特点。

自组织理论认为，任何系统如果缺乏与外界环境的物质、能量和信息的交流，其本身就会处于孤立或封闭状态。

跨境电子商务生态系统中涉及不同业态的众多企业，企业的数量也在永远变动着。尽管生态系统外部环境对于跨境电子商务生态系统的密度有较大的影响，但跨境电子商务生态系统具有自我调节的功能。正是这种自我调节的能力，才使跨境电子商务生态系统的密度保持一个健康和稳定的状态。这正是自组织的作用所在。

伊利亚·普利高津（Ikya Prigogine，1969）创立了在热力学第二定律基础之上的"耗散结构理论"，对自组织理论体系创建做出了突出贡献。除了提出耗散结构这一概念外，他还详细揭示了自组织现象形成的环境与产生的条件。运用这个理论可以使我们了解跨境电子商务生态系统在什么条件下能够发生自组织的演化过程，并帮助我们创建自组织条件。根据耗散结构理论，在系统原理平衡时，系统不断从环境中获取物质和能量，这些物质和能量给系统带来负熵，结果使整个系统的有序性增加，在一定条件下就自发形成新的有序组织，也叫作耗散结构。一个系统能够自发组织起来形成耗散结构，必须满足以下四个条件。

条件一：至少系统的一部分必须自身催化，即自参考。

条件二：系统中至少有两个部件是非线性的或有因果互助关系。

条件三：系统必须在能量与物质交换的影响下对环境开放。

条件四：系统必须远离平衡状态。

以上每个条件都是形成自组织的必要条件，它们在自组织的生成过程中都有自己的地位和作用，单独的任何一个条件都不足以引发系统的自组织行为。对于跨境电子商务生态系统来说，满足以上条件，同样可以在内部形成自组织。

根据自组织理论，当系统处于平衡态时，外部因素对系统的影响非常小。如果外部影响非常小，不足以冲击系统的平衡状态，系统平衡状态就会暂时偏离，但这种偏离很快又会衰减直至消失并回到平衡状态。当外界对系统的冲击足够大时，这种冲击就会影响内部组成元素间的相互作用，从而使系统处于不稳定甚至远离平衡状态。外部影响，也就是他组织发挥的作用。

3. 生态系统构架理论

生态系统的概念虽然有不同学者从不同角度加以定义，但普遍被认同为一个松耦合的域群集，并且包含物种集居的环境，物种会主动顺应自身利益进而与环境融合。生态系统有两个构成要素，即复杂的物种及其赖以生存的环境。不仅如此，生态系统还为社会系统提供所需的服务，如可移动的物质、能量与适合人类所需的社会系统信息。生态系统特征鲜明，从诸多对生态系统概念的界定角度出发，发现其有五个特征表现。

（1）生态系统是生态学上的一个主要结构与功能单位，属于生态学研究的最高层次，按照生态学研究的层次由低至高依次为个体、种群、群落与生态系统（见图2-1）；

（2）生态系统内部具有自我调节能力；

（3）能量流通、物质循环与信息传递是生态系统的三大功能；

（4）生态系统中营养级的数目受限于生产者所固定的最大能值与这些能量在流动过程中的巨大损失；

（5）生态系统是一个动态系统，经历一个从简单到复杂、从不成熟到成熟的发育过程（见图2-1）。

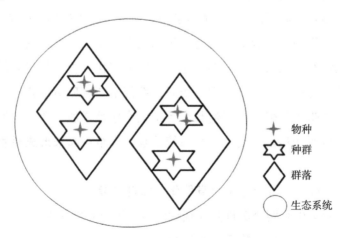

图2-1 生态系统构造示意图

4. 协同理论

Synergetics 源于希腊文，其含义为协同作用的科学。H. I. 安索夫（H. I. Ansoff）于 1965 年提出**协同**概念，旨在强调一种让公司整体效益大于各独立部分综合的效益。赫尔曼·哈肯（Hermann Haken）在 1971 年发表了《协同学：一门协作的科学》一文，引入协同及协同学概念；于 1976 年较为系统地论述了协同理论，并创立了协同学，认为整个环境的各系统之间或各部分之间相互协作，使得整个系统形成微个体所不存在的新质的结构和特征。哈肯的研究表明，一切开放系统，不管是宇宙系统、宏观系统还是微观系统，无论是自然系统还是社会系统，都能在一定条件下呈现出非平衡的有序结构，可能应用到协同学理论。

协同学的目的是建立一种用统一的观点去处理复杂系统的概念与方法。哈肯概括出的协同学研究的是一个由大量子系统以复杂的方式相互作用所构成的复合系统，在一定条件下，子系统间通过非线性作用产生协同现象和相干效应，使系统形成有一定功能的空间、时间或时空的自组织结构。

系统是由诸多子系统构成的复杂集合，如哈肯所论述的，所有的系统都可以分为子系统，观察到的系统行为并非子系统行为的简单叠加，由于所有子系统相互作用对总系统的贡献，总系统的行为好像是有调节地、有目的地自组织起来的。一个系统结构的稳定性取决于系统的有序度，而系统的有序度又取决于各要素间的协同性。协同强调环境中各系统之间存在着相互影响又相互合作的关系。郭治安（1988）提出子系统之间的协同合作产生宏观的有序结构，这是"协同"的第一层含义；序参量之间的协同合作决定着系统的有序结构，这是"协同"的第二层含义。

协同思想就是构成系统的要素或子系统之间的协调与同步思想。蒂姆·欣德尔（Tim Hindle，2004）概括了坎贝尔等人关于企业协同的实现方式，指出企业可以通过共享技能、共享有形资源、协调战略、垂直整合、与供应商谈判和联合力量等方式实现协同。芮明杰等（2005）对协同的内涵进行了界定，认为是同一企业内部多个不同的业务单元或不同企业之间通过共享有形或无形的独特资源来创造更大价值的一种行为、方式和能力。邱国栋等（2007）从价值生成的角度对协同效应进行了研究，提出"协同效应 = 共用效果 + 互补效果 + 同步效果"这一基本的理论分析框架。

协同强调对两个或两个以上的不同个体或不同资源进行协调，并将这些个体或资源视为一个整体环境系统。协同的概念较为广泛，不但包括人与人之间的协同，还包括不同子系统、资源、设备、应用情景、人与机器、科技与传统之间等全方位的协同。通过协同，可以将人、物、机器、信息、资金等各种资源进行关联，使之能够为实现共同目标而进行协作，通过对有限资源最大范围的开发与利用，实现整体系统的利益最大化，消除或尽可能降低协作过程中的各种障碍。

2.2 跨境电子商务生态系统的概念及特征

2.2.1 跨境电子商务生态系统的概念

跨境电子商务衍生于电子商务，是电子商务发展成熟后的一种新型应用模式。跨境电子商务生态系统衍生于电子商务生态系统，但又不完全等同于电子商务生态系统，其复杂程度要远远超越电子商务生态系统，这种复杂性不仅包含了物种的复杂性，同时蕴含了环境的复杂性。

跨境电子商务生态系统是以与跨境电子商务活动相关的个体、企业、组织或机构为物种，以跨境电子商务平台为交流与沟通的媒介与渠道，通过各种形式进行优势互补与资源共享，实现物种间及物种与环境间动态的商品、资金、物流、能力及信息的流动、沟通、分享与循环，形成的多维度、多角度、多层级、多层面的电子商务生态系统。跨境电子商务生态系统不仅包含跨境电子商务平台企业、消费者等物种，还包括海关部门、商检部门、供应商、支付企业、跨境物流企业、信息支持机构等物种，也包括各物种内部环境以及交易主体所在国家的政治、社会、经济、技术、自然环境等环境要素。结合电子商务生态系统结构，按照物种的定位来划分，可以将跨境电子商务生态系统的构成要素分为核心物种、关键物种、支持物种、寄生物种与环境，结合摩尔所提出的商业生态系统结构图，构建出跨境电子商务生态系统结构图，如图 2-2 所示。

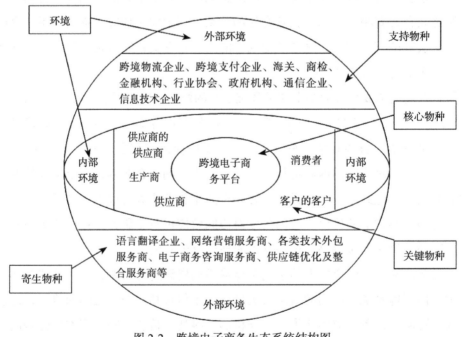

图 2-2　跨境电子商务生态系统结构图

1. 核心物种

核心物种是跨境电子商务企业或平台。核心物种是整个跨境电子商务生态系统的领导者，通过所提供的交易平台以及信息、监管等服务，承担着跨境电子商务生态系统的资源整合与沟通协调的作用。

2. 关键物种

关键物种是跨境电子商务的交易主体，包括供应商、消费者、投资商、生产商，乃至供应商的供应商以及客户的客户，一起构成跨境电子商务生态系统其他物种所共同服务的对象。

3. 支持物种

支持物种是跨境电子商务交易所必须依附的企业、组织或机构，包括跨境物流企业、跨境支付企业、海关机构、商检机构、金融机构、行业协会、政府机构、通信服务企业、信息技术企业等，这些物种都围绕跨境电子商务生态系统的核心物种与关键物种活动，支持跨境电子商务系统的正常运转。

4. 寄生物种

寄生物种是为跨境电子商务交易提供增值服务的服务提供商等，包括语言翻译企业、网络营销服务商、各类技术外包服务商、电子商务咨询服务商、供应链优化及整合服务商、物流增值服务项目提供商、各类广告服务提供商等。

5. 环境

环境是跨境电子商务生态系统所包含的各类环境，包括各企业、组织及机构内部环境，也包括它们面对的外部环境，以及系统所面对的外部环境等。环境从类别看，可分为政治环境、经济环境、法律环境、技术环境、社会文化环境、自然环境等。

2.2.2　跨境电子商务生态系统的特征

1. 生态位分离

跨境电子商务生态系统建立在企业生态位分离的基础之上。当两个物种在跨境电子商务生态系统中共用同一资源或共同占有某环境变量时，就会出现生态位重叠，由此竞争就出现了，其结果是这两个物种不能占领相同的生态位，即产生生态位分离。

商业世界也一样，企业对资源的需求越相似，产品和市场基础越相近，它们之间生态位的重叠程度就越大，竞争就越激烈。因此，企业必须发展与其他企业不尽相同的生存能力和技巧，找到最能发挥自己作用的位置，实现企业生态位的分离。成功的企业是那些能够找到属于自己生态位的企业。企业生态位的分离不仅减少了竞争，更重要的是为企业间功能耦合形成超循环提供了条件。

2. 物种多样性

多样性概念源于生态学，生态系统中的各类生物在环境中各自扮演着重要的角色，通过物种与物种之间、生物与环境之间的摄食依存关系，自然界形成了多条完整的食物链并构成复杂的食物网，进行着生态系统内物质流动与能量传输的良性循环，食物链的断裂将极大影响系统功能的发挥。和自然生态系统一样，多样性对于跨境电子商务生态系统也是非常重要的。

首先，多样性对于企业应对不确定性环境扮演着缓冲的作用。

其次，多样性有利于商业生态系统价值的创造。

最后，多样性是商业生态系统实现自组织的先决条件。

3. 系统动态性

作为一个完整的整体，系统内部成员会不断更新，也会有外部力量持续参与扩大，这些内生和外生的力量都意味着电子商务生态系统具有动态变化的特点，系统的构成要素不断淘汰更新，最终实现电子商务各部分成员的共同发展和整个系统的完善。

跨境电子商务生态系统认为系统的运作或动力不是来自系统外部或系统的最上层，而是来自系统内部各个要素或各个子系统之间的相互作用，自主地、自发地通过子系统相互作用而产生系统规则，这是协同学最根本的思想和方法。这种思想告诉我们，复杂性模式的出现实际上是通过底层（或低层次）子系统的竞争和协同作用而产生的，而不是外部指令。系统内部各个子系统通过竞争而协同，从而使竞争中的一种或几种趋势优势化，并因此支配整个系统从无序走向有序。商业生态系统是一个复杂适应系统，在一定的规则下，不同种类的、自我管理的个体的低层次相互作用推动着系统向高层次、有序进化。

4. 网络状结构

跨境电子商务生态系统，尤其是虚拟商业生态系统具有模糊的边界，呈现网络状结构。这主要体现在两个方面，首先是每一个商业生态系统内部包含着众多的小商业生态系统，同时它本身是更大的一个商业生态系统的一部分，也就是说，其边界可根据实际需要而定；其次是某一企业可同时存在于多个商业生态系统。

5. 系统开放性

只有一个开放的系统，才能具有最强大的自我调节和自我修复功能，以保证系统能不断吸收最优秀的成员，自由地与外界进行信息的交换。开放性使企业在最大范围内建立战略合作伙伴关系，形成良好的系统循环，达到资源的优化配置和有效利用。跨境电子商务生态系统也是一个开放性的系统，跨境电商平台、跨境物流、跨境支付等物种也存在进入或退出该系统的情况。在实践领域，每年都有众多不同物种类型的企业进入跨境电子商务领域，也有一些企业退出。这集中体现了跨境电子商务生态系统的系统开放性。

新闻摘录

LazMall 平台打造电商生态系统

东南亚电商平台 Lazada 宣布与 GroupM 建立合作关系，进一步扩大媒体营销渠道，为 LazMall 品牌在电商平台上的发展打造一个完整的生态系统。同时 Lazada 与 Mindshare、MediaCom 和 Wavemaker 等媒介合作，并利用 GroupM 在媒体规划、信息分析、商业和传播策略方面的专长展开合作。

Lazada 不仅希望应用 GroupM 的媒体和营销分析能力，还希望赋予 GroupM 基本的电商运营知识，为客户提供最佳线上购物体验。GroupM 还可以分享 Lazada 的流量操作工具，利用这些工具引流到 LazMall 商店，以及享受合作伙伴的优质服务项目。

Lazada 推出与合作伙伴互助方案计划，旨在鼓励 LazMall 品牌获得"合作伙伴积分"奖励，提高品牌的电子商务商店的客流量。Lazada 表示，这需要品牌和代理商具备数字营销和媒体优化方面的知识能力，才能提高 LazMall 品牌的转化率和客流量。

资料来源：根据雨果网资讯改编。原始出处：雨果网.Lazada 泰国又拉了一个合作伙伴 GroupM，为 LazMall 打造电商生态系统 [EB/OL].(2019-08-09)[2019-12-15]. https://www.cifnews.com/article/48392.

提问

LazMall 打造电商生态系统有哪些优势？

2.3 跨境电子商务生态系统的协同机制

2.3.1 跨境电子商务生态系统协同机理

格里菲等（Gereffi et al，2003）在普维尔（Powell）与斯特恩（Sturgeon）等人提出的生产网络理论基础上，通过抽象，结合价值链理论、交易成本经济学、技术能力与企业学习等理论提出了一个比较严谨、完整的分析框架。他们首先归纳出五种典型的全球价值链治理方式，按照链中主体之间的协调和力量不对称程度，从低到高依次排列为市场型、模块型、关系型、领导型和层级制，然后通过企业间交易的复杂程度、用标准化契约来降低交易成本的程度（对交易的标准化能力）和供应商能力三个变量来解释五种价值链治理方式。

1. 市场型

通过契约可以降低交易成本，产品比较简单，供应商能力较强，不需要购买者太多投入，且资产的专用性较低时，就会产生市场治理。这时，交易比较简单，双方只要通过价格和契约就可以很好地控制交易的不确定性，不需要太多的协调。

2. 模块型

产品较复杂，供应商的能力较强，其资产专用程度较高，买卖双方的数量虽然有限，但仍有一定的市场灵活性，更换合作伙伴较容易。双方交流的信息量较市场型大而且复杂，但能够通过标准化契约来较好地降低交易成本，因此，需要的协调成本也不高。

3. 关系型

产品复杂导致交易复杂，双方需要交换的信息量大且复杂，供应商的能力较强，领导厂商和供应商之间有很强的互相依赖，但双方可以通过信誉、空间的临近性、家族或种族关系降低交易成本。双方常常可以通过面对面的交流进行协商和交换复杂的信息，需要较多的协调，因此，改变交易伙伴比较困难。

4. 领导型

产品复杂，供应商的能力较低，需要大量投入和技术支持。供应商为了防止其他供应商竞争，将其资产专用化。供应商对领导厂商的依赖性非常强，很难改变交易对象，成为"俘虏型供应商"。领导厂商通过对供应商高度控制来实现治理，同时通过提供各种支持使供应商愿意保持合作关系。

5. 层级制

产品很复杂，外部交易的成本很高，而供应商的能力很低时，领导厂商不得不采用纵向一体化的内部治理方式。因为交易可能涉及领导厂商的核心能力（如隐性知识、知识产权等），领导厂商无法通过契约来控制机会主义行为，只能采取在企业内生产。

此外，格里菲还研究了价值链治理的动态性问题。随着时间的变化，决定价值链治理模式的三个变量将发生变化，价值链的治理模式也随之发生变化。这种动态变化在现实中是存在的，如在自行车制造行业，由于规模经济、标准化和供应商能力的提高，使治理方式从层级型转向市场治理；服装行业由于交易复杂程度的降低和供应商能力的增强，由领导型发展为关系型；在美国电子产业，分工和专业化的发展使治理方式从层级型（垂直一体化）发展为模块型。

三个变量产生变化的原因主要来自三方面：首先，领导厂商采购要求的提高相对降低了供应商的能力，同时增加了交易的复杂程度；其次，创新和标准化是一对矛盾，创新会降低标准化能力；最后，供应商的能力随时间会发生变化，学习能提高企业能力，引入新供应商竞争、新技术革命和领导厂商采购要求的变化都会影响供应商的相对能力。

以跨境电商与跨境物流为例，两者的协同机理如图 2-3 所示。

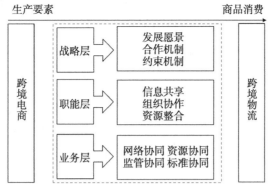

图 2-3　跨境电子商务生态系统协同思路

2.3.2　跨境电子商务生态系统协同路径

1. 战略协同

（1）战略规划

跨境电子商务生态系统相关物种同处一条全球价值链，物种相互依赖、相互影响。跨境电子商务生态系统参与物种具有相同的发展目标与战略规划，应基于全球价值链条的分工和地位，最大限度地开发与扩展该价值链带来的价值，将跨境电子商务这一市场做大、做强，以此为基础来寻求各自的价值最大化。战略规划的制定与实行，都需要充分考虑全球价值链中相关利益主体的因素，更需要将跨境电商平台与跨境物流的各自战略纳入，在统一的目标约束下，建立与完善彼此的战略规划。跨境电子商务生态系统各物种通过战略联盟，以共同利益体现的发展规划为生产与活动的目标，实施各自在全球价值链上的企业活动，进行资源的优化配置，进而追逐共同的企业价值。

（2）合作机制

跨境电子商务生态系统各相关物种作为跨境电子商务交易中的重要环节，存在诸多协调与合作点。物种相互配合与协作共同实现商品的全球价值链活动，共同完成由生产要素向最终消费的商品流通与价值传递过程。为了更好地推动跨境电子商务生态系统协同运作与融合发展，需要建立长效的合作机制。通过建立有效的、双赢的合作机制，消除跨境电子商务生态系统各物种的合作壁垒与障碍，减少在具体工作中的摩擦与猜忌，更利于跨境电子商务生态系统各物种在商品流通与价值实现过程中的通力协作。

（3）约束机制

在跨境电子商务生态系统物种的合作过程中，无法避免"投机主义"与"道德风险"，尤其在利益驱动下，无论跨境电商平台还是跨境物流，抑或其他参与物种，都有可能存在损人利己的行为，通过一些有损整体利益或整体价值的行为将个体风险转嫁到对方或个体之外。为了推动跨境电子商务生态系统各物种的长期合作，需要建立有效的约束机制。这种约束不再局限为纸质合同形式，更多是一种机制或理念，对跨境电子商务生态系统各物种的规范。在约束机制中，还应该充分体现对违反行为的惩罚措施与执行措施，应该避免约束机制的形式主义，使之成为一种"法"的理念应用。在跨境电子商务活动中，不仅要有"法"可依，还应有"法"必依、执"法"必严、违"法"必究。通过约束机制的建立，规范跨境电子商务生态系统各物种的行为，打击与消除可能存在的"投机主义"与"道德风险"，使之成为一种无形的行业准入与准出门槛。

2. 职能协同

（1）信息共享

跨境电子商务生态系统物种间的关系，实则是一种利益博弈关系。这种博弈关系是跨境电子商务生态系统各物种缺乏信息的高效互换与沟通，由于实践活动中的信息不对称，不仅削弱了跨境电子商务生态系统各物种协同运作的积极性，还不利于它们长期的融合发展。跨境电子商务生态系统各物种虽然各有独立的信息数据库，但许多中小型企业自身数据库系统资源薄弱，无法与一些大型企业的数据库实现有效对接。再者，跨境电子商务生态系统各物种即便拥有各自的信息数据库，仍无法有效整合全球价值链上庞大的信息流。此外，海关机构的信息化系统仍主要服务于传统的国际贸易，尚未与跨境电子商务进行有效匹配。基于对企业自身利益的追逐，很多跨境电商平台与跨境物流企业不提供或提供不准确或有倾向性的数据，使得海关端口的跨境电子商务信息系统仍不完善。为解决这一短板，应该以跨境电商平台、跨境物流、海关机构等主要组织为主体，依托大数据、云计算等信息技术，构建跨境电子商务信息系统与信息平台，实现跨境电子商务相关活动的信息实时上传与无缝对接。通过信息共享，消除沟通障碍，衔接商品购销，保证实时监控，促进商品运输，协调以跨境电商、跨境物流、海关为主要节点的跨境电子商务活动各个环节之间的运作，提高跨境物流活动中运输、通关、配送的时效。

（2）组织协作

企业活动载体是组织，所以跨境电子商务生态系统各物种协同应注重组织结构、岗位设置、人员安排等方面的协作、匹配与相互适应。对于组织而言，除组织目标以外，还包括组织活动、组织要素、组织成员等内容，这些一并构成了跨境电子商务生态系统各物种活动的依托与基础。从组织协作角度出发，跨境电子商务生态系统各物种应该在各自企业内设置服务于对方的组织架构，安排相应的岗位与人员。组织目标的设置，也应充分考虑跨境电子商务生态系统各物种所涉及的具体活动内容的需求，并综合考虑跨境电子商务整体活动的需求，以及相对应的全球价值链各环节活动及价值创造所需。所涉及组织活动，具体表现为跨境电商平台所产生的商品流通需求、指令，包括时间、成本、地点、服务等。跨境物流包括分拣、包装、运输、通关、商检、配送等。在具体活动设置与实施时，应考虑彼此的包容性与公用性，从成本、效率等角度综合组织的相关活动内容，实现跨境电子商务生态系统各物种的组织协作。

（3）资源整合

从全球价值链视角看，跨境电子商务活动涉及从生产要素到最终消费的全产业链上的相关各类资源。跨境电商平台与跨境物流作为跨境电子商务活动链商品流通的两个重要环节，尤其会涉及上游与下游的诸多资源。跨境电商平台与跨境物流属于不同的经济范畴与产业范畴，两者具有不同的资源优势。从整体价值与效益最大化目的出发，跨境电子商务生态系统各物种应系统地整合资源，包括有形的资源与无形的资源，也包括不同层面与类型的资源，旨在实现资源的优化配置与充分利用，达到价值最优化与最大化。跨境电子商务生态系统各物种更应该关注商品流通环节所需的直接资源，也要关注所需的间接资源，更要关注起核心作用的关键资源。通过资源整合，达到衔接商品供需、优化运输网络、增强流通效率、降低流通成本、提高服务质量等效果。

3. 业务协同

（1）网络协同

从全球价值链与商品供应链视角看，跨境电子商务生态系统各物种因商品流通而形成了一个复杂的物流网络。物流网络运行需要信息网络的支撑，将不同工作环节、不同地理区域、不同组织个体的元素都吸引到该网络系统内。跨境电子商务生态系统各物种协同（如商品跨境流通）需要聚焦依托信息网络的物流网络协同，提高物流网络覆盖，建立与完善跨境物流信息共享网络，将跨境电商活动的上下游、跨境电商平台、跨境物流、金融机构、海关等部门一并纳入该信息网络，将相关活动通过互联网进行有效连接。

（2）资源协同

跨境电子商务生态系统各物种活动的运行是依托相应的资源完成的。这些资源包括人、物、财、信息等。跨境电商平台与跨境物流更应关注各自所拥有的资源、所需要的资源、所短缺的资源，通过战略联盟、组织协作、资源整合、信息共享等方式，加强跨企业的合作，实现资源的协同优势。例如，从跨境商品运输与终端配送的角度来提前设置商品的包装，通过这一信息资源与生产要素资源协同，既能够减少运输过程的货损与二次包装等，还利于降低成本，提升物流时效。此外，跨境电商平台与跨境物流还可以通过合资、入股、合作、联盟等方式，共同减少跨境物流所需的软硬件设备设施。跨境电商平台将内部物流资源外部化，在满足自身物流服务需求的同时，还可以与专业跨境物流实现干线支线对接，仓储、运输与配送等环节的有效衔接等。

（3）监管协同

在跨境电子商务活动中，虚拟网络环境容易滋生许多安全隐患与交易风险。对交易主体行为进行监管，能够有效防范与规避这些风险。在跨境电子商务生态系统各物种协同运作的过程中，应注重协同双方监管内容、监管措施、监管口径等方面。例如，跨境电商平台依据跨境物流潜在的欺骗风险，对其设置合理的、适度的惩罚额度，促使跨境物流积极合作，降低跨境电商平台对跨境物流的监管成本与潜在损失。跨境电商平台还应研究跨境物流获取私利的大小，以此为基础选择合适的监管概率，既实现对跨境物流的有效监管，还利于减少盲目监管，从而减少监管成本。

（4）标准协同

跨境电子商务活动涉及不同的行业与国家，不同行业之间存在行业规范与标准的区别，不同国家之间也会存在标准规范的差异。跨境电子商务生态系统各物种应致力于制定与执行统一的业务操作标准、服务质量标准等，乃至细化到商品包装与标识、仓储规范等方面。标准协同有利于推动跨境生态系统各物种的网络协同、资源协同与监管协同，还利于减少沟通障碍，降低沟通成本，提高沟通效率。此外，跨境电子商务生态系统各物种应该根据不同国家在商品流通及退换货、售后服务等方面的相关准则制定适用于跨国交易或国际化的规则与标准体系。

跨境电子商务为我国企业提升其在全球价值链中的地位提供了契机。从全球价值链视角看，我国跨境电商平台企业并非单一环节，也无法孤立存活于价值链中。为了推动跨境电子商务健康发展，推动跨境生态系统各物种协同势在必行。跨境电子商务的一些差异化特征，尤其是跨境电商交易主体位于不同关境，从而使跨境物流环节更加复杂，更成为制约与影响跨境电商平台发展的重要环节。在此背景下，跨境电商平台与跨境物流协同不单单是协同运作，更多是职能层面上的融合发展。尽管跨境电商平台与跨境物流发展较快，但是它们之间尚未形成相互适应、相互协作的良性发展态势。虽然这一问题在 2016 年稍有改观，但仍需要彼此调适，以便实现两者真正意义上的协同运作。具体表现为，从全球范围到我国市场，跨境电子商务快速扩张，短期内跨境物流扩张速度落后于跨境电商，这一问题在 2014 年与 2015 年很突出，固有的国际邮政包裹、国际快递等跨境物流模式尚未适应跨境电商发展，加剧了这两年跨境电商与跨境物流协同度较低的问题。2016 年，跨境电子商务市场得到一定的整合，以速卖通、亚马逊、天猫国际、京东全球购、网易考拉、兰亭集势、敦煌网等为代表的跨境电商企业逐渐发力，并推广海外仓、边境仓、国际物流专线、自贸区物流等新型跨境物流应用模式，在一定程度上缓解了跨境电商平台与跨境物流的协同缺失问题。整体上看，推动跨境电商平台与跨境物流协同发展，实现两者的有机结合，既能够促进跨境物流行业提升，也利于推动跨境电子商务进一步腾飞。

阿里巴巴借道广西拓展与东盟的跨境电商合作

跨境电商正成为新的经济增长点，阿里巴巴看好中西部电商的发展潜力，尤其是与东盟的发展机遇。阿里巴巴将利用广西的区位优势，拓展与东盟各国的跨境业务合作。大数据经济对中国中小企业的发展是一个难得的机遇，作为后发展的中西部地区，电商潜力尤其巨大。

广西是中国—东盟自由贸易区中心，位于华南、西南与东盟三大经济圈结合部，背靠国内广阔腹地，面向东盟多国市场，具有优越的地理位置。广西同时具备了沿海、沿边、沿江三大优势，是中国与东盟国家间重要的贸易往来桥梁。

跨境电子商务为中国与东盟经贸合作开辟了新局面。东南亚的移动终端虽然发达，但是通过移动终端消费的习惯仍处于起步阶段，这对电子商务是一个挑战。中国正处于"一带一路"建设阶段，以电子商务为主导的"互联网＋"正在成为中国经济的新增长点。电子商务行业将借此机会实现跨越式发展。

当前，广西正在推进电子商务交易"加倍计划"，进一步丰富电子商务业态。阿里巴巴也将在广西扩大布局，为发展与东盟的电子商务合作奠定基础。

资料来源：根据雨果网资讯改编。原始出处：新华网．阿里巴巴借道广西拓展与东盟的跨境电商合作 [EB/OL].(2015-03-12)[2019-12-15]. https://www.cifnews.com/article/13544.

提问

为何广西可作为阿里拓展与东盟跨境电商合作的平台？

2.4　跨境电子商务生态系统案例

2.4.1　京东跨境电子商务生态系统案例分析

在中国，京东聚焦自主经营模式，也是目前国内最大的自主经营型的电子商务平台，同时作为综合型电子商务平台，其规模仅次于阿里巴巴。京东所销售的产品涉及家用电器、3C 产品（计算机、手机、数码产品）、母婴产品、服装鞋帽类产品、图书等十几个大类。京东在 2015 年 4 月上线运营了京东全球购，正式切入跨境电子商务市场。所以，以京东作为跨境电子商务生态系统的研究对象，具有可行性与代表性。

1. 京东的成长历程

京东始建于 1998 年 6 月 18 日，初期主要从事产品代理业务。经过几年的发展，到了 2001 年 6 月，京东已经成为所代理的光磁产品领域内较大的企业。京东多媒体网于 2004 年正式运营，标志着京东涉足电子商务领域。京东多媒体网又于 2007 年 6 月更名为京东商城，其定位更加清晰，着眼于国内的 B2C 市场，同期开始自建物流资源。在

2008 年，京东的产品线得到扩展，成为品类较全面的 3C 产品电子商务平台。在 2010 年，京东扩大了物流服务内容，在全国范围内开展上门取件服务。随后，京东不断增加新产品种类，其定位向综合型电子商务平台转变。2013 年 3 月 30 日，京东启动了新域名与 Logo，开始淡化传统的家电产品痕迹，为多元化战略转移做铺垫，成为电子商务、物流、金融及其他业务等综合型、多元化企业。2015 年 4 月，借助于京东全球购，京东开始发力跨境电子商务领域。

2. 京东跨境电子商务生态系统运行模式分析

伴随着京东的发展与壮大，越来越多的商品供应商、消费者、各类相关企业纷纷聚集于京东电子商务平台。在京东聚焦跨境电子商务市场后，这一聚焦效应也随之扩散到跨境电子商务业务。同时，新的成员也在不停加入，从而逐渐构成了以京东为核心物种的跨境电子商务生态系统。自 2015 年以来，借助于跨境电子商务市场自身发展的趋势，以京东为核心的跨境电子商务生态系统快速发展。所以，分析围绕京东所构建的跨境电子商务生态系统，具有典型的代表性。

（1）跨境电子商务平台。2015 年 4 月 16 日，京东上线了 www.jd.hk，正式宣布上线全球购，首批进入平台销售的商品超过 15 万种。京东也正式设立了"全球购"部门，实行专业化管理与运营，除了从海外直接采购外，海外品牌商家也能直接签约入驻京东跨境电子商务平台。自 2015 年起，京东将跨境电商业务作为集团重点战略之一，刘强东挂帅亲赴韩国及法国开拓跨境电商业务。在经营"韩国馆""法国馆"后，京东又陆续与日本、美国、澳大利亚与欧洲等多个国家接触，争取经营更多的国家特色馆。通过该平台，京东还实现了与 eBay、乐天、Rakuten 联合，推出店中店模式，使京东跨境电子商务平台也成为它们的销售平台。除了引进国外商品，京东计划实施走出去战略，让优秀的中国品牌与中国商品走出国门，推向全球。除了网页版平台系统外，京东还开发了移动 App，并上线 iPhone、Android 客户端，借助于移动技术开发跨境电子商务业务。

（2）支付。京东实现了跨境电子商务业务的支付方式多样化，目前支持多种支付方式，包括京东支付、单用途预付卡、网关支付、跨境支付、代付、POS 支付等。京东支付是京东特有的支付方式，不需要账户与密码，也避免了第三方支付方式的干扰，具有显著的安全性，不会让商户涉及处理或记录消费者银行卡等敏感信息。网关支付依托网银在线，是一个第三方电子支付系统，其本质是以银行卡在线支付为基础。目前可支持中国银行、中国工商银行、中国建设银行、中国农业银行、交通银行、招商银行等 26 家国内主流银行在线支付。跨境支付是针对跨境电商提供的境外账户信息，通过网银在线的模式为消费用户统一购汇、付汇，包括收单、外管局申报，并承担购汇所产生的汇率差异的风险，是一站式外币兑换平台。POS 支付是消费者借助于网银在线开通的 POS

机收款解决方案，通过 POS 机刷卡支付。此外，京东依托移动支付技术与设备，开通了基于移动客户端、移动 App、第三方移动支付平台的移动支付体系。

（3）物流。在进入跨境电子商务业务后，京东也在自建跨境物流体系，通过自建物流网络的优势，京东能够最大限度地规避跨境物流所带来的弊端，助力其跨境电子商务市场扩张。除了传统的国际邮政包裹外，京东还借力保税区的资源实现保税区物流与集货物流来进行跨境物流业务。保税区物流与集货物流作为新兴的跨境物流模式，既能够有效利用保税区政策，又可以实现规模效应，是行之有效的跨境物流模式。此外，京东与 DHL 等国际货运巨头通力合作，充分利用它们全球庞大的物流系统。京东还意识到本地化的优势，除了与当地物流资源合作（如与俄罗斯快递 SPSR Express 合作，确保将位于广州仓库的京东自营商品在 10 个小时内运至俄罗斯，实现两日内配送），还联手品牌商在海外重点市场建立售后维修等本地化的服务项目。海外仓成为新兴的一种使用比重很大的跨境电商物流模式后，京东也加快布局海外仓，在俄罗斯、东南亚等地建立海外仓，重点发展该市场的跨境电子商务业务。以自营或合作等模式，加快京东全球化仓储与物流系统建设，重点布局全球的上游资源。

（4）社交网络。在互联网时代，伴随着年轻网民规模的增大，群体化特征也延伸到跨境电子商务活动中，诸多网民乐于在 Facebook、Twitter、Tumblr、Google+、Instagram、Pinterest、QQ、微信、微博等社交网络中分享购物体验，搜寻购物资讯，反馈购物意见等。通过社交网络，跨境电子商务交易双方打破了时间与空间的制约，满足了碎片化、差异化、多元化、个性化的消费需求。京东发布了隶属于京东的即时通信工具"京东咚咚"，类似阿里巴巴的"阿里旺旺"。京东咚咚实现了网络版与移动版的功能，促进了消费者之间、消费者与商品卖家之间、消费者及商品卖家与京东之间的即时沟通和信息反馈。依托自身技术，京东也在通过版本升级模式不断更新京东咚咚的功能，有利于削弱第三方社交网络的约束，也利于增强京东的客户体验与消费者使用黏性，还弥补了京东在社交网络层面的短板。此外，京东开设了多国语言的网页、多语言国际化的客服团队，迎合了跨境电子商务业务所产生的消费者需求。

2.4.2　构建京东跨境电子商务生态系统发展路径

1. 树立生态系统思维，追求系统协同效应

在跨境电子商务活动中，不管是跨境电商、跨境物流，还是跨境支付等，都无法孤立存在于单一环节，都在与其他要素进行着物质、信息或能量的交换，都会受到跨境电子商务生态系统诸多要素的影响。任何单一要素或组织在从事跨境电子商务活动时，都需要运用生态系统的思维，以跨境电子商务生态系统为工作出发点与视角。在生态系统中，由于大量子系统、物种、多主体或各部分相互作用，进而达到整体增值效应，实现

协同效应。协同效应由系统内子系统或物种的协同而产生。协同效应强调在开放系统内，由大量子系统彼此作用从而产生的集体效应或整体效应。跨境电子商务生态系统协同效应是由于系统内各物种以及与环境相互作用、彼此协同而产生了单个物种无法实现的整体价值增值。实现跨境电子商务生态系统协同效应，需要从构成系统的诸多子系统、物种以及环境出发；不仅需要关注核心物种、关键物种、支持物种、寄生物种及环境，还需要从跨境电子商务商品流通的地理空间位置的角度出发；既要实现系统构成物种间的协同效应，也要实现物种与环境的协同效应，此外还需要关注地理空间的协同效应。

2. 混合式跨境物流，形成互补优势

跨境电子商务聚焦全球市场，交易主体不再局限于一个国家，交易环节更加复杂，决定了物流环节的复杂性。跨境物流同样突破了国家概念，不仅包括输出国物流环节，还包括国际货运、输入国物流与配送，以及输出国和输入国海关与商检环节。同一种跨境物流模式具有应用优势，同样也存在短板，无法适用于全球市场以及每一个国家。随着环境的变化，在不同的交易周期，跨境物流也会存在适用性的差异。不同的跨境物流模式存在不同的优缺点，国际邮政包裹成本低，是目前使用率最高的跨境物流模式之一，但其物流周期长。国际快递虽然物流周期较短，也支持物流过程的可追溯，但其物流成本偏高。海外仓、边境仓、保税区物流、集货物流等模式具有显著的使用局限性，具体表现为空间的局限性。在具体的跨境电子商务交易中，跨境物流常使用多种物流方式混合搭配。混合式跨境物流指的是在跨境物流实施过程和多种跨境物流模式中，结合交易的具体需求特征，采用两种或两种以上的跨境物流模式搭配使用，意在利用不同跨境物流模式的优点，实现互补。混合式跨境物流模式能够充分利用不同跨境物流的优势，达到"1+1 > 2"的效果。常用的混合式跨境物流模式有国际物流专线＋海外仓、国际快递＋国际邮政包裹、自贸区物流＋国际物流专线、国际邮政包裹＋海外仓、海外仓＋边境仓＋国际物流专线等。在复杂多变的市场里，混合式跨境物流模式优势凸显，既能够降低跨境物流成本，也利于提高跨境物流效率，规避跨境物流风险。

3. 本地化与专业化道路

跨境电子商务生态系统是一个复杂系统，涉及更多的环节与要素，许多工作进行业务外包能够实现专业化带来的优势。京东在运作国内业务时可以通过自建物流体系带来物流的竞争优势，而在从事跨境业务时，虽然也尝试着自建跨境物流体系，但是由此带来的整体优势将不再明显。更多跨境电商企业纷纷选择将物流等环节外包给专业第三方来运作，而把工作重点放在营销、供应链整合等方面。以俄速通、4PX为首的第四方物流企业，具有丰富的跨境物流资源与经验，也不再局限于优化跨境物流运输线路、配送

与库存等单一功能服务的改进，更多的是提供个性化、差异化、集约化的跨境供应链整体解决方案。本地化经营是一种行之有效的解决方案。

不仅跨境电商与跨境物流需要本地化，诸如翻译、供应链、支付、客服、技术等支撑资源也需要借助本地化资源优势。跨境电商与其他辅助资源也纷纷加快海外市场的本地化开发进程，通过入股、参股、收购、兼并、合作、战略投资等多种方式，着力于海外市场的本地化开发。

本章要点

- 跨境电子商务生态系统衍生于电子商务生态系统，遵循从生态系统到商业生态系统，再到电子商务生态系统演进的发展脉络。
- 生态系统是生物与环境之间形成的不可分割的相互关联与相互影响的整体。
- 跨境电子商务生态系统是指以与跨境电子商务相关的个体、企业、组织或机构为物种，以跨境电子商务平台为竞争、合作与沟通的媒介及渠道，通过各种形式进行优势互补与资源共享，物种间及物种与环境间进行动态的商品、资金、物流、能力及信息的流动、沟通、共享与循环，进而构成一个多维度、多角度、多层级、多层面的复杂的电商生态圈。
- 生态位、自组织、生态系统构架及协同理论是跨境电商生态系统理论的基础。
- 协同强调对两个或两个以上的不同个体或不同资源进行协调，并将这些个体或资源视为一个整体环境系统。
- 跨境电子商务生态系统包括跨境电子商务平台企业、消费者、商品的供应商等核心物种，也包括诸如跨境支付企业、跨境物流企业、海关、信息支持企业、交易主体双方所在国的职能机构等物种，还包括交易主体所在国的政治、经济、技术、社会、自然环境等环境要素，以及各物种的内部环境要素。
- 从构成类型视角，跨境电子商务生态系统包括核心物种、关键物种、支持物种、寄生物种和环境。
- 跨境电子商务生态系统涉及不同的构成要素与参与主体，实现主体协同是提升跨境电商生态圈效率的关键所在。
- 在实现跨境电商生态系统要素协同的过程中，需要从战略协同、职能协同与业务协同层面入手，进而实现跨境电商生态系统的协同效应。

重要术语

生态系统	商业生态系统	电子商务生态系统	跨境电子商务生态系统
生态位	自组织	协同	核心物种

关键物种　　　支撑物种　　　　寄生物种

复习思考题

1. 试论述跨境电子商务生态系统的演进路径。
2. 跨境电子商务生态系统具有哪些特征？
3. 试论述跨境电子商务生态系统构成要素，并画出其结构图。
4. 试论述如何实现跨境电子商务生态系统协同效应。
5. 试分析京东如何构建其跨境电子商务生态系统。

讨论案例

阿里巴巴构建跨境 B2B 大生态圈

1. 推动商圈发展

推动商圈的建设发展，不仅仅只靠原有的阿里系，还要靠商圈、网圈、第三方、政府等的参与，为商圈的发展注入力量；在生态圈里组织经营好每一环节的小圈子，帮助每一个环节更好、更健康地成长和发展；包括沟通协调各种资源，如阿里平台、第三方、政府等，促进资源的有效利用；把控好方向，做出正确的引领选择，提供新的看法，整合各种资金，稳步实现整个生态圈的共同发展。

2. 规划商圈未来

阿里对于生态圈未来的规划，首先是开放的平台。从阿里的角度来说，不能做到面面俱到，将所有生态圈集结在一起，希望通过平台开放接口让不同的第三方参与进来，不断扩大生态圈的范围，为阿里的发展注入新的力量。

3. 未来生态圈的展望

每一领域的物种在生态圈所扮演的角色不同，将生态圈的各个环节组成一体，生态圈的本质是人与人的链接，人与组织的链接，供应商和卖家一起进步，克服文化上的障碍以及企业运营过程中的障碍，共同打造和谐的生态圈。

每个商圈在创新发展的路径上不断积累经验，开创跨境电商新模式，秉持开放的态度促进生态圈的合作协同。

资料来源：根据雨果网资讯改编。原始出处：雨果网.阿里巴巴构建跨境 B2B 大生态圈（二）[EB/OL].(2015-01-21) [2019-12-15]. https://www.cifnews.com/article/12802.

讨论题

阿里巴巴跨境 B2B 生态圈是单一的吗？涉及哪些方面？

第3章
跨境电子商务平台

学习目标

完成本章后，你将能够：

- 掌握跨境电子商务平台的定义、特征与功能。
- 掌握跨境电子商务平台的不同分类。
- 了解几种主流的跨境电子商务平台。
- 掌握平台型跨境电子商务平台。
- 掌握自营型跨境电子商务平台。
- 掌握跨境出口电子商务平台。
- 掌握跨境进口电子商务平台。
- 掌握常见的几种跨境电子商务企业类型。

开篇案例　　　　　　　　走进网易考拉海购

网易发布的 2016 财年第四季度财报显示，网易泛电商业务的全年净收入为 36.99 亿元人民币，2014 年为 11.02 亿元人民币，同比增长 235.7%。虽未提及考拉的具体营收数额，但相比 2015 年同期财报可以看出，跨境电商业务正在成为网易的下一个重点板块。

考拉海购是网易于 2015 年 1 月启动的跨境电子商务项目。尽管网易不是传统的电子商务公司，但由于其庞大的现金流、用户流以及稳定的上市公司市值，无论在清关环节还是在海外货源选择方面，都是天猫、京东、亚马逊三大巨头以外的佼佼者了。

网易考拉海购目前销售的产品由采购团队直接从海外产地分批采购，以消除中间环节，减少流转费用，保证商品质量和品牌，并在杭州等试点城市设有保税仓，在欧美等热点国家设立海外仓，与此同时与中外运达成了战略合作，以开放物流和仓储联系。目前网易考拉海购的产品类别包括美妆护理、海外食品、营养保健品、母婴产品等。

考拉海购的官方网站采用特价销售的形式，这与海淘的特点一致。除了高频率的大规模促销活动外，还通过直接开采和强大的现金补贴形成了考拉海购的"海外批发价格"，以实现整个网络中的最低价格。在强有力的竞争优势下，网易考拉海购的运营数据实现了数倍的增长。

资料来源：根据雨果网资讯改编。雨果网.盘点自营跨境电商，网易考拉海购成最大黑马 [EB/OL].(2015-05-29)
[2019-12-15].https://www.cifnews.com/article/15055.

讨论题

试分析网易考拉海购属于哪类跨境电子商务平台模式。

3.1　跨境电子商务平台的概念

3.1.1　电子商务平台的概念

电子商务平台是以互联网为基础所建立的进行商务活动的虚拟网络空间以及保障相关商务活动顺利进行的管理环境；它是整合并协调信息流、货物流、资金流保持有序、关联、高效流动的重要场所。电子商务平台所提供的网络基础设施、支付平台、管理平台以及安全平台使企业和商家可以共享资源，使其能够在开展商业活动的同时有效地降低成本。建立电子商务平台最初的目标是加强顾客联系，提高交易效率，使市场化的交易更加便捷。

电子商务平台所带来的一般性收益主要有降低成本与提高竞争优势，但对于消费者和商家双方而言，其加入电子商务平台的原因是不同的，具体区别见表 3-1。

表 3-1　电子商务平台带来的利益

买方利益	卖方利益
交易成本更低	交易成本更低
供应商发现更方便	购买者发现更便捷
流程简单快捷	简化了订单处理，错误率降低
流程管理透明化	营销能力提高
ERP 等使系统集成成为可能	专门化 / 定价可以实现网上更新
供应链管理为集成式	精准营销的实现成为可能
内部信息传输得到改进	市场预测能力提高
内部后台服务得到改进	客户关系管理能力提高
价格更合理	与客户的关系更近
市场透明	接触客户的途径多样化
形成购买者社区	丰富关于客户的知识
采购与外包方式更成熟	后台工作流程处理更加方便
信息技术的效果更好	集中式物流
降低了 IT 成本与复杂性	外部账单处理成为可能
提高了功能、灵活性与反应速度	远程仓储管理成为可能
增加了生产制造能力	获取新的潜在利润源
增强了准时制生产和制造的能力	市场覆盖更加广阔
	潜在的更强的物流能力
	IT 的效果增强
	IT 成本与复杂性降低
	提高了功能、灵活性与反应速度

3.1.2 电子商务平台交易机制

电子商务平台主要通过聚集和匹配两种不同的机制来产生价值。电子商务平台中的聚集机制就是将大量交易者聚集在虚拟网络平台上，通过提供一站式购齐的服务来降低交易成本。由于通过聚集所产生的价格均为预先商定的，因此聚集是一种静态机制。该机制的一个重要特征是电子商务平台中只要增加一个新的购买者，受益方均为销售者，道理非常简单：在聚集模型中，买方与卖方的位置均是固定不变的。聚集机制在以下环境中能更好地运行：处理一张订单的成本高于按件购买；产品是专业化的，非一般商品；单件产品的数量或者存储单位很大；供应商高度分散且购买者不熟知自动定价机制；购买按照事先拟订的谈判合约进行；该平台可以提供一个能够容纳大量供应商的产品目录。

与静态的聚集机制不同，匹配机制能够把买卖双方聚集在一起，从而实现动态、实时的价格谈判。该平台可以使交易的参与方列出投标价格以及产品数量上的需求，价格在成交时决定。拍卖是一种特定形态的匹配机制。在匹配机制中，参与者的角色不断变化，即卖方可能成为买方，反之亦然。因此，向市场添加一些新成员可以增加市场的流动性并使买卖双方都受益。然而，匹配还是一种更为复杂和更难形成规模的交易模式，它在如下环境中能很好地运行：产品是日常必需品或近似日常必需品，可以不经过验货就进行交易；交易量远大于交易成本；交易者可以熟练地运用动态定价机制；企业能够通过实施采购来平衡供需的波峰和波谷；物流可以通过第三方实现，但不会泄露买者或卖者的身份信息；需求和价格不断波动。

3.1.3 跨境电子商务平台的界定

从中国电子商务平台发展的实际情况看，大多数第一代电子商务平台是通过收取会员费来实现盈利的，其网站仅提供信息服务，允许买卖双方进行联系，报价、签订合同、下订单、生产、发货、支付等行为都与网络平台无关，是一种不完整的电子商务交易。随着电子商务市场的逐步成熟，电子商务平台开始出现，在基本交易机制不发生变化的前提下，新的电子商务平台实现了各种交易和服务的整合，并逐步更新了平台发展初期的商务模式，变得越来越复杂，最终成为一个集信息咨询、买方顾问、网上交易、网上支付和现代物流等多种服务于一体的综合服务平台。电子商务与传统产业正以前所未有的形态深度紧密地结合在一起，成为企业加强资源整合、广泛开拓国内外市场的重要手段。

跨境电子商务平台是从电子商务平台演化而来的，指分属于不同关境的交易主体进行信息交换、达成交易、进行支付结算并完成跨境物流的虚拟场所。跨境电子商务是基于传统国际贸易和国内电子商务的一次伟大创新，利用现代电子科技大大减少了传统国际贸易烦琐的中间环节，显著提高了跨境贸易的交易效率。在整个跨境电子商务的交易活动中，跨境电子商务平台作为各交易主体间沟通交流的桥梁和纽带，有着核心、中枢的作用。跨境电子商务平台的建设水平、功能实现、服务质量直接影响企业、消费者及政府等交易主体参与跨境电子商务交易活动的意向，也决定着整个跨境电子商务行业的发展状况，因而了解跨境电子商务平台是了解跨境电子商务的核心内容之一。

3.1.4　跨境电子商务平台的特征

1. 全球性

借助现代互联网技术的发展，跨境电子商务平台使全球各地的买家和卖家能方便地进行商务活动，具有全球性。与传统的国际贸易相比，跨境电子商务大大摆脱了空间限制：一国卖方可以在跨境电子商务平台上发布产品和服务的具体信息，并将信息长期留存于平台；一国买方可以在跨境电子商务平台上搜索各国卖方发布的信息，从而挑选出更合适的产品和服务。跨境电子商务平台将信息资源最大化地分享给全球的卖家和买家，并降低了参与跨境贸易的门槛，使得更多的个人和企业参与跨境贸易。同时跨境电子商务平台作为买方和卖方交流磋商的媒介，扩大了贸易范围，降低了商品成本，消费者再也不用为了购买喜爱的商品而跨越国界或支付高昂的价格，只需借助跨境电子商务平台即可获得价格合理的产品。

2. 无纸化

跨境电子商务平台作为跨境电子商务活动的载体，承担了传统贸易活动中的中间环节，实现了贸易的无纸化。传统国际贸易不论是订购合同、运输条款、保险条款及货物单据等环节，均通过书面方式完成，而跨境电子商务将这些合同、条款及单据等采用电子形式发送，烦琐的书面文件转变为简洁的电子文件，大大提高了买卖双方的信息交流和货物买卖的效率。但无纸化的贸易不仅带来了便利，也带来了潜在的风险。相较于正式的书面文件，电子单据更易被篡改，参与交易的企业或个人可能因此而遭受巨大损失。国际贸易行业现行的法律大多针对书面文件内容而订立，无纸化的跨境贸易发展迅猛，导致了目前相关监管领域的空白，针对电子单据的立法问题亟待解决。

3. 时效性

跨境电子商务平台采用电子技术实现信息的传递，加快了消费者、商家及物流商等多方的沟通效率，具有时效性。在传统的跨境贸易活动中，买卖双方进行信息交流的主要方式是邮件、传真等，这些方式受到地理位置和通信技术的限制，导致信息的发送与接收存在时间差。国际贸易涉及不同支付货币的选择，而货币汇率变化迅速，时间差的存在可能导致买卖的一方承受巨大损失，甚至为了避免损失而拒绝履行合同。跨境电子商务平台的时效性完美解决了时间差问题，信息的发送与接收几乎同时进行，并且通过跨境电商平台，买卖双方可以直接交流，减少了代理商、零售商等传统跨境贸易中的诸多环节，更具时效性。值得注意的是，跨境电子商务的时效性使得交易更加迅速，同时提高了政府的监管及征税难度。

4. 匿名性

互联网向来对使用者的个人信息隐藏得很好，基于互联网的跨境电子商务平台同样具有匿名性的特征。出于规避风险、逃避责任等原因，参与跨境电子商务交易的消费者或个人卖家常隐匿个人信息，享受跨境电子商务平台带来的便利之时却没有承担应有的义务，如个别不法商家售卖伪劣产品，然后利用跨境贸易追责困难而逃避法律的制裁。在纳税环节中，这个问题尤为突出，因为交易主体的身份、地理位置等信息均难以获取，税务部门无法得知真实的交易情况，更无法进行合理征税。

3.1.5　跨境电子商务平台的功能

1. 商品陈列功能

不论面对的是个人消费者、企业客户还是政府订购者，跨境电子商务平台都必须清晰直观地将商品展示给消费者，以提高消费者对其产品的认知度及购买需求。进行商品陈列是将商品成功销售出去的前提。跨境电子商务的商品陈列与国内电子商务相比大体相同，指利用计算机处理系统不断建立子标题或次级标题，尽可能将商品进行不同种类的分割与管理。在具体的商品陈列功能中，面对个人消费者的 B2C 跨境平台和面对企业客户的 B2B 跨境平台存在一定的差别。

B2C 跨境平台销售的产品品类十分丰富，因此具体的分类工作十分重要，无论是身为商家的自营型平台还是作为中介的服务型平台，均按大类、小类依次分好，且常与明星合作宣传产品，还有专门的促销栏目定期宣传打折商品，以促进平台商品的销售。B2C 跨境平台陈列商品时更多展示商品的功用与效果，以吸引个人消费者订购。

B2B 跨境平台销售的产品品类相对来说较少，面对的是企业客户。由于企业客户比个人消费者更加专业和理性，传统的明星营销、换季促销等手段效果不佳，因而平台更倾向于降低商品价格以获取更多企业客户的青睐。与 B2C 跨境平台相比，B2B 跨境平台陈列商品时更注重展示商品的具体规格，并有固定的栏目介绍公司，自营型平台介绍本企业，服务型平台则滚动介绍会员企业，因为企业客户更有可能长期合作，让它们更加了解产品及供应商是下一次购买的基础。

O2O 跨境平台比较特殊，不仅在电子商务网站上陈列商品，还采取传统线下门店陈列商品的方式，比如著名的 O2O 跨境平台——大龙网，在巴西、迪拜等世界多个国家及地区创设了"外贸样品体验馆"。在体验馆中，观众不仅能够看到各种类型的样品，还可以通过扫码等方式直接联系相应生产商。除了体验馆外，大龙网还经常举办和参加各类线下展览会，吸引各类消费者的关注。这种线上与线下相结合的商品陈列方式具有广阔的发展前景，是目前跨境电子商务平台发展的新趋势。

2. 商品销售功能

跨境电子商务平台是国际贸易方式的创新，是国内电子商务平台的延伸，其实质是传统跨境商务活动的电子化，因此商品销售是跨境电子商务平台的基础功能之一，其他的一切功能都是围绕商品销售实施的。与传统的线下商品销售相比，跨境电子商务平台的商品销售功能突破了时间与空间的限制，无论是白天还是黑夜，任何一个消费者在互联网覆盖到的任何一个地方，轻点鼠标就可以下订单锁定喜欢的商品。

跨境电子商务平台的商品销售手段更加丰富、多样。一是定期对商品打折，吸引客户购买。以兰亭集势为例，其网站首页中有一栏专门摆放打折商品，折扣力度有九折、七折、五折等。由于跨境电子商务平台信息传达迅速，因而打折促销手段能在较短时间内吸引足够多消费者的注意。二是组织各类购物节，如阿里系的"双11"、京东的"6·18"以及美国许多购物网站的"黑色星期五"。在购物节中，跨境电子商务平台的商品均有较大折扣，吸引消费者订购更多商品，频频打破成交金额纪录已证明了购物节的成功之处。三是跨境电子商务平台与品牌商合作，推出正品包赔系列商品。与质量参差不齐的实体店、海淘以及个人代购相比，大型正规的跨境电子商务平台显然更值得信赖，极大促进了平台商品的销售。

3. 订单管理功能

订单管理是指由订单管理部门及时处理客户的需求信息，是从客户下订单到客户收到货物这一过程中所有的单据处理活动，通常包括订单准备、订单传递、订单登录、按订单供货、订单处理状态跟踪等流程。改善订单管理过程，缩短订单处理周期，提高订单满足率和供货的准确性，提供订单处理全程跟踪信息，可大大改善顾客服务水平并提高顾客满意度，降低库存水平，并在降低物流总成本的同时提高顾客服务水平。

跨境电子商务平台订单管理的大部分流程与一般商务活动类似，最大的不同在于订单处理状态跟踪，因为跨境电子商务活动涉及跨境支付、跨境物流，而这两个环节目前也是制约平台发展的主要因素。支付是否成功与物流状态跟踪均是订单处理状态跟踪的重要内容，也决定了跨境电子商务平台订单管理的成败，极大影响着客户的购买体验，因此跨境电子商务平台需高度重视跨境支付与跨境物流问题。

4. 库存管理功能

库存管理指在保证企业生产、经营需求的前提下，将企业库存量长期保持在合理的水平上。借助库存管理，可掌握库存量动态，适时、适量发出订货请求，避免过度存货或缺货；减少库存空间的占用，降低库存总成本；控制库存资金使用并加速资金周转。与国内商务活动相比，跨境电子商务交易活动涉及复杂的跨境物流，物流周期长并且运输方式复杂，因此跨境电子商务平台从激烈的竞争中脱颖而出的必要条件之一就是高效的库存管理功能。

库存管理包括库存的数量、时间及地点。跨境电子商务平台的库存管理变化主要在于地点的选择。早期的跨境电子商务平台直接在本国建立库存，采用海外中转方式，即由海外卖家将商品交付给转运公司，然后通过跨境物流将商品发送至顾客所在国，进行报关通关，最后由其国内快递邮寄到消费者手中。海外中转方式效率低、成本高，目前的跨境电子商务平台纷纷选择"海外仓"储备库存。"海外仓"一般设立在东道国保税区或自贸区，消费者在平台上下单后，由跨境电子商务平台在该国设立的"海外仓"发货，并由该国的物流公司直接从仓库配送至客户手中。跨境电子商务平台的供应链管理效率由于"海外仓"的设立得到了提升，破解了仓储物流难题，这是对传统跨境电子商务库存与物流的一次革命，让商品流通不再有渠道和国家之分。

5. 信息处理功能

由于跨境电子商务交易涉及不同的国家和地区，信息的收集和处理变得更加复杂和烦琐。跨境电子商务平台是交易主体之间沟通和交流的平台，这个平台必须从不同的交叉信息中筛选出与不同客户需求匹配的信息。网络技术的不断发展以及大数据时代的来临，使跨境电子商务平台可以接触到更多的信息。跨境电子商务平台主要处理以下两类信息。

一类是客户终端信息，即客户的商品喜好、地理分布、年龄分布等。跨境电子商务平台可以通过对客户终端信息的分析，挖掘更深层次的销售潜力。通过计算机分析处理，跨境电子商务平台可针对每一用户分析其消费习惯，用于预测消费者的行为，提供个性化的网页产品推送，以促进商品的销售。

另一类是渠道引入信息，即客户主要是通过哪个渠道进入网页并购物的信息。跨境电子商务平台会采用搜索引擎、网站联盟、邮件营销以及社会化营销等营销手段拓展市场。虽然海外市场难以拓展，掌握渠道引入信息仍可以使跨境电子商务平台更明白在哪些渠道投入广告对客户更具吸引力。

6. 客户服务功能

客户服务功能主要是指商品咨询服务、退换货服务及保修服务等。跨境电子商务与早期的海淘及个人代购相比，一个很大的不同就体现在客户服务上。早期的海淘及个人代购往往对消费者在语言上有所要求。若消费者心仪某个境外平台的某个商品，他们需要提前熟悉外国网站的语言，适应其网站布局以及商品销售方式等，且在退换货服务及保修服务上根本得不到保障。因为从卖方角度来看，大多数国外网站不支持其他国家消费者的售后服务。从买方角度来看，邮回商品需要经历漫长、复杂的国际物流体系。目前的跨境电子商务平台在客户服务质量上大大改善。从商品咨询服务角度看，跨境电子商务平台有专门的语言人才，不论是从网站沟通语言、网站布局形式还是商品销售方式来说，均实现了一定程度的本土化，对于消费者更加友善，便于消费者进行购物决策；从退换货服务及保修服务角度看，跨境电子商务平台一般在东道国设立海外仓，并由专门的售后客服负责处理，效率大大提高，消费者的权益也得到更好的保障。

7. 其他辅助功能

一是线上支付功能。跨境平台往往自带线上支付功能，不同于国内电子商务平台的线上支付，跨境支付要涉及复杂的结汇问题。目前中国跨境电子商务平台主要采取以下支付方法：通过网银直接支付、通过人民币国际直接结算以及第三方支付平台，其中第三方支付方式占主导地位。网上支付完成后就是复杂的结汇问题，目前外贸电子商务卖家主要采取的结汇方式有境内个人账户结汇、第三方结汇及地下钱庄结汇。外汇管制在我国较为严格，国外客户支付的货款只能通过个人储蓄账户来结汇，且单人一年的汇兑额度仅有 5 万美元。

二是营销推广功能。除了主要展示的商品，跨境电子商务平台页面上往往还有相应的广告栏目，有需要的企业可花费一定的广告费达到推广的目的。目前大数据分析技术越来越成熟，跨境电子商务平台往往可以根据消费者的浏览与选购记录分析其购物偏好，然后将相应企业的广告推送给消费者。如一名女性消费者经常搜索服装、化妆品等关键词，那么她的浏览页面可能会出现 Zara 公司的广告；一名男性消费者关注篮球、运动，那么他将会看到耐克的广告。更具针对性的营销推广增强了企业广告的效果，同时提高了跨境电子商务平台的服务收入。

三是社交平台功能。随着各类社交平台（如微信）的兴起，社交零售已成为新的热点，众多电子商务平台预见到其中蕴藏的巨大潜力，开始设计自己的社交功能。比如淘宝就开通了微淘板块与淘宝直播板块。在微淘板块，消费者可以看到自己关注的店铺商家发布的动态，还可以评论点赞，与商家及别的顾客互动。美食达人、购物达人、化妆达人等各类达人都可以在淘宝直播板块上进行直播，展示自己使用的商品，这与早年流行的电视购物有异曲同工之妙。而与电视购物相比，淘宝直播的商品种类更加丰富，直播门槛大大降低。相比传统的略显生硬的电子图片展示方式，淘宝直播将商品更全面地展示给消费者，这大大刺激了消费者的购物欲望。跨境电子商务平台目前对于这方面的功能开发程度较低，出口跨境电商平台面对多个国家的消费者，语言障碍及文化差异使得社交受阻，进口跨境电商平台则受限于消费者群体仍然较小。但可以预见的是，随着跨境电子商务活动的进一步发展与普及，跨境电子商务平台必定会实现社交平台功能，世界各地的商家与消费者将拥有更加紧密的联系。

3.2　跨境电子商务平台分类

3.2.1　常用的跨境电子商务平台分类方式

跨境电子商务平台指跨境电子商务平台企业，既包括第三方平台，也包括自建跨境平台。跨境电子商务平台是跨境电子商务交易中枢，衔接商品供应与消费的桥梁。跨境电子商务平台也是跨境电子商务交易主体沟通与交流的平台，是商品陈列、展示、销售平台。

1. 按照交易主体属性分类

电子商务平台的交易主体有企业、个人和政府。再结合买方与卖方的属性，电子商务类型又以 B2B、B2C、C2C 与 B2G 的提法最多。由于目前的跨境电子商务交易尚未涉及政府这一交易主体，所以跨境电子平台可以分为 B2B 跨境电子商务平台、B2C 跨境电子商务平台与 C2C 跨境电子商务平台。

（1）B2B 跨境电子商务平台

B2B 跨境电子商务平台所面对的最终客户为企业或集团客户，提供企业、产品、服务等相关信息。目前，在中国跨境电子商务市场交易规模中，B2B 跨境电子商务平台市场交易规模占总交易规模的 90% 以上。在跨境电子商务市场中，企业级市场始终处于主导地位。

代表企业：敦煌网、中国制造、阿里巴巴国际站、环球资源网。

（2）B2C 跨境电子商务平台

B2C 跨境电子商务平台所面对的最终客户为个人消费者，以网上零售的方式将产品售卖给个人消费者。C 类跨境电子商务平台在不同垂直类目商品销售上也有所不同，如 FocalPrice 主营 3C 数码电子产品，兰亭集势则在婚纱销售上占有绝对优势。C 类跨境电子商务市场正在逐渐发展，且在中国整体跨境电子商务市场交易规模中的占比不断升高。在未来，C 类跨境电子商务市场将会迎来大规模增长。

代表企业：速卖通、DX、兰亭集势、米兰网、大龙网。

（3）C2C 跨境电子商务平台

C2C 电子商务是个人与个人之间的电子商务，主要通过第三方交易平台实现个人对个人的电子交易活动。C2C 跨境电子商务平台是指分属不同关境的个人卖方对个人买方开展在线产品和服务的销售，由个人卖家通过第三方电子商务平台发布产品和服务售卖产品信息、价格等内容，个人买方进行筛选，最终通过电子商务平台达成交易，进行支付结算，并通过跨境物流送达商品，完成交易的一种国际商业活动。

代表企业：eBay。

2. 按照服务类型分类

（1）信息服务平台

信息服务平台主要是为境内外会员商户提供网络营销平台，传递供应商或采购商等商家的商品或服务信息，促成双方交易。

代表企业：阿里巴巴国际站、环球资源网、中国制造网。

（2）在线交易平台

在线交易平台不仅提供企业、产品、服务等多方面信息展示，并且可以通过平台线上完成搜索、咨询、对比、下单、支付、物流、评价等全购物链环节。在线交易平台模式正在逐渐成为跨境电子商务中的主流模式。

代表企业：敦煌网、速卖通、DX、FocalPrice、米兰网、大龙网。

3. 按照平台运营方分类

（1）平台型跨境电子商务平台

平台型跨境电子商务平台通过在线上搭建商城，并整合物流、支付、运营等服务资源，吸引商家入驻，为其提供跨境电子商务交易服务。同时，平台以收取商家佣金以及增值服务佣金作为主要盈利模式。

代表企业：速卖通、敦煌网、环球资源网、阿里巴巴国际站。

平台型跨境电子商务平台的主要特征为：①交易主体提供商品交易的跨境电子商务平台，并不从事商品的购买与销售等相应交易环节；②国外品牌商、制造商、经销商、网店店主等入驻该跨境电子商务平台从事商品的展示、销售等活动；③商家云集，商品种类丰富。

平台型跨境电子商务平台的优势与劣势也较为鲜明，其优势表现为：①商品的货源广泛；②商品种类繁多；③支付方式便捷；④平台规模较大，网站流量较大。

其劣势表现为：①跨境物流、海关与商检等环节缺乏自有的稳定渠道，服务质量不高；②商品质量保障较低，易出现各类商品质量问题，导致消费者信任度偏低。

（2）自营型跨境电子商务平台

自营型跨境电子商务平台通过在线上搭建平台，平台方整合供应商资源通过较低的进价采购商品，然后以较高的售价出售商品，主要以商品差价作为盈利模式。

代表企业：兰亭集势、米兰网、大龙网、FocalPrice。

自营型跨境电子商务平台的主要特征为：①开发与运营跨境电子商务平台，并作为商品购买主体从海外采购商品并备货；②涉及商品供应、销售到售后整条供应链。

自营型跨境电子商务平台的优势主要有：①电子商务平台与商品都是自营的，掌控能力较强；②商品质量保障性高，商家信誉度好，消费者信任度高；③货源较稳定；④跨境物流、海关与商检等环节资源稳定；⑤跨境支付便捷。

劣势主要有：①整体运营成本高；②资源需求多；③运营风险高；④资金压力大；⑤商品滞销、退换货等问题显著。

4. 按照涉及的行业范围分类

（1）垂直型跨境电子商务平台

垂直型跨境电子商务平台指在某一个行业或细分市场深化运营的跨境电子商务模式。垂直型跨境电子商务平台不仅有品类垂直跨境电子商务，还有地域垂直跨境电子商务平台。所谓品类垂直型跨境电子商务平台，主要指专注于某一类产品的跨境电子商务模式，代表企业有小红书、蜜芽等；而地域垂直型跨境电子商务平台，则是指专注于某一地域的跨境电子商务模式，代表企业有俄顺通、日贸通、执御等。

（2）综合型跨境电子商务平台

综合型跨境电子商务平台是与垂直型电子商务平台相对应的概念，不像垂直型电子商务那样专注于某些特定的领域或某种特定的需求，展示与销售的商品种类繁多，涉及多种行业。

代表企业：速卖通、亚马逊、eBay、Wish、兰亭集势、敦煌网等。

5. 按照商品流动方向分类

跨境电子商务的商品流动跨越了国家的地理空间范畴。按照商品流动方向分类，跨境电子商务平台可分为跨境进口电子商务平台、跨境出口电子商务平台。

（1）跨境进口电子商务平台

跨境进口电子商务平台指从事商品进口业务的跨境电子商务平台，具体指国外商品通过电子商务渠道销售到国内市场，通过电子商务平台完成商品展示、交易、支付，并通过线下的跨境物流送达商品、完成商品交易。

代表企业：天猫国际、京东全球购、洋码头、小红书等。

（2）跨境出口电子商务平台

跨境出口电子商务平台指从事商品出口业务的跨境电子商务平台，具体指将本国商品通过电子商务渠道销售到国外市场，通过电子商务平台完成商品展示、交易、支付，并通过线下的跨境物流送达商品、完成商品交易。

代表企业：亚马逊海外购、eBay、速卖通、环球资源网、大龙网、兰亭集势、敦煌网等。

天猫国际吸引韩国易买得超市入驻

韩国第一大超市易买得（emart）于近日入驻天猫国际，开始其进军中国市场的布局，有消息称易买得将投资至少5亿美元布局中国市场。目前提供销售的商品除了本土的传统商品外，还有服饰、化妆品。

有相关研究人员指出，易买得因本地化不足、人力成本高等因素，无法像麦德龙等大型超市一样在中国迅速打开市场。之所以选择与国内电商巨头天猫合作，是希望能够进一步打开中国市场。根据在韩国市场的火爆品分析，易买得在天猫国际开辟了强烈推荐商品区，以此吸引中国消费者的注意力。除此之外，易买得还推出了食品专区、母婴专区、居家日用和保健品专区等分类，不断丰富商品种类。

资料来源：根据雨果网资讯改编。雨果网.韩国第一大超市emart入驻天猫国际[EB/OL].(2015-05-14)[2019-12-15].https://www.cifnews.com/article/14750.

提问

1. 试分析易买得为何要入驻天猫国际。

2. 试分析天猫国际属于哪类跨境电子商务平台模式。

3.2.2　主流跨境电子商务平台模式

在诸多跨境电子商务分类模式中，尤以混合使用涉及的行业范围与按平台运营方进行分类的接受度较高。此外，按照商品流动方向对跨境电子商务进行分类的接受度也较高。本节主要从涉及的行业范围与平台运营方两种分类混合使用角度研究跨境电子商务分类模式。如前文所述，综合使用这两种分类，如图3-1所示，跨境电子商务平台可以分为综合平台型、综合自营型、垂直平台型与垂直自营型四类。

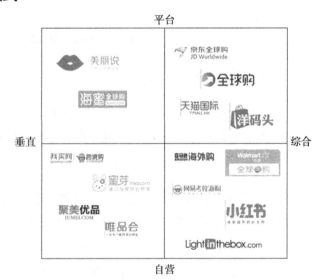

图3-1　跨境电子商务分类

综合平台型代表企业有京东全球购、天猫国际、淘宝全球购、洋码头等；综合自营型代表企业主要有亚马逊海外购、沃尔玛全球e购、网易考拉海购、小红书、兰亭集势等；垂直平台型的参与者比较少，主要集中在服饰、美妆垂直类商品，代表性企业有美丽说、海蜜全球购等；垂直自营型也较少见，代表性企业有我买网跨境购、蜜芽、聚美优品、唯品会等。

3.3　解读平台型与自营型跨境电子商务平台

3.3.1　平台型跨境电子商务平台

1. 平台型跨境电子商务平台解读

　　平台型跨境电子商务平台的优势在于开发与运营，由于不从事商品的采购、销售等工作，其运营重点更聚焦于网站流量的挖掘、前期招商、关键辅助服务环节等。平台型跨境电子商务平台的业务内容如图 3-2 所示。

　　平台型跨境电子商务平台的关键业务流程在于前期的平台网站建立、吸引浏览、开发商家入驻；日常业务重点在于平台管理，包括对商家、商品、消费者与平台自身的管理，确保平台的正常运行、商家与商品的质量与形象，举行各类市场活动推动商品销售，保持与消费者的沟通，进而提升商家、消费者的满意度；此外，需要提供一些关联服务，旨在弥补入驻平台的商家的服务短板与劣势，如支付、客服、物流、监管等工作环节，这些都成为吸引平台流量、商家入驻数量、商品销售、消费者满意的重要服务内容。

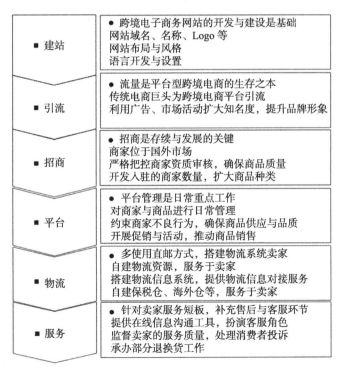

图 3-2　平台型跨境电子商务平台的业务内容

2. B2C 平台型跨境电子商务平台

　　结合交易主体类型，分析平台型跨境电商平台业务流程。B2B 跨境电子商务模式虽然单笔交易规模较大，但使用频率不高，与人们日常消费关联度不大，故此处不对其进行详细探究，本书由此将平台型跨境电子商务细分为 B2C 平台型与 C2C 平台型跨境电子商务平台。B2C 平台型跨境电子商务平台的业务内容如图 3-3 所示。

B2C 平台型跨境电子商务平台在网站流量、商品品类方面具有显著的优势，但是在品牌招商方面存在一定的难度，需要在规模与质量之间进行平衡。这主要是因为，现在规模较大的商家数量较少，加上平台型跨境电子商务平台之间的竞争与资源争夺，导致较大规模的商家引入难度较高；小型规模的商家虽然数量较多，但是平台又面临商家与商品质量把控的难题。

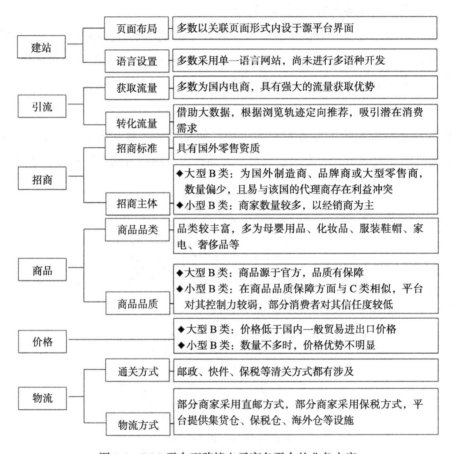

图 3-3　B2C 平台型跨境电子商务平台的业务内容

3.C2C 平台型跨境电子商务平台

C2C 平台型跨境电子商务平台的业务内容如图 3-4 所示。C2C 平台型跨境电子商务平台最大的优势在于商品种类的丰富性，但是由于入驻商家为个人，且数量庞大，导致 C2C 平台型跨境电子商务平台对卖家与商品的控制能力偏弱，容易引发商品质量等方面的风险，这也是目前消费者对 C2C 类电子商务平台信任度偏低的主要原因。

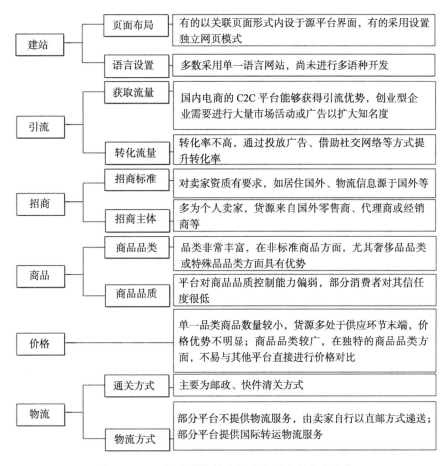

图 3-4　C2C 平台型跨境电子商务平台的业务内容

3.3.2　自营型跨境电子商务平台

自营型跨境电子商务平台企业不同于平台型跨境电子商务平台企业，更类似传统的零售企业，只是将商品交易场所从线下转移到线上。如图 3-5 所示，自营型跨境电子商务平台企业需要全面参与商品的整个供应链，包括所销售商品的选择、供应商开发与谈判、电子商务平台的运营等，并深度介入物流、客服与售后等服务环节。

由于自营型跨境电子商务平台从交易主体属性分类上归属于 B2C 模式，所以此处不再采用交易主体属性模式对其进行细分，而结合商品种类的多寡细分为综合自营型跨境电子商务平台与垂直自营型跨境电子商务平台。

1. 综合自营型跨境电子商务平台

综合自营型跨境电子商务平台的商品来源多与品牌商较接近，其业务内容如图 3-6 所示，对商品质量的包装能力较强，加上省去了中间环节的诸多成本，其商品在价格上优势显著。但是，其商品数量要远少于综合类平台型跨境电子商务平台，在进行商品品类扩展时难度较高，成本增加比较显著。

图 3-5　自营型跨境电子商务平台的业务内容

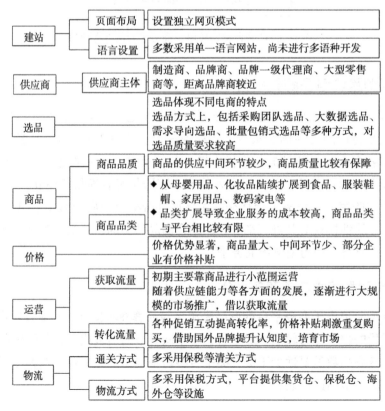

图 3-6　综合自营型跨境电子商务平台的业务内容

2. 垂直自营型跨境电子商务平台

垂直自营型跨境电子商务平台的业务内容如图 3-7 所示。垂直自营型跨境电子商务平台的最大优势在于对利基市场的定位与深挖，对目标群体的了解与服务的深入，在商品选取能力与销售转化率方面均表现优秀。由于其市场定位是利基市场，决定了商品品类的单一，受政策性因素的影响较大。再加上垂直自营型跨境电子商务平台企业在规模、实力、流量与管理水平等方面均较弱，所以与商品供应商，尤其一些大型品牌商合作时存在一定的难度，导致商品在价格上的优势要弱于综合自营型跨境电子商务平台企业。

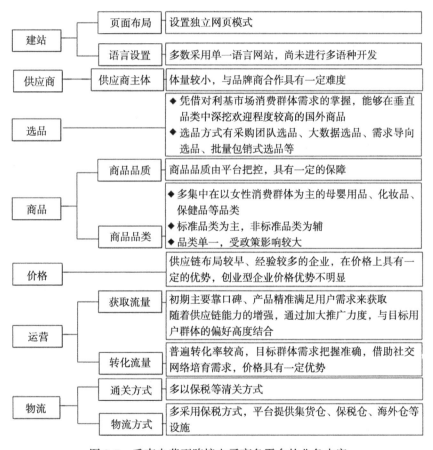

图 3-7　垂直自营型跨境电子商务平台的业务内容

3.4　解读跨境出口电子商务平台与跨境进口电子商务平台

跨境出口电子商务背靠传统外贸优势飞速增长。电子商务研究中心监测数据显示，2018 年中国跨境出口电子商务交易规模为 7.1 万亿元。它发端于 B2B，逐步向上下游延伸，B2C 近年兴起且呈现更高增速，目前两者占比为 9∶1。行业形成平台、自营两大模式，涌现出一批跨境出口企业，如兰亭集势、环球易购、DX、敦煌网等。全球经济不振、中国低价商品广受欢迎、跨境出口提升外贸效率、资本助力等多重因素推动跨境出口快速发展。行业仍处于上升期，前景广阔，保守估计未来 5 ～ 10 年有望翻番，达到超万亿美元规模。发达国家成熟市场已进入红海初期，由低价竞争升级为品牌（商品＋电子商务平台）竞争，新兴市场尚待开发，机遇与挑战并存。

跨境出口电子商务可以分为多个类型，结合交易主体类型，可将跨境出口电子商务平台细分为 B2B 跨境出口模式与 B2C 跨境出口模式。

3.4.1　B2B 跨境出口模式

1. 信息服务平台

模式介绍：通过第三方跨境电子商务平台进行信息发布或信息搜索，完成交易撮合的服务，其主要盈利模式包括会员服务费和增值服务费。

会员服务即卖方每年缴纳一定的会员费后享受平台提供的各种服务。会员费是平台的主要收入来源，目前该种盈利模式在市场上已趋向饱和。

增值服务即买卖双方免费成为平台会员后，平台为买卖双方提供增值服务，主要包括竞价排名、点击付费及展位推广服务。竞价排名是信息服务平台进行增值服务最为成熟的盈利模式。

代表企业：阿里巴巴国际站、生意宝国际站、环球资源网。

2. 交易服务平台

模式介绍：能够实现买卖双方的网上交易和在线电子支付的一种商业模式，其主要盈利模式包括收取佣金以及展示费用。

佣金制是平台在成交以后按比例收取一定的佣金。平台通过真实交易数据可以帮助买家准确地了解卖家状况。

展示费是上传产品时收取的费用，不区分展位的大小，只要展示产品信息便收取费用，直接线上支付展示费用。

代表企业：敦煌网、大龙网、易唐网。

3.4.2　B2C 跨境出口模式

1. 开放平台

模式介绍：开放平台开放的内容涉及出口电子商务的各个环节，除了开放买家和卖家数据外，还包括开放商品、店铺、交易、物流、评价、仓储、营销推广等各环节和流程的业务，实现应用和平台系统化对接，并围绕平台建立自身开发者生态系统。

开放平台更多地作为管理运营平台商存在，通过整合平台服务资源同时共享数据，为买卖双方服务。

代表企业：亚马逊、速卖通、eBay、Wish。

2. 自营平台

模式介绍：平台对其经营的产品进行统一生产或采购、产品展示、在线交易，并通过物流配送将产品投放到最终消费者群体的行为。

自营平台通过量身定做符合自我品牌诉求和消费者需要的采购标准，来引入、管理和销售各类品牌的商品，以可靠品牌为支撑点凸显出自身品牌的可靠性。自营平台在商品的引入、分类、展示、交易、物流配送、售后保障等整个交易流程各个重点环节管理上均发力布局，通过互联网系统管理、建设大型仓储物流体系，实现对全交易流程的实时管理。

代表企业：兰亭集势、环球易购、米兰网。

3.4.3　跨境进口电子商务模式

跨境电子商务进口兴于代购，政策疏导海淘阳光化后实现了爆发式增长。前瞻产业研究院资料显示，2018 年中国跨境进口电子商务交易规模约为 1.9 万亿元。B2B 与 B2C 占比约为 7∶3。目前进口产品品类集中于服饰箱包、奶粉、化妆品。跨境电子商务进口的快速发展，得益于国民消费升级下对品质、安全及高性价比的追求，同时网购习惯养成、跨境物流支付等环节已打通，助推行业快速发展。

跨境电子商务进口模式依据不同的分类标准有不同的类型，目前主要从业务形态和海关监管模式两方面进行分类。

1. 以业务形态作为分类依据

在模式盘点之前，我们有必要先对传统意义上的"海淘"模式和现有的进口电子商务模式加以区分。传统海淘模式是一种典型的 B2C 模式。严格来讲，"海淘"一词的原意是指：中国国内消费者直接到外国 B2C 电子商务网站上购物，然后通过转运或直邮等方式把商品邮寄回国的购物方式。除直邮品类之外，中国消费者只能借助转运物流的方式完成收货。简单讲，就是在海外设有转运仓库的转运公司代消费者在位于国外的转运仓地址收货，之后通过第三方或转运公司自营的跨国物流将商品发送至中国口岸。

除了最为传统的海淘模式，我们根据不同的业务形态将进口零售类电子商务现有的主要运营模式分为如下五大类：①海外代购模式；②直发／直运平台模式；③自营 B2C 模式；④导购／返利平台模式；⑤海外商品闪购模式。虽然特定电子商务平台所采用的运营模式可能是多样化的，但通常会有比较强的模式定位倾向性。因此，本书将依据特定平台在现阶段的主要定位将其归入相应模式。

（1）海外代购模式

简称"海代"的**海外代购模式**是继"海淘"之后第二个被消费者所熟知的跨国网购概念。简单地说，就是身在海外的人/商户为有需求的中国消费者在当地采购所需商品并通过跨国物流将商品送达消费者手中的模式。从业务形态上，海代模式大致可以分为以下两类。

①海外代购平台。海外代购平台的运营重点在于尽可能多地吸引符合要求的第三方卖家入驻，不会深度涉入采购、销售以及跨境物流环节。入驻平台的卖家一般都是有海外采购能力或者跨境贸易能力的小商家或个人，他们会定期或根据消费者订单集中采购特定商品，在收到消费者订单后再通过转运或直邮模式将商品发往中国。海外代购平台走的是典型的跨境 C2C 平台路线。代购平台通过向入驻卖家收取入场费、交易费、增值服务费等获取利润。

优势：为消费者提供了较为丰富的海外产品品类选项，用户流量较大。

劣势：消费者对于入驻商户的真实资质持怀疑的态度，交易信用环节可能是 C2C 海代平台目前最需要解决的问题之一；对跨境供应链的涉入较浅，或难以建立充分的竞争优势。

代表企业：淘宝全球购、京东海外购、易趣全球集市、美国购物网。

淘宝全球购、京东海外购都具备了一定的流量水平，但交易信用、售后服务等环节始终是消费者顾虑较多的地方。有不少消费者在发觉买到假货、高仿、出口转内销的商品后，都因为无法实现有效维权而深感郁闷。尽管代购平台的潜在发展规模巨大，但上述问题如果无法有效控制，海代市场能否成长到预期中的规模依然是一个大大的问号。

②朋友圈海外代购。微信朋友圈代购是依靠熟人/半熟人社交关系从移动社交平台自然生长出来的原始商业形态。虽然社交关系对交易的安全性和商品的真实性能起到一定的背书作用，但受骗的例子并不在少数。随着海关政策的收紧，监管部门对朋友圈个人代购的定性很可能会从灰色贸易转为走私性质。在海购市场格局完成未来整合后，这种原始模式恐怕将难以为继。

2012 年 3 月 28 日，海关总署整顿海淘、海代，规定所有境外快递企业使用 EMS 清关派送的包裹，不得按照进境邮递物品办理清关手续。同年，海关总署联合发改委启动跨境电子商务服务试点，开始进行海淘、海代阳光化的探索。因此，可以说进口跨境电子商务是合规后的海淘、海代。很多时候我们在讨论海淘、海代或进口跨境电子商务的时候，一般对两者进行模糊化处理，不做严格区分。

（2）直发/直运平台模式

直发/直运平台模式又称 dropshipping 模式。在这一模式下，电子商务平台将接收到的消费者订单信息发给批发商或厂商，后者按照订单信息以零售的形式对消费者发送货物。由于供货商是品牌商、批发商或厂商，因此直发 / 直运平台模式是一种典型的 B2C 模式。我们可以将其理解为第三方 B2C 模式（参照国内的天猫商城）。直发 / 直运平台的部分利润来自商品零售价和批发价之间的差额。

优势：对跨境供应链的涉入较深，后续发展潜力较大。直发 / 直运模式在寻找供货商时是与可靠的海外供应商直接谈判、签订跨境零售供货协议的；为了解决跨境物流环节的问题，这类电子商务会选择自建国际物流系统（如洋码头）或者和特定国家的邮政、物流系统达成战略合作关系（如天猫国际）。

劣势：招商缓慢，前期流量相对不足；前期所需资金量较大；对于模式既定的综合平台来说，难以规避手续造假的"假洋品牌"入驻。

代表企业：天猫国际（综合）、洋码头（北美）、跨境通（上海自贸区）、苏宁全球购（意向中）、海豚村（欧洲）、一帆海购网（日本）、走秀网（全球时尚百货）。

（3）自营 B2C 模式

在自营 B2C 模式下，大多数商品需要平台自己备货，因此这应该是所有模式里资金负担最重的一类。自营 B2C 模式分为综合型自营和垂直型自营两类。

①综合型自营跨境 B2C 平台。目前能够称得上综合性自营跨境 B2C 平台的商家大概只有亚马逊和有沃尔玛在背后支持的 1 号店了。近期，亚马逊和 1 号店先后宣布落户上海自贸区开展进口电子商务业务。它们所出售的商品将以保税进口或者海外直邮的方式入境。

优势：跨境供应链管理能力强，较为完善的跨境物流解决方案，后备资金充裕。

劣势：业务发展会受到行业政策变动的显著影响，不可逆转的固定资产投资风险极大。

代表企业：亚马逊、1 号店的"1 号海购"。

②垂直型自营跨境 B2C 平台。垂直是指，平台在选择自营品类时会集中于某个特定的范畴，如食品、奢侈品、化妆品、服饰等。

优势：供应商管理能力可以做到相对较强。

劣势：前期需要较大的资金支持。

代表企业：中粮我买网（食品）、蜜芽宝贝（母婴用品）、寺库网（奢侈品）、莎莎网（化妆品）、草莓网（化妆品）。

（4）导购 / 返利平台模式

导购 / 返利模式是一种轻资产的电子商务模式，可以分成两部分来理解：引流部分 + 商品交易部分。引流部分是指，通过导购资讯、商品比价、海购社区论坛、海购博客以及用户返利来吸引流量；商品交易部分是指，消费者通过站内链接向海外 B2C 电子商务或者海外代购者提交订单而实现跨境购物。为了提升商品品类的丰富度和货源的充裕度，这类平台通常会搭配海外 C2C 代购模式。

因此，从交易关系来看，这种模式可以理解为海淘 B2C 模式＋代购 C2C 模式的综合体。在典型的情况下，导购／返利平台会把自己的页面与海外 B2C 电子商务的商品销售页面进行对接，一旦产生销售，B2C 电子商务就会给予导购平台 5%～15% 的返点。导购平台则把其所获返点中的一部分作为返利回馈给消费者。

优势：定位于对信息流的整合，模式较轻，较容易开展业务。引流部分可以在较短时期内为平台吸引到不少海购用户，可以比较好地理解消费者前端需求。

劣势：长期而言，把规模做大的不确定性较多，需要其他要素加以配置；对跨境供应链把控较弱；进入门槛低，参与者多，相对缺乏竞争优势，若无法尽快达到一定的可持续流量规模，其后续发展可能较难维持下去。

代表企业：55 海淘、极客海淘网、海淘城、海淘居、海猫季、Extrabux、悠悠海淘、什么值得买、美国便宜货。

总体而言，导购／返利平台生存下去的难度不是很大，但要想把规模做到百万级以上并不容易，可能需要通过网站联盟或横向并购的手段才能实现。

（5）海外商品闪购模式

除了以上进口零售电子商务模式之外，海外商品闪购是一种相对独特的操作模式，我们将其单独列出。由于跨境闪购所面临的供应链环境比起境内更为复杂，因此在很长一段时间里，涉足跨境闪购的商家都处于小规模试水阶段。2014 年 9 月，聚美优品的"聚美海外购"和唯品会的"全球特卖"频道纷纷高调亮相网站首页。两家公司都宣称对海外供应商把控力强、绝对正品、全球包邮、一价全包。

海外商品闪购模式是一种第三方 B2C 模式。

优势：一旦确立行业地位，将会形成流量集中、货源集中的平台网络优势。

劣势：闪购模式对货源、物流的把控能力要求高；对前端用户引流、转化的能力要求高。任何一个环节的能力有所欠缺都可能以失败告终。

代表企业：蜜淘网（原 CN 海淘）、天猫国际的环球闪购、1 号店的进口食品闪购活动、聚美优品海外购、宝宝树旗下的杨桃派、唯品会的海外直发专场。

2. 以海关监管模式为分类依据

2012 年第一批跨境电子商务服务的试点城市为上海、重庆、杭州、宁波、郑州，它们具有良好的经济和外贸基础，具备开展跨境电子商务服务试点的条件。试点城市不仅在政策上获得国家支持，还在资本上获得极大支撑。除了第一批跨境电子商务服务试点城市之外，广州、深圳、苏州、青岛、长沙、平潭、银川、牡丹江、哈尔滨等共 22 个城市也获批成为跨境电子商务试点城市。2015 年 3 月 7 日，国务院同意设立中国（杭州）跨境电子商务综合试验区（以下简称"综试区"）。2016 年 1 月 6 日，国务院常务会议同意天津、上海、重庆、合肥、郑州、广州、成都、大连、宁波、青岛、深圳、苏州 12 个城市获批成为第二批国家跨境电子商务综合试验区。2018 年 7 月 24 日，国务院同意在北京、呼和浩特、沈阳、长春、哈尔滨、南京、南昌、武汉、长沙、南宁、海口、贵阳、昆明、西安、兰州、厦门、唐山、无锡、威海、珠海、东莞、义乌 22 个城市设立跨境电子商务综合试验区。2019 年 12 月 15 日，国务院同意在石家庄、太原、赤峰、抚顺、珲春、绥芬河、徐州、南通、温州、绍兴、芜湖、福州、泉州、赣州、济南、烟台、洛阳、黄石、岳阳、汕头、佛山、泸州、海东、银川 24 个城市设立跨境电子商务综合试验区。2020 年 4 月 27 日，国务院同意在雄安新区、大同、满洲里、营口、盘锦、吉林、黑河、常州、连云港、淮安、盐城、宿迁、湖州、嘉兴、衢州、台州、丽水、安庆、漳州、莆田、龙岩、九江、东营、潍坊、临沂、南阳、宜昌、湘潭、郴州、梅州、惠州、中山、江门、湛江、茂名、肇庆、崇左、三亚、德阳、绵阳、遵义、德宏傣族景颇族自治州、延安、天水、西宁、乌鲁木齐等 46 个城市和地区设立跨境电子商务综合试验区。截至 2020 年 6 月底，全国共有 105 个跨境电子商务"综试区"。新设的跨境电子商务"综试区"，其实是之前"试点城市"的升级及扩容，将复制推广杭州综试区已经建设的"六体系两平台"等经验，即"信息共享、金融服务、智能物流、电子商务信用、统计监测和风险防控六体系，以及线上'单一窗口'和线下'综合园区'两平台"。这是杭州综试区最被认可的两点经验，也是杭州综试区的核心架构，这也是升级之后，跨境电子商务"综试区"较"试点城市"最大的不同。"试点城市"的升级和扩容，一方面，从国家政策层面再次肯定了跨境电子商务模式，这将有助于把跨境电子商务进一步打造成外贸的新增长点，助力中国外贸抵挡"寒冬"，实现"优进优出"，对于跨境电子商务来说是政策红利；但从另一方面看，升级和扩容，也表明国家对于跨境电子商务"阳光化""正规化"的监管需求，跨境电子商务有可能面临另一轮洗牌。

开展跨境贸易电子商务试点，从业务模式来分，主要有直购进口、网购保税进口两种模式。

（1）直购进口模式

直购进口模式是消费者通过跨境贸易电子商务企业进行跨境网络购物交易，并支付货款、行邮税等，所购买的商品由跨境物流企业从国外运输入境，并以个人物品方式向海关跨境贸易电子商务通关管理平台申报后送至消费者手中。商品在国外就已经被分装打包，然后以个人物品的形式通关，送到国内各个消费者的手中。以天猫国际为例，通过阿里旗下的菜鸟网络与杭州海关的合作，天猫国际"海外直邮"商品的购物流程有望缩短在 10 天以内，购物流程与国内淘宝基本无异。进驻天猫国际平台的商家必须为消费者支付行邮税，必须在内地建立退换货的网点。对于热衷海淘的消费者来说，可以借此以告别以往海淘周期长、风险大的问题。

美国亚马逊部分商品可以直邮内地，未来还可能扩大直邮范围，开通更多直邮中国的服务。亚马逊在直邮中国的时候，由于清关需求，要求填报个人身份信息，也就是姓名、身份证号码、手机号码。包裹到达国内的时候，会有工作人员联系核对身份信息，用于报关。

（2）网购保税进口模式

网购保税进口模式是依托海关特殊监管区域的政策优势，在货物一线进境时，海关按照海关特殊监管区域相关规定办理货物入区通关手续；二线出区时，海关按照收货人需求和有关政策办理通关手续。这种模式下，国外商品已经整批抵达国内海关监管场所，消费者在下单后往往几天内便可收到货物且运费不高，商品进口之后，须在海关监管场所内保存存储，消费者下单后直接从仓库销售到个人。目前税的征收以电子订单的实际销售价格作为完税价格，参照行邮税税率计征税款。这样税收就会从以前两道环节的增值税 + 关税变成一道环节，就像个人从国外买东西一样，带入境内只要付一次行邮税。保税进口模式大幅降低了进口环节税，集中采购又大幅降低商品的采购成本和物流成本，以上因素能够为进口产品带来更高的利润和更具竞争力的价格。

跨境电子商务的模式多样，每个商业模式都有自己的优势和劣势，很难说某一种商业模式就有绝对的优势，能够完全地占领跨境电子商务市场。不同商业模式各自面临着不同的风险。从目前的情况来看，直发 / 直运模式和自营 B2C 最受热捧；海外代购模式作为最早诞生的模式，发展最为成熟；而海外闪购模式发展潜力巨大。

新闻摘录

Wish 平台

Wish 是一款移动电商购物 App，由 ContextLogic 于 2011 年独立设计开发。平台通过反复计算以及分析消费者行为得出其偏好的个性化产品。Wish 平台主打移动端，是新兴的基于 App 的跨境电商平台，主要靠价廉物美吸引客户，在美国市场有非常高的人气。2018 年，Wish 累计向全球超过 3.5 亿消费者供应了超过 2 亿款商品，月活跃用户超过 9 000 万人，活跃商户有 12.5 万，日出货量峰值达到 200 万单，订单主要来自美国、加拿大、欧洲等。核心品类包括服装、饰品、手机、礼品等，大部分从中国发货。对那些在购物时优先考虑低价的客户来说，Wish 是一个不错的选择。

Wish 平台之所以获得大众的喜爱，与其自身的优势有很大的关系。首先，良好的本土化支持，其上架货品非常简单，主要运用标签进行匹配，还有非常高的利润率和相对公平的竞争环境；其次，在营销方面，Wish 采用点对点个性化推送，获得较高的满意度，并借助 Facebook 社交平台吸引流量。

资料来源：根据雨果网资讯改编。原始出处：雨果网 . 外贸跨境电商哪个平台好，各个平台有什么优势 [EB/OL].(2019-07-17)[2019-12-15]. https://www.cifnews.com/article/46904.

提问

试分析 Wish 为何主打移动业务。

3.5　跨境电子商务企业介绍

3.5.1　跨境电子商务企业类型

企业是商业活动与市场活动中主要的构成要素，也是表现最活跃的要素之一，在跨境电子商务交易中扮演重要角色。在跨境电子商务蓬勃发展的驱动下，越来越多的企业涉足该市场。这些企业来自越来越多的行业，不仅包括传统电子商务企业，也包括传统互联网企业、零售企业、物流企业等。

依据行业背景来区分，涉足跨境电子商务业务的企业主要有以下几类。

（1）全球性电子商务企业将业务辐射到跨境电子商务业务，代表企业有亚马逊、eBay 等。

（2）国内电子商务企业拓展跨境电子商务业务。国内电子商务企业成立之初，主要专做或辐射本国市场，为了持续增长或者顺应跨境电子商务发展趋势，其经营范围由本国市场扩展到国外市场，从而发展为跨境电子商务企业，代表企业有京东商城、天猫商城、印度的 ZoMaTo 等。

（3）传统互联网企业涉入跨境电子商务业务，代表企业有网易的考拉海购、谷歌等。

（4）传统行业企业进入跨境电子商务市场。传统企业在电子商务发展的推动下，不再满足原有的实体渠道，纷纷将触角延伸至电子商务领域，并逐渐步入跨境电子商务市场。该类企业主要以传统零售业为主，代表企业有沃尔玛、家乐福、麦德龙、家得宝、Lowe's 等。

（5）专营跨境电子商务业务。该类企业为经营跨境电子商务业务而成立，是专业跨境电子商务企业，成立之初就定位于跨境电子商务市场，代表企业有速卖通、洋码头、兰亭集势、敦煌网等。

（6）物流企业拓展跨境电子商务业务。一些物流企业凭借在跨境商务生态系统中的物流资源与优势，为实现多元化而进入跨境电子商务市场，代表企业有顺丰海淘、Cnova Brazil 等。

（7）社交网络企业尝试进入跨境电子商务市场。在跨境电子商务市场中，社交网络的价值与地位不断得到提升，尤其是年轻消费群体热衷于使用社交网络，这为一些社交网络企业提供了发展机会，代表企业有 Facebook、微信等。

3.5.2　主要跨境电子商务平台企业分析

1. 速卖通

优势：为消费者提供丰富的产品品类选项，涵盖服装配饰、鞋包、手机及通信工具、美妆及健康、计算机网络、珠宝及手表、家居、玩具、户外用品等；用户流量较大，在部分新兴国家排名前列；拥有阿里巴巴、天猫、淘宝的卖家资源。

劣势：产品质量难以保证，物流、售后、退换货等客户体验一般，因此最初的目标市场欧美地区（服务要求较高）占比逐渐下降，新兴国家占比上升。

2. eBay

优势：品牌认同度高，买家资源丰富，在全球范围内拥有近3亿用户、1.2亿活跃用户，流量大；质量较好，品类丰富；支付系统强大，PayPal拥有超过1.32亿活跃用户，支持26种货币；为吸引中国卖家入驻，eBay成立专业团队提供一站式外贸解决方案，并提供跨境交易认证、业务咨询、专场培训、洽谈物流优惠等服务。

劣势：对产品掌控能力较弱，售后服务质量一般。

3. 亚马逊

优势：品类丰富，可选品种超过500万；品牌认同度高，用户流量大，质量较好；对入驻卖家要求较高，品质相对优于其他平台；自建物流中心，在全球有超过80个物流中心，除自营商品外，也为第三方卖家提供物流服务，物流体验较好。

劣势：尽管对卖家要求较高，但依然无法绝对保证平台类商品的质量，若第三方卖家不选用亚马逊物流，物流体验也无法保证。

4. 兰亭集势

优势：供应链管理能力较强，在婚纱和礼服类产品为消费者提供个性化定制；拥有两个海外采购中心，快递服务商包括Fedex、UPS、DHL、TNT，以及中国邮政、美国邮政，消费者可以针对个人需求选择；客户服务和市场营销方面均由本地化员工执行，物流、售后体验较好。

劣势：流量成本较高，质量一般，运营成本较高；核心品类不够突出。

本章要点

- 跨境电子商务平台指分属于不同关境的交易主体进行信息交换、达成交易、进行支付结算并完成跨境物流的虚拟场所。
- 跨境电子商务平台的四个特征，分别是全球性、无纸化、时效性、匿名性。
- 跨境电子商务平台具有商品陈列、商品销售、订单管理、库存管理、信息处理、客户服务、其他辅助功能七个功能。
- 跨境电子商务平台按主体属性分为B2B、B2C、C2C；按服务类型分为信息服务平台与在线交易平台；按平台运营方分为平台型与自营型；按涉及行业分为垂直型与综合型；

　　按商品流向分为出口型和进口型。

- 主流跨境电子商务平台包括综合平台型、综合自营型、垂直平台型与垂直自营型四类。
- 平台型跨境电子商务平台的优势在于开发与运营，由于不从事商品的采购、销售等工作，其运营重点可聚焦于网站流量的挖掘、前期招商、关键辅助服务环节等。
- 自营型跨境电商平台企业不同于平台型跨境电商平台企业，更类似传统的零售企业，只是将商品交易场所从线下转移到线上。
- 跨境进口电子商务平台运营模式主要有海外代购模式、直发 / 直运平台模式、自营 B2C 模式、导购 / 返利平台模式和海外商品闪购模式。

重要术语

电子商务平台	跨境电子商务平台	平台型跨境电子商务平台
自营型跨境电子商务平台	垂直型跨境电子商务平台	
综合型跨境电子商务平台	海外代购模式	
直购进口模式	网购保税进口模式	

复习思考题

1. 跨境电子商务平台具有哪些特点？
2. 跨境电子商务平台具有哪些功能？
3. 简述跨境电子商务平台常用的几种分类。
4. 简述平台型与自营型跨境电子商务平台的特征、优缺点。
5. 简述平台型跨境电子商务平台与自营型跨境电子商务平台的业务内容。
6. 试论述跨境进口电子商务平台的主要运营模式。
7. 简述常见的跨境电子商务平台企业类型。

讨论案例

京东出海如何突出重围

　　2019 年 10 月 8 日，亚马逊新加坡站点投入运营，拉开了亚马逊、阿里巴巴、腾讯在东南亚市场竞争的序幕。然而，京东早已开拓东南亚市场。先进入东南亚、中东，再到欧美，这是刘强东曾经的京东出海蓝图。

1. 重金入股越南电商 Tiki

　　2019 年 9 月，京东增持越南电商平台 Tiki，其持股份额达 25.65%，超出 Tiki 之前的投资方 VNG Corporation，一跃成为其最大股东。

2. 京东海外：印尼、泰国独立运营

京东在入股 Tiki 之前就已经布局海外业务。早期京东全球售业务中，京东全球英文网站和俄罗斯网上商店以及印尼站点先后开通。

京东除了自运营与入股第三方电商企业外，还与 Google Shopping 合作，一起撬动北美市场。京东出海计划中的一项重要战略，便是与 Google Shopping 携手启动新电商项目，一起开拓北美市场。京东作为 Google 战略合作伙伴，将在未来开展以下三种服务模式：

（1）1P 模式：京东利用自营采购、备货能力找到适合北美市场的产品和品牌供应商。所有知名平台的热销产品都会被纳入北美本地仓库。

（2）CP 模式：在 2019 年第三季度，京东协助谷歌在中国地区招商，助力中国优质卖家在谷歌平台上销售。

（3）3P 模式：京东负责打造提供 SaaS 平台，在满足一定条件下，入驻京东的中国卖家可一键直达谷歌平台。

资料来源：根据雨果网资讯改编。雨果网. 东南亚电商"四足鼎立"，京东出海如何突出重围 [EB/OL].(2019-10-09)[2019-12-15]. https://www.cifnews.com/article/51724.

讨论题

1. 试分析京东为何会看重东南亚跨境电子商务市场。

2. 试分析京东如何开拓东南亚跨境电子商务市场。

第4章
跨境电子商务消费者行为

学习目标

完成本章后,你将能够:

- 了解消费者行为相关理论。
- 掌握网络消费者购物动机。
- 掌握网络消费者购买行为因素。
- 了解中国跨境电子商务消费者画像。
- 了解中国跨境电子商务消费者具体行为。
- 掌握跨境电子商务消费者的评价。
- 了解不同国家跨境电子商务消费者特征。

开篇案例　　　　　亚马逊消费者购买率下降

数据表明,人们在亚马逊上的购物率趋于下降,转而倾向沃尔玛。消费者在亚马逊上购买商品达六次或以上的频率从85%降至如今的45%。同时亚马逊全球会员注册人数也在下降。这项调查的结果可能表明沃尔玛的电子商务投资正在获得回报,而亚马逊的份额正逐渐流失。亚马逊为了提高自身的竞争优势,挽回损失的市场份额,计划推出送货服务。这项服务将为2 000个一定范围内的会员提供两小时的免费送货服务,而此前会员需要每月额外支付一定的费用才能使用Amazon Fresh,这将为亚马逊的消费者提供更好的购物体验。

在免费送货计划中,亚马逊已花费数亿美元实施,并且在几个城市开始测试商品直达的效果。沃尔玛采用固定取货点方式,通过充分利用实体店,沃尔玛在美国各地有几千个可供在线订单取货的取货点。沃尔玛上个季度的利润超过了华尔街的预期,其电子商务交易额猛增了40%。其购买率的增长速度一定程度上对亚马逊造成了威胁。

假期旺季的到来才是真正考验两家公司实力的时候。旺季天数相较往年更短,这给两家公司施加了一定的压力。它们需要尽快吸引流量,提升消费者的浏览量和交易量。为此,沃尔玛和亚马逊已经开始提供各种优惠方案，吸引更多的消费者。

资料来源：根据雨果网资讯改编。原始出处：雨果网 . 电商消费者转向沃尔玛？调查显示亚马逊消费者购买率下降 [EB/OL].(2019-11-06)[2019-12-15]. https://www.cifnews.com/article/53640.

讨论题

1. 消费者为何从亚马逊转向沃尔玛进行购物？
2. 相对于亚马逊，沃尔玛具有哪些竞争优势？

4.1 消费者行为理论

4.1.1 消费者行为的概念

消费者行为的定义有不同的立论基础："决策过程理论"把消费者行为定义为消费者购买、消费和处置的决策过程；"体验论"认为消费者行为是消费者的体验过程；"刺激－反应论"认为消费者行为是消费者对刺激的反应；"平衡协调论"认为消费者行为是消费者与营销者之间的交换互动行为，是双方均衡的结果。本书认为消费者行为指人们为满足其需要和欲望而选择、购买、使用及处置产品或服务时介入的过程和活动。消费者行为包括与购买决策相关的心理活动和实体活动。

消费者行为的基本问题包括：

- 消费者的特征辨析（Who）；
- 消费者的心理行为（What）；
- 如何解释消费者的行为（Why）；
- 如何影响消费者（How）；
- 消费者行为的变化趋势（How）。

4.1.2 数字化消费者行为的概念

1995 年，尼葛洛庞帝（Negroponte）在《数字化生存》（*Being Digital*）中指出："计算不再只和计算机有关，它将决定我们的生存。"他预言，计算机和互联网将会使人类进入数字化生存时代。

随着互联网和移动互联网以出人意料的速度渗透人类社会，后来的研究者开拓创新时，常引用或借用尼葛洛庞帝的"数字化"一词，来表明这是某种不同于传统的思维观念，如数字化媒体、数字化营销、数字化传播、数字化品牌建立等，并广泛使用"数字（化）革命"的提法。

尼葛洛庞帝在该书中认为，"数字化生存是指人类在虚拟的、数字化的活动空间里从事信息传播、交流等活动"。重点是人类在不同于传统的另一个空间里活动，一切都会不同。

互联网时代的消费者行为当然也不例外。2009 年，著名的消费者行为学者 M. R. 所罗门在他的《消费者行为学》（原书第 8 版）前言中简单提出了"数字化消费者行为"（digital consumer behavior）的概念，并且认为数字化消费者行为是一个"新世界"，这与他在 2001 年说过的话是同一个意思："消费者的偏好与习惯在 20 世纪 90 年代末发生了重大改变，社会的关注点和偏好也处于不断发展变化之中。"当然，其他学者在近十年也表达过类似的思想。在企业实践领域，人们甚至更积极地将触角深入到数字化消费者行为的新空间之中，力图捕捉新的商业机会。例如，麦肯锡、尼尔森、埃森哲等国际一流的咨询公司高度重视数字化消费者行为的调查研究新课题，并且在近几年连续发布了多份调查分析报告。

数字化消费者行为可以作为互联网时代消费者行为学一个新的整体性核心概念。本书认为，**数字化消费者行为**指消费者为获取、使用、处置消费物品或服务而在网络上采取的各种行动，包括与这些行动相关的决策过程。

4.1.3 消费者动机

消费者的需要和欲望是多方面的，其消费动机也是多种多样的。就购买活动而言，消费者的购买动机往往十分具体，其表现形式复杂多样，与购买活动的联系也更为直接。

1. 追求实用的动机

这是以追求商品的使用价值为主要目的的购买动机。具有这种购买动机的消费者比较注重商品的功用和质量，要求商品具有明确的使用价值，讲求经济实惠、经久耐用，而不过多强调商品的品牌、包装和新颖性。倘若商品的使用价值不明确，甚至无实际用处，消费者便会放弃购买。这种动机并不一定与消费者的收入水平有必然联系，而主要取决于个人的价值观念和消费态度。

2. 追求安全健康的动机

现代消费者越来越注重自身的生命安全和生理健康，并且把保障安全和健康作为消费支出的重要内容。抱有这种动机的消费者通常把商品的安全性能和是否有益于身心健康作为购买与否的首要标准。就安全性能而言，消费者不仅要求商品在使用过程中各种性能安全可靠，如家用电器不出现意外事故，住房装饰材料不含有毒物质，汽车的安全、性能有绝对保障等，而且刻意选购各种防卫保安性用品和服务，如人寿保险、私人保镖等。与此同时，追求健康的动机日益成为消费的主导性动机。在这一动机的驱动下，选购医药品、保健品、健身用品已经成为现代消费者经常性的购买行为。

3. 追求便利的动机

追求便利是现代消费者提高生活质量的重要内容。受这一动机的驱动，人们的购买目标指向可以减少家务劳动强度的各种商品和服务，如洗衣机、冰箱、方便食品、家庭服务、家庭运输等，以求最大限度地减轻家务劳动负担。为了方便购买，节约购买时间，越来越多的消费者采用上门送货、直销购买、邮购、电视购物、网上购物等现代购物方式。随着现代社会生活节奏的加快，消费者追求便利的动机也日趋强烈。

4. 追求廉价的动机

这是以注重商品价格低廉，希望以较少支出获得较多利益为特征的购买动机。出于这种动机的消费者，选购商品时会对商品的价格进行仔细比较，在不同品牌或外观、质量相似的同类商品中，会尽量选择价格较低的品类。他们同时喜欢购买优惠品、折价品或处理品，有时甚至因价格有利而降低对商品质量等的要求。这一动机固然与收入水平较低有关，但对于大多数消费者来说，较大的收益是一种带有普遍性的甚至是永恒的购买动机。

5. 追求新奇的动机

这是以追求商品的新颖、奇特为主要目的的购买动机。具有这种动机的消费者往往富于想象，渴求变化，喜欢创新，有强烈的好奇心。他们在购买过程中，特别重视商品的款式是否新颖独特、符合时尚、对造型奇特且不为大众熟悉的新产品情有独钟，而不大注意商品是否实用或价格高低。这类消费者在求新动机的驱动下，经常凭一时兴趣进行冲动式购买。他们是时装、新式家具、新式发型及各种时尚商品的主要消费者和消费带头人。

6. 追求美感的动机

追求美好事物是人类的天性，体现在消费活动中，即表现为消费者对商品美学价值和艺术欣赏价值的要求与购买动机。具有求美动机的消费者在挑选商品时，特别重视商品的外观造型、色彩和艺术品位，希望通过购买格调高雅、设计精美的商品获得美的体验和享受。这类消费者同时注重商品对人体和环境的美化作用，以及对精神生活的陶冶作用。例如，通过款式与色彩和谐的服装、服饰搭配美化自我形象，选购具有艺术气息的家庭装饰用品美化居住环境，以及对美容、美发服务的消费等，都是求美动机的体现。

7. 追求名望的动机

这是因仰慕产品品牌或企业名望而产生的购买动机。现代商战中，一些名牌产品及知名企业生产的产品由于产品质量精良、知名度高、声誉卓著、市场竞争力强而备受消费者的青睐。许多消费者出于慕名心理，在购买前即预先将名牌产品确定为购买目标；在购买过程中，面对众多同类商品，仍会将注意力直接指向名牌产品。求名的购买动机不仅可以满足消费者追求名望的心理需要，而且能降低购买风险，加快商品选择过程，因而在品牌差异较大的商品如家用电器、服装、化妆品的购买中，它成为带有普遍性的主导动机。

8. 自我表现的动机

这是以显示自己的身份、地位、名望及财富为主要目的的购买动机。具有这种动机的消费者，在选购商品时，不太注重商品的使用价值，而是特别重视商品所代表的社会象征意义，喜欢购买名贵商品、稀有商品、某些顶级的极品商品，以及价格惊人的特殊商品；他们会选择特殊的消费方式，如入住豪华的总统套房，品尝珍馐美味，选择奢华昂贵的休闲方式等，以显示其超人的财富、特殊的身份地位或不同凡响的品位，达到宣扬自我、炫耀自我的目的。

9. 好胜攀比的动机

这是一种因好胜心、与他人攀比不甘落后而形成的购买动机。抱有这种动机的消费者，购买某种商品往往不是出于实际需要，而是为了争强好胜，赶上甚至超过他人，以求得心理上的平衡和满足。这种购买动机具有偶然性和浓厚的情绪化色彩，购买行为带有一定的冲动性和盲目性。在生活水平迅速提高、贫富差距急剧扩大的社会转型时期，攀比性动机表现得较为普遍和强烈。

10. 满足偏好的购买动机

这是以满足个人特殊偏好为目的的购买动机。许多消费者由于专长、兴趣和个人偏好而特别偏爱某一类商品，如集邮、摄影、花鸟鱼虫、古玩字画、音响器材等。这些嗜好往往与消费者的职业特点、知识领域、生活情趣有关，因而其购买动机非常明确，购买指向也比较稳定和集中，具有持续性和重复性的特点。

11. 惠顾性购买动机

惠顾性购买动机或称习惯性动机，是指消费者对特定商店或特定商品品牌产生特殊信任偏好，从而在近似条件反射的基础上习惯性地重复光顾某一商店，或反复、习惯性地购买同一品牌的商品。惠顾性动机有助于企业获得产品的忠实消费者群，保持稳定的市场占有率。

除上述主要动机外，还有自卫性、储备性、纪念性、补偿性、馈赠性等购买动机。这些动机大都有明确的指向性和目的性，在消费活动中也较常见。

4.1.4 影响消费者购买的因素

消费者的购买过程及行为会受到多方面因素的影响。对消费者购买行为影响较大的有文化因素、社会因素、个体因素以及群体因素。

1. 文化因素

文化是一系列在社会中才能获得的价值观。社会作为整体接受了这些价值观，并把它以语言或象征的形式传达给社会中的成员，因此，一个社会的价值观会影响其成员的购买和消费模式。文化不仅影响消费者行为，还反映消费者行为。因此，文化是社会成员的价值观和拥有品的一面镜子。

用文化因素来界定各类商品的固定作用，可以分为以下几种。

（1）例行行为。例行行为就是经常重复且按一定顺序发生的一系列象征性行为。比如赠送礼物包括得到礼物、交换礼物和估计接受者的反应，交换礼物、交换礼物的种类和场合都已被社会规范好了。一些行业就是依靠赠送礼物这一习俗才能销售产品，如圣诞节销售额往往占零售商年营业额的很大部分。除了赠送礼物外，假期也包含了例行行为，如圣诞节必须消费特定的食品。假期也包含了度假这一例行行为，如每年必去的度假点。作为主导文化价值观的反映，例行行为在不同的文化中是不同的。例如，日本人赠送礼物是某人在社会团体中对他人责任的体现。赠送礼物是公认的道德要求，由此人们之间相互的义务才能实现。而在美国，赠送礼物则比较个人化，虽然在赠送礼物时也常有一些义务感含在其中，但这种义务感是个人化的而不是集体化的。

（2）真纯消费。真纯消费是对能促进合作、有利于保护自然并使事物更加美好的商品的消费。那些追寻真纯一面的消费者容易被有关自然的形象或家庭纽带的联系所吸引。他们喜爱具有天然成分的食品和款式简单的服装。真纯消费的另一方面便是人们对某些产品怀有喜爱之情甚至敬意。对于因某一特定事件而被赋予意义的珠宝或与事业、社会成功相联系的套装或裙子，人们以一种神圣的态度对待。对于哈雷戴维森亚文化群的研究显示了摩托车手们对哈雷摩托车所怀有的敬意。在未经允许的情况下动别人的车是绝对的忌讳。清洗哈雷摩托车的过程是非常复杂的，包括小心翼翼地清洗和上光。而摩托车停放的车库几乎被视为圣地，人们之间的亲密关系（摩托车手互相称"兄弟"）几乎与宗教中的相同。当骑上哈雷摩托车时，他们称那种感觉是"魔法一般地超脱于尘世"。

2. 社会因素

社会阶层是指消费者在社会层次中的位置，是按照消费者的权力和威望把他们划分到上层、中层和下层等不同的社会等级之中。这种划分取决于三个重要的人口因素：职业、收入和受教育程度。

常用的划分消费者的社会阶层方法是 Warner 的地位特征指数以及 Coleman-Rainwater 社会地位层次划分法。一般将社会层次划分为上层、中上层、中产阶层、工薪阶层和下层社会消费者。这些群体在行为准则、价值观念、家庭准则及购买行为模式等方面存在着明显的差别，表现于诸如服装、家具、娱乐产品甚至食品的购买上。例如上层消费者在购买电器时强调款式和颜色，下层消费者则重视电器的工作性能。又如下层消费者更有可能在打折商场和邻近商场购物，因为在这些商场中他们感觉更自在，还可以与这些商场中的售货员建立友情，便于获取信息。上层消费者则更有可能在正规百货公司购买有风险的产品，而在打折商场购买几乎没有风险的产品。

3. 个体因素

在消费者决策过程中，个性也起一定的作用，即不同的个性在购买决策过程中有不同的表现。从个性角度把握消费者购买决策过程差异的变量有认知欲望与自我概念。

（1）认知欲望。认知欲望是指个人爱思考的倾向，是把握个性差异的变量。也就是说，认知欲望反映的是"个人思考多少""爱思考的程度如何"等问题。认知欲望高的消费者（爱思考的消费者）比认知欲望低的消费者（不愿思考的消费者）更注意信息的质量，而认知欲望低的消费者比认知欲望高的消费者更容易受到像广告模特那样的边缘刺激的影响。

（2）自我概念。自我概念是对"我是谁"与"我看来像什么"的主观认知。认知心理学家马科斯提出了"自我图式"理论，阐释了形成自我的认知结构。每个人都有一个单一的、整合的自我概念。自我概念可以被视为关于一个人特征的所有特殊图式的集合体。马科斯后来又进一步提出了"可能的自我"与"动态的自我"两个概念。

所罗门对自我概念的定义是一个人所持有的对自身特征的认知和评价。D. I. 霍金斯定义自我概念为个人将自身作为对象的所有思想和情感的总和，是对自己的感知和情感。

消费者的自我概念是他们对自己的态度的反应。不管这些态度是积极的还是消极的，都会引导消费者的许多购买决定：某些产品会增强消费者的自尊心或者使其认同自己的"身份"。

4. 群体因素

消费者周围的群体是对消费者行为影响最大的一个环境因素。参照群体提供了一条对这种影响进行分析的途径。所谓参照群体，是指对消费者形成的信仰、态度、行为起到参考作用的一个群体。比如营销人员经常在一种群体背景中为其产品做广告，如全家人享用麦片粥早餐，朋友们在打完橄榄球后喝软饮料，邻居对新买的汽车表示赞赏等。这样做是为了反射朋友和亲属对消费者的影响。此外，营销人员常用"典型消费者"来证明他们的产品。典型消费者反映了购买者的标准和价值观，并且扮演了消费者参照群体中一个代表的角色。例如在促销 Dove 牌香皂的印刷广告上，标题是"从斯格兰顿到萨克拉门托的女人都将告诉你 Dove 牌更好"，接着是六个女人引证了这种产品的好处。营销人员也经常利用社会名流作为发言人来反射出群体的影响。在这种情况下，名人代表的是距离普通消费者很远而且又被消费者所羡慕的群体中的一员，而不是消费者参照群体中的一个实际成员。这些例子都说明了参照群体对于消费者的购买行为有着深远的影响。

4.2 网络消费者行为分析

4.2.1 网络消费者的购买动机分析

购买动机是消费者购买并消费商品最直接的原因和动力。网络消费者的购买动机主要包括方便型动机、低价型动机、表现型动机。

1. 方便型动机

方便型动机是为了减少体力与心理上的支出而出现的消费动机。网上购物只需要消费者点击鼠标，在网上寻找自己所需的产品，确认后就可以完成购买过程，这样可以免去他们去商场购物的往返奔波、寻找和挑选商品的时间、排队交款的时间，还免除了他们去商场购物所产生的体能消耗。由此可见，网络购物可以方便消费者的购买，减少购买过程的麻烦（网络购物基本上都采取送货上门），减少消费者的劳动强度，节省体力，这些都可以满足消费者求方便的动机。

2. 低价型动机

低价型动机是消费者追求商品低价格的一种消费动机。网上购物之所以具有强大的生命力，重要的原因之一是网上销售的商品价格普遍低廉。由于通过网络销售产品可以减少经销商、代理商等中间环节，采用订单生产、减少库存，从而降低了成本，因此往往同种商品网上的价格比超市和商场低廉，许多网络消费者就是冲这一点采取网络购物的。

3. 表现型动机

表现型动机是指消费者通过购买商品来达到宣扬自我、夸耀自我的一种消费动机。目前，网络用户多以年轻、高学历用户为主，这些青年人处于少年向中年的过渡时期，少年的未成熟心理与中年人的成熟心理共存，体现自我意识是他们在消费中的心理需求。因此，他们更喜欢能够体现个性的商品，往往把所购商品与个人性格、理想、身份、职业、兴趣等联系在一起。青年人喜欢追求标新立异、强调个性色彩，而不愿落入"大众化"，标榜"与众不同"的消费心理较"追求流行"更为强烈。网络上提供的产品包括很多新颖的产品，即新产品或时尚类产品，并且这些产品一般来说在本地传统市场中暂时无法买到或不容易买到。因此，网络购物能比较容易地实现他们的这一要求，即可以实现他们展示个性和与众不同品位的需求。

4.2.2 影响网络消费者购买的因素分析

1. 产品特性

网络市场不同于传统市场，网络消费者的消费需求特性也不同于传统市场，从而导致并不是所有商品都适合在网上销售。追求商品的时尚和新颖是许多网络消费者特别是青年消费者重要的购买动机，因此网上销售的产品一般要考虑产品的新颖性，若产品是新产品或时尚类产品，就比较能吸引网络消费者的注意。

2. 产品价格

从消费者的角度来说，价格不是决定消费者购买的唯一因素，却是消费者购买商品时肯定要考虑的因素，而且是一个非常重要的因素。对一般商品来讲，价格与需求量之间经常表现为反比关系，同样的商品，价格越低，消费者的需求量越大，企业的销量越大。网络购物之所以具有生命力，重要的原因之一是网上销售的商品价格普遍低廉。在购物网站上打出"包邮""清仓处理""秒杀"之类的字眼能够更容易吸引到这类消费者。

3. 安全感

网络购物的安全性，包括个人信息及隐私的泄露程度，会影响网络购物。消费者还会担心网购的商品无法得到有效的售后服务。此外，许多网络消费者觉得目前的网络支付系统要么太复杂，不易普及，要么缺少安全性，并且注册时需要透露真实的姓名、地址和联系方式等私人信息，担心会被网站泄密。正因为如此，目前网络购物中交易量较大的商品，主要集中在书籍、日用百货、音像制品等品类，消费金额较低。对于电器、通信器材等大宗商品，许多消费者持谨慎态度。这些都大大制约了网络消费的发展。

> **新闻摘录**
>
> ## 价格和安全是影响购买的两大要素
>
> 线上购物平台与实体店为消费者提供了两种不同的购物体验，但两个渠道影响消费者行为的要素都差不多。商品价格和品质或信任问题是消费者选择购买渠道之前要考虑的两大要素。
>
> 实体店购买行为主要受到产品试用体验和产品需求程度两大要素的影响。消费者可以在购买产品之前先试用或咨询相关产品信息，对商品品质有更直接的判断。实体店品牌方需提高客户体验，更好地满足客户的需求。线上平台也需要进一步优化商品的配送速度，以更好地满足消费者的眼前需求，提高消费者的购物体验。
>
> 影响消费者在线购物的因素很多，如冲动型消费，不少消费者线上购物行为略显"冲动"，如因产品宣传图看起来不错或者价格优惠等而进行购买。
>
> 资料来源：根据雨果网资讯改编。原始出处：CAMIA 出海. 消费者线上 vs 线下购物行为调查报告：价格和安全是影响购买的两大因素 [EB/OL].(2018-04-11)[2019-12-15]. https://www.cifnews.com/article/34353
>
> **提问**
>
> 为何消费者更关注价格与安全？

4.2.3　网络消费者行为转变趋势

我国网络购物已发展二十几年，伴随互联网、电子商务及我国经济社会的发展，网络消费者行为也随之发生了很多变化。我国在网络购物发展初期，网络购物前三位的商品分别是服装家居饰品、书籍音像制品和化妆品类；消费者选择网络购物多是考虑网络商店中的商品种类多而新、价格低、网络购物没有时间限制、商品容易查找、网络商店服务的范围广等。今天，消费者的网络购物意愿、行为与考虑因素都有不同程度的变化。

1. 消费个性更明显

网络消费者爱好较广，对很多新兴事物有浓厚的兴趣，如网络游戏、网上投资等。随着电子商务的迅速发展，原先以年轻人为主的网络消费者群体在逐渐发生变化，更多的中老年人加入网络消费的大军，并成为越来越重要的力量。更多的网络消费者主张个性化消费，希望得到与其他消费者不一样的商品或服务。如 2013 年 7 月中旬，爱奇艺PC 客户端能够进行个性化视频内容推荐。此举一出，广大网友即十分推崇，很多人更成为爱奇艺的忠实付费会员。

2. 消费品质要求更高

网络消费者在网上购物，不仅能够完成实际的购物需求，还能获得许多额外的信息，得到在传统商店没有的乐趣。同时，更多的消费者希望有更便捷的渠道、更低廉的价格，购买到更优质的商品。这主要基于两种心理追求：一种是由于工作压力大、时间安排非常紧凑，消费者期待尽量节省时间和劳动成本，购买渠道更便捷，但对商品品质的要求毫不含糊。这类消费者收入水平较高，是高端商品和进口商品的主要购买群体。另一种是自由支配时间较多，希望通过网上购物来寻找更低的价格，从而在心理上获得满足感。此类消费者会花大量的时间在互联网上货比三家，价比三家，也会因为某个电商购物节而通宵达旦。这种寻求低价的消费者，实际上是网络消费者的中坚力量。

3. 移动购物渐成主流

据中国互联网络信息中心发布的《第 45 次中国互联网络发展状况统计报告》，2019年 1 月至 12 月，我国移动互联网介入流量消费达 1 220.0 亿 GB，较 2018 年底增长71.6%；截至 2020 年 3 月，我国网民使用手机上网的比例达 99.3%，台式电脑使用比例下降较明显；手机网络购物用户规模达 7.07 亿，较 2018 年底增长 1.16 亿，占手机网民的 78.9%。这都预示着，移动购物逐渐成为主流消费趋势。在移动互联网时代，用户对于手机 App 的接受程度显然比预期要快，其原因有以下几点：我国手机用户数量和手机上网用户数量发展迅速；廉价智能手机及平板电脑大量普及；上网速度增快，无线宽带资费下调；传统电商为移动电商的发展奠定了基础。

4. O2O 应用更加广泛

O2O 即 Online To Offline，简单地讲就是"线上拉客，线下消费"。对于 O2O 模式来说，其核心理念是把线上用户引导到实体商铺中，由实体提供优质服务，利用互联网实现在线支付，实时统计消费数据提供给商家，再把商家的商品信息准确推送给消费者。这种模式对于服务型尤其是体验型的产品将是最佳的方式，与传统电子商务的概念有较大差别。传统电子商务依靠网络完成产品购买到最后使用，缺少了商户的参与。O2O 依靠线上推广交易引擎带动线下交易，以加大商户的参与和用户的体验感，这种融合产生的价值十分惊人。而在此基础上的数据分析更是为持续发展提供了不竭动力。电子商务主要由信息流、资金流、物流和商流组成。O2O 的特点是只把信息流、资金流放在线上进行，而把物流和商流放在线下。目前 O2O 模式已广泛应用于在线旅游、房地产、订票、移动互联网、餐饮、汽车租赁、电子优惠券、奢侈品等诸多领域。

4.3　跨境电子商务消费者分析

4.3.1　中国跨境电子商务消费者画像

1. 消费者呈现出显著的"三高"特征

同中国境内网络购物用户群体相比，跨境电子商务消费者呈现出"三高"特征，即高年龄、高学历、高收入，这显著不同于中国网络购物用户整体特征，也不同于中国网络用户群体特征。中国跨境电子商务消费者群体在 26～40 岁区间的占比为 74.7%，与中国网络购物消费群体相比，跨境电子商务消费者年龄偏大，尤其 31～40 岁的用户占比要高于整体网络购物用户。此外，本科及以上消费群体占比达 74.6%，高中及以下仅不到 5%，也高于网络购物用户整体的学历。消费者月收入在万元以上的最多，占比超过 25%，也显著高于网络购物用户整体。跨境电子商务消费群体的"三高特征"也代表他们具有更高的消费能力。

2. 消费者具有较高的购买意愿

在跨境电子商务消费群体中，企事业单位员工占比超过一半，且以一般职员较多，工作与收入比较稳定，工作压力与强度不是很大，时间较宽裕，有精力与时间选择网络渠道进行跨境购买。多数消费者处于已婚已育状态，逾半数的消费者生育有一个孩子，他们生活状态比较稳定，起初多数通过跨境电子商务渠道购买母婴商品。这部分消费群体的购买意愿比较强，也是跨境电子商务的主力消费群体。

3. 消费者群体特色显著，女性比重高

中国跨境电子商务消费群体特色鲜明，如数码男、美妆女；年轻喜护理，老年爱保健。这与我国网络购物消费群体的特征存在显著差异。男性跨境电子商务消费者更愿意购买母婴用品及 3C 数码产品，女性更愿意购买化妆、个人护理及母婴用品。31～35 岁群体是城市人口生育高峰，这个年龄段人群对母婴用品的需求非常旺盛；60 岁以上的群体对食品、保健品需求更高。从收入看，低收入群体偏好购买特价产品，高收入群体的购物频次更高、月均消费额更多，喜欢购买品牌产品，对服装鞋帽的需求更高，容易被网络广告所吸引。不仅如此，在中国跨境网购群体中，表现出以女性为主的特征，这也是与中国网购用户整体及网络用户群体的显著不同之处。

4. 消费者多分布在东部沿海地区

跨境电子商务消费群体以东部沿海地区的分布最密集，广东与上海两省的消费群体约占总跨境电子商务消费群体的 25%。除此之外，江苏、北京、山东的跨境电子商务消费群体也较多。这与东部沿海省份的经济发展、收入水平、消费理念、新事物接触等方面均有关系，这些因素综合刺激了东部沿海地区的消费群体选择网络渠道跨境购买商品。伴随着跨境电子商务市场的发展与成熟，中国跨境电子商务群体呈现出一些新趋势：消费群体正从大城市向中型城市延伸，特别是二三线城市的群体规模增速显著，同时也从东部沿海地区向中西部地区扩展。

5. 三四线城市消费者规模巨大

三四线城市消费者的跨境电子商务消费能力明显高于一二线城市，主要因为这些城市销售国外商品的实体店数量要远少于一二线城市，大量跨境电子商务消费需求只好通过跨境电商来满足，也反映出这些城市的中高端消费能力不容忽视。此外，农村跨境电子商务消费群体也不容小觑，据京东全球购数据，农村消费者逐渐选择跨境电子商务平台购买国外商品，母婴、钟表、小家电、保健品是首选品类。

4.3.2 中国跨境电子商务消费者的行为特点

1. 跨境电子商务消费者规模剧增，但跨境使用率仍偏低

2015 年，中国跨境电子商务消费者规模达 4 091 万人，增长率为 135.8%，说明中国跨境电子商务消费者群体增长较快。同年的中国网络购物用户规模为 4.1 亿人，跨境者使用率仅为 9.9%。截至 2018 年 12 月底，我国经常进行跨境电子商务消费的用户达 8 850 万人，同比增长 34%。同年的中国网络购物用户规模为 6.1 亿人，跨境者使用率仅为 14.5%。可见，跨境电子商务用户基数日趋庞大，增长率将会逐渐降低然后趋于缓和，同时也说明中国跨境使用率偏低，仍有很大市场空间。

2. 跨境电子商务消费与日常上网时间相似

以洋码头为例，跨境网购时间分布与网络用户的日常上网时间走势基本趋同，但也存在一些差别。整体上看，跨境网购时间随着网络用户的上网习惯发展，白天上班时间使用频率较高，从上午 9 点到下午 6 点，时间分布趋势均比较高。但是跨境网购的时间分布曲线比网民上网时间要略陡峭，并于 10:00、14:00 与 22:00 出现三次峰值，且深夜时段也是跨境网购频繁发生的时段，而且表现得更加活跃。这些是跨境网购与网民日常上网习惯的显著差异之处。

3. 引导与熟人推荐对跨境电商平台的选择影响较大

费孝通先生曾在《乡土中国》中提出"熟人社会"的概念，用于描述中国传统社会人际交往与关系。人们在消费或购物时深受身边邻居、朋友、亲戚、熟人意见与行为的影响，也比较容易咨询或参考身边的熟人群体的意见与观点。在跨境电子商务发展初期及海淘与代购市场中，中国跨境电子商务消费者多通过亲戚、朋友、同学等在国外居住或留学的群体网购国外商品。在接触、了解、访问跨境电子商务网站时，中国跨境电子商务消费者需要一定的引导，这主要与消费者对新兴事物了解不多，跨境电子商务的普及率还有待提高的现状有关。中国跨境电子商务消费者了解跨境电子商务网站除了导购网站与亲友推荐，社交媒体也是一种重要的途径。此外，中国跨境电子商务消费者在访问跨境电子商务网站方面也存在一定的针对性，通过自主搜索、直接输入网址、个人收藏夹等方式访问跨境电子商务网站的比例较高。

4. 跨境购物消费群体的需求特色分明且显著

跨境电子商务消费者的品牌意识、品质要求更高，这是该类群体追求品质生活的体现，也是热衷于跨境网购的直接诉求。差异化、多样化、个性化需求也是消费者选择跨境电子商务的主要原因。尤其对跨境电子商务消费群体进行细分后，发现不同细分群体的需求特色明显，并且差异显著。伴随着跨境电子商务逐渐普及，越来越多消费者的购买需求逐渐从标准产品转向个性化、差异化产品。除了母婴用品、化妆品、数码商品等标准爆款商品外，一些限量、小众款甚至全球首发等标榜个性的商品同样受到消费者热捧。31 ～ 35 岁区间是城市人口的生育高峰，这个年龄段对母婴类商品的需求非常旺盛。男性消费群体更偏好母婴用品及 3C 数码类商品，女性更愿意购买化妆品及母婴用品，年轻群体对化妆品的购买意愿强烈，年长群体则对食品保健类商品需求显著。

4.3.3　跨境电子商务产品消费特征

1. 传统产品从蓝海变红海

跨境电子商务前身源于海外代购与熟人海外捎带，主要基于以下几种原因：①国内没有相关产品；②国内很难买到相关产品；③产品的国内价格高于国外价格；④相关国内产品的质量不如国外产品。在全球跨境电子商务市场中，以消费电子产品、家用电器、服装与鞋类、媒体产品、食品与饮料、化妆品等为代表的传统产品是主流，许多地区的消费者对此有普遍需求。这些主流产品在绝大多数国家都成为跨境电子商务位列前五的畅销品。在跨境电子商务的推动下，消费者从海外市场购买产品越来越便利。互联网打破了信息不对称，消费者通过电子商务交易平台能够快速获取产品的相关信息。各大跨境电子商务企业刺激着市场竞争的加剧，尤其以价格竞争为主要手段，尝试着在发展初期快速抢占市场份额。价格恶性竞争的结果，直接导致了传统产品从蓝海快速跨越到红海，以消费电子产品、家用电器、服装与鞋类、化妆品、食物与饮料、婴幼儿用品等传统产品表现最为明显。

2. 新型产品异军突起，引导新的蓝海

伴随着跨境电子商务在全球范围的扩张，传统产品激烈竞争导致利润剧减，消费者对产品种类的需求也在增多，商家也涉足更多种类的产品，诸多因素驱动着新型产品异军突起，增势显著，逐渐成为跨境电子商务市场中新的蓝海。如，电子烟产品成为新的增长点，假发产品市场需求剧增，家居类产品需求增加。据中国电子商务研究中心监测数据，一些新型产品进入畅销前五名排行榜，如美国市场的珠宝与手表、加拿大市场的娱乐产品、法国市场的旅游与文化产品、德国市场的活动门票、新加坡市场的旅游产品、印度市场的玩具与游戏、波兰市场的园艺工具与工艺品等。不仅如此，时尚配件类产品、户外产品、箱包类产品、汽车配饰类产品也成为跨境电子商务市场中增长较快的新型产品。

3. 产品的区域差异性更加突出

传统产品成为大多数国家的畅销产品，但是仔细分析，发现它们也呈现出区域差异性。在全球范围内，产品的区域差异性更为突出，主要表现为不同地域间的差异、不同经济发展水平间的差异、同区域内不同语言地区间的差异、同区域内不同国家间的差异。如北美、欧洲、亚太、拉美等区域间存在不同畅销品，北美、欧洲等发达区域与拉美等发展区域的差异，欧洲地区英国、法国与德国不同语言国存在不同畅销品，北美地区的美国与加拿大畅销品也有所不同。据京东数据研究院发布的《2017"一带一路"跨境电商消费趋势报告》，俄罗斯、波兰、乌克兰、土耳其、澳大利亚的消费者，购买了较多的我国厨房和餐厅用品；俄罗斯、乌克兰、波兰、白俄罗斯和土耳其等国的买家偏爱购买我国的手机及电子配件；俄罗斯、波兰、乌克兰、土耳其、澳大利亚和西班牙等国的买家购买我国智能产品较多，包括智能手环、智能眼镜、智能健康等商品；俄罗斯、乌克兰、波兰、澳大利亚、哈萨克斯坦等国的买家喜欢购买我国的裙装及服饰。值得一

提的是，中文图书也开始通过电商平台销往美国、澳大利亚、爱尔兰、新西兰、英国、法国等国家。

4.3.4　跨境电子商务消费者评价

1. 品质与价格是影响消费者跨境网购的主要因素

消费者之所以选择跨境网购，最主要的考虑是商品品质有保障、商品价格便宜。这两方面的原因是消费者选择跨境网购首先考虑到的，也是最重要的两个因素。商品品质保障是消费者对网络购物市场发展成熟而产生的需求变化。消费者最初选择网络购物或跨境网购的首要因素是考虑产品价格，尤其它低于线下实体渠道的价格；但是随着我国网民消费理念日趋成熟，以及被低价劣质的网购经历所影响，产品价格不再是消费者考虑的首要因素，进而转变为对商品品质的追求，关注所购买商品的质量保障，这一消费需求也影响到跨境网购。这就决定了消费者在选择跨境网购时，首要的考虑因素是商品品质，而不愿意再买到劣质商品，即便是低价所购买的劣质商品。

产品价格虽不再是消费者选择跨境网购的首要因素，但其仍是消费者选择跨境网购的主要因素。这一现象与线上和线下购物的替代效应显著相关，消费者会因商品价格低于线下渠道而更愿意从线上购买。对跨境网购行为而言，消费者也主要考虑该渠道购买的商品价格低于线下实体渠道，如海淘、代购屡禁不止的主要原因就是其价格便宜，小红书、唯品会对其跨境购物网站的定位也是商品价格优势，网易考拉成立之初就是在产品价格上下足功夫。这也主要是因为网络渠道的成本要低于线下实体渠道，进而驱动跨境网购渠道的产品价格低于线下实体渠道。

此外，还有一些因素是消费者愿意通过跨境电子商务平台购买商品的原因，如国内网站买不到、产品品牌偏好、产品丰富等。这些因素在消费者的跨境电子商务购物偏好方面影响程度也较高。

2. 物流与支付环节对消费者跨境网购的影响下降

在跨境电子商务发展初期，跨境物流与跨境支付环节成为影响消费者跨境网购的主要因素。随着跨境电子商务自身的发展，尤其是信息技术、数字技术、网络技术的不断发展与完善，包括跨境支付与跨境物流在内的技术瓶颈得到有效解决。跨境物流涌现出许多新的模式，并有效应用到跨境电商物流环节，提升了跨境物流时效，降低了跨境物流成本，提高了消费者对物流环节的满意度。跨境支付随着电子支付、移动支付的推广，在跨境电子商务交易中应用广泛，也不再是制约跨境电子商务交易的难题。所以，物流与支付环境对消费者在选择跨境网购时的影响程度有所下降，也不再是影响消费者选择跨境网购的核心因素。

对于消费者而言，浏览跨境电子商务平台网站时进行店铺或产品收藏较为普遍。这意味着消费者对其具有初步购物意愿或者产生了兴趣，但是否会最终下单、支付及购买并不确定。大多数消费者有过把商品放入购物车或添加收藏而不购买的经历，主要原因包括：还没准备最终购买，想先保存收藏后续购买；准备购买，发现其他更好商品后放弃购买；准备购买，发现其他网站商品更好或更便宜。

3. 消费者最关注的配送速度仍有待提升

跨境电子商务经过多年发展逐渐成熟。跨境电子商务平台、跨境物流、跨境支付等环节较跨境电子商务发展初期已有很大改观，消费者对其满意度评价也有所提高。在跨境电子商务交易活动中，消费者比较看重商品质量、商品价格、支付安全性、网站信誉口碑、商品种类丰富度、支付便捷性、网站知名度、送货速度等方面。如前所述，在跨境电子商务平台、跨境支付、跨境物流方面，消费者的满意度评价较高。所以，消费者对商品质量、商品价格、支付安全性、网站信誉口碑、商品种类丰富度、支付便捷性、网站知名度这些方面的评价较高。但是，消费者对跨境电子商务交易活动的配送速度方面评价不高，普遍认为配送速度仍有很大的提升空间。商品的终端配送与物流最后一公里成为消费者对跨境电子商务评价较低的痛点，这也是影响消费者选择跨境电子商务进行跨境网购的主要原因之一。

4.4　跨境电子商务消费者行为差异

4.4.1　消费者对境外平台与境内平台的比较

跨境电子商务平台是跨境商品交易的媒介与场所。消费者进行跨境网购时大多会选择跨境电子商务平台，无论是境外的还是境内的跨境电子商务购物网站，这反映出跨境电子商务消费者的行为差异。其中，境外网站包括亚马逊、eBay、Wish、Lazada、速卖通等；境内网站包括京东全球购、小红书、网易考拉等。虽然不同的跨境电子商务平台存在一些差异，如类型不同对消费者的吸引不同，但从整体上看，境外与境内的跨境电子商务平台所表现出的消费者差异较明显，如表4-1所示。消费者选择境外的跨境电子商务平台购物主要看重其商品质量有保障与价格实惠，这两方面的偏好程度显著高于其他因素；消费者也认为境外平台的网站知名度高、信誉口碑好。消费者对境内的跨境电子商务平台的好评多表现在支付安全、价格实惠和支付便捷，而对其包装完整美观、送货人员态度好与客服人员态度好等方面的评价一般。

通过对境外与境内平台的消费者评价进行对比，我们发现境外平台在"商品质量有保障""价格实惠"方面优于境内平台；境外平台在其他方面的消费者评价普遍低于境内平台，尤其在支付、物流与客服方面更显著劣于境内平台。整体上看，消费者对境内的跨境电子商务平台评价要优于境外的平台，尤其在支付、物流与客服方面，这都是境内平台的优势；但是境内平台在商品质量方面要显著弱于境外平台，这也与消费者认为境外商品质量优于境内的心理有关，且境外平台在品牌建设方面比较重视，从而导致其知名度与口碑较好。

表 4-1   消费者对境内外跨境电子商务平台的认知

项目	境外平台		境内平台		境外－境内	
	原因①	主要原因②	原因①	主要原因②	原因①	主要原因②
商品质量有保障	51.30%	38.30%	34.60%	15.30%	16.70%	23.00%
价格实惠	43.80%	16.30%	36.30%	11.60%	7.50%	4.70%
网站知名度高	26.30%	4.20%	31.30%	5.00%	−5.00%	−0.80%
网站信誉口碑好	24.20%	7.90%	29.40%	3.20%	−5.20%	4.70%
商品种类丰富	21.30%	4.20%	31.50%	5.30%	−10.20%	−1.10%
促销活动多	21.30%	2.90%	30.20%	5.60%	−8.90%	−2.70%
支付安全	16.70%	6.70%	40.00%	11.90%	−23.30%	−5.20%
支付便捷	15.40%	2.10%	35.40%	5.60%	−20.00%	−3.50%
商品库存充足	15.00%	1.70%	23%	3.30%	−8.00%	−1.60%
商品更新速度快	14.20%	1.70%	23.30%	2.20%	−9.10%	−0.50%
支付多样	13.30%	1.70%	27.30%	3%	−14.00%	−1.30%
订单清晰可查	12.10%	1.30%	29.50%	3.20%	−17.40%	−1.90%
客服人员态度好	11.70%	0.80%	19.30%	1.80%	−7.60%	−1.00%
客服沟通方式多样	11.70%	1.30%	20.70%	2.10%	−9.00%	−0.80%
客服响应速度快	11.30%	1.30%	21.70%	2.10%	−10.40%	−0.80%
会员政策好	10.00%	1.70%	20.70%	2.20%	−10.70%	−0.50%
包装完整美观	9.20%	0.40%	19.90%	1.70%	−10.70%	−1.30%
送货人员态度好	8.80%	2.10%	19.30%	1.60%	−10.50%	0.50%
送货速度快	8.30%	0.80%	25.00%	3.50%	−16.70%	−2.70%
网站页面搜索便捷	7.50%	1.30%	22.20%	3.20%	−14.70%	−1.90%
退换货便捷	7.50%	1.70%	24.50%	3.40%	−17.00%	−1.70%

①"原因"指消费者选择该"项目"作为对平台评价的因素。

②"主要原因"指消费者选择该"项目"作为对平台评价的主要因素。

资料来源：艾瑞咨询。

4.4.2   不同国家的跨境电子商务消费者行为

1. 北美洲

（1）美国。北美地区是全球最发达的网上购物市场，该地区的消费者习惯并熟悉各种支付方式，如网上支付、电话支付、电子支付、邮件支付等。在美国，信用卡是常用的在线支付方式，PayPal 也是美国人异常熟悉的电子支付方式。与美国做生意的中国商家，一定要习惯并善于利用各种电子支付工具。我们的经验是，美国是信用卡风险最小的地区。来自美国的订单，因为质量的原因引起纠纷的案例并不多。而拒付率上升是因为买家采用 PayPal 支付，因为 PayPal 独立于信用卡征信系统，多少次拒付都不怕，有些买家就钻这个空子，如果是信用卡就不会有轻易拒付的担忧。

美国人最关心的首先是商品的质量，其次是包装，最后才是价格，因此产品质量的优劣是进入美国市场的关键。在美国市场上，高、中、低档货物差价很大，如一件中高档的西服零售价在 40 ～ 50 美元，而低档的则不到 5 美元。美国人非常讲究包装，它和商品质量处于同等的地位。因此，出口商品的包装一定要新颖、雅致、美观、大方，能够产生一种舒服惬意的效果，这样才能吸引买家。中国的许多工艺品就是因包装问题一直未能打入美国的超级市场。如著名的宜兴紫砂壶，只用黄草纸包装，80 只装在一个大箱子中，内以纸屑或稻草衬垫，十分简陋，在买家心目中被打入低档货之列，只能在小店或地摊上销售。可见包装是何等重要。另外，每个季节都有一个商品换季的销售高潮，如果错过了销售季节，商品就要削价处理。美国大商场和超级市场的销售季节是：1 ～ 5 月为春季，7 ～ 9 月为初秋升学期，主要以销售学生用品为主；9 ～ 10 月为秋季；11 ～ 12 月为假期，即圣诞节时期。这时又是退税期，人们常趁机添置用品，购买圣诞礼物。美国各地商场此时熙熙攘攘，对路商品很快就会销售一空。这一时期的销售额占全年的 1/3 左右。美国人上网时间跨度大，这是由于美国横跨三个时区，所以不同时区的买家上网采购的时间不同。为了提高所发布商品的关注率，卖家应该积极总结，选择一个买家上网采购时间比较集中的时间段有针对性地开展工作。

（2）加拿大。2016 年 BrandSpark 举行的第 13 届年度加拿大购物者调查，综合性地揭示了加拿大对日常消费品的购物习惯。加拿大人喜欢创新，愿意为新产品买单。无论经济发展还是衰退，加拿大消费者都很喜欢新产品，75% 的人支持创新。这个趋势也关系到消费者的钱包，67% 的人称愿意为新产品"多付一些钱"，只要新产品是真正有所提升。"品牌需清晰地向消费者展示它们的创新有哪些好处。报告显示消费者在购物活动中购买首次上架新产品的概率为 13%，所以新产品必须要引人注目。"加拿大人对选购家居用品持不同意见：52% 的人享受购物过程，46% 的人希望少去商店购物。更多的加拿大人喜欢购买家居用品，因为 52% 的购物者称寻找划算交易的过程让购物更加有趣。56% 的人经常在几个店中购物，以得到最优价格，但随着商品搭配促销模式的兴起，这一比例有所下降。仅 33% 的购物者称一站式购物的便利比低价格更具诱惑力，46% 的加拿大人称想少跑几次商店。

53% 的加拿大人喜欢"纯天然"保健品。影响柜台保健品销售的并不只是价格这一个因素，如果知道某种保健品效果好，55% 的加拿大人愿意花费更多的钱。柜台保健品如果打着"天然"的广告语，会更受消费者欢迎。53% 的人称更喜欢天然保健品，因为这种产品的效果更好。虽然 70% 的加拿大人认为天然保健品不像有机保健品那样有具体指标规定，效果经常被夸大，但是号称纯天然的保健品依然很受消费者喜爱。加拿大购物者信任有机食品，却不爱买，36% 的加拿大人承认有机食品更加健康，但仅有 23% 的人定期购买有机食品。60% 的人称，如果有机食品没那么贵的话，他们愿意购买更多。加拿大人也承认环境状况跟有机食品关系非常紧密，42% 的人同意有机食品对环保有益。但是这种益处也不足以让人们提高生活成本，仅 33% 的购物者愿意花费更多钱购买环保有机食品。

近年来，加拿大人开始追求更优价格，45% 的加拿大消费者称对品牌的忠诚度不如以前。品牌忠诚度降低是一个很有趣的现象。部分原因是食品价格上升以及加拿大元贬值，促销活动比以前更多了。75% 的购物者称会查看每周打印的宣传页，试图找到低价促销产品。虽然比不上打印宣传页，数码宣传页的使用人数也在不断增加，40% 的家居用品购物者每周都会查看。50% 的加拿大购物者认为大众品牌的美容产品与著名品牌的产品效果一样。53% 的购物者认为持续的研发让更多有效的美容产品出现，而不仅仅是著名品牌的产品比较好。

2. 欧洲

由于有着深厚的文化教育背景，欧洲人的素质普遍比较高。严谨的工作作风、缜密的思维能力、高效的办事效率、良好的支付能力，这一切奠定了欧洲买家在全球生意人中的良好形象。

（1）西欧。西欧国家包括比利时、法国、爱尔兰、卢森堡、摩纳哥、荷兰、英国、奥地利、德国、列支敦士登和瑞士。英、法、德这几个世界大国都属于西欧，西欧也是和中国商人生意往来较多的地区之一。西欧买家的普遍特点是非常追求质量和实用主义，讲究效率，关注细节，所以对产品的要求很高，并且会很认真地查看产品的详细描述。

德国人严谨保守、思维缜密，在谈判前就做好充分的准备，知道谈判议题、产品的品质和价格，也会对对方公司的经营、资信情况做详尽而周密的研究和比较；追求质量和实用主义，讲究效率，关注细节。德国人对产品的要求非常高，不喜欢与犹豫不决、拖泥带水的卖家合作。综上所述：你的产品必须要跟描述、图片一致，不然就别怪他们找碴了。不要匆忙地答应或保证任何事情，也不要给出模棱两可的答复，必须要做好充分的考虑。

英国人冷静持重，自信内敛，注重礼仪，幽默也守旧，崇尚绅士风度，也特别懂得形象管理；喜欢按部就班，特别看重试单的效果以及订单的循序渐进。当然英国人也非常精明，注重性价比。综上所述：英国人对于外在形象的追求非常严苛。所以，必须满足他们对产品款式的期许。产品也要确保品质，货运期必须保证。选择合适的供货商和货运方式，是避免不必要问题出现的关键。

法国人一般比较注重自己的民族文化和本国语言。法国人天性浪漫、重视休闲，时间观念不强；谈判中重视条款，思路灵活效率高；法国人对商品质量的要求十分严格，条件比较苛刻。同时，他们也十分重视商品的美感，要求包装精美。综上所述：要在产品上添加舒适休闲的意境，保证产品质量。对于款式的选择，要求只有一个"美"字。

比利时、荷兰、卢森堡等国的买家通常较稳重、计划性强，注重外表、地位、礼节、程序化，讲信誉，商业道德高；卢森堡的买家以中小企业为主，一般回头率较高，但不愿意为物流承担任何责任，通常和中国香港供应商做生意较多。综上所述：产品质量、物流运输要给力。

（2）南欧。南欧国家主要包括意大利、西班牙、葡萄牙、希腊等。南欧文化和北欧、西欧差距较大，这里的人民少了几分严谨苛刻，多了几分热血的激情。南欧买家的特点主要是订单普遍稍小、做事比较拖拉、不会立刻下订单，效率相对较低。意大利人很追求时髦，对时尚的、流行的产品非常感兴趣；希腊人则不同，他们不讲究时尚。

意大利人善于社交，情绪多变。意大利人说话时手势较多，表情富于变化，易情绪激动，常常为很小的事情而大声争吵，互不相让。他们比较慎重，同时比较重视产品的价格；注重节约，崇尚时髦。意大利人有节约的习惯，不愿多花钱追求高品质；同时追求时髦，衣冠楚楚，潇洒自如。他们的办公地点比较现代化，对生活的舒适也十分注重；意大利人与外商做交易的热情不高，所以，与意大利人做生意要有耐心，要让他们相信你的产品比他们国内生产的产品更为物美价廉。综上所述：你的产品质量、款式、价格一定要得到市场认可，然后很有底气地告诉意大利人，我的产品很时尚，有很多人追随，店铺里面全是有品位的时尚品。现在是活动期，买到就是赚到了，你将轻轻松松地享受到这件产品。

西班牙买家通常乐观向上、无拘无束又讲求实际，热情奔放但不肯认错。热情大方，非常容易跟他们交朋友，无论何时，都能像老友那样侃侃而谈；非常懂得生活，他们认为不应该被生活绑架，要把生活安排得多姿多彩；自强自立、敢于尝试、亲力亲为、遵守规矩。综上所述：你可以向他们推荐新款，如果产品性价比不错的话，他们很大可能成为你的常客。

葡萄牙买家一般性格随和，以自我为中心，不过协调性差，不守时；多从事农业、手工业，制造商较少。表述直言快语，不愿相互绕弯，有"男尊女卑"现象；话题方面可以从斗牛、石竹花入手，切记不可提"十三"与"周五"；喜欢烹饪，讲究厨艺；热衷于野餐，享受生活，欣赏风景。综上所述：价格直截了当，能做就能做，不能做就不能做，或只能降那么多。场景选用野餐、派对等，颜色选择紫色、玫红、玫瑰金等。产品细节描述要客观且到位，或是产品能给买家带来怎样的体验。

希腊买家诚实但效率低，不追求时髦，喜欢浪费时间。性格开朗，容易激动，但也容易平息，同样忌讳"十三"与"周五"；性格带有幽默感，喜欢喝酒和浓咖啡，享受微醺的醉意；他们不喜欢黑色、不喜欢猫，对客人慷慨。综上所述：不要向他们推销黑色、猫形的商品；多用生活场景带入，咖啡厅、酒吧的休闲时光等。他们也喜欢讨价还价，直接应对的方法是告诉他们这东西是值得的。

（3）北欧。北欧国家主要包括丹麦、芬兰、冰岛、挪威和瑞典，这些国家政治稳定、生活水平较高，善良、和蔼的个性是北欧人的符号。北欧买家的普遍特点是重视产品对环境的友好度，他们不喜欢也不善于讨价还价，如果产品质量过硬、环保、证书齐全，他们会选择直接下单，很少用站内信或者敦煌通和卖家沟通价格问题。另外，北欧人对于款式新奇的消费品非常感兴趣。

（4）东欧。东欧国家包括俄罗斯、波兰、罗马尼亚、保加利亚及独联体各国。东欧国家中不得不提到俄罗斯，其跨境电商市场近几年受到了越来越多的关注，也成为敦煌网重点发展的潜力市场之一。东欧的很多国家都经历了经济体制和政治体制的巨大变化，所以这些国家的买家都很看重实际利益并且态度比较散漫，也比较多变，卖家应对东欧买家时要及时跟进。

2016 年 11 月《俄罗斯商务咨询报》的数据显示，俄罗斯跨境购买量已经是国内电商购买量的几倍。在跨境电商发展方面，2016 年第三季度俄罗斯国内电子商务市场增长了 27%，网络销售额达 2 020 亿卢布。截至 2017 年底，跨境电商在俄电商份额达到 35%，相较上年增长 6%，跨境贸易增长速度达到 45%，相比上半年增长 8%，贸易额达到 3 000 亿卢布。跨境电商对俄罗斯电商份额的增长贡献很大，86% 的俄罗斯网购族的首次购物体验来自跨境网购，跨境贸易为俄罗斯电商吸引了 1 200 万新消费者。18 ～ 39 岁的俄罗斯人是网购的主力军，他们对网购态度积极。统计数据显示，61% 的 18 岁以上的莫斯科人在网上购买商品。消费者的消费偏好相对比较稳定，调查数据显示，俄罗斯排名前 100 家的网店依然保持不变，排名顺序也只发生了不超过 10% 的变化。而对这 100 家网店更细分的调查发现：首先，十几家网店推动着整个市场的发展；其次，从传统的直销走上网上直销并同时发展多渠道零售的网上销售增长速度很快，超过只发展单一网上渠道的零售商。值得一提的是，俄罗斯消费者更倾向于使用移动端网购。统计数据显示，2016 年移动订单份额增至 40%，相比 2015 年实现 7% 的增长；移动销售量则相比 2015 年实现 13% 的增长。移动交易额在网店总交易量中的份额增长了 17%。此外，来自移动设备订单量的 80% 左右主要通过网站桌面版与移动版办理。

3. 拉美

拉丁美洲由墨西哥、大部分的中美洲、南美洲以及西印度群岛组成，自然资源丰富但经济水平较低。本地区居民主要以农业生产为主。工业以初级加工为主，除了巴巴多斯，本地区国家均为发展中国家。拉美是一个对价格高度敏感的市场，中国商品的性价比刚好在多数消费者最能接受的价位段，有利于打开市场。

在拉丁美洲，越来越多的人通过网络在海外购物。服装、配饰、电子以及旅游产品等是最受拉美民众喜欢的跨境网购产品。拉美互联网用户已占全球用户总量的10%。巴西占据了南美洲电商市场的半壁江山；阿根廷电子商务市场发展最快。国外电商网站的选择范围更多，价格也往往更便宜。根据尼尔森市场研究公司关于跨境购物动机的调查，第一位的原因是"网购省钱"，另一个主要原因是"网上能找到更多当地没有的商品"。

南美洲各国消费者的口味和政治现状千差万别，唯一的共同点是多样性。以汽车为例，在秘鲁，整船的廉价日本车在码头上改装成左舵车，之后再销售到南美相对贫困的地区。在巴西，多年的政治稳定和经济增长使汽车制造商计划从美国进口汽车。在委内瑞拉，汽车制造商们担心其工厂被政府接管。在阿根廷公路上行驶的大型轿车和卡车都很陈旧。这表明汽车制造商在阿根廷的利润很高，但销量较低。

如果拉美的客户能说英语，我们可以打电话问候一下。最好先别谈工作，简单问候就可以了。如果有意向了，他会直接跟你说。另外，拉美国家跟中国的时差大概是12小时。中国时间晚上10点打拉美客户的电话比较好，那时候对方吃完早饭，刚进办公室，心情比较好。以智利为例，智利人喜欢耐用的东西，只要你能让客户相信你的产品质量好，能使用很长时间，客户就不太计较价格上的差异。但在现实中看到的是中国的廉价低档产品进入的居多，这让智利人对中国货又恨又爱。所以跟智利人做生意，重点是让他相信买到的东西是"耐用品"。建议做机械或电子产品的朋友们，给智利客户发货的时候一定要带足备件。智利因为国家比较小，所以很少有大的进口商人，通常以家庭企业为多。几乎可以从智利、阿根廷或玻利维亚的电话黄页中找到你想要的全部商家资料。因为只要在智利注册超过一年的正规公司就一定可以在黄页上找到。

拉美国家的效率低下很让人头疼，经常会出现和客户约好了时间而爽约的情况。在他们看来，约会迟到或爽约不是什么大事。所以如果想和拉美人做生意，耐心是很重要的。不要以为他们几天不回邮件就没下文了，其实很有可能撞上了节日。比如智利法律规定，节假日不可以强迫加班，加班则要付四倍的薪水。与拉美人谈判，要为漫长的谈判程序留出足够的时间，同时在最初出价时要留足余地。谈判过程将漫长而艰难，因为拉美人普遍擅长讨价还价，要保持耐心。

4. 亚洲

（1）日本。通过深入研究不同产品类别和人口分类下的忠诚度激励因素，全球营销公司艾司隆（Epsilon）的报告《忠诚度的真实模样》（*What Loyalty Looks Like*）发现日本消费者对信用卡、多商户奖励计划及电商平台的忠诚度相对较高。品质、性价比和服务依然是保持消费者忠诚度的三大法宝，电子邮件仍是较受欢迎的沟通方式。特别值得关注的新发现是，消费者如今对信用卡、多商户奖励计划和电商平台的忠诚度最高。

在日本，性价比是刺激购买的绝对因素。经由信用卡、电商平台及多品牌联盟平台上的每一次消费，消费者由此积累的经济价值让奖励计划成为日本消费经济密不可分的一部分。对于品牌来说，与消费者的联系才是更重要的。与消费者一对一的互动将会在原本以价值为基础的购买行为上强化与消费者的个人联系。当问到日本消费者对其最爱的品牌保持忠诚的理由时，我们发现对生活方式的态度与性价比高这两个理由平分秋色。在杂货和电商方面，性价比高的产品有更多的拥趸。然而在时尚、食品和饮料方面，日本消费者喜欢追求创新的产品，因此在这些领域"拥有满足需要和符合我的生活方式的新产品"所占的权重几乎是"性价比最高"的两倍也就不足为奇了。

（2）印度。据 firstpost 网站调查发现，大约 37% 的印度人希望使用移动设备购物时的网速能够和 PC 端一样。50% 的印度消费者认为，网购带来的体验优于实体店购物。购物网站加载所需的时间和网购的安全性成为影响印度电商收入的两个主要因素。研究发现，42% 的消费者在等待购物网站加载超过 4 秒之后会转到别的网站；36% 的印度消费者网购时会担心安全性的问题。与此同时，23% 的消费者也会担心移动客户端网购的安全性问题。全球化电商巨头对印度当地电商而言是个潜在的大威胁。调查发现，47%的印度网络消费者表示，从外国零售网站购物结果令人满意，符合自己的消费预期。更令人吃惊的是，比例高达 83% 的印度消费者称，相比较而言，自己更喜欢到境外电商网站购物，因为这些国际化网站的购物流程更简单、更便捷。60% 的消费者表示国际网购带来的消费体验更佳，以后会更经常跨境网购。33% 的消费者表示，如果购物网站加载速度很慢，将会转向别的网站搜索。这一比例在一些快速增长的电商市场甚至更高，比如印度和马来西亚。在这些国家，43% 的消费者遇到购物网站下载速度慢时，一般会选择放弃，转向别的网站。

（3）东南亚。东南亚的数字化普及率很高，比起其他国家，菲律宾人发送的短信数量是最多的；雅加达拥有世界上最多的 Twitter 用户。由贝恩公司和谷歌联合发起的，针对印尼、马来西亚、菲律宾、新加坡、泰国、越南等国家的 6 000 多名消费者的调查表明，只有大约 25% 的 16 岁以上的消费者进行过网上购物。东南亚的网络零售渗透率是3%，也就是说销售额只有大约 60 亿美元。而中国和美国的网络销售额超过 2 500 亿美元，渗透率占 14%。这个市场"天平"即将被倾斜。根据调查，在东南亚，1 亿多消费者成功地用手机购物，同时 1.5 亿消费者曾在网上搜索产品或者与卖家进行商谈。一些企业的销售额已经开始壮大：24% 的服饰鞋类以及 18% 的旅游产品是在网上达成的。

东南亚生活着不同的族群，有着各种语言、不同的消费偏好以及一系列规章制度。具体来说，印尼法律不允许外国的投资商直接在当地的零售电商公司进行投资。另外，接受调查的消费者还没有完全信任电商平台，他们对缺乏正面接触的交易行为感到忧虑，并且他们很难找到想要的商品，这些对早期电商的投诉是非常具有代表性的。面对相当数量的复杂的数字化人群，该地区电商的广泛接受是不可避免的。

与一线城市不同，许多人直接绕开 PC，转而使用手机来访问电商平台。在泰国，85% 没有居住在都市中心的消费者使用移动设备进行网上购物。东南亚的网购者经常访问大量的网站。在新加坡，有超过 12 个平台服务于 90% 的市场。由于市场的分裂，当搜寻产品时，购物者更倾向于先访问搜索引擎，而不是公司网站。通过社交媒体渠道，他们并不忠实于零售商以及商店。超过 80% 的该地区数码消费者使用 Instagram 等社交媒体来寻找产品，或者直接与卖家联系。由于通过社交媒体达成的销售额占据总交易金额的 30%，因此一些公司正在快速地扩展其服务以便吸引消费者。

在许多市场中，消费者为了寻找最廉价的交易而从实体购物转战网络零售。但是东南亚的情况并非如此，根据调查，该地区（的消费者）认为网上的经历或者是可供的选择更为重要。另一方面，其他的许多市场偏爱通过非现金的方式，如信用卡或者送货上门进行支付。与此相反，东南亚的消费者渴望其他的支付以及快递方式。超过 1/3 的接受调查的主要城市以及偏远地区的消费者青睐支付运费，而一线城市（的消费者）偏向于送货上门，但是其他地区的网购者更喜欢亲自去取快递。

本章要点

- 消费者行为指人们为满足其需要和欲望而选择、购买、使用及处置产品或服务时介入的过程和活动。
- 对消费者购买行为影响较大的因素包括文化因素、社会因素、个体因素及群体因素。
- 网络消费者的购买动机主要包括方便型动机、低价型动机、表现型动机。影响网络消费者购买的因素主要包括产品特性、产品价格和安全感。伴随网络购物的普及与发展，网络消费行为呈现出消费个性更明显、消费品质要求更高、移动购物渐成主流、O2O 应用更加广泛等新趋势。
- 中国跨境电子商务市场的特征表现为："三高"特征显著，工作与生活状况稳定，购买意愿较高，女性比重高，消费者多分布在东部沿海地区，三四线城市消费容量巨大。
- 跨境电子商务市场消费者购物行为表现为：跨境电子商务消费者规模剧增，但使用率仍偏低；跨境电子商务消费与日常上网时间相似；引导与熟人推荐对跨境电商平台的选择影响较大；跨境购物消费群体的需求特色分明且显著。
- 跨境电子商务市场产品消费特征表现为：传统产品从蓝海变红海；新型产品异军突起，引导新的蓝海；产品的区域差异性更加突出。
- 消费者对跨境电子商务的评价主要包括：品质与价格是影响消费者跨境网购的主要因素；物流与支付环节对消费者跨境网购的影响下降；消费者最关注的配送速度仍有待提升。
- 境外平台在"商品质量有保障""价格实惠"方面优于境内平台；境外平台在其他方面的消费者评价普遍低于境内平台，尤其在支付、物流与客服方面更显著劣于境内平台。

整体上看，消费者对境内的跨境电子商务平台评价要优于境外的平台，尤其在支付、物流与客服方面，这都是境内平台的优势；但是境内平台在商品质量方面要显著弱于境外平台。

重要术语

消费者行为

数字化消费者行为

复习思考题

1. 简述消费者行为的基本问题。
2. 简述消费者行为的影响因素。
3. 简述消费者需求动机。
4. 论述消费者购买行为的影响因素。
5. 简述网络消费者的购买动机。
6. 论述网络消费者行为的变化趋势。
7. 试分析中国跨境电子商务消费者画像。
8. 试分析跨境电子商务市场产品消费特征。

讨论案例

亚马逊消费者购物习惯大揭秘

为了让亚马逊商家更好地了解消费者习惯，进行精准营销，Feedvisor 等机构近期调查了近 1600 名亚马逊消费者的购物习惯，涵盖其购物次数、驱动因素、决定性因素等，让卖家对亚马逊消费者有一个更深入的了解。

1. 价格驱动因素

价格仍然是影响消费的首要因素，有约 2/3 的亚马逊消费者在做购买决策时，将价格视为首要考虑因素。除此之外还考虑免费配送和好评率因素，形成总体的评价参考。亚马逊平台商家可灵活调整产品价格，以优化交易量。

2. 产品评级和评价因素

评级和评价的影响至关重要，重要到可以轻易促成或导致一项交易的失败。几乎有近 90% 的亚马逊消费者认为他们不会考虑购买评级为中评以下的商品。

3. 亚马逊物流信任因素

虽然绝大多数消费者会从第三方卖家购买产品，但大多数消费者显然更相信亚马逊的物流。调查结果反映出亚马逊强大的名声和声誉，这也是第三方卖家通过 FBA 发货的主要原因之一。快速和免费配送可以让卖家脱颖而出。运费和交货时长仍然是失去消费者的最大原因之一。绝大多数（83%）受访者表示，运费会阻止他们购物。

　　尽管绝大多数消费者会从其他卖家那里交易，但调查显示，消费者仍然更倾向于亚马逊物流，这反映了亚马逊的良好声誉，也是第三方卖家通过亚马逊物流运送商品的主要原因之一。快速免费送货则更受消费者青睐，而交货时间过长仍然是消费者流失的原因。交付时长也是影响消费者做购买决策的一个重要考虑因素。约有20%的受访者表示，如果交付时长超过正常接受范围，他们会放弃订单。

　　显然亚马逊还会继续增长，它将不断发展，变得愈加活跃，并利用变革和创新来帮助卖家销售，同时保持强大的品牌声誉。对亚马逊卖家来说，了解亚马逊最新趋势很重要，否则可能很快就会被甩在后面。亚马逊的发展仍然呈上升趋势，这与其自身的变革和创新有重要的联系，了解消费者的购物习惯，不断与时俱进优化自身，同时保持强大的品牌声誉。

资料来源：根据雨果网资讯改编。原始出处：雨果网．亚马逊消费者购物习惯大揭秘，中国卖家你真的了解他们吗 [EB/OL].(2018-01-17)[2019-12-15]. https://www.cifnews.com/article/32208.

讨论题

1. 试分析在亚马逊购物的消费者都具有哪些习惯与偏好。

2. 如何提升消费者的跨境网购评价？

第5章
跨境电子商务供应链管理

 学习目标

完成本章后，你将能够：

- 了解供应链管理的概念、特征、内容与程序。
- 了解价值链治理的理论知识。
- 了解电子商务对供应链的影响。
- 掌握电子商务供应链的主要内容。
- 熟悉跨境电子商务供应链管理体系。
- 掌握跨境电子商务采购的概念、特征、流程。

开篇案例　　　　　　　大龙网供应链版图持续扩张

在吴兴电子商务商品招商会上，大龙网与湖州龙猫供应链科技有限公司现场进行了华东跨境电商智能监管中心合作的签约仪式。此后双方将联手打造华东地区跨境电商综合配套服务市场，这成为大龙网供应链体系上的又一次创新之举。

设立于湖州五星区多媒体工业园区的湖州龙猫供应链科技有限公司，目前已发展成为一家综合性的供应链分销和品牌管理公司，其业务领域包括智能存储、百货和食品网络全渠道销售、运营管理、品牌托管、进出口服务和贸易、冷藏冷链等。此次龙猫与跨境电商巨头大龙网合作进军华东跨境电商供应链市场，可谓强强联合。

大龙网在国内长三角、珠三角地区已设立多个供应链分支中心，而在湖州再次建站使得大龙网的供应链体系延伸到华东地区，形成全国范围内的供应链覆盖网络，此后以湖州为首的华东地区开始迈入跨境电商服务市场的行列。这一举措将促进华东地区传统中小型企业的转型，带动华东地区整体产业结构调整。

两家公司将进行优势资源的整合，在品牌、销售、通关、结算、智能设备创新与发展以及国内外供应链管理等方面进行深入合作，以增强商品的全面跨境销售力度。同时，这也意味着大龙网的供应链版图加入新的一笔，大大提高了其综合供应链服务水平，进一步将"中国品牌"推向世界。

资料来源：根据雨果网资讯改编。原始出处：大龙网．大龙网供应链版图持续扩张，在湖州设"华东驿站"[EB/OL].(2014-08-19)[2019-12-15]. https://www.cifnews.com/article/10494.

讨论题

试分析大龙网为何要扩充自己的跨境电子商务供应链。

5.1　供应链管理基础理论

5.1.1　供应链的概念

伴随着信息技术的快速发展，全球经济一体化推动全球化市场的形成，企业间、业务伙伴间的交流越来越多，市场竞争也更加激烈，**供应链**的思维与价值也更为重要。不过关于供应链的概念以及起源，目前学术界尚无统一观点。

关于供应链的起源，一类观点认为源于迈克尔·波特（1980）的著作《竞争优势》中所提出的"价值链"概念；另一类观点认为源于杰伊·W. 福里斯特（Jay W. Forrester，1958）运用系统动力学理论模型对产业上下游关系的优化。关于供应链的概念，学术界较为普遍地认为始于 20 世纪 80 年代，约翰·B. 霍利亨（John B. Houlihan，1985）提出供应链的概念，并将其视为单独的实体。格雷厄姆·C. 史蒂文斯（Graham C. Stevens，1989）提出供应商是通过前馈的物料流和反馈的信息流，将材料供应者、产品生产者、配送服务中心和顾客连成一体的系统。马丁·克里斯托弗（Martin Christopher，1992）在其著作《物流与供应链管理》中提出供应链是涉及将产品或服务提供给最终消费者的过程和活动的上游及下游企业组织所构成的网络。

关于供应链的概念，不同学者从不同的层面加以诠释。出现之初，供应链的概念多从物流角度来定义，强调供应链的物流管理过程，认为供应链是组织内部的一个物流过程，指的是将采购原材料通过生产制造及销售等活动流向用户的过程。霍利亨（1985）认为供应链是制造企业中的一个内部过程，指企业利用原材料、零部件，通过生产转换与销售等活动，把产品传递至最终用户的过程。史蒂文斯（1989）提出供应链是通过价值增值与分销渠道控制从供应商的供应商到用户的用户的流，它始于供应的起点，终于消费的终点。

随着研究的深入以及实践层面的发展，对供应链的理解聚焦到价值链增值，不再仅将其视作内部物流过程，终端的用户及消费者也被纳入供应链的范畴。克里斯托弗（1992）提出供应链是涉及的组织的网络，通过上游与下游的联系，在不同过程与活动中产生价值，以产品与服务的形式交给最终用户。豪·L. 李（Hau L. Lee）等（1993）提出供应链是由原材料获取到加工成半成品或成品，并将成品送到顾客手中的一些企业或部门组成的网络。朗达·R. 拉默斯（Rhonda R. Lummus）等（1997）认为供应链是一个物质流动的网络，成员包括供应商、运营商、制造工厂、配送中心、零售商和客户。拉默斯等（1999）又提出供应链涉及从原材料开始直到将最终产品送给顾客的所有活动，它包括获取原材料与部件、制造与装配、仓储与库存追踪观察、订单进入与订单管理，并把最终产品传递到顾客手中等活动。道格拉斯·M. 兰伯特（Douglas M. Lambert）等（1998）提出供应链网络，认为它是企业获取原材料、半成品或最终产品，通过相关的销售渠道将产品送至消费者的一个网络，是一种将产品或服务带到市场的企业间的联盟。

在信息技术发展的影响下，企业间关系与协同化趋势显著，随之供应链开始强调网链关系。供应链强调核心企业与供应商、用户、供应商的供应商、用户的用户以及一切前向及后向的关系。供应链不再拘泥于一种运作工具，开始上升为运营管理模式与思想，以及管理方法与体系。美国生产与库存管理学会（APICS）认为供应链是贯穿从最初原材料到最终产品及消费的整个过程，这一过程链接了从供应商到消费者的所有企业，包含了由企业内部与外部为用户生产产品与提供服务的各个部门所形成的价值链。美国供应链协会（1997）认为供应链是包含了涉及生产与交付最终产品与服务的一切努力，从生产商的生产商到客户的客户。奎因（Quinn，1997）认为供应链是所有与移动货物相关联的活动，从原材料阶段到最终用户，包括采购、生产计划、订单处理、库存管理、运输、仓储、客户服务，更重要的是体现了用信息系统来监控所有活动的重要性。陈国权（1999）从扩大的生产概念发展，提出供应链是企业从原材料与零部件采购、运输、加工制造、分销直至最终用户的过程，并视其为一个环环相扣的链条，是企业生产活动的前伸与后延。马士华等（2000）提出供应链是围绕核心企业，通过对信息流、物流、资金流的控制，从采购原材料开始，制成中间产品以及最终产品，最后由销售网络把产品送到用户手中的将供应商、生产商、分销商、零售商、最终用户连成的整体功能网链结构模式。蓝伯雄（2000）认为，供应链是原材料供应商、零部件供应商、生产商、分销商、零售商、运输商等一系列企业组成的价值增值链。原材料依次通过链中的每个企业，逐渐成为产品，并交到最终用户手中，这一系列活动构成了一个完整的供应链。约翰·T. 门策（John T. Mentzer）等（2001）提出供应链是整合与管理采购流通，用全系统的角度控制材料，把多功能与多层次的供应商扩展为合作伙伴关系，成为一个多元化的管理思维，还提出将最终消费者纳入供应链，并认为该点很重要，如全球零售巨头沃尔玛就将上游与下游的成员纳入其供应链。陈剑（2012）提出供应链由不同利益主体的成员组成，各自为实现自身利益最大化采取行动，是一个典型的复杂系统。

供应链自身为一条广义的价值链，是企业内部价值链向外部延伸的结果。供应链由诸多核心节点构成，如果实现整条供应链的价值整合，则需要协调各节点企业间的行为。通过强化供应链各节点企业的协作，可以实现供应链整体价值的最大化，从而产生了供应链协同。供应链协同即供应链上各节点企业的配合与对接。20 世纪 90 年代，供应链协同开始迅速发展起来，贝妮塔·M.比蒙（Benita M. Beamon，1998）将供应链协同定义为供应链上某成员通过提供某种激励来试图改变另一个成员的行为，从而使最终均衡决策实现供应链的整体利润最大化。希瑟（Heather，2001）提出供应链协同包括内部协同与外部协同。因此，供应链协同立足于供应链上的核心节点企业，借助于信息技术与各类管理方法，通过对供应链上的各种资源进行整合，推动供应链各节点企业间以及企业与环境间的协调同步运作，以削弱与抑制供应链上的不良反应及问题，激励与放大供应链的优势与正向反馈，借以实现供应链整体价值的最大化。

近几年来，在供应链概念发展与供应链适应竞争演变的推动下，供应链更加聚焦于围绕核心企业构建价值网链关系。在高度复杂与变动的外部环境下，企业间的竞争与合作不断加强。传统供应链系统已逐渐演变为涉及企业数量、企业规模、地理空间越来越大的、庞大而复杂的网络系统，其复杂程度不亚于生物系统。供应链的概念也不再局限在价值流通、网络结构、链的概念以及管理思维或体系，而是在一个生态系统内，围绕着核心企业，通过对商流、资金流、信息流、物流等资源的控制，从供应的供应源头到用户的用户终端，实现生态系统内关联企业或个人的整体价值增值的一个网状结构。

5.1.2　供应链管理的概念和特征

1. 供应链管理的概念

供应链管理（Supply Chain Management，SCM）是指利用计算机网络技术全面规划供应链中的商流、物流、信息流、资金流等，并进行计划、组织、领导与控制。供应链管理 20 世纪 80 年代后期由咨询业界提出，一经提出便得到管理业界的广泛关注。由于供应链管理将企业管理者的目光从传统的关注企业内部管理扩大到关注整条产业链的管理，这使人们认识到，现在企业间的竞争，不再仅仅是两个企业之间的竞争，而是供应链与供应链之间的竞争。

2. 供应链管理的特征

（1）供应链管理是一种基于流程的集成化管理模式

传统的管理以职能部门为基础，往往由于职能矛盾、利益冲突及信息分散等原因，使各职能部门无法完全发挥其潜在效能，因而很难实现最优的整体目标。供应链管理则是一种纵向的、一体化经营的集成管理模式，它以流程为基础，以价值链的优化为核心，强调供应链整体的集成与协调，通过信息共享、技术扩散、资源优化配置和有效的价值链激励机制等方法来实现经营一体化。

（2）供应链管理是全过程的战略管理

供应链上各环节不是彼此分割的，而是环环相扣的一个有机整体。因此，从总体上考虑，如果只依赖部分环节的信息，则会由于信息的局限或失真，导致决策失误、计划失控、管理失效。进一步来说，由于供应链上供应、制造、分销等职能目标之间的冲突是经济生活中不争的事实，所以，只有最高管理层充分认识到供应链管理的重要性和整体性，才能运用战略管理思想有效实现供应链的管理目标。

（3）供应链管理以最终客户为中心

不管供应链的节点企业有多少类型，也无论供应链是长还是短，供应链都是由客户需求驱动的，企业创造的价值只能通过客户的满意并获取利润来衡量，只有客户取得成功，供应链才能存在、延续并发展。因此，供应链管理以最终客户为中心，将客户服务、客户满意与客户成功作为管理的出发点，贯穿供应链管理的全过程，并将改善客户服务质量、实现客户满意、促进客户成功作为创造竞争优势的根本手段。

（4）供应链管理提出了全新的库存观

传统的库存管理思想认为，库存是维系生产或销售的必要措施，它是基于保护的原则，使生产、流通或市场避免受到上游或下游在供需方面的影响，因而企业与其上下游企业之间在不同的市场环境下只是实现了库存的转移，整个社会的库存量并未减少。在买方市场的今天，供应链管理的实施可以加快产品通向市场的速度，尽量缩短从供应商到消费者的通道长度。另外，供应链管理把供应商看作伙伴，而不是对手，从而使企业对市场需求的变化反应更快、更经济，总体库存得到大幅度降低。所以说，库存是供应链管理的平衡机制。

5.1.3　供应链管理的内容

作为供应链中各环节企业相关运营活动的协调平台，供应链管理应把重点放在以下几个方面。

1. 供应链战略管理

供应链管理本身属于企业战略层面的问题，因此，在选择和参与供应链时，必须从企业发展战略的高度考虑问题。它涉及企业经营思想，在企业经营思想指导下的企业文化发展战略、组织战略、技术开发与应用战略、绩效管理战略等，以及这些战略的具体实施。供应链运作、为参与供应链联盟而必备的信息支持系统、技术开发与应用以及绩效管理等都必须符合企业经营管理战略。

2. 信息管理

信息以及对信息的处理质量和速度是企业能否在供应链中获益的关键，也是实现供应链整体效益的关键。因此，信息管理是供应链管理的重要方面之一。信息管理的基础是构建信息平台，实现供应链的信息共享，通过 ERP 和 VMI 等系统的应用，将供求信息及时、准确地传递到相关节点企业，从技术上实现与供应链其他成员的集成化和一体化。

3. 客户管理

客户管理是供应链的起点。如前所述，供应链源于客户需求，同时终于客户需求，因此供应链管理是以满足客户需求为核心来运作的。通过客户管理，详细地掌握客户信息，从而预先控制，在最大限度地节约资源的同时为客户提供优质的服务。

4. 库存管理

供应链管理就是利用先进的信息技术，收集供应链各方以及市场需求方面的信息，减少需求预测的误差，用实时、准确的信息控制物流，减少甚至取消库存（实现库存的"虚拟化"），从而降低库存的持有风险。

5. 关系管理

通过协调供应链各环节企业，改变传统的企业间进行交易时的"单向有利"意识，使节点企业在协调合作关系基础上进行交易，从而有效地降低供应链整体的交易成本，实现供应链的全局最优化，使供应链上的节点企业增加收益，进而达到双赢的效果。

6. 风险管理

信息不对称、信息扭曲、市场不确定性以及其他政治、经济、法律等因素，导致供应链上的节点企业产生运作风险，必须采取一定的措施尽可能地予以避免。例如，通过提高信息透明度和共享性、优化合同模式、建立监督控制机制，在供应链节点企业间合作的各个方面、各个阶段建立有效的激励机制，促使节点企业间的诚意合作。

从供应链管理的具体运作看，供应链管理主要涉及以下四个领域：供应管理、生产计划、物流管理、需求管理。具体而言，包含以下内容：

（1）物料在供应链上的实体流动管理；

（2）战略性供应商和客户合作伙伴关系管理；

（3）供应链产品需求预测和计划；

（4）供应链的设计（全球网络的节点规划和选址）；

（5）企业内部和企业之间物料供应与需求管理；

（6）基于供应链管理的产品设计和制造管理、生产集成化计划、跟踪和设计；

（7）基于供应链的客户服务和物流（运输、库存、包装等）管理；

（8）企业间资金流管理（汇率、成本等问题）；

（9）基于互联网/内联网的供应链交互信息管理。

5.1.4　供应链管理的程序

1. 分析市场竞争环境，识别市场机会

分析市场竞争环境就是识别企业所面临的市场特征，寻找市场机会。企业可以根据波特模型提供的原理和方法，通过市场调研等手段，对供应商、用户、竞争者进行深入研究；企业也可以通过建立市场信息采集监控系统，开发对复杂信息的分析和决策技术。

2. 分析顾客价值

所谓顾客价值是指顾客从给定产品或服务中所期望得到的所有利益，包括产品价值、服务价值、人员价值和形象价值等。供应链管理的目标在于不断提高顾客价值，因此，营销人员必须从顾客价值的角度定义产品或服务的具体特征，而顾客的需求是驱动整个供应链运作的源头。

3. 确定竞争价值

从顾客价值出发找到企业产品或服务定位之后，企业管理人员要确定相应的竞争战略。根据波特的竞争理论，企业获得竞争优势有三种基本战略形式：成本领先战略、差别化战略以及目标市场集中战略。

4. 分析本企业的核心竞争力

供应链管理注重的是企业核心竞争力，强调企业应专注于核心业务，建立核心竞争力，在供应链上明确定位，将非核心业务外包，从而使整个供应链具有竞争优势。

5. 评估、选择合作伙伴

供应链的建立过程实际上是一个合作伙伴的评估、筛选和甄别的过程。选择合适的对象（企业）作为供应链中的合作伙伴，是加强供应链管理的重要基础。如果企业选择合作伙伴不当，不仅会减少企业的利润，而且会使企业失去与其他企业合作的机会，抑制企业竞争力的提高。评估、选择合作伙伴的方法很多，企业在具体运作过程中可以灵活地选择一种或多种方法相组合。

6. 供应链企业运作

供应链企业运作的实质是以物流、服务流、信息流、资金流为媒介，实现供应链的不断增值。具体而言，就是要注重生产计划与控制、库存管理、物流管理与采购、信息技术支撑体系这四个方面的优化与建设。

7. 绩效评估

供应链节点企业必须建立一系列评估指标体系和度量方法。反映整个供应链运营绩

效的评估指标主要有产销率指标、平均产销绝对偏差指标、产需率指标、供应链总运营成本指标、产品质量指标等。

8. 反馈和学习

信息反馈和学习对供应链节点企业非常重要。相互信任和学习，从失败中汲取经验教训，通过反馈的信息修正供应链并寻找新的市场机会成为每个节点企业的职责。因此，企业必须建立一定的信息反馈渠道，从根本上演变为自觉的学习型组织。

5.1.5 价值链治理理论

格里菲等（Gereffi et al，2003）在普维尔与斯特恩等人提出的生产网络理论的基础上，通过抽象，结合价值链理论、交易成本经济学、技术能力与企业学习等理论提出了一个比较严谨、完整的分析框架。他们首先归纳出五种典型的全球价值链治理方式，按照链中主体之间的协调和力量不对称程度，从低到高依次排列为市场型、模块型、关系型、领导型和层级制，然后通过企业间交易的复杂程度、用标准化契约来降低交易成本的程度（对交易的标准化能力）和供应商能力等三个变量来解释五种价值链治理方式。

（1）市场型。通过契约可以降低交易成本，产品比较简单，供应商能力较强，不需要购买者太多投入，且资产的专用性较低时，就会产生市场治理。这时，交易比较简单，双方只要通过价格和契约就可以很好地控制交易的不确定性，不需要太多的协调。

（2）模块型。产品较复杂，供应商的能力较强，其资产专用程度较高，买卖双方的数量虽然有限，但仍有一定的市场灵活性，更换合作伙伴较容易。双方交流的信息量较市场型大且复杂，但能够通过标准化契约来较好地降低交易成本，因此，需要的协调成本也不高。

（3）关系型。产品复杂导致交易复杂，双方需要交换的信息量大且复杂，供应商的能力较强，领导厂商和供应商之间有很强的互相依赖。双方通过信誉、空间的邻近性、家族或种族关系降低交易成本。双方常常可以通过面对面的交流进行协商和交换复杂的信息，需要较多的协调，因此，改变交易伙伴比较困难。

（4）领导型。产品复杂，供应商的能力较低，需要大量投入和技术支持。供应商为了防止其他供应商竞争，将其资产专用化。供应商对领导厂商的依赖性非常强，很难改变交易对象，成为"俘虏型供应商"。领导厂商通过对供应商高度控制来实现治理，同时通过提供各种支持使供应商愿意保持合作关系。

（5）层级制。产品很复杂，外部交易的成本很高，当供应商的能力很低时，领导厂商不得不采用纵向一体化的治理方式。因为交易可能涉及领导厂商的核心能力（如隐性知识、知识产权等），领导厂商无法通过契约来控制机会主义行为，只能采用企业内生产。

此外，格里菲研究了价值链治理的动态性问题。随着时间的推进，决定价值链治理模式的三个变量将发生变化，价值链的治理模式也随之发生变化。这种动态变化在现实中是存在的，如在自行车行业，由于规模经济、标准化和供应商能力的提高使治理方式从层级型转向市场型；服装行业由于交易复杂程度的降低和供应商能力的增强由领导型发展为关系型；在美国电子产业，分工和专业化的发展使治理方式从层级型（垂直一体化）发展为模块型。

三个变量产生变化的原因主要来自三方面：首先，领导厂商采购要求的提高相对降低了供应商的能力，同时增加了交易的复杂程度；其次，创新和标准化是一对矛盾，创新会降低标准化能力；最后，供应商的能力会随时间发生变化，学习会提高企业能力。引入新供应商竞争、新技术革命和领导厂商采购要求的变化都会影响供应商的相对能力。

5.2　电子商务供应链管理内容

5.2.1　电子商务对供应链管理的影响

电子商务的出现和发展是经济全球化与网络技术创新的结果。它彻底改变了原有的物流、信息流、资金流的交互方式和实现手段，能够充分利用资源、提高效率、降低成本和提高服务质量。

1. 电子商务使供应链管理思想得以实现

电子商务是以管理人员为中心的人机交互式的管理信息系统。它是将先进的管理思想运用到企业内外各个层面，实施企业流程再造，应用信息技术，借助于计算机实现供应链管理的全过程。通过电子商务的运用，有效连接供应商、制造商、分销商和用户之间在供应链中的关系。

2. 电子商务促进了供应链的发展

电子商务的应用在促进供应链发展的同时，也弥补了传统供应链的不足。从基础设施的角度看，传统的供应链管理一般建立在私有的专用网络上，且须投入大量的资金，只有一些大型的企业才有能力进行自己的供应链建设，但这种供应链缺乏柔性。而电子商务使供应链可以共享全球化网络，使中小企业能以较低的成本加入全球化供应链。

3. 供应链管理是执行电子商务中不可或缺的重要一环

供应链管理不仅是电子商务一个重要的组成部分和环节，还是企业提高业务经营管理水平的重要手段。利用电子商务的优势，企业可以及时搜集信息并在此基础上进行统计分析，生成有价值的数据，以应用到企业内部日常经营和外部上下游供应链企业垂直一体化的优化管理整合当中。供应链管理提供制造商与其他企业体系间的供需联系渠道，通过电子商务快速反映顾客的需要，以适时、适地、适量及优惠的价格提供客户所需的产品或服务，为客户、供应商及企业三方创造价值。

4. 供应链管理是实现电子商务的理论依据

借助于计算机这个高效工具，通过互联网实现企业供应链管理，是提高企业竞争力的一种可行的思想和方法，是一次管理变革。

企业实现电子商务转型是通过现代化的管理手段，用新的管理模式代替旧管理模式的一场变革，以供应链管理理论为依据，在供应链管理思想指导下才能实现电子商务。缺少供应链管理，实现电子商务只是空中楼阁。基于供应链管理思想，使原来在传统商务形态下被忽视的个别需求、服务活动、按单生产、基于模块化的大规模定制以及物流服务等高附加值活动，在电子商务中得到全面实现和高度关注。

新闻摘录

如何精细化管理供应链

跨境电商发展初期，跨境 B2C 就像一座未被发掘的金矿，正确的选品和稳定的货源就能使商家借此契机赚得盆满钵满。但不久之后局势发生了变化，随着竞争者大量涌入跨境电商行业，商品种类的同质化更加严重，市场只有这一块，卖家利润自然也就被分薄了。

作为最早一批入驻 Wish 的卖家，张总经历了平台过往的变迁史。从大量铺货到精准营销，从不知名的小店铺到品牌店，从前端销售竞争到后端供应链竞争。他从普通的运营商转变为了解跨境电子商务行业趋势和平台规则的大卖家。

中国作为人口大国拥有强大的生产能力，而海外市场对中国产品也有强大的需求，但找不到适销对路的产品。这种矛盾使张总突然意识到丰富的商机——深度挖掘市场需求，做高质量的运营。

资料来源：根据雨果网资讯改编。原始出处：陈林. Wish 卖家故事：始于铺货继而精简，现在他是如何精细化管理供应链的 [EB/OL].(2019-11-28)[2019-12-15]. https://www.cifnews.com/article/55471.

提问

试分析供应链管理的必要性。

5.2.2　电子商务供应链管理的原理

电子商务供应链是指利用网络及电子信息技术在企业及其供应商、客户等贸易伙伴之间进行商务活动，以降低成本、提升服务质量、开辟增加价值的新渠道。电子商务供应链管理跨越从原材料供应、生产制造、产品分销、运输配送、仓储库存到产品销售的全过程，涉及众多独立的公司和客户，比如制造商、供应商、运输商和零售商等。电子商务供应链使企业间的交易发生了革命性的变化，大大降低了交易成本，提高了反应速度，节约了交易时间。

电子商务供应链管理的内容包括生产计划与控制、库存控制、采购、销售、物流、需求预测、客户管理及伙伴管理等，其实质是信息流、物流和资金流的管理，因此可以从这"三流"的运动来说明电子商务供应链管理的基本原理。

1. 信息流

用户在分销网站的电子商务交易系统中在线下单，分销商订单处理实时完成，并立刻向产品制造商在线下单采购，产品制造商实时完成分销商的采购订单并向上级供应商采购零部件或原材料。由于是在线下单，分销商、产品制造商与供应商几乎同时得到需求信息。

2. 物流

与传统供应链管理一样，电子商务的物流方向是从供应商到产品制造商，再到分销商，最终到达用户，不同的是由信息流指挥物流。基于 Internet/Intranet/Extranet 的电子商务的高度信息共享和即时沟通带来了物流的高速与实时性，使物料或产品在指定时刻到达指定地点，从而减少甚至消除各节点企业保有的库存。

3. 资金流

与传统供应链管理一样，电子商务的资金流方向是从用户到分销商，再到产品制造商，然后到达供应商，不同的是支付方式以在线支付为主，从而大大提高了订单的执行速度和交货速度。

基于电子商务环境下的供应链目标是在企业之间交互动态的信息流和资金流，通过最终顾客的有效响应，保证物流的有效、畅通。为了实现这一目标，所有供应链的参加者必须采用统一的数据标准，从而实现信息的流畅和无缝传输。

5.2.3　电子商务供应链的主要内容

1. 订单处理

当收到客户订单时，核心企业要及时分析所需产品的性能要求，判断是否能够达到订单中的技术指标，在能够达到要求的条件下进一步分析订单中的产品成本、数量和利润。如果能够从该订单中获利，便可以与客户签订订货合同。之后查询现有库存，若库存中有客户需要的产品，便立即发货；否则及时组织生产。通过缩短订单的循环周期，可大大提高营运效率。

2. 生产组织

一般来说，生产组织是供应链中最难的环节，但利用电子商务可以改善供应商、核心企业和客户间的沟通，进而有效地降低组织生产的难度。核心企业利用电子商务系统协调与供应商的准时供应程序，与多个供应商协调制订生产计划。此外，由于订单处理中可以提供核心企业相关产品、销售和服务的实时信息，一定程度上会使销售预测变得精准，反过来大大改善生产组织管理。

3. 采购管理

通过电子商务系统，可以有效地实现与供应商的信息共享和信息的快速传递。一方面，通过互联网提供给供应商有关需求信息和退货情况，同时获得供应商报价、商品目录、查询执行，从而形成稳定、高效的采购及供应体系；另一方面，通过网上采购招标等手段，集成采购招标和互联网优势，扩大采购资源选择范围，使采购工作合理化，大大减少采购人员，有效降低成本。此外，核心企业与供应商之间的协商也变得合理。

4. 配送与运输管理

通过电子商务系统可对配送中心的发货进行监管，对货物运输仓储进行跟踪，同时实现对配货、补货、拣货和流通加工等作业的管理，使配送的整个作业过程实现一体化的物流管理。此外，通过对运输资源、运输方式、运输线路的管理和优化，对运输任务进行有效的组织调度，可以降低运输成本，并实现对运输事项和货物的有效跟踪管理，确保指定的货物能够在指定的时间运送到指定的地点。特别在大数据背景下，依托云技术构建电子商务云配送网络，电子商务供应链节点企业的配送与运输协作将更加紧密。

5. 库存管理

通过电子商务系统，核心企业通知供应商有关订单交付延迟或库存告急，使库存管理者和供应商追踪现有库存商品存量情况，获得即时的信息以便有所准备，实现对仓储的有效管理。同时电子商务下库存管理能够及时反映销存动态，并实现跨区域、多库存管理，提高仓储资源的利用，进而促进库存水平的降低，减少总的库存维持成本。而随着电子商务的不断发展，"云仓储"成为电子商务下供应链库存管理的新方法。"云仓储"是一种全新的仓库体系模式，它主要是依托科技信息平台充分运用全社会的资源，做出快速、经济的选择，是理想的仓储服务。在这一模式下，快件可直接由仓库到同城快递物流公司的公共分拨点，实现就近配送，极大地减少配送时间，提升用户体验，这就给那些对物流水平需求极高的企业带来了新的机遇。"云仓储"实施的关键在于预测消费者的需求分布特征。只有把握了需求分布，才能确定最佳仓储规模，并进行合理的库存决策，从而有效降低物流成本，获得良好利益，达到较高的服务水平。云仓储构成如图 5-1 所示。

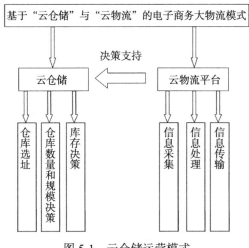

图 5-1　云仓储运营模式

6. 电子商务支付管理

电子商务支付系统是指消费者、商家和金融机构之间使用安全电子手段交换商品或服务，即把新型支付手段（包括电子现金、信用卡、借记卡、智能卡等）的支付信息通过网络安全传送给银行或相应的处理机构来实现电子支付，是集合购物、支付工具、安全技术、认证体系、信用体系以及现代的金融体系为一体的综合大系统。通过电子商务系统与银行相连接，并用电子商务方式代替原来的支票支付模式，用信用卡代替原来的现金支付方式，既可以大大减少结算费用，又可以加速货款回笼，提高资金使用率。同时，利用安全电子交易协议，保证交易过程安全，消除相关方对网上交易的顾虑。

7. 电子商务供应链金融

供应链金融（Supply Chain Finance，SCF）是指银行围绕核心企业，管理上下游中小企业的资金流和物流，并把单个企业的不可控风险转变为供应链企业整体的可控风险，通过供应链信息技术获取各类信息，将风险控制在最低的金融服务。供应链金融很好地实现了"物流""商流""资金流""信息流"等多流合一。供应链融资和一般的贷款融资存在很大的不同之处，需要通过物流中的货权动态管理等实现。电子商务供应链融资模式包括订单融资模式、应收/应付账款融资模式、仓单质押融资模式以及委托贷款融资模式。目前我国的电子商务企业多是一些中小型企业，订单特点主要表现为品种多、小批量以及多批次等。电商通过质押订单来获得融资，具体而言，交易平台服务的优势为企业整合大订单提供便利，订单完成后，卖方再向银行申请融资授信、银行抵押、申请贷款等，银行核实交易信息并做出回购承诺，开设专门的账户便于贷款的发放和回收，电商在获得贷款后生产产品。由于电子商务的性质，在交易平台上，电商企业收到货款往往会需要一段时间。为了缩短账期，企业可以选取应收或应付账款融资模式来获取资金，提高资金的周转率。这种融资模式把平台服务商作为基础，因此需要保证对供应链的资金流具有非常强的控制能力，非常适合在线支付。电商把自身的货物存放在第三方物流仓库中，向银行申请抵押贷款，这种融资模式为仓单质押融资模式。委托贷款融资模式是指买家将本身所具有的资金委托给银行找合适卖家提供贷款的模式，这种融资模式风险最小，降低了借款人的生产成本，非常有利于电子商务供应链的良性发展。

5.2.4 电子商务供应链集成模式创新

随着经营模式的转变，供应链已经从线下发展到线上，电商供应链以企业及内部ERP管理系统为基础，统一了人、财、物、产、供、销各个环节的管理，在规范企业的基础信息以及业务流程的基础上，建立全国范围的经销商电子商务协同平台，并实现外部电子商务与企业内部ERP系统的无缝集成，实现商务过程的全程贯通。在电子商务环境下，越来越多企业认可供应链的价值。在实践中，新品上市速度、为客户提供高效的服务体验、应变力、可扩展性和为客户提供低价的服务，被认为是电子商务公司物流环节最重要的五项价值。可以说，电子商务供应链既是瓶颈，又是竞争力。从结构上看，整个电子商务产业链是品牌供应商和制造商、零售商与其他渠道中介以及消费者之间，通过传统渠道或者互联网所联系起来的复杂互动组织关系。前端是消费者接入的多媒体渠道，后端是向所有供应商对接与开放的大平台，中间是采购、财务、商品管理等诸多商业运营功能模块，底层则是媒介商品流通并实现商业价值的三个要素：物流、资金流、信息流。因而企业也在顺应时代变化，根据自身情况对电子商务供应链模式进行创新。

1. 大型 B2C 企业自建电子商务供应链系统集成模式

大型 B2C 企业自建电子商务供应链体系是指企业依托自身资源建立以自身业务为核心的集供应、采购、生产、销售为一体的模式。国内物流企业目前除个别在规模上较为突出外，普遍的企业规模都不大，物流服务的技术和标准都不是很完善，这一点是促使企业自建供应链体系的原因之一。该种模式以京东、亚马逊、凡客等大型 B2C 电子商务企业为代表。通常，自建供应链体系的企业，在达到相对成熟后将陆续社会化，未来将成为以电商为核心的社会化供应链服务平台。但此种电子商务供应链集成模式的运营成本相对较高，资金回收较慢，存在一定的运营风险。

2. 传统零售与电子商务企业集合的供应链集成模式

传统零售与电子商务企业集合的供应链集成模式是指传统零售供应商自建电子商务供应链体系，打造线上、线下双向服务功能，实现 O2O 布局。该模式下供应链的集成拥有依托零售企业的线下零售网点＋自建的物流体系＋服务网络＋线上平台的综合优势，促使供应链实现线上服务的创新、线下服务的变革。但该模式由于涉及广度较大，包括线上线下双向服务，会对供应链上核心企业的运作产生一定的挑战；同时，该类模式以服务自身为主，社会化难度较大。该模式以国美、苏宁为代表。

3. 垂直产业电子商务供应链集成模式

目前传统商贸平台陆续向电子商务模式渗透，其中以产业为依托的垂直产业电子商务交易平台（如钢铁、化工、农产品等）正在逐步兴起。且伴随着垂直产业的转型，垂直产业电子商务供应链集成模式也初现端倪。该模式将集中整合产业资源，依托电子商务服务交易，渗透物流、金融、信息等综合服务。但由于现阶段我国产业成熟度不够，此类电子商务供应链平台相对松散，但当前和未来存在巨大商机。

4. 大平台型电子商务供应链集成模式

大平台型电子商务供应链集成模式是指以电子商务交易平台为核心企业对供应链进行集成。该模式下目前存在两种集成模式。第一类，服务端口轻型电子商务集成模式，该模式是核心电子平台向其他供应链节点企业开发平台服务端口，完成供应链上游企业与下游客户的有效衔接。该模式以腾讯供应链为代表，供应链指向对象多为服务类产品。第二类，以零售消费平台集成电子商务供应链模式，如淘宝电子商务供应链集成模式，是依托淘宝大物流体系进行深度整合，服务于淘宝、天猫的综合供应链体系。由淘宝组织仓储、配送的服务体系，依托资金结算来控制，对商家供应链前端进行预测、需求分析、采购策略、库存控制等采取标杆方式引导。该模式具有先天的整合和控制优势，但运营体系相对复杂，掌控力度弱，对于社会物流的整合颇具价值。

5.3　跨境电子商务供应链管理体系

5.3.1　跨境电子商务供应链流程

将跨境电子商务纳入供应链的研究视角，是当下跨境电子商务研究框架中的一种尝试。关于跨境电子商务的研究，目前尚缺乏成熟理论的支撑，已有的研究也多从跨境电子商务表象以及关联要素出发，尚未找到比较合适的理论作为研究支撑。跨境电子商务作为电子商务的延展范畴，其自身也隶属于电子商务的商业模式。供应链理论作为一种较为成熟的理论，也适用于跨境电子商务的研究与应用。图 5-2 展示了供应链理论在跨境电子商务研究中的应用。

在跨境电子商务交易中，无论是实物商品、虚拟商品还是服务，都属于商品范畴，也都由生产商制造，由供应商提供于跨境电子商务平台中展示与销售，并最终由消费者购买并消费及使用，从而构成了商品从生产源头流向最终消费者，实际上就是一种供应链活动。在跨境电子商务供应链条中，同样伴随着商品流、信息流、资金流与物流等环节；同时，生产商、供应商、跨境电子商务平台与消费者也都直接或间接与商品流、信息流、资金流与物流存在或多或少的联系与交集，进而构成一个跨境电子商务供应链网状结构。除了生产商、供应商、跨境电子商务平台与消费者外，根据商品流通环节的多寡，还会存在供应商的供应商、消费者的消费者等链条，又增加了跨境电子商务供应链的复杂性。不仅如此，还会有其他关联或支持组织及个体与跨境电子商务供应链的节点组织产生各类活动与交集。在跨境电子商务供应链中，几个重要的链条节点分别是生产商、供应商、跨境电子商务平台、消费者，还包括支付、物流、海关与商检等关联节点。

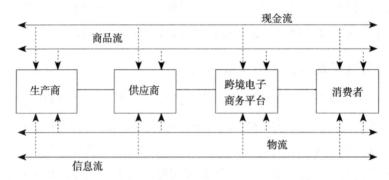

图 5-2　跨境电子商务供应链流程图

5.3.2　跨境电子商务供应链设计原则

根据供应链在跨境电子商务环境下的特点，有必要对传统的供应链进行重新设计和改造，构建供应链的新模式。在重新设计供应链的过程中，本书提出以下几个方法和原则。

1. 建立基于供应链的动态联盟

在需求的不确定性大大增加的跨境电子商务环境下，供应链必须有足够的柔性，随时支持用新的平台和新的方式来获取原材料、生产产品、取悦顾客并完成最后的配送工作，而建立动态联盟可以极大地提高供应链的柔性。供应链从面向职能到面向过程的转变，使得企业抛弃传统的管理思想，把企业内部以及节点企业之间的各种业务看作一个整体功能过程，形成集成化供应链管理体系。通过对集成化供应链的有效管理，整条供应链将达到全局动态最优目标。供应链集成的最高层次是企业间的战略协作问题，当企业以动态联盟的形式加入供应链时，即展开了合作过程，企业之间通过一种协商机制谋求双赢或多赢的目标。

2. 构建统一的信息平台

在跨境电子商务环境下，顾客需求的不确定性大大增加，这会增加供应链构建的风险。构建统一的信息平台，增加各供应链节点之间的交流，将有效地防止信息延迟，减少供应链的"波动放大性"，增加供应链的响应速度，从而降低供应链构建的风险。

3. 统一管理"虚拟贸易社区"

尽管通过信息技术可以实现供应链信息的共享，但供应链伙伴仍然有一些敏感信息不愿意与别人共享，信息不对称的问题依然存在。建立集成化的管理信息系统，统一管理"虚拟贸易社区"，加强企业间的协调，保证供应链伙伴信息的安全性，才能有效地实现供应链中关键信息的充分共享，从而提高整个供应链的管理效率，实现供应链效率的最大化。

4. 密切关注顾客的需求和重视顾客服务

供应链从产品管理转向顾客管理，以及顾客需求拉动的特点，使得企业更加密切地关注顾客的需求，并通过数据仓库和数据挖掘等技术，增加对顾客需求理解的精确程度。在理解顾客需求的基础上，供应链可通过大规模定制等技术，为顾客提供一对一的个性化服务。

5. 改造企业内部业务流程

在传统企业"筒仓式"组织结构中，信息的传递效率极其低下，导致企业内部业务效率难以提高。只有对企业内部的组织结构进行改造，打破原来的职能化组织结构形式，尽量实现组织结构的扁平化，减少信息流的传递环节，重新设计企业的业务流程，减少整个业务流程的环节，才能提高组织的业务效率。

供应链设计是一项复杂而艰巨的工作，也是供应链管理的重要环节，它设计供应链组织机制、供应链成员的选择、供应链成员之间的相互关系、物流网络、管理流程的设计与规划，以及信息支持系统等多方面的内容。供应链设计必须遵循一定的设计原则，运用科学合理的方法步骤才能完成。

5.3.3　跨境电子商务供应链设计的基本要求

1. 客户优先

任何供应链都只有唯一的一个收入来源——客户。因此，供应链的设计要考虑客户优先的原则。客户服务由客户开始，也由客户终止，客户最能感受到供应链中复杂的相互影响的全部效应。供应链的设计必须具有高度柔性和快速响应能力，以便能够满足客户的现实需求和潜在需求。

2. 定位明确

供应链由原材料供应商、制造商、分销商、零售商、物流与配送商以及消费者组成。一条富有竞争力的供应链要求组成供应链的各成员都具有较强的竞争力，不管每个成员为整个供应链做了什么，都应该是专业化的，专业化就是优势。无论企业在供应链中处于主导地位还是从属地位，都必须明确自己在供应链中的定位优势。根据自己的优势来确定自己的位置，并据此制定相关的发展战略，对自己的业务活动进行适当的调整和取舍，着重培养自己的业务优势，保证以自己的优势业务参与供应链。只有这样，企业才有可能在供应链中被认可，并与其他企业合作，最终实现共赢。

3. 防范风险

由于受到自然和非自然因素的影响，供应链的运作实际上存在着不确定性，从而使企业面临着一定的风险。例如，由于不确定因素的影响，市场需求总是变化的，具有不稳定性，因此每个节点企业都必须保持一定的库存。为了达到为客户服务的目标，必须保持足够的库存（也就是安全库存），这样即使上游出现问题，也不至于影响客户服务。因此，在供应链的设计中，应该对各种风险因素进行度量和说明，了解各种不确定性因素对系统范围所产生的影响，并制定相应的防范措施。

4. 量力而行

供应链的建立与运行是十分复杂的工程，它要求企业必须具备较强的经济实力、较高的决策水平和较高的供应链运作技巧。因此，企业应根据自己的实际情况，对于建立什么样的供应链、自己在其中的地位和作用、供应链未来运作的预期状况等问题，做出理性的判断并量力而行，使未来的供应链运作能够在自己的掌控之中。只有这样，企业才有可能达到供应链设计和实施的目的。

5.3.4　跨境电子商务供应链设计的基本内容

1. 供应链合作伙伴选择

每一个供应链都包括了从采购、供应、生产到仓储、运输、销售等多个环节的多家供应商、制造商和零售商，以及专门从事物流服务的多家企业，供应链成员囊括了为满足客户需求、从原产地到消费地、直接或间接的相互作用的所有公司和组织。因此，供应链成员的选择是供应链设计的基础。供应链成员的选择是双向的。一般而言，参与供应链的成员在市场交易的基础上，为了共同的利益而结成相对稳定的交易伙伴关系。但供应链的主体企业，尤其是核心企业，主导整个供应链的存在和管理，因而在对供应链其他成员的选择上具有一定的主动性；其他非主体企业，规模和经济实力相对较小，在供应链上处于从属的地位，往往无法主宰自己能否成为供应链成员。从这个意义上说，供应链成员及其合作伙伴的选择又是单向的。

2. 网络结构设计

整个网络结构由供应链成员、成员间的联系和供应链工序连接方式三方面组成，网络本身体现供应链成员分布和成员间的相互关系。供应链网络结构设计的中心是保证网络能合理利用和分配资源，提升物流效率，从而达到提高供应链整体价值的目的。

3. 组织机制和管理程序

供应链的组织机制和管理程序是保证供应链有效运营的关键。由于供应链涉及多家企业的多个业务环节，而这些企业都是独立的市场经济主体，在管理上自成体系，要实现供应链的无缝衔接，各个独立的企业必须在相关环节上达成一致，才能保证整体的协调性。供应链的组织机制和管理程序实际上是各成员企业相关业务组织机制和管理程序的集合。各成员企业必须从供应链整体出发，设计相关的组织机制和管理程序。尤其是核心企业，其组织机制和管理程序是整个供应链效率的关键。

4. 供应链运行的基本规则

供应链上节点企业之间的合作是以信任为基础的。信任关系的建立和维系，除了需要各个节点企业的真诚和行动之外，还必须有一个共同平台，即供应链运行的基本规则，其主要内容包括协调机制、信息开放和交互方式、生产物流的计划与控制体系、库存的总体布局、资金结算方式、争议解决机制等。计算机系统、相应的软件和信息系统是供应链运行规则实施的必要的物质基础。

5.3.5　跨境电子商务供应链设计的评价指标

一个供应链是否合理并有效运营，可以从以下几个方面考察。

1. 灵敏度

灵敏度是企业通过供应链运营了解市场变化的敏锐程度，是供应链系统灵巧地运用和重组内外资源的速度。面对越来越短的产品生命周期和日益苛刻而无法预期的需求，企业必须具备敏锐感知市场变化的能力和变革的能力。

2. 应变能力

仅仅提前察觉客户的需求，对未来想要成功的企业来说是不够的，它必须要比竞争对手做出更快的反应。企业应该具备对现实和潜在客户提前采取行动的能力，市场一旦有蛛丝马迹出现，就要能立即洞察客户的需求变化，并试图满足他们期望之外的需要。优秀的供应链不仅能够适应可预测的环境，也能够适应难以预测的环境。

3. 精简化

精简化指的是在能够实现供应链整体目标的前提下，供应链的设计宜简不宜繁。精简的供应链可以避免不必要的环节，降低供应链运作成本，提高供应链运作效率。

4. 协调性

供应链是多个企业的集成网链，每个企业又是独立的利益个体，所以供应链比企业内部各部门之间的协调更加复杂、更加困难。供应链的协调包括利益协调和管理协调：利益协调必须在供应链组织结构构建时将链中各企业之间的利益分配得更加明确；管理协调则是按供应链组织结构要求，借助信息技术的支持，协调物流和信息流的有效流动，以降低整个供应链的运行成本，提高供应链对市场的响应速度。

5. 智能化

面对企业和供应链中的事件，能够迅速及时地把握并能正确决策，有效地集成各种资源予以解决，是供应链智能化的表现。

总之，一个全新的、反应能力强的、灵敏的、精简的、协调的和智能化的供应链应该是供应链设计所追求的目标。

5.3.6 跨境电子商务供应链优化

1. 跨境电子商务平台联盟，统一向国外品牌商议价

国内中小跨境电商商家议价能力低，不能直接与国外供货商签约的主要原因还是需求分散和需求规模不够。目前跨境进口电商多数由个人或专业团队向海外零售商代购，再向国内消费者销售，并没有打通供应链获取真正的货源。若能形成若干家跨境电商平台联盟，共同议价，取得国外一些著名品牌的授权，在货源上对接，可以极大地降低供应环节的成本和费用。

2. 突破传统思维，与国外卖方进行思维互换

目前跨境进口平台上做自营模式的，90%是通过中间商采购。中小跨境电商商家议价能力低，难以与国外品牌商直接签署供货合同，大型跨境进口平台采购量大，议价能力强，却也很难与国外品牌商签约，这里的原因很多，比如文化差异、账期问题等。国内电商普遍存在拖欠供应商货款的现象，但是国外企业坚决要求不能欠账。因此，跨境进口电商要想与国外品牌商取得货源上的协调对接，需要适应不同的商业经营风格、不同的种族文化、不同政治体系下的思维方式，确实有很长的一段路要走。

3. 同跨境物流供应链服务商合作

跨境电商的物流模式主要有五种：邮政包裹、国际快递、国内快递、专线物流、海外仓或保税仓模式。邮政网络全，但时效性差，从中国到美国的包裹，一般需要15天。国际快递就快多了，但费用也较高。国内快递还处于发展时期，申通、圆通于2014年才上线韩国，顺丰可以送达美国、澳大利亚、韩国、日本等国。专线物流通过规模效应

降低成本，目前普遍的物流产品有美国专线、欧美专线、大洋洲专线等。跨境进口电商根据产品特点选择合适的物流服务商，有时候甚至要采用复合物流供应模式来满足消费者需求，如天猫国际的海外直邮商品采用分段承运和快递联运等方式，综合各物流服务渠道降低跨境物流成本，同时也方便实施物流监控，保证货源可溯。

4. 做好大数据分析，实行精准营销

优化供应链要与大数据平台合作，及时掌握消费者的个人信息和交易信息，掌握目标人群的需求和关注点，掌握消费者的消费心理和消费习惯，开展有针对性的精准营销，就像淘宝网的"每日推荐"和"私人定制"，围绕消费者建立自己的生态圈，布局线下服务和自由店铺或品牌。如"蜜芽宝贝"更名为"蜜芽"之后，产品组合定位扩大为母婴用品，开设线下体验店，消费场景得以拓展，借助百度大数据分析开展精准营销。

5. 海外仓和保税仓物流模式组合

税收新政实施后，两批跨境进口商品清单可以满足国内大部分消费者的需求，部分跨境电商商家零售进口商品纳入政策实施范围，走保税仓进口的大部分货物税率会提高是不争的事实。设立海外仓处理业务将是比较好的选择。比如说海外仓集货后，若非正面清单内，以个人行邮方式入境，同时缴纳行邮税；若属于清单内但未能提供通关单的商品，以直邮进口方式入境，按跨境进口方式交税；若属于正面清单内商品，可以以批量方式进保税仓（进仓同时需提供通关单），后以保税进口方式入境，同时按跨境进口方式交税，软件系统也要相应地与海关系统对接。

5.4　跨境电子商务采购管理

跨境电商与物流具有密不可分、相辅相成的关系。跨境电商采购的概念与特征、采购流程、采购追单，采购中存在的问题，都是跨境电商企业应该考虑的。本节就将从以下五方面来回答这至关重要的问题。

5.4.1　跨境电子商务采购的概念与特征

1. 跨境电子商务采购的相关概念

（1）跨境电子商务采购。**跨境电子商务采购**也称为跨境网上采购，是指通过建立电子商务交易平台，发布采购信息，或主动在网上寻找供应商、寻找产品，然后通过网上洽谈、比价、网上竞价实现网上订货，网上支付货款，最后通过物流进行货物的配送，完成整个交易过程。跨境电子商务全流程需要采购供应、物流配送、电子支付、售后服

务等环节的衔接配合，任何环节出问题都可能影响跨境电商的发展。

（2）商品编码。也称为商品代号、商品编号，是指赋予某种产品的一个或一组有序排列的符号，以便于人工或计算机识别商品和处理商品。商品编码在跨境电子商务采购中具有极其重要的意义，商品编码的科学与否将直接影响跨境电子商务采购流程。

（3）采购计划。跨境电子商务采购人员在了解市场供求情况、掌握电子商务经营特点和物料消耗规律的基础上，对计划期内的物料采购活动做出预见性安排和部署。

（4）采购订单。跨境电子商务采购人员根据采购计划，向供应商提出的关于采购业务的正式、最终的确认单据。

（5）采购追单。跨境电子商务采购人员根据采购订单，对采购的材料以及产品进行追踪，处理从下单后到收到所购物料过程中遇到的各种问题，如质量、数量、期限等。

跨境电子商务采购追单也称为采购订单追踪。它是跨境电子商务采购流程中贯穿始终的一项业务工作，是指订单发出后，由采购人员对供应商的原材料采购、生产、质检、交货，以及物流商的货物运输、仓储、配送等进行全程监控的过程。

（6）采购到货处理。跨境电子商务采购人员对收到的采购物料进行各种处置，包括到货准备、到货清点、到货检验、到货上架等。

2. 跨境电子商务采购特征

（1）库存周转速度快。在跨境电子商务采购过程中，即时响应用户需求，降低库存，提高物流速度和库存周转率，使电子商务企业由"为库存而采购"转变为"为订单而采购"。

（2）多批次、少批量、快速响应。跨境电子商务采购要提高库存周转速度，就必须做到多批次、少单量和快速反应。这对供应商提出了更高的要求，增加了供应商的生产成本。

（3）采购的广泛性。所有的供应商都可以向采购方投标，采购方也可以调查所有的供应商。这样，可以扩大供应商范围，产生规模效益。

（4）采购的互动性。在跨境电子商务采购的过程中，采购方与供应商可以通过电子邮件或聊天等方式进行实时信息交流，既方便又迅速，而且成本较低。

（5）采购效率高。在跨境电子商务采购的过程中，可以突破时间和空间的束缚，以接近于实时的速度收集、处理和应用采购信息。

（6）采购的透明性。跨境电子商务可实现采购过程的公开、公平、公正，杜绝采购过程中的腐败。将采购信息在网站公开，由计算机根据设定标准自动完成供应商的选择工作，有利于实现实时监控，避免采购中的黑洞，使采购更透明、更规范。

（7）采购流程的标准化。跨境电子商务采购是在对业务流程进行优化的基础上进行的，按规定的标准流程进行，可以规范采购行为及采购市场，减少采购过程的随意性。

（8）采购管理向供应链管理转变。采购方可以及时将数量、质量、服务、交货期等信息通过商务网站或 EDI 传送给供应方，并根据需求及时调整采购计划，使供方严格按要求提供产品，实现准时化采购和生产。

5.4.2 跨境电子商务采购流程

1. 跨境电子商务采购的作业流程

采购作业流程是指企业选择和购买生产所需的各种原材料、零部件等各种物品的全过程。根据采购过程的阶段性划分，采购作业流程主要包括三方面的内容：一是寻购，作为买方需要寻找相应的供应商，调查其产品的质量、数量、价格等方面，看是否满足购买条件；二是订购，买方在选定供应商之后，要把详细的购买计划和需求信息以订单的形式传递给供应商并商议结算方式，以便供应商能够准确地进行生产和供货；三是采购，要对采购物料的管理工作进行定期跟踪和评价，寻求更高效的采购作业流程。采购流程如图 5-3 所示。

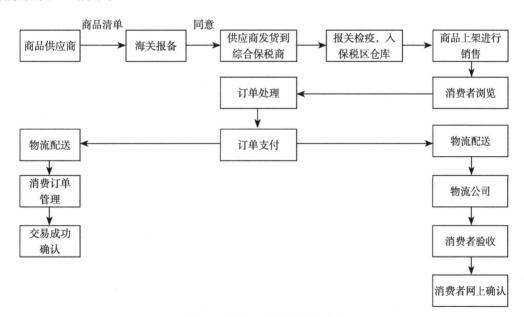

图 5-3　跨境电子商务采购流程

2. 跨境电子商务采购关键工作事项

（1）编制采购计划。采购计划是企业进行采购的基本依据，是做好企业现金使用预测的有效措施。所以企业应该根据采购需求、资金状况、采购时机等方面编制合理的采购计划并严格执行。

（2）选择供应商。对于供应链中的供应商，采购方可以通过互联网将采购计划信息传输给它们，并要求它们执行。而对于非供应链中的供应商，采购部门可以将所需物品的供应商编成一览表，从质量好、价格低、货物交付及时、服务周到的供应商中进行优选。

（3）商务谈判。在同选中的供应商进行谈判的过程中，要做到知己知彼，明确下列问题：

- 希望得到什么？
- 对方要求什么？
- 做出什么样的让步才能使谈判成功？

（4）签订采购合同。谈判成功之后就是签订采购合同，明确双方的权利、义务以及对违规方的处理办法。

（5）货物通关。网上下订单，根据客户的订单制作货物清单，货物或运输工具抵达边境进行通关。我国跨境电商进口通关模式主要有以下三种。

第一种，快件清关。确认订单后，国外供应商通过国际快递将商品直接从境外邮寄至消费者手中，无海关单据。其优点是灵活，有业务时才发货，不需要提前备货。缺点是与其他快件混在一起，通关效率较低，量大时成本会迅速上升。此模式适合业务量较少、偶尔有零星订单的阶段。

第二种，集货清关。商家将多个已售出商品统一打包，通过国际物流运至国内的保税仓库，电商企业为每件商品办理海关通关手续，经海关查验放行后，再委托国内快递派送至消费者手中。每个订单附有海关单据。优点是灵活，不需要提前备货，相对快件清关而言，通关效率较高，整体物流成本有所降低。缺点是须在海外完成打包操作，操作成本高，且从海外发货物流时间稍长。此模式适合业务量迅速增长的阶段，每周都有多笔订单。

第三种，备货清关。商家将境外商品批量备货至海关监管下的保税仓库，消费者下单后，电商企业根据订单为每件商品办理海关通关手续，在保税仓库完成贴面单和打包，经海关查验放行后，再委托国内快递派送至消费者手中。每个订单附有海关单据。优点是提前批量备货至保税仓库，国际物流成本最低，有订单后可立即从保税仓库发货，通关效率最高，可及时响应售后服务要求，用户体验最佳。缺点是使用保税仓库有仓储成本，备货会占用资金。此模式适用于业务规模较大、业务量稳定的阶段，可通过大批量订货或提前订货降低采购成本，逐步从空运过渡到海运降低国际物流成本，或采用质押监管融资解决备货引起的资金占用问题。

（6）货物入保税仓库并进行登记和上架。消费者在线支付之后，就涉及国内的配送等服务。消费者收到货物之后进行验收，并进行线上交易确认，也就意味着交易的成功。

在跨境电商采购中，电子支付安全是跨境电子商务的关键问题。

3. 跨境电子商务采购的管理流程

跨境电子商务采购的管理流程如图5-4所示。

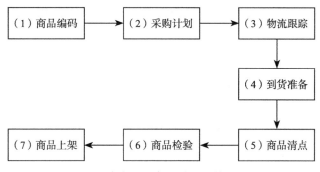

图 5-4　跨境电子商务采购的管理流程

（1）商品编码。商品编码有两类：一是商品代码；二是规格代码。商品编码具有不可更改性，必须由电商企业的最高管理层决定。

（2）采购计划。采购计划一般以"采购计划表"的形式制订。内容包括供应商代码、商品代码、采购价格、物流信息、物流成本、结算方式、发货日期、到货日期、采购数量等。

（3）物流跟踪。物流跟踪内容包括供应商何时发货、供应商何时将货物交给物流公司、货物在途情况、货物到达时间、随时到货准备等。

（4）到货准备。根据物流跟踪结果，随时做好到货准备。准备内容主要包括货场准备、人员准备、设备准备、货架准备。

（5）商品清点。主要包括收包清点（核对物流清单，检查外包装是否破损）、数量清点（数量、款式、规格）、到货差异确认（填写到货差异表，与供应商共同确认）。

（6）商品检验。主要包括确定检验重点（校验标准）、拆包、根据标准进行检验、二次包装、粘贴条码、检验报告、次品退回。

（7）商品上架。主要包括商品编码、商品介绍、商品促销信息等。

4. 跨境电子商务采购流程优化

（1）商品编码一次到位。商品编码确定后，即使有错误，也不得随意更改。更改商品编码需要付出很大的成本代价。

（2）从供应商管理转变为供应链管理。把跨境电商企业和供应商看作一个虚拟企业同盟，把供应商看作这个虚拟企业同盟中的一个部门，实现利润共享、风险共担。

（3）采购计划精确合理。采购时间、采购数量、到货时间等，尽可能做到准确无误，真正做到"为订单而采购"，争取实现"零库存"。

（4）物流跟踪可视化。运用 GPS 技术、传感器技术和信息通信技术等，对采购货物进行全程、实时可视化跟踪，实现供应商、物流商与电商的无缝对接。

（5）收货处理自动化。运用条码技术、单片机技术、自动控制技术和传感技术等，对到货进行自动化清点、校验和上架，提高入库效率。

（6）采购管理信息化。在跨境电子商务采购过程中，开发"采购管理信息系统"，实现采购管理的信息化。

5.4.3 跨境电子商务采购追单

1.跨境电商采购追单的内容

（1）发货日期，既不要迟发，也不能早发；

（2）产品质量，预防残次品；

（3）产品数量；

（4）物流信息；

（5）到货日期，既不能早到，也不能晚到；

（6）发票。

2.跨境电子商务采购追单类型

（1）生产型追单。通过向生产厂商下达指令来完成追单。需要把握四个关键因素：一是商品的上下架日期；二是在途和在库商品数量；三是供应商的产能；四是追单时间和追单量的计算。

（2）档口拿货型追单。档口拿货型追单是指此款商品拥有一个成熟的现货供应商，可以直接在供应商处采购现货。档口拿货型追单的特点是：第一，采购的时间可以忽略不计，供应商有库存的现货可以提供，采购过程中不计算商品的生产周期；第二，档口拿货型追单一般没有最小起订量的制约。档口拿货型追单需要把握两个关键因素：一是供货能力管理；二是商品的红线库存管理。

（3）定制开发型追单。定制开发型追单是对定制商品的追单，往往适合于一些有定制化生产需求的行业。定制开发型追单需要把握两个关键因素：一是采购订单和销售订单具有很强的关联性，需要根据销售订单详细内容生成相应的采购订单，相同商品的采购订单不可合并采购；二是前台销售人员必须跟踪销售订单的操作过程。对定制开发型追单的生产状态的跟踪过程不仅仅是由采购人员操作，前台销售人员也需要跟踪整个采购或生产的过程，以满足顾客对采购进程的关注。

5.4.4 我国跨境电子商务采购中存在的问题

1.供货渠道受限，难以保证货源数量及品质

目前进口跨境电商货源采购多由个人买手或者是专业团队向国外零售商代购，再销售给国内销售者。除了天猫国际、苏宁易购等大型电商与国外直接洽谈对接外，其他的

跨境电商与海外品牌商家还未能实现货源上对接，较难取得国外品牌商或者大型零售商的授权。跨境电商面窄且不固定，对海外货源掌控力弱，货源品质得不到保证，造成供货不及时，甚至成为假货销售的平台。

2. 物流瓶颈成为跨境电商切肤之痛

这一点主要表现在两个方面。一方面，国内物流企业与国际物流公司差距较大，难以有效满足电商和消费者的需求。国内物流企业在全球的覆盖范围、物流仓储设施、物流配送效率、物流信息处理、物流服务体系等方面尚有待提高。依靠转运公司完成跨境物流容易造成供应链断裂，降低商品流转速度。另一方面，海外建仓使电商告别传统快递模式，远程掌控物流供应链，但同时面临巨大挑战。海外仓库更多地聚焦于提高库存周转、降低运营成本等问题，服务体系不完善，货物转仓信息登记不及时、货物丢失、客户信息泄露、仓库与客服信息衔接不畅等问题时有发生。

3. 电子支付面临制度困境和技术风险

跨境电商支付涉及国际贸易、外汇管理等环节，复杂程度较高。跨境电商第三方支付行业发展迅速，支付宝、易宝支付、钱宝、京东网银等 22 家第三方支付公司已经获得跨境电商外汇支付业务试点资格，拥有跨境支付牌照，被允许通过银行为小额电子商务交易双方提供跨境互联网支付所涉及的外汇资金集中收付和相关结汇服务。但是第三方支付还是面临不少现实困难，通关、退税等跨境业务复杂，在一定程度上制约了跨境支付的推进。境外买家支付美元不能直接到国内兑换成人民币，企业资金回笼面临外汇兑换问题。目前缺乏统一的法律法规制度对跨境支付加以规范，支付信用安全风险、跨境消费者和商户的身份认证技术性风险较高，跨境交易资金流向监管较难。

4. 售后服务难题让消费者望而却步

对于国内消费者而言，海外购商品的售后服务面临一系列的麻烦。由于涉及跨境通关和物流，换货后的商品很难有顺畅的通道返回国内；物流等种种费用要消费者承担，出现退货费用严重超出货品价值的现象；同时，跨境购的商品质量维权、货品丢失处理、技术售后服务等都需要耗费巨大时间成本，让消费者打消跨境消费的念头。

本章要点

- 供应链不再局限于价值流通、网络结构、链的概念以及管理思维或体系，而是在一个生态系统内，围绕着核心企业，通过对商流、资金流、信息流、物流等资源的控制，从供应的供应源头到用户的用户终端，实现生态系统内关联企业或个人的整体价值增值的一个网状结构。

- 供应链管理的重点包括供应链战略管理、信息管理、客户管理、库存管理、关系管理和风险管理。
- 供应链管理的内容包括生产计划与控制、库存控制、采购、销售、物流、需求预测、客户管理及伙伴管理等，其实质是信息流、物流和资金流的管理。
- 电子商务供应链的主要内容包括订单处理、生产组织、采购管理、配送与运输管理、库存管理、电子商务支付管理、电子商务供应链金融。
- 跨境电子商务供应链设计原则包括建立基于供应链的动态联盟，构建统一的信息平台，统一管理"虚拟贸易社区"，密切关注顾客的需求和重视顾客服务，改造企业内部业务流程。
- 跨境电子商务供应链设计的基本内容包括供应链合作伙伴选择、网络结构设计、组织机制和管理程序、供应链运行基本规则。
- 采购作业流程是指企业选择和购买生产所需的各种原材料、零部件等各种物品的全过程。
- 跨境电子商务采购追单类型包括生产型追单、档口拿货型追单和定制开发型追单。

重要术语

供应链　　　　　　　供应链管理　　　　　　电子商务供应链
跨境电子商务采购　　采购作业流程

复习思考题

1. 试分析互联网环境下供应链的内涵。
2. 简述供应链管理的主要内容。
3. 试分析电子商务给供应链管理带来哪些影响。
4. 简述电子商务供应链的主要内容。
5. 试论述如何设计跨境电子商务供应链。
6. 如何优化跨境电子商务供应链？
7. 如何理解跨境电子商务采购的作业流程？
8. 试分析我国跨境电子商务采购存在的问题。

讨论案例

可靠的供应链助力打造爆款

李总作为多次率领团队获得 eBay、Amazon 等平台多项荣誉的创业者，既有传统行业的经验积累，又有行业传统的创新理念。对于跨境电商行业，他更擅长供应链管理和资源整合、品牌营销和运作管理、创建团队和运营管理、流程优化和制度建立。

李总接触速卖通并非偶然。早在 2010 年，他就开始接触跨境电商，不过主要是做 eBay、Amazon、独立 B2C 网站的运营，速卖通平台因为早期各方面政策还不健全且整个市场混乱，很多诸如夫妻档或利用业余时间进行兼职的人员，对于所售产品的质量把控、物流运送和售后服务无法保证，而且还以极具杀伤力的超低价格进行混战，对于专注于客户体验和严控产品质量关的团队来说，无疑没有办法在价格上与他们进行长期的竞争和厮杀，因此公司在早期没有真正选择速卖通平台，不过一直在用心关注。

李总公司的产品品类趋向综合多元化，多个平台资源均可选择性共享。速卖通上主营的还是消费类电子产品，并且非服装品类的产品都有海外仓支持，目前，公司在美国、英国、德国、法国、意大利、西班牙、澳大利亚等地都提供了海外仓服务。

如此丰富的品类离不开有实力且可靠的供应链支持。李总一贯坚持和认同直接与生产企业进行合作，当然也非常欢迎品牌的正式代理商、正规贸易商来洽谈和合作。对于直接的生产企业来说，必须要满足有极强的配合意愿、有产品质量控制和保证能力、可持续供货的能力、极优的性价比、有自主研发和产品创新能力等考量标准。这些均是长期合作需要考量并能打造畅销款不可或缺的因素。

就以 2014 年的"双十一"全球大促来说，一个畅销款的打造必有诸多方面的因素。速卖通购物平台上的引流很厉害，而且自身资源比较多，选品上可以找出最有优势或是应季的一些优势产品，再加上速卖通小二的帮忙，最终提交了性价比最优的产品。产品选择之后，供应链也是至关重要的一环。李总说，当初保守计划备货 5 000 件，后来双方沟通之后备了 1 万件，哪里知道 2 小时之后货就被订完了，便紧急向工厂继续追加订货，最后货量追加到近 5 万件。如果没有强有力的供应链资源保障和海外仓的物流优势，很难能保证这类畅销款的交易顺利进行。

李总认为，必须保证自身产品质量过硬，且在平台政策要求下尽可能地满足发货的时效性，另外就是在一些细节上做到位。团队能为客户提供 24 小时的在线客服，客户如果有什么操作使用问题或是一些关于发货订单的信息都可以给予及时的耐心解答。同时还会搜集整理客户对于产品和服务上的一些要求与建议，会在后续的产品开发及流程上进行优化和提升，所有的这些都需要对细节的关注和时间的沉淀。

资料来源：根据雨果网资讯改编。原始出处：何志勇，黄婧. 可靠的供应链助力打造爆款 [EB/OL].(2015-02-11)
[2019-12-15]. https://www.cifnews.com/article/13158.

讨论题

1. 试分析李总为何愿意入驻速卖通平台。

2. 试分析李总是如何进行其跨境电子商务供应链管理的。

第6章
跨境电子商务支付管理

学习目标

完成本章后，你将能够：

- 了解跨境支付的背景及概念。
- 掌握第三方支付的定义、优缺点及流程。
- 掌握跨境电子商务支付渠道。
- 掌握常见的跨境电子商务支付方式。
- 了解不同地区跨境电子商务支付的差异。
- 了解中国第三方支付业务流程。
- 熟悉跨境电子商务支付的风险及防范措施。

开篇案例　　　Facebook Messenger 开通了转账支付功能

2015 年，Facebook 在其官网上宣布，它的即时通信应用 Messenger 新增朋友间的"转账支付"功能，几个月后用户可以直接通过 Messenger 给朋友转账。Facebook 推出此项功能是希望将用户尽可能留在自己的 Messenger 平台上，当用户遇到转账问题时不需要再进入别的 App（如 PayPal 或 Venmo）进行支付。

Messenger 转账支付功能与微信相似，在和朋友的聊天对话框中加入了"$"按钮，用户需要绑定 Visa 或 Mastercard 借记卡，设置交易密码（或者 iPhone 的 Touch ID），在付款时只需要输入转账金额和进行密码验证就能够正常转账，没有手续费。对方账户也需要绑定借记卡才能在两三天后收到资金，否则金额将一直留在 Messenger 平台上。用户还可以从 Messenger 的设置功能中查看历史支付情况。

Facebook 推出的 Messenger 个人转账支付功能在行业中并未领先。中国的支付宝、微信支付及美国的 Venmo、Square 和 Snapchat 都早于 Facebook。然而 Facebook 的用户直接在 Messenger 里转账而不需要再使用 Venmo 或 PayPal 时，Venmo 与 PayPal 的好日子或许会有些变化。Snapchat 在 2014 年 11 月推出的 Snapcash 与 Messenger 的个人转账支付非常类似，可能唯一的区别在于

Snapchat 是和 Square 进行合作以提供转账功能，而 Facebook 的支付系统是自建的。

Uber 更新 API 并升级权限，第三方开发者直接将 Uber 完整的服务嵌入自己的 App 以方便用户使用（类似微信在钱包中嵌入滴滴打车）。或许，Messenger 可以考虑与 Uber 合作，在向微信学习的道路上大踏步前进。

资料来源：根据雨果网资讯改编。原始出处：36kr. Facebook Messenger 可以转账支付了 [EB/OL].(2015-03-19) [2019-12-15]. https://www.cifnews.com/article/13666.

讨论题

1. 试分析 Facebook 为何会开通转账支付功能。
2. 试分析 Facebook 的转账支付功能与微信支付存在哪些差异。

6.1　跨境支付基础知识

6.1.1　跨境支付的概念

1. 跨境支付产生背景

随着跨境电子商务业务的发展，跨境电子商务平台上的用户数量在不断攀升，跨境电子商务的总体交易额也呈现出快速上升趋势，因而对于资金结算服务的需求不断扩大，这就为提供跨境支付的金融机构带来了巨大的发展机遇。目前，全球经济一体化，各国之间的经济往来频繁，跨境电子支付的作用越来越不容忽视，在整个支付体系中占据的地位也在不断提高，无论对跨境电子商务交易还是个人日常消费，都发挥了重要的作用，在现代支付体系中扮演着越来越重要的角色。

传统国际贸易中所使用的结算方式难以满足跨境电子商务交易需求。这主要是因为跨境电子商务的交易单票金额较小、批次多，每批的结算量较小。在传统的结算过程中，主要采用的结算方式为信用证、电汇、汇付和托收。这些结算方式主要基于商业信用，以致在跨境交易中，出口商往往承受着较大的风险，一方面大量资金被占用，另一方面很难获得贸易融资。在结算方式中，信用证依托于银行信用，风险较低，同时可以为出口商提供融资服务，但是存在繁杂的手续和较高的费用。而跨境电子商务每笔交易的交易额非常有限，无法承担传统贸易结算中高昂的手续费，因此，要求出现一种针对小额国际贸易的第三方支付。随着跨境电子商务的发展，无论是传统商业银行还是互联网金融机构，都将发展目光投向了跨境第三方支付业务。传统贸易支付方式与新兴的第三方支付方式基本构成了如今的跨境支付。

2. 跨境支付的定义

跨境支付指在两个或两个以上国家或地区之间因国际贸易、国际投资或其他方面所产生的国际债权债务，需要借助一定的结算工具与支付系统实现资金跨国或跨地区转移的行为。比如，中国消费者从跨境电子商务平台上购买国外商家的商品，或者国外消费者购买中国商家的商品时，由于法定货币不同，需要通过一定的结算工具与支付系统实现资金在两个国家或两个地区之间的转换，以及资金从买家流向卖家，最终完成交易。跨境支付多应用于传统国际贸易，支付方式以线下支付为主，金额较大，涉及主体多为组织形式，一般采用汇付（T/T）、托收（D/P、D/A）、信用证（L/C）、西联汇款等方式。

在互联网技术、信息技术、支付技术等推动下，电子商务与跨境电子商务发展迅速，拉动了跨境支付方式的创新。一种新型的跨境支付方式即跨境电子支付，又称为跨境互联网支付，具体是指以互联网为媒介，为不同国家或地区的交易双方提供在线支付服务。跨境电子支付属于跨境支付的一类。无论跨境支付还是跨境电子支付，在跨境电子商务快速发展背景下，为跨境电子商务交易所服务的支付均归为跨境电子商务下的跨境支付，本文如无特殊说明，所涉及的跨境支付均指为跨境电子商务交易所服务的跨境支付。

常用的跨境支付方式有商业银行、第三方支付平台与专业汇款公司。其中，第三方支付平台使用频率较高。第三方支付平台因其便捷性与低费率等优点，被越来越多的跨境支付用户所青睐。常用的第三方支付工具有 PayPal、支付宝、财付通、快钱、汇付天下等。

在跨境电子商务中，跨境支付不再拘泥于传统的线下支付，电子支付使用范围与频率越来越高。跨境电子支付是跨境电子商务的核心环节，涉及企业、个人、银行及第三方支付平台等多个主体。常用的跨境电子支付方式主要有移动支付、虚拟货币、网银支付、第三方支付等。电子支付能够为使用者降低成本、进行风险管理，其效率成为影响跨境电子商务的重要因素之一。国务院在 2013 年出台了《关于实施跨境电子商务零售出口有关政策意见的通知》，明确提出"鼓励银行机构与支付机构为跨境电子商务提供支付服务"，旨在解决与完善包括电子支付、清算、结算体系在内的支付服务配套环节中比较薄弱的方面。

6.1.2 第三方支付相关知识

1. 第三方支付的定义

第三方支付是指有一定实力和信誉保障的机构，通过互联网技术在商家和银行之间建立有效连接，从而促成交易双方进行交易的网络支付模式。提供第三方支付业务的机构必须满足一定的条件，该机构必须拥有足够的实力和良好的信誉，作为业务开展的重要保障，同时需要与境内外各大银行签约，以此增强交易双方的信用。这样，就等于在银行结算环节增加了一个中介，在跨境交易过程中，买方将货款付给这个中介，之后，中介通知卖家发货，等到买家收到货物之后，中介再将货款付给卖方。这样交易双方之间就存在一个足以保障安全的中介，双方都受到中介的约束。为了确保网络交易安全，交易双方都愿意寻找可信赖的第三方中介，为其提供公平交易服务保障。实际上，中介成为交易双方资金支付的过渡账户，资金实现可控性停顿。而中介机构虽然起到监督作用，承担保管职责，但是并不需要承担相应的风险，仅仅提供支付托管服务。

第三方支付存在诸多特点，具体如下。

（1）功能整合交易便捷。第三方支付平台中存在多个应用程序接口，在同一界面上存在多种支付方式，在结算中，第三方支付平台会与银行对接，不仅保证网上交易更加安全，而且为交易双方提供了便利。

（2）认证简便，成本更低。由于第三方支付平台的出现，网络交易变得更加简单而便利，交易双方更容易接受。在交易过程中，电子商务认证授权机构不再需要对双方进行认证，双方在交易过程中的交涉都可以通过第三方来达成，这样不仅简化了交易过程，还使交易成本大大降低。

（3）降低交易信用风险。第三方支付平台的背后是实力强大的门户网站，并且与银行建立合作关系，拥有良好的信用。因此，通常情况下，第三方支付平台拥有良好的信誉保障，交易双方都对其有足够的信赖。因而，第三方支付平台的出现，有效地解决了网络交易中存在的信用问题，使电子商务得以突破发展阻碍。

站在商家角度，因为出现了第三方支付平台，避免了发货之后得不到货款的情况，而且客户通过第三方支付平台可以选择多种支付工具，商家不需要在多个银行开设账户，营运成本得到削减。过去，中小企业无法与银行网关建立接口，如今，在第三方支付平台的帮助下，也可以获得便捷的支付服务。

站在客户的角度，因为出现了第三方支付平台，避免了付款之后得不到货物的情况，而且可以在一定程度上保障货物质量。此外，不需要按照商家的要求在指定的银行开设账户，大大节省了网络购物的成本。

站在银行的角度，因为出现了第三方支付平台，不仅扩展了业务范围，而且不需要维护大量企业的网关接口，营运成本得到明显降低。由此可见，第三方支付模式的出现，对于网络交易中的各方主体都是有利的，因而可以有效推动网络交易实现快速发展。

新闻摘录

中东第三方支付服务，你选对了吗

中国商家进入中东，最重要的一件事就是选择支付商，确保能够安全可靠地回款。为什么需要第三方支付？这个问题似乎不需要解释，因为第三方支付已经渗入中国人的日常生活，像微信支付、支付宝都是第三方支付。

从金融服务的发展历史来看，银行也是可以做第三方支付业务的。银行没有做的原因有两个：一是银行有更重要和更赚钱的主营业务；二是第三方支付与科技密切相关，与互联网、移动互联网密切相关，银行并没有足够的前瞻性和专业性去做这些业务。换言之，银行既没有专业能力，也没有盈利动力去做这块业务。虽然也有银行从事网络支付的相关业务，提供支付网关，但是同样摆脱不了上述两个制约，即银行的服务质量和产品特性都不尽如人意。所以第三方支付公司应运而生，典型代表是支付宝，从服务淘宝这一新型的互联网消费行为开始。

资料来源：根据雨果网资讯改编。原始出处：ePanda 出海中东. 中东第三方支付服务，你选对了吗[EB/OL].(2019-11-14)[2019-12-15]. https://www.cifnews.com/article/54371.

提问

中东跨境电子商务市场为何会青睐第三方支付公司？

2. 第三方支付原理

第三方支付系统的实现原理是：第三方机构与各个主要银行之间签订有关协议，使得第三方机构与银行可以进行某种形式的数据交换和相关信息确认。这样，第三方机构就能在持卡人或消费者与各个银行，以及最终的收款人或者商家之间建立一个支付的流程。

第三方机构必须具有一定的诚信度。在实际的操作过程中，这个第三方支付机构可以是发行信用卡的银行本身。在进行网络支付时，信用卡号以及密码的披露只在持卡人和银行之间转移，降低了因通过商家转移而导致的风险。

同样，当第三方是除了银行以外的具有良好信誉和技术支持能力的某个机构时，支付也通过第三方在持卡人或者客户和银行之间进行。持卡人首先和第三方以替代银行账号的某种电子数据的形式（例如邮件）传递账户信息，避免了持卡人将银行信息直接透露给商家，另外可以不必登录不同的网上银行界面，取而代之的是，每次登录时都能看到相对熟悉和简单的第三方机构的界面。第三方支付模式使商家看不到客户的信用卡信息，避免了信用卡信息在网络多次公开传输而导致的信用卡信息被窃事件。第三方支付业务流程如图 6-1 所示。

（1）客户登录电子商务网站选购商品，买卖双方在网上达成交易意向，客户在电子商务网站下单。

（2）客户选择利用第三方作为交易中介，用信用卡将货款划到第三方账户。

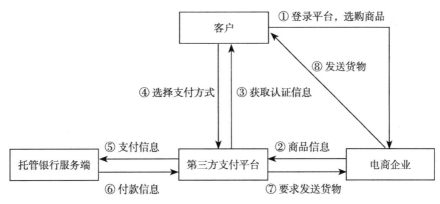

图 6-1　第三方支付业务流程

（3）第三方支付平台将客户已经付款的消息通知商家，并要求商家在规定时间内发货。

（4）商家收到通知后按照订单发货。

（5）客户收验货物后通知第三方。

（6）第三方将其账户上的货款划入商家账户，交易完成。

3. 第三方支付优点

（1）第三方支付平台提供一系列的应用接口程序，将多种支付方式整合到一个界面上，负责交易结算中与银行的对接，使网上购物更加快捷、便利。

（2）利用第三方支付平台进行支付操作更加简单而易于接受。通过第三方支付平台，交易双方不需要通过电子商务认证中心（CA）认证各方的身份，商家和客户之间的交涉由第三方来完成，使网上交易变得更加简单，更为快捷，成本更低。

（3）第三方支付平台本身依附于大型的门户网站，且以与其合作的银行的信用作为信用依托，因此第三方支付平台能够较好地突破网上交易中的信用问题，有利于推动电子商务的快速发展。

（4）对商家而言，通过第三方支付平台可以规避无法收到客户货款的风险，同时能够为客户提供多样化的支付工具，不需要在不同的银行开设不同的账户，帮助商家降低运营成本，尤其为无法与银行网关建立接口的中小企业提供了便捷的支付平台。

（5）对客户而言，不但可以规避无法收到货物的风险，而且货物质量在一定程度上也有了保障，增强了客户网上交易的信心，同时不需要在不同的银行开设不同的账户，可降低网上购物的成本。

（6）对银行而言，通过第三方平台可以扩展业务范畴，同时节省了为大量中小企业提供网关接口的开发和维护费用。

可见，第三方支付模式有效地保障了交易各方的利益，为整个交易的顺利进行提供了支持。

4. 第三方支付缺点

（1）风险问题

在电子支付流程中，资金都会在第三方支付机构滞留成为沉淀资金，如果缺乏有效的流动性管理，则可能存在资金安全和支付的风险。同时，第三方支付机构开立支付结算账户，先代收买家的款项，然后付款给卖家，可能为非法转移资金和套现提供便利，因此形成潜在的金融风险。

（2）电子支付经营资格的认证、保护和发展问题

第三方支付结算属于支付清算组织提供的非银行类金融业务，银行将以牌照的形式提高门槛。因此，对于从事金融业务的第三方支付公司来说，面临的挑战不仅仅是如何盈利，更重要的是能否拿到第三方支付业务牌照。

（3）恶性竞争问题

电子支付行业存在损害支付服务甚至给电子商务行业发展带来负面冲击的恶意竞争。国内的专业电子支付公司已经超过40家，而且多数支付公司与银行之间采用纯技术网关接入服务，这种支付网关模式容易造成市场严重同质化，也挑起了支付公司之间激烈的价格战，惯用的价格营销策略将让电子支付行业利润被摊薄。

6.2 跨境支付方式

6.2.1 跨境电子商务支付渠道

通俗而言，跨境支付就是中国消费者在网上购买国外商家产品或国外消费者购买中国商家产品时，由于币种的不一样，就需要通过一定的结算工具和支付系统实现两个国家或地区之间的资金转换，最终完成交易。

跨境电子支付服务涉及企业、个人、银行、汇款公司及第三方支付平台等多个主体，典型的跨境电子支付服务主要包括网上银行支付服务系统和有第三方支付平台参与的电子支付服务。

跨境电子商务的业务模式不同，采用的支付结算方式也存在着差异。跨境支付行业形成多渠道并存格局，包括银行电汇、快汇公司、国际卡组织、第三方支付及香港离岸账户五种渠道，各种渠道优劣并存，各有千秋（见表6-1）。

B2B信息服务平台模式，主要为中国外贸领域规模以上B2B电子商务企业服务，如为境内外会员商户提供网络营销平台，传递供应商或采购商等合作伙伴的商品或服务信息，并最终帮助双方完成交易。传统跨境大额交易平台的典型代表有环球资源、Made-in-China、DirectIndustry等。大宗交易平台仅提供买家和卖家信息，提供商家互

相认识的渠道，不支持站内交易。外贸交易主要以线下支付为主，金额较大，一般采用 T/T、L/C、西联汇款等方式。

表 6-1　常用的跨境支付模式一览表

跨境支付模式	主要支付工具	特点
银行	银行电汇	传统外贸付款方式，一般通过 SWIFT 传递数据
快汇公司	西联汇款、速汇金	到账速度快，但手续费相对较高，网点不足
国际卡组织	万事达卡（Mastercard）、维萨（Visa）	用户人群庞大、与信用体系挂钩、费用较高
第三方支付	PayPal、派安盈、ClickandBuy、Qiwi 钱包等	使用方便、种类繁多
香港离岸账户	香港账户、离岸账户（内资）、离岸账户（外资）	境内操控，境外运作，资金调拨自由

　　B2B 交易服务平台模式，主要提供交易、在线物流、纠纷处理，售后等服务。目前，这种跨境平台主要有阿里巴巴国际站、敦煌网、慧聪网等。B2B 交易服务平台的市场集中度较高，这种平台模式多采用线上支付，支付方式主要包括 PayPal、V/MA 等方式。

　　B2C 开放平台模式，主要提供交易、在线支付、物流、纠纷处理、售后等服务，以小额批发零售为主。代表性平台有兰亭集势、米兰网、大龙网、Chinavasion、Tomtop 等。这种模式普遍采用线上支付，如 PayPal、信用卡、借记卡等。

　　B2C 自营平台模式，一般通过自建代表性平台有兰亭集势、环球易购等。这种模式与 B2C 开放平台一样，普遍采用线上支付，如 PayPal、信用卡、借记卡等。

　　C2C 跨境电商零售模式，主要提供交易、在线支付、物流、纠纷处理、售后等服务，跨境电商平台主要有敦煌网、速卖通、易唐网等，这些 C2C 平台不参与跨境电商交易，而是在买卖双方交易的基础上收取一定比例的佣金，普遍采用线上支付，如 PayPal、信用卡、借记卡等。

　　自建电商模式，一般通过自建网站，精准定位，将商品销往海外，其主要业务包括交易、物流、支付、客服等，典型代表有 Antelife、义乌外贸饰品零售网店 Gofavor 等。支付方式按客户需求，可有多种选择。

6.2.2　跨境电子商务线下支付方式

　　按照是否需要去柜台现场办理业务，跨境支付工具有两大类：一种是线下汇款模式，比较适合较大金额的跨境 B2B 交易；另一种是线上支付，包括各种电子账户支付方式和国际信用卡，由于线上支付手段通常有交易额的限制，所以比较适合小额的跨境零售。

　　线下支付是相对于线上支付而言的，具体方式有信用证、托收、电汇、西联汇款、MoneyGram 速汇金、香港离岸账户。

1. 信用证

　　信用证 (Letter of Credit , L/C) 是指由银行（开证行）依照（申请人的）要求和指示或自己主动，在符合信用证条款的条件下，凭规定单据向第三者（受益人）或其指定方进行付款的书面文件。即信用证是银行开立的有条件的承诺付款的书面文件。

在传统国际贸易活动中，买卖双方可能互不信任，买方担心预付款后，卖方不按合同要求发货；卖方也担心在发货或提交货运单据后买方不付款。在信用证结算方式中，银行以银行信用代替商业信用，为交易双方提供信用保证，从而促进交易的顺利达成和资金的安全支付。信用证是银行有条件保证付款的证书，成为传统国际贸易活动中常见的结算方式。买方先提交信用证申请书，支付保证金和银行费用，由银行开立信用证，通知异地卖方，卖方按合同和信用证规定的条款发货，开证银行在审单无误的条件下代买方先行付款。

（1）费用。信用证相应的银行费用项主要可分为以下几类。①开证。开证费、改证费、撤证费；②信用证传递。信用证预先通知费、通知费、转递费；③信用证交单。邮递费、电报费、审单费；④信用证收汇。议付费、承兑费、保兑费、偿付费、付款手续费、转证费、无兑换手续费、不符点费、不符点单据保管费。⑤信用证中可能涉及的罚款项等。

同一银行对不同费用项的收费方式也不一样，有些是定额收取的，如通知费、不符点费等，按笔收取；有些则是按比例收取的，如议付费、兑换费等；还有按时间循环收取的，如承兑费、保兑费等。另外，不同银行间的收费标准也是不一样的。

（2）优点。有银行信誉参与，国际贸易相对比较安全，风险相对较低；在交易额较大、交易双方互不了解且进口国施行外汇管制时，信用证的优越性更为突出；受UCP600的约束，贸易双方交易谨慎度较高；相较于电汇、托收方式，信用证方式中交易双方资金负担较平衡；买方开立信用证需要缴纳一定比例的保证金，保证金比例多少取决于买家的资信和实力，资信越高比例越低，卖方可以从中粗略了解买方的资信状况；即使买方拒付，卖方仍可以控制货权，损失相对较少。

（3）缺点。信用证是独立、自足的文件，银行只审单不管货，因此容易产生欺诈行为，存在假单的风险；信用证方式手续繁杂，环节较多；信用证对单据要求较高，容易出现不符点而被拒付；费用比较高，影响出口商利润，如果信用证金额较小，各项银行费用总和将超过1%；遭遇软条款陷阱，审证审单等环节有较强的技术性。

（4）适用范围。主要适用于成交金额较大（一般大于5万美元）的线下交易。

2. 托收

托收（Collection）是出口人在货物装运后，开具以进口方为付款人的汇票（随附或不随附货运单据），委托出口地银行通过它在进口地的分行或代理行代出口人收取货款的一种结算方式，属于商业信用。根据托收时是否向银行提交货运单据，可分为光票托收和跟单托收两种。跟单托收根据交单条件的不同，又可分为付款交单（documents against payment，D/P）和承兑交单（documents against acceptance，D/A）两种。

托收属于商业信用，银行办理托收业务时，既没有检查货运单据正确与否或是否完整的义务，也没有承担付款人必须付款的责任。托收虽然是通过银行办理，但银行只是作为出口人的受托人行事，并没有承担付款的责任，进口人不付款与银行无关。出口人向进口人收取货款靠的仍是进口人的商业信誉。如果遭到进口人拒绝付款，除非另外有规定，银行没有代管货物的义务，出口人仍然应该关心货物的安全，直到对方付清货款为止。

托收对出口人的风险较大，D/A 比 D/P 的风险更大。跟单托收方式是出口人先发货，后收取货款，因此对出口人来说风险较大。进口人付款靠的是他的商业信誉，如果进口人破产倒闭，丧失付款能力，或货物发运后进口地货物价格下跌，进口人借故拒不付款，或进口人事先没有领到进口许可证，或没有申请到外汇，被禁止进口或无力支付外汇等，出口人不但无法按时收回货款，还可能遭受货款两空的损失。虽然出口人有权向进口人索赔所遭受的各种损失，但在实践中，在进口人已经破产或逃之夭夭的情况下，出口人即使可以追回一些赔偿，也难以弥补全部损失。在当今国际市场出口竞争日益激烈的情况下，出口人为了扩大销售、占领市场，有时也采用托收方式。如果进口人信誉较好，出口人在国外又有自己的办事机构，则风险可以相对小一些。

托收对进口人比较有利，可以免去开证的手续以及预付押金，还有预借货物的便利。当然托收对进口人也不是没有一点风险。如进口人付款后才取得货运单据，领取货物，如果发现货物与合同规定不符，或者根本就是假的，也会蒙受损失。但总体而言，托收对进口人比较有利。

（1）费用。托收所发生的正常的银行费用主要有托收费和寄单费。扣费包括两部分：国外银行扣费一般 35 ～ 95 美元，国内交单行扣费 150 ～ 350 元人民币。

（2）优点。相比于信用证，托收的操作比信用证简便许多，单据要求相对简单，费用相对较低；先发货后收款，因此对进口商有利，容易促成交易。

（3）缺点。托收是建立在商业信用基础之上的一种结算方式，卖方承担了较大的风险；对出口商不利，因为出口商能否按期收回货款，完全取决于进口商的资信；相比较于电汇等方式，托收手续较繁，费用较高。

（4）适用范围。托收对于出口商来说风险较大，只适用于金额较大、往来多年的、彼此比较熟悉和了解的、信誉比较好的客户。

3. 电汇

电汇（Telegraphic Transfer）是汇款人将一定款项交存汇款银行，汇款银行通过电报或电传给目的地的分行或代理行（汇入行），指示汇入行向收款人支付一定金额的一种汇款方式。跨境电汇是汇款人通过所在地的银行将所汇款项以电报、电传的形式划转国内各指定外汇银行，同时由国内银行通知收款人就近存取款项。相对于信用证、托收等方式而言，电汇适用范围广，手续简便易行，中间程序少，灵活方便，因而是目前一种应用极为广泛的结算方式。

（1）费用。一般来说，电汇的费用分两部分。一部分与电汇金额有关，即1‰的手续费；另一部分与汇款的金额无关，而与笔数有关，即每汇一笔就要收取一次电汇费。具体费用根据银行的实际费率计算，不同的银行收费标准差距较大，在选择汇款银行时要做好比较。由于汇款手续费一般都有最高限额，超出最高限额即以最高限额为限。

（2）优点。电汇没有金额的限制，不管款项多少均可使用；汇兑结算手续简便易行，单位或个人均可办理；收款迅速，快速到账；可先付款后发货，保证商家利益不受损失。

（3）缺点。需要去银行柜台办理业务，受限于银行网点分布；先付款后发货，买方容易产生不信任感；买卖双方都要支付手续费，相对于一些线上支付工具而言费用较高，相对于第三方在线支付方式，电汇手续较为繁杂；在实际业务中，一般采用前T/T（发货前付清全部货款），买方承担的风险较大。

（4）适用范围。电汇是传统B2B付款常用模式，适用于跨境电商较大金额的交易付款。

4. 西联汇款

西联汇款是西联国际汇款公司（Western Union）的简称，是世界领先的特快汇款公司，它拥有全球最大、最先进的电子汇兑金融网络，代理网点遍布全球近200个国家和地区。中国建设银行、中国农业银行、中国光大银行、中国邮政储蓄银行、浦发银行等多家银行是西联汇款的合作伙伴。

（1）费用。收款人不需要支付任何费用，汇款人需要按照汇款金额一定的比例支付手续费，如有其他额外要求，则加收附加服务费。西联汇款手续费明细具体见表6-2。

表 6-2　西联国际汇款资费表　　　　　　　　　　　　　　（单位：美元）

汇款金额	手续费
500 以下	15.00
500.01 ～ 1 000.00	20.00
1 000.01 ～ 2 000.00	25.00
2 000.01 ～ 5 000.00	30.00
5 000.01 ～ 10 000.00	40.00
超过 10 000.00，每增加 500 或其他零数，加收 20.00	

（2）优点。汇出金额等于汇入金额，无中间行扣费；西联全球安全电子系统确保每笔汇款的安全，并有操作密码和自选密码供核实，使汇款安全地交付到指定的收款人账户；西联汇款手续简单，利用全球最先进的电子技术和独特的全球电子金融网络，收款人可在几分钟内如数收到汇款；手续费由买家承担，卖家无须支付任何手续费；西联国际汇款公司的代理网点遍布全球各地，代理点包括银行、邮局、外币兑换点、火车站和机场等，方便交易双方进行汇款和收款。

（3）缺点。汇款手续费按笔收取，对于小额汇款手续费高；买家难以在第一次交易时信任卖家，在发货前打款，容易因此而放弃交易；买家和卖家需要去西联线下柜台操作；属于传统型的交易模式，不能很好地适应跨境电商的发展趋势。

（4）适用范围。1 万美元以下的中等额度支付。

5. 速汇金

速汇金（MoneyGram）国际汇款是国际速汇金公司推出的国际汇款方式，通过其全球网络办理的一种境外快速汇款业务，为个人客户提供快捷简单、安全可靠、方便的国际汇款服务。速汇金汇款公司在全球 194 个国家和地区拥有总数超过 275 000 个代理网点，是一家与西联相似的汇款机构，国内目前有中国银行、工商银行、交通银行、中信银行代理速汇金收付款服务。

（1）费用。速汇金汇入业务无收费，卖家无须支付手续费。速汇金汇出业务费用包括手续费和佣金两个部分，佣金收费标准按办理汇款业务时，国际速汇金公司速汇金系统自动生成的金额为准扣收；手续费根据速汇金公司提供的费率按表 6-3 执行。

表 6-3　速汇金国际汇款资费表　　　　　　　　（单位：美元）

汇款金额	手续费
0.01 ～ 400.00	10.00
400.01 ～ 500.00	12.00
500.01 ～ 2 000.00	15.00
2 000.01 ～ 5 000.00	23.00
5 000.01 ～ 10 000.00	30.00

（2）优势。汇款速度快，在速汇金代理网点（包括汇出网点和解付网点）正常营业的情况下，速汇金汇款在汇出后十几分钟即可到达收款人账户；速汇金的收费采用的是超额收费标准，汇款金额不高时，费用相对较低；无其他附加费用和不可知费用，无中间行费，无电报费；手续简单，无须填写复杂的汇款路径，收款人无须预先开立银行账户，即可实现资金划转。

（3）缺点。速汇金仅在工作日提供服务，节假日不提供相应的服务，而且办理速度缓慢；汇款人及收款人均必须为个人；必须为境外汇款，不提供境内汇款业务；客户如持现钞办理汇款，还需缴纳一定的现钞变汇的手续费；速汇金合作伙伴银行对速汇金业务部不提供 VIP 服务；买家和卖家需要去线下柜台操作，不能很好地适应跨境电商的发展趋势。

（4）适用范围。适用于海外留学、旅游、考察、工作的人员，也适用于年汇款金额不超过 50 000 美元的中等交易付款。

6. 香港离岸账户

离岸账户，也叫 OSA 账户，在金融学上指存款人在其居住国家以外开设的银行账户。相反，在存款人居住国以内的银行开立的账户则称为在岸银行账户或境内银行账户。境外机构按规定在依法取得离岸银行业务经营资格的境内银行离岸业务部开立的账户，属于境外账户，如内地的公司在香港开立的账户，即香港离岸账户。卖家通过在香港开设离岸银行账户，接收境外买家的汇款，再从香港账户汇到内地账户。离岸账户只针对公司开户，不支持个人开户。离岸账户相对于境内账户（NRA 账户）受外汇管制更少些，从资金的安全性角度来看，离岸账户要安全些，受国家外汇管理局监管没那么严格。

（1）费用。主要包括香港离岸账户开户费用和后续维护费用。不同银行开户费用略有不同，亲临香港办理费用约为 1 150 港元；国内视频开户费用为 1 750 ~ 3 150 港元；如不方便可以选择委托代理。后续维护费用包括：年审费用（为 450+105 港元，不包括雇员申报等费用）、香港公司满 18 个月报税费用、汇款的费用以及资金量达不到每月最低标准时的账户管理费。

（2）优点。资金调拨自由，离岸账户等同于在境外开设的银行账户，可以从离岸账户上自由调拨资金，不受国内外汇管制；存款利率、品种不受境内监管限制，特别是大额存款，可根据客户需要，在利率、期限等方面量身定制，灵活方便；中国政府对离岸账户存款的利息免征存款利息税；加快境内外资金周转，降低资金综合成本，提高资金使用效率；利用一个离岸账户来收款，对企业在税务方面可以起到一个合理的安排，对公司以后的发展具有极大的好处；接收电汇无额度限制，不同货币直接可随意自由兑换。

（3）缺点。开设离岸账户的起点储蓄金额一般较高，至少 1 万港元激活资金；每月低于规定的资金量，需要缴纳一定的账户管理费；香港银行账户的钱还需要转到内地账户，较为麻烦；离岸账户常被犯罪分子用来洗钱，名声不佳；离岸公司的税务情况受到比较严格的监管；部分客户选择地下钱庄的方式，有资金风险和法律风险。

（4）适用范围。传统外贸及跨境电商都适用，适合已有一定交易规模的卖家。

6.3　跨境电子商务线上支付工具

6.3.1　主流线上支付工具

1. PayPal

PayPal（在中国的品牌名为贝宝），原是美国 eBay 公司的全资子公司，总部在加利福尼亚州。2015 年 4 月 10 日，PayPal 从 eBay 分拆，并在美国纳斯达克独立上市。PayPal 与许多电子商务网站合作，成为跨境电商平台的线上支付方式之一。PayPal 是账户模式，需要交易双方都注册有 PayPal 账号，买家必须在 PayPal 账户绑定信用卡账号，然后使用信用卡充值到 PayPal 账户，才可以进行付款。PayPal 交易不经过银行网关，如果买家拒付，在线操作即可，对他的信用没有任何影响。

PayPal 是目前全球使用最为广泛的网上交易工具。它能帮助用户进行便捷的外贸收款、提现与交易跟踪；从事安全的国际采购与消费；快捷支付并接收包括美元、加元、欧元、英镑、澳元和日元等 25 种国际主要流通货币。用 PayPal 支付方式转账时，需要支付一定数额的手续费。

（1）支付流程

通过 PayPal 支付一笔金额给商家或者收款人时，可以分为以下几个步骤。

① 付款人首先要有一个电子邮件地址，登录邮件地址开设 PayPal 账户，通过验证成为其用户，并提供信用卡或者相关银行资料，增加账户金额，将一定数额的款项从其开户时登记的账户（例如信用卡）转移至 PayPal 账户下。

②在进行付款时，付款人先进入 PayPal 账户，指定汇出金额，并提供收款人的电子邮件账号给 PayPal。

③ PayPal 向收款人发出电子邮件，通知其有等待领取或转账的款项。

④如果收款人也是 PayPal 用户，在决定接受款项后，付款人所指定的款项即汇入收款人的 PayPal 账户。

⑤如果收款人没有 PayPal 账户，收款人要根据 PayPal 电子邮件内容指示连线进入网页，注册取得一个 PayPal 账户，收款人可以选择将取得的款项转换成支票寄到指定的处所、转入其个人的信用卡账户或者另一个银行账户。

（2）PayPal 限制

关于 PayPal 账户使用中遇到的问题，最常见的就是账户的限制。关于 PayPal 账户限制的主要类型及应对措施主要如下。

①新账号 21 天低限。新账户的限制很频繁，这是 PayPal 对新账户的审核，不需要提交任何资料，PayPal 会在审核结束后自动解限，遇到这种情况，耐心等待即可。

②临时审查限制。在多次收款之后的某一天突然被限，是 PayPal 需要了解卖家的经营模式和产品信息，卖家需要做出积极的回应，提供相应的资料让 PayPal 了解卖家所经营的产品，常见的解限资料包括信用卡证明、地址证明、供应商信息、发票等。

③风险审查类的限制。该类型的限制是从账户风险的审核引发的。账户的风险包括两方面：一是来自买家的风险，如果买家账户风险过高，PayPal 会自动退款，交易无法进行；二是来自卖家的风险，那就要从几个方面找原因，是否投诉率过高，是否短期内收款过高。

④高限。此类型的限制同样来自高风险，高限的账户不能收款，不能付款。产品违规及投诉率都会导致高限产生。另外，如果账户出现限制的情况而没有及时回应，限制会自动升级到高限，直至被封。所以一旦账户出现限制情况，要第一时间在账户中做出积极回应，按要求提交资料。

（3）PayPal 冻结

PayPal 账户冻结，是指账户的某笔交易被临时冻结，账户使用者不能对这笔交易进行退款、提现等操作。一个账户从注册到收款然后到提现，PayPal 公司从来没有从用户手里得到过任何的资料，所以每个账户从开通到提现的过程中肯定要被冻结一次，然后要求账户使用者提交身份证明、地址资料等来证明使用者是真实存在并且遵纪守法的公民。出现以下几种情况也会被冻结。

①收款后立马提现。比如账户收了 1 000 美元，收款后马上提现 900 美元，则存在卖家收了款，货还没发就提现的情况，难免引起怀疑导致被冻结。

②提现金额过高。例如收款 1 000 美元，发货后，卖家需要资金周转，把 1 000 美元全部提现，这种情况比较危险。PayPal 一般提现金额在 80% 是比较安全的，留 20% 是为了防止买家退单，也是为了让 PayPal 放心。

③被客户投诉过多、退单过多。一般投诉率超过 3%，退单率超过 1% 就会被 PayPal 公司终止合作。

④所售产品有知识产权问题。国外非常重视知识产权的保护，如果出现仿牌或者假货，PayPal 将禁止其交易，一旦国际品牌商投诉 PayPal，后果非常严重，将难以再使用 PayPal 进行支付。

（4）费用

收款方费用是每笔收取 0.3 美元的银行系统占用费；交易时候收 2.9% ～ 3.9% 的手续费；跨境交易，每笔收取 0.5% 的跨境费；每笔提现收取 35 美元。

（5）优点

无开户费用；PayPal 符合大多数国家人群的交易方式，在国际上知名度较高，拥有不可忽视的用户群。

（6）缺点

不支持仿牌收款。偏向保护买家利益，相对于卖家来讲缺乏保障。交易费用主要由卖家提供。提款等后续限制和费用较多，而且账户容易被冻结，如果有一笔交易存在争议，而买家和卖家不能达成一致意见，PayPal 则会冻结卖家的整个账户，用来保护买家的利益不受损失 (其他情况也会冻结账户)。

（7）适用范围

适合跨境电商零售行业，几十到几百美元的小额交易。

2. 国际信用卡支付

国际信用卡收款通常指的是国际信用卡在线支付。目前国际信用卡收款是支付网关对支付网关模式（类似网银支付）。信用卡消费是当今国际流行的一种消费方式，尤其在欧美，信用体系非常完善，人们习惯用信用卡刷卡进行提前消费，基本是人手一卡。购物时用信用卡在线付钱早已成为主流。信用卡在线支付方式可以拒付，可以保护消费者的利益，而且操作方便快捷，但买家不能轻易拒付，拒付会影响买家的信用卡信誉额度。

（1）支付流程

信用卡支付的风险来自"先用钱，后还款"，其支付流程如下：

①买家从自己的信用卡上发出支付指令给发卡银行。

②银行先行垫钱为其支付给卖家银行。

③银行通知持卡人免息期满的还款日期和金额。

虽然卖家已经完成交易，但只有当买家采取如下行动时，货款才有百分之百的保证：买家在还款日到期之前还款，交易顺利完成，卖家收款成功；买家先还部分欠款，一般大于银行规定的最小还款额，其余作为向银行的贷款，并确认同意支付利息，以后逐步偿还本息，最终买家得到融资便利，银行得到利息收入，卖家及时得到货款。

（2）优点

①客户群巨大：Visa、Master 卡用户量超过 20 亿，在欧美地区使用率很高，迎合了国外买家的提前消费习惯，使支付更方便。

②扩大潜在客户：信用卡支付是只要买家持有信用卡就能完成付款。信用卡持有人比在支付公司注册的人数要多得多，在欧美几乎人手一张信用卡，是所有人都接受也乐意使用的一种消费模式。

③减少拒付：由于是属于银行对银行模式，买家拒付需要到发卡行进行拒付，同时发卡行也会对该笔拒付进行核查，看是否属于恶意拒付（如果是恶意拒付，银行就会在持卡人的信用记录上记录），对买家以后的生活、学习、工作会带来很大的不便，所以持卡人一般不会随意拒付。账号对账号模式的拒付对持卡人的信用记录没有任何影响，所以信用卡支付的拒付比率相对于账号对账号模式的比率要小，根据国际卡组织统计，使用信用卡消费的拒付概率不超过 5‰。

④不会冻结账号：信用卡支付，如果某笔交易存在交易争议，则会冻结该笔交易的金额，不影响整个账户。信用卡通道注重买家和卖家双方的利益，会根据货品的发货情况以及买家的态度来进行处理，不会关闭通道造成商户资金冻结，因此对拒付的处理无疑更加公平。

⑤买家付款过程简单方便：在买家页面选定相应的物品后直接进入信用卡验证页面，从而减少付款步骤，方便买家付款，付款快捷，仅需 3 ~ 5 秒钟。

（3）缺点

① 需要开户费和年服务费，门槛有点高。

② 仍可能拒付。国际信用卡本身有 180 天的拒付期（个别信用卡甚至 180 天后还可

以拒付）。所谓拒付 (charge back)，是指信用卡持卡人主动要求把钱要回去的行为，拒付的原因可能有：买家没有收到货；货不对板（收到的货品与事先承诺的不符）；货物质量问题；黑卡、盗卡、商务卡交易；诈骗分子。

（4）适用范围

信用卡支付一般用于外贸中的 1 000 美元以下的小额支付，比较适合于网店零售：主要行业有鞋服、饰品、生活用品、电子产品、保健品、虚拟游戏和订票等。

3. 阿里巴巴 Secure Payment

Secure Payment（原 Escrow 服务）是阿里巴巴国际站针对国际贸易提供交易资金安全保障的服务，它联合第三方支付平台 Alipay 提供在线交易资金支付的安全保障，同时保护买卖双方从事在线交易，并解决交易中的资金纠纷。因原 Escrow 服务系统升级优化，为了买卖双方更清晰地了解及认知线上交易中资金安全保障的流程、支付方式及纠纷退款问题的处理方法等，Escrow 服务名称将更换为 Secure Payment。

（1）Secure Payment 流程

Secure Payment 相当于国际支付宝服务，为在线交易提供资金安全，在买卖双方通过起草快递订单 / 在线批发订单中提供资金安全的担保保障服务，其流程如下：

①买家通过阿里巴巴国际站下单；

②买家通过阿里巴巴 Secure Payment 账户付款；

③买家付款后，平台会通知卖家发货，卖家在看到买家的付款信息后通过 EMS、DHL、UPS、FedEx、TNT、SF、邮政航空包裹七种国际运输方式发货；

④买家在阿里巴巴国际站确认收货；

⑤买家收到货物或者买家收货超时，平台会放款给卖家。

（2）费用

仅开通阿里巴巴国际站平台的 Secure Payment 服务不需要支付额外费用，但使用该服务过程中会产生交易手续费和提现手续费。

①交易手续费 5%，需包含在产品价格中，可根据交易手续费平衡交易产品价格。

②提现费用：美元提现每次 15 美元，银行收取；人民币提现无手续费。

（3）优点

①快速交易：支持起草快递订单或在线批发在线交易，买家线上下单，通过阿里巴巴后台可实时查看订单进展。

②多种支付：支持信用卡、西联、银行汇款多种支付方式，方便买家支付。

③安全收款：买家支付货款成功后会通知卖家发货，买家确认收货或者物流妥投且超时后，会放款至卖家国际支付宝账户，卖家不用担心收不到钱的情况。

（4）缺点

Secure Payment 是针对国际贸易提供交易资金安全保障的服务，暂不能像国内支付宝一样直接付款或收款。

（5）适用范围

为降低国际支付宝用户在交易过程中产生的交易风险，目前支持单笔订单金额在 10 000 美元（产品总价加上运费的总额）以下的交易。

6.3.2　其他线上支付工具

1. Payoneer

Payoneer 成立于 2005 年，总部设在美国纽约，是万事达卡（MasterCard）组织授权的具有发卡资格的机构，主要业务是帮助其合作伙伴将资金下发到全球，同时为全球客户提供美国银行 / 欧洲银行收款账户，用于接收欧美电商平台和企业的贸易款项，为支付人群分布广而多的联盟提供简单、安全、快捷的转款服务。

Payoneer 的合作伙伴涉及的领域众多，服务遍布全球 210 多个国家和地区。不管需要支付的对象是在全球偏远区域的雇员、自由职业者、联盟还是其他人群，收款人可以申请获得 Payoneer 预付万事达卡并为其提供安全、便利和灵活的收款方式。Payoneer 预付万事达卡可在全球任何接受万事达卡的刷卡机（POS）刷卡、在线购物或从自动取款机取出当地货币。

（1）收费标准

①转账到全球 210 个国家的当地银行账户，收取 2% 的手续费。

②使用 Payoneer 万事达卡内的资金，ATM 每笔取现收费为 3.15 美元，在中国 ATM 取款机直接取人民币时，还会有不高于 3% 的汇率损失，每天最多 2 500 美元；POS 机消费不收取费用。

③超市商场消费（每天最多 2 500 美元，Payoneer 不收手续费）。

④根据合作联盟的不同，以上费用会有所不同。

⑤ Payoneer 万事达预付卡的年费为 29.95 美元，每年收一次。

⑥向美国银行账户转账收取金额的 1%，每笔进账都收。

（2）优点

①便捷。用中国身份证即可完成 Payoneer 账户在线注册，并自动绑定美国银行账户和欧洲银行账户，立即添加到欧美平台实现 ACH/SEPA 的入账或者发送欧美银行账户给欧美客户。

②合规。像欧美企业一样接收欧美公司的付款，并通过 Payoneer 和中国支付公司的合作完成线上的外汇申报和结汇，可避开每年 5 万美元的个人结汇额度限制。

③安全。对于欧美客户的入账，在提供一定文件的基础上为卖家审核并提供全额担保服务。

（3）缺点

①Payoneer账户之间不能互转资金，无法通过银行卡或信用卡充值，无法从PayPal收款。

②手续费较高。

（4）适用人群

Payoneer适用单笔资金额度小但是客户群分布广的跨境电商网站或卖家。

2. ClickandBuy

ClickandBuy是独立的第三方支付公司，允许通过互联网进行付款和资金转移。1999年在德国科隆成立，之后在英国建立业务点。2010年3月，德国电信收购了ClickandBuy。现有客户超过13万，包括苹果iTunes商店、美国在线、MSN、Napster、PARSHIP、BWIN、McAfee等，目前可在众多网店使用。

Clickandbuy是德国电信针对PayPal研发的版本，其在线支付系统的原理一样，网友只需要注册账户，通过自己的支付账户在网店购物，不需要再在网店提交自己的账户信息。ClickandBuy用户可以通过ClickandBuy向交易账户注入资金，可以自由选择任何一种适合自己的汇款方式。到ClickandBuy的汇款确认后，在3～4个工作日内会汇入客户的账户。每次交易金额最低100美元，每天最高交易金额10 000美元。

（1）优点

①绝大多数情况下是免费服务。

②很多网店接受使用，在国际范围内也可以使用。

③购物者的权益能受到保护。

④账户资金过夜就有利息，有正有负。

⑤账户资金随着汇率波动有价差，同样有正收益和负收益。

（2）缺点

①注册麻烦，需要特别认证。

②必须有VISA或万事达卡，并开通国际支付功能。

③提现周期长。

④有可能受到病毒邮件的攻击。

⑤每次购物都会留下信息痕迹。

3. WebMoney

WebMoney（简称WM）是由WebMoney Transfer Techology公司开发的一种在线电

子商务支付系统，是俄罗斯最主流的电子支付方式，俄罗斯各大银行均可自主充值取款，其支付系统可以在包括中国在内的全球 70 个国家使用。

WebMoney 使用前需要先开通一个 WMID，此 ID 可以即时与别人聊天，像 QQ、微信一样。ID 里面可设置多种货币的钱包，如以美元计的 Z 钱包里的货币就是 WMZ。它有多种使用方式，应用比较多的是 Mini 版本，只需要注册和设置账户就可以转账，但 Mini 版本的转账有日、月限额；然后就是 Keeper Classic 版本，需要下载软件安装，最新版本的 Keeper Classic 注册需要用 Mini 账号转换进行二次注册。

国际上越来越多的公司和网络商店开始接受 WebMoney 支付方式，它已经成为人们进行电子商务强有力的工具，只需 3 分钟就可以免费申请一个 WebMoney 账号，账号之间互相转账只需 10 秒钟，可以把账号里的收入转到全球任何一个人的账户。目前许多国际性网站使用 WebMoney 向用户收款和付款，例如一些外汇交易网站和投资类站点接受 WebMoney 存取款。

目前 WebMoney 支持中国银联卡取款，但手续费很高，流程很复杂，所以充值和提现一般通过第三方网站来进行，可找有信誉的兑换站卖出自己的 WMZ、WME，收到人民币或支付人民币，买入需要的电子货币 WMZ、WME 等。

（1）费用

① WMID 下不同钱包之间转账收取 0.8% 的手续费，由付款方支付。

② WMZ（美元），收取 0.8% 的转账手续费，最低 0.01WMZ，最多 50WMZ。

③ WME（欧元），收取 0.8% 的转账手续费，最低 0.01WME，最多 50WME。

④ WMR（俄罗斯卢布），收取 0.8% 的转账手续费，最低 0.01WMR，最多 1 500WMR。

⑤ WMG（黄金），收取 0.8% 的转账手续费，最低 0.01 克，最多 2 克。

⑥还有其他一些账户，如 WMU、WMB、WMY、WMV 等。

（2）优点

①安全。转账需要手机短信验证，有异地登录 IP 保护等多重保护功能。

②迅速。即时到账。

③稳定。俄罗斯最主流的电子支付方式，在俄罗斯各大银行均可自主充值取款。

④国际性。人人都能在网上匿名免费开户，可以零资金运行。

⑤方便。知道对方的钱包号即可转账汇款，不需要去银行办理烦琐的手续。

⑥匿名申请。保护双方隐私。

⑦通用。全球许多外汇、投资类站点、购物网站接受 Webmoney 收付款。

（3）缺点

WebMoney 支持中国银联卡取款，但手续费很高，流程很复杂。

4. Paysafecard（欧洲）

Paysafecard 是欧洲比较流行的预付卡支付方式，不仅可以在欧洲 37 个国家购买，在澳大利亚以及北美、南美等地区也可以买到。Paysafecard 在全球范围有 45 万个销售网点，用户可以在超过 4 000 家在线商店使用 Paysafecard 支付。PaysafeCard 购买手续非常简单，其支付过程也相当快捷安全。Paysafecard 主要用于购买虚拟类产品，比如游戏充值、Skype 充值等。国内很多销售到欧美的游戏币交易网站很多也已经支持 Paysafecard 支付，比如 offergamers、igxe、igvalut。

用户在网上购物支付时，选择 PaysafeCard 支付方式，然后只需输入一个 16 位的 PIN Code 便可完成交易，不需要银行账号，也不需要提供个人信息，支付的款项将从 Paysafecard 的账户里面扣除，终端客户可以随时查询账户的余额。Paysafecard 还可提供面值 10/25/50/100 欧元的代金券，对于大额交易，用户可以使用多张卡组合，最高不超过 1 000 欧元。

（1）优点

①支付过程简单、快捷、安全，消费者不需填写任何银行账号和个人信息，有效提升支付体验，保障交易安全。

②实时交易，和 PayPal 或者信用卡是一样的。

③不能拒付。

④无保证金或者循环保证金，大大缓解了商家的资金周转压力。而 PayPal 或者信用卡一般都会有一定的交易保证金，以及 10% 的循环保证金。

⑤无交易额度限制，可支持英镑（GBP）、欧元（EUR）、美元（USD）、瑞士法郎（CHF）。

（2）缺点

①交易费用贵。对于商家而言，交易费用一般在 15% 左右。费用高可以算是预付卡支付的一个惯例，国内的游戏卡支付一般也是这个费用。

②企业需要有营业执照才能开通 Paysafecard 支付。

（3）适用范围

Paysafecard 的应用范围非常广泛，如游戏、软件、音乐、电影、通信、娱乐业。

5. CashU（中东）

CashU 是中东和北非地区非常流行的一种预付支付方式，在埃及、沙特阿拉伯、科威特、利比亚以及阿联酋都比较受欢迎，用户线下购买充值卡，线上使用充值卡付款。由于该地区很多人没有信用卡或者银行账户，以埃及为例只有 2% 的人有信用卡，而且本地的信用卡在国外无法使用，当地人更愿意使用现金或者 CashU 完成支付。据统计，该地区 70% ～ 80% 的在线购物是通过货到付款形式支付的。

CashU 隶属于阿拉伯门户网站 Maktoob，主要用于支付在线游戏、电信和 IT 服务，以及实现外汇交易。CashU 允许使用任何货币进行支付，但该账户始终以美元显示资金。CashU 现已为中东和原独联体国家广大网民所使用，在中东和北非地区，相对于其他付款方式，Cashu 最大的好处就在于它不能恶意退款。

Cashu 是一个安全的支付方法和定制服务，现有的服务和支持在所有的阿拉伯语国家和周边国家促进网上购物安全，提供方便和易于使用的支付解决方案，实现了没有歧视的在线购买。Cashu 多年来已经成为一个大型的、可信的、平易近人的顶级供应商，创建它在各个国家和城市的可用性和用户的传播点。

（1）费用

①年费 1 美元。

②不同的国家或地区的汇兑手续费为 5% ～ 7%。

（2）优点

①实时交易，和 PayPal 或者信用卡是一样的。

②不能拒付。

③无保证金或者循环保证金，减轻了商家的资金周转压力。

（3）缺点

交易费用较贵。Cashu 对商家收取的费用为 6% ～ 7%。

（4）适用范围

有中东客户的电商以及游戏公司。

6. Yandex.Money（俄罗斯）

Yandex.Money 是俄罗斯 Yandex 旗下的电子支付工具，买家注册后，即可通过俄罗斯所有地区的支付终端、电子货币、预付卡和银行转账（银行卡）等方式向钱包内充值。Yandex.Money 可以让用户轻松安全地完成互联网商品支付，给他人转账或收款。为加强交易保护，Yandex.Money 允许使用一次性密码、保护码、Pin 码等多种安全措施，并将相关的操作信息通过电子邮件或手机短信发送。

（1）特点

①充值方便，实时到账。

②可通过支付终端、电子货币、预付卡和银行转账（银行卡）等方式向钱包内充值。

③不能拒付。

④支持多币种交易，目前支持欧元、美元、卢布三种货币进行支付，且每笔交易不

能超过 10 000 美元。

（2）适用范围

原独联体国家均可使用，包括俄罗斯、乌克兰、亚美尼亚、阿塞拜疆、白俄罗斯、哈萨克斯坦、吉尔吉斯斯坦、摩尔多瓦、土库曼斯坦、乌兹别克斯坦、塔吉克斯坦。

7. Boleto（巴西）

巴西是金砖国家之一，也是拉美发展比较好的国家，除了信用卡，当地人习惯使用 Boleto 支付。Boleto 全称是 Boleto Bancário，是受巴西中央银行监管的巴西官方的一种支付方式。巴西每年大约进行 20 亿笔交易，其中 30% 的交易来自在线交易。由于巴西很多人倾向于使用 现金交易，还有就是申请可用于跨境交易的信用卡很困难，故 Boleto 通常是公司以及政府部门唯一支持的支付方式，可以说 Boleto 是跨境电商打通巴西支付的不二之选。国内如速卖通、兰亭集势都支持 Boleto 支付。

Boleto 可以认为是一种现金支付，卖家需要在线打印一份 invoice，invoice 中有收款人、付款人信息以及付款金额等。付款人可以打印 invoice 后去银行或者邮局网点，以及一些药店、超级市场等完成付款，也可以通过网上银行完成付款。

特点

①非实时交易，买家一般可在 3 ～ 5 天内完成支付，具体取决于 invoice 上的日期。

②不能拒付。

③交易有限额，每个巴西人每月累计支付不超过 3 000 美元（如要突破此限额需联系 Boleto）。

④交易费用低。Boleto 的交易费用一般低于 4%。

⑤无保证金或者循环保证金，缓解商家的资金周转压力。

8. MOLPay（东南亚）

MOLPay 于 2005 年底在马来西亚成立，是马来西亚第一家第三方支付服务公司。MOLPay 支付几乎涵盖了东南亚的大部分地区。通过 MOLPay 可以接入以下支付通道。

马来西亚：信用卡（Visa 和 MasterCard）以及马来西亚的网上银行支付；

新加坡：eNETS、SingPost SAM；

印度尼西亚：信用卡、ATM Transfer (VA)；

菲律宾：Dragonpay；

越南：Nganluong；

澳大利亚：POLi Payments；

中国：支付宝、银联、财付通。

（1）支付流程

整个支付流程与使用支付宝付款的流程很相似。

①用户创建订单后选择 MOLPay 作为支付方式。

②页面跳转到 MOLPay 支付页面，用户选择具体的支付方式，比如信用卡或者银行转账。

③完成支付。

（2）特点

①实时交易，和 PayPal 或者信用卡一样。

②非信用卡交易不能拒付。

③交易费用便宜。

④无保证金或者循环保证金，缓解商家的资金周转压力。

6.4 中国第三方支付平台的跨境支付模式

6.4.1 中国第三方支付平台跨境支付牌照

跨境支付牌照是由国家外汇管理局发放给支付机构的一种凭证，它是允许支付机构可以进行跨境电子商务外汇支付业务的一种许可证明。2013 年，中国外汇管理局下发了支付机构跨境电子商务外汇支付业务试点指导意见，决定在中国的一线城市开展试点工作，允许参加试点的一些支付机构办理跨境收付汇和结算汇业务。如果货物贸易单笔交易金额不超过等值 1 万美元，可以为客户集中办理收付汇和结算汇业务。

申请跨境支付牌照的第三方支付机构需要满足以下几个条件才具备申请的资格。

（1）在中华人民共和国境内依法设立有限责任公司或者是股份有限公司，而且是非金融机构法人。

（2）具有符合规定的注册资本最低限额。有符合办法规定的出资人。

（3）有五名以上熟悉支付业务的高级管理人员。

（4）有符合要求的支付业务设施。

（5）有符合相关要求的反洗钱措施。

（6）有健全的组织机构和内部控制制度以及相应的风险管理措施。

（7）有符合要求的营业场所和安全保障措施。

（8）申请人和高级管理人员在最近三年内没有因为利用支付业务实施违法犯罪活动，或者是违法办理支付业务等受到过惩罚。

满足以上条件的第三方支付机构经过所在地中国人民银行分支机构整合之后，可以报中国人民银行批准。

　　截至 2018 年底，我国共发放国内跨境支付牌照 35 张，其中 30 张跨境外汇支付牌照，5 张跨境人民币支付牌照。表 6-4 列举了部分跨境支付许可证，涉及区域主要集中在北京与上海，还包括浙江、广东、重庆、江苏与海南。

表 6-4　中国跨境支付牌照发放情况

地区	跨境许可
北京	易宝支付、钱袋宝、银盈通、爱农驿站、首信易支付、拉卡拉、资和信、网银在线、联动优势、北京银联商务
上海	支付宝、汇付天下、快钱、环迅支付、富友、盛付通、银联在线、通联支付、东方付通
浙江	连连支付、贝付、网易宝
广东	钱宝、财付通
重庆	易极付
江苏	易付宝
海南	NewPay
四川	摩宝支付

资料来源：作者自行整理。

6.4.2　中国第三方支付业务流程

　　中国第三方支付机构针对跨境电商所提供的跨境支付主要包括"购付汇"和"收结汇"两类业务。其中，**购付汇**主要是消费者通过电商平台购买货品时，第三方支付机构为消费者提供的购汇及跨境付汇业务，主要针对进口跨境电商平台的业务，具体业务流程如图 6-2 所示；**收结汇**是第三方支付机构帮助境内卖家收取外汇并兑换人民币、结算人民币，主要针对出口跨境电商平台的业务，具体业务流程如图 6-3 所示。

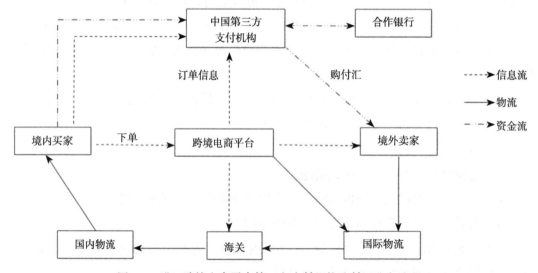

图 6-2　进口跨境电商平台第三方支付机构购付汇业务流程

资料来源：易观国际。

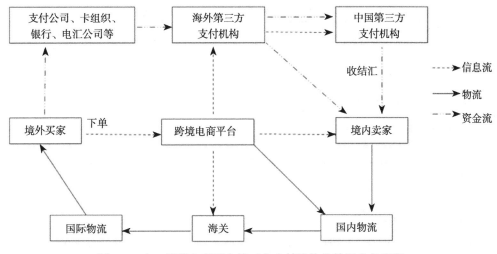

图 6-3　出口跨境电商平台第三方支付机构收结汇业务流程

资料来源：易观国际。

6.5　跨境支付影响因素、企业类型及地区差异

6.5.1　跨境支付方式选择的影响因素

不同的跨境电子商务平台、不同的市场、不同的消费群体决定了不同的跨境支付方式。在一个跨境电子商务市场进行市场活动，或者计划开发或进入一个新的跨境电子商务市场，选择合适的跨境支付方式具有非常重要的意义。影响跨境支付方式选择的因素有很多，接下来将介绍几个重要的影响因素，这也是从事跨境电子商务活动需要格外重视的。

1. 跨境支付方式的普及率与覆盖范围

跨境支付方式的普及率与覆盖范围是选择跨境支付方式的基础与前提。信用卡支付、货到付款、第三方支付平台等不同的跨境支付方式在全球不同市场的普及率都不同，而且不同跨境支付方式的地区覆盖范围与业务覆盖范围也不同（见表 6-5）。针对某个市场或某类市场，跨境支付方式的选择也会出现不同。在欧美等发达地区，金融环境相对成熟，电子商务发展与支付技术相对成熟，所以信用卡支付与第三方支付具有较高的普及率与覆盖范围，从而成为跨境电子商务环境下首选的跨境支付方式。在非洲、拉美、东南亚等地区，金融环境比较落后，信用卡普及率较低，所以使用信用卡支付、PayPal 等第三方支付工具就不会成为首选，而货到付款成为比较常用的跨境支付方式。

表 6-5　从事跨境支付业务的中国代表性第三方支付企业

支付企业	进入时间	服务/产品	服务对象	境外合作机构	覆盖地区
支付宝	2007 年	海外购	境内持卡人	日本软银、PSP、安卡支付、VISA、万事达卡	中国港澳台地区、日韩、欧美
		外卡支付	境外持卡人		中国港澳台地区
财付通	2008 年	跨境网购支付	财付通客户	美国运通	英美
快钱	2011 年	国际收汇	外商企业	西联汇款	190 个国家与地区
银联在线	2011 年	跨境网购支付	银联卡持卡人	PayPal、三井住友、东亚银行等境外主流银行卡机构	中国香港、日本、美国等全球主要地区和国家

资料来源：艾瑞咨询。

2. 交易主体使用偏好

在跨境电子商务交易中，存在因目标地区消费群体的支付习惯、偏好以及整体环境因素导致的跨境支付方式的不同，这是从事跨境电子商务活动所要重点关注的，也是影响跨境支付方式选择的重要因素。在中东与拉美地区，移动支付发展速度较快，显著高于欧美等成熟市场，所以移动支付成为一种重要的跨境支付方式。非洲、俄罗斯、印度等发展中市场，由于消费者对电子支付工具缺乏信任感，大部分消费者偏好使用货到付款，尤其是货到现金支付方式。在开发东南亚跨境电子商务市场时，货到付款是一个必备选项，但一般的中小型卖家很难直接与当地物流商对接，所以选择提供货到付款服务的跨境电子商务平台成为一个重要的选择。在日本，手机使用频率极高，加上手机支付生态系统比较成熟，基于手机的跨境支付成为日本跨境电子商务市场的重要支付方式。

3. 跨境支付方式的使用成本

跨境电子商务卖家在货款回收方面远比国内电子商务卖家困难，海外资金结汇困难、周转慢、提款费率高、汇率变动风险等问题，都成为制约跨境电子商务货款回收的重要问题。跨境支付方式的使用成本成为影响跨境支付方式选择的重要因素，使用成本包括时间成本与资金成本，资金成本又包括交易的手续费、汇率的成本等。交易的手续费需要综合比较，目前跨境支付的交易手续费为 1.7%～5%，如欧美市场常用的 PayPal，除了每笔 0.3 美元的收款手续费，35 美元的提现费，还有 3.4%～4.4% 的收款手续费和 2.5% 的货币转换费等。伴随着市场竞争，支付企业的手续费也在不断降低，旨在争取更多的客户。对于跨境电子商务交易而言，由于与不同国家进行商品交易，会涉及货币兑换与汇率的问题，这成为跨境支付方式的成本构成之一。一般而言，跨境支付企业会提供多种币种，避免用户承担汇率损失的风险，采用用户本币直接扣款方式，商户需要从银行或支付公司进行货币转化，也会产生货币转换成本，一般为 0.1%～2.5%。

4. 跨境支付方式的特征与优势

如前文所提到的，不同的跨境支付方式具有不同的优缺点，从而决定了跨境支付方式具有不同的使用范围，如表 6-6 所示。不同跨境支付方式在交易时间、手续费、合作门槛与风险等方面各有不同。从事跨境电子商务活动的交易主体，应结合自身特点选择适合的跨境支付方式。所以，跨境支付方式自身的特征与优势，也成为跨境电子商务交易下跨境支付方式选择的重要影响因素。

表 6-6　几种跨境支付方式对比

类别	PayPal	银行转账	支票	西联汇款	信用卡
交易时间	实时	2～5 天	40～60 天	约 10 分钟	实时
手续费	2.4%～3.9%（同时收取提现手续费等其他费用）	30 美元以上	电信费＋手续费	每笔 20 美元以上	2.2%～3.0%
合作门槛	低	低	低	低	高
风险	盗号风险	账户信息盗用风险	被冒领、欺诈风险	被冒领风险，已被 eBay 等网站停用	拒付风险

资料来源：艾瑞咨询。

6.5.2　跨境电子商务支付企业类型

跨境电子商务发展推动了跨境支付的发展，传统行业与关联企业纷纷涉足跨境支付业务。通过梳理现有的从事跨境支付业务的企业类型，可将其归纳为以下几类：

（1）传统银行业拓宽产品类型，涉足跨境支付市场，如网银在线、各大银行的银行跨境转账业务等；

（2）专业信用卡机构涉足跨境支付业务，如 Visa 信用卡、万事达信用卡、美国运通卡等；

（3）专业第三方支付企业从事跨境支付业务，如 PayPal、支付宝、财付通、Yandex. Dengi、Qiwi 钱包等；

（4）社交媒体新增跨境支付业务，如微信支付、QQ 钱包、Facebook 与 Twitter 等；

（5）手机企业开发跨境支付业务，如苹果的 Apple Pay、三星的 Samsung Pay、小米支付等；

（6）电商平台辐射跨境支付业务，如 Amazon 钱包、京东钱包、Snapdeal 等；

（7）互联网企业从事跨境支付业务，如 Google 钱包、网易宝等；

（8）物流企业提供货到付款业务，如国际快递企业、中国民营快递企业。

> **新闻摘录**
>
> ## 国美 7.2 亿元入手第三方支付牌照
>
> 据《证券时报》披露，国美控股旗下的香港上市公司国美金融科技公告称，斥资 7.2 亿元全资收购银盈通支付有限公司（简称"银盈通支付"）。这意味着，国美金融

科技将拥有银盈通支付的第三方支付机构牌照。

国美金融科技公司 2016 年年报曾表示，正在寻找机会进入第三方线上支付市场。随着第三方支付整合的延续，支付机构牌照价格也不断攀升。从两年前的 5 000 万元飙涨到如今的 7 亿元以上。

资料来源：根据雨果网资讯改编。原始出处：陈林. 国美 7.2 亿入手第三方支付牌照 [EB/OL].(2017-06-09)[2019-12-15]. https://www.cifnews.com/article/26652.

思考题

国美为何愿意收购第三方支付牌照？

6.5.3　不同地区支付习惯差异

1. 北美地区

北美地区指美国与加拿大，是全球最发达的跨境网购市场。在信息技术、网络技术等发展成熟背景下，北美地区的消费者已习惯并熟悉各种先进的电子支付方式，网上支付、电话支付、邮件支付、手机支付等各种支付方式对于北美地区的消费者不再陌生。信用卡是在线使用的常用跨境支付方式之一。美国的第三方支付公司能够处理支持 158 种货币的 Visa 与万事达信用卡、支持 79 种货币的美国运通卡（American Express）、支持 16 种货币的大来卡（Diners）等。同时，PayPal 也是美国人熟悉的电子支付方式。此外，还有 Facebook、Twitter 等社交网络支付，以及 Amazon 钱包等电商企业自有的支付工具。

2. 欧洲地区

欧洲地区的跨境网购消费者最习惯的电子支付方式除了 Visa 与万事达等国际信用卡外，还喜欢使用一些当地的信用卡，如英国的 Maestro 和 Solo、法国的 Carte Bleue、爱尔兰的 Laser、西班牙的 4B、丹麦的 Dankort、意大利的 CartaSi 等。如英国等跨境网购市场比较发达的国家，包括 PayPal 在内的第三方支付方式使用率也较高。Elektronisches Lastschrift Verfahren（ELV）是德国非常流行的一种电子直接支付方式，绝大多数德国银行支持这种支付；Giropay 是一种在线支付方式，超过 1 500 家德国银行支持该方式，通过该支付方式，用户可以在网上银行实现支付业务；Sofortüberweisung 是一种简便的在线支付方式，无须在线注册，通过银行提供的凭证与交易验证码即可操作；Prepaid Voucher 是以货币价值储存的付款卡。

3. 日本、韩国

日本以信用卡支付与手机支付为主。日本的本土信用卡组织为 JCB，支持 20 种货币的 JCB 卡是常用的跨境支付方式。日本人也都会有一张 Visa 与万事达信用卡。日本手机网购消费群体的规模已经超过个人计算机的网购消费群体规模，所以日本的消费者很习惯使用手机进行网购与支付。由索尼、手机运营商 NTT Docomo、交通运营商 JR East 组成的联盟推进着手机支付生态系统的发展。中国的支付宝在日本使用率也较高。在韩国，跨境网购市场非常发达，主流购物平台又多是 C2C 平台，如 Auction、Gmarket、11ST，还有众多的 B2C 平台。但是，韩国在线支付方式比较封闭，一般只提供韩国国内银行的银行卡进行跨境支付，Visa 与万事达信用卡使用率较低，PayPal 虽然也有不少韩国消费者在使用，但远不是主流的支付方式。

4. 拉美地区

在拉美地区，以巴西、墨西哥、阿根廷为首的跨境电子商务市场，支付方式与使用率差异非常显著，如表 6-7 所示。巴西的信用卡普及率较高，全国拥有约 8 260 万张活跃的信用卡，其中 Visa 与万事达卡主导着信用卡市场。巴西网民还使用一些其他支付方式，包括 Boleto Bancário、DineroMail、MercadoPago、MoIP、Oi Paggo、Pagseguro、PayPal、SafetyPay、Skrill 等。Boleto Bancário 是第二受欢迎的支付方式，也是那些不拥有信用卡的消费者经常使用的支付方式。此外，还包括像 PayPal、Mercado Pago 等电子钱包，充值卡、礼品卡、预付卡、虚拟卡等。墨西哥跨境网购消费者偏好现金支付。在阿根廷，货到付款的支付方式较为普遍，此外还有 Pago Facil 和 Rapi Pago 以及备选的 Mercado Pago、PayPal、Dineromail 等。

表 6-7　巴西、墨西哥、阿根廷支付方式一览表

国家	支付方式与使用率
巴西	信用卡（79%）、Boleto Bancário（24%）、借记卡在线支付（4%）
墨西哥	现金（32%）、信用卡（28%）、借记卡（15%）、银行转账（15%）
阿根廷	信用卡 / 借记卡在线支付（56.2%）、货到付款（34.4%）、Pago Facil 和 Rapi Pago（22.9%）、备选的 Mercado Pago、PayPal、Dineromail（16.7%）、银行转账（5.2%）

资料来源：www.payvision.com.

5. 中国

在中国，最主流的支付平台是以支付宝、财付通为首的第三方支付平台，这些支付采用充值的模式进行付款，继承了大部分银行的网上银行功能。所以，在中国无论是信用卡还是借记卡，只要银行卡开通了网上银行功能，就可以实现跨境网购。只不过，信用卡在中国的普及率还有待提升，大部分消费者多使用借记卡进行支付。然而信用卡在中国发展非常快，其普及率也在飞增，尤其在城市的年轻白领群体中，使用信用卡进行跨境支付已经非常普遍。在一些经济发达城市，Visa 与万事达信用卡支付非常普遍，PayPal 使用率也比较高。此外，QQ 钱包、微信支付等基于社交网络的支付方式也逐渐普及。

6.6　跨境电子商务支付风险管理

6.6.1　跨境电子支付中的风险

随着小额外贸零售如速卖通和敦煌网的兴起及美国 eBay 的兴起，在线支付逐渐被卖家接受，在线支付的风险也如影随形而来。如果第三方支付平台缺乏足够的风险控制系统，或者用户的风险防范意识不足，拒付、冻结、退款和盗卡支付等必然出现。

1. 交易信用风险

在跨境电商模式中，除跨境物流、通关等严重制约跨境电商发展的因素外，网络的虚拟性及开放性引起的参与者的信用问题成为阻碍行业发展的另一难题。信用风险本质上是交易对象没有按照约定履行承诺，而对交易对方的收益或资产造成的风险。跨境电商的交易双方由于时空差异、商业习惯不同，极易造成款项已付但货物未收或者货物已发而款项未收等现象。而在跨境电子支付服务中，由于没有完善的跨境信用协调体系，导致银行或者第三方支付平台不能充分地了解交易主体的信用及信誉状况，难以确定交易的实际情况，而在不同信用状况的主权国家中，实现跨境信用保障还存在一定的阻力。另外，引入第三方支付平台是存在诸多困难的，比如 PayPal 在针对海外贸易纠纷时，往往会对买家有意偏袒，而使我国卖家企业处于被动地位，信用风险高企。

2. 交易真实性的核实风险

交易的真实性是跨境电商运营和发展的生命线，是跨境电商平台必须守住的底线。交易真实性包括交易主体的真实性和交易内容的真实性，与一般进出口贸易相比，跨境电商支付的真实性更加难以把握。

首先，从跨境交易的对象方面，跨境交易双方难以对交易对象进行审查，难以真正了解客户。在当前环境下，国家还未出台相关的法律法规，第三方交易平台及第三方支付机构缺乏有效的身份识别的手段，极难辨识交易主体提供的虚假身份信息。

其次，跨境交易的内容真实性审核同样存在一定困难，难以判断客户的财务状况、经营范围与资金交易情况是否相符，无法核实跨境交易金额和交易商品是否匹配；网上交易的部分商品或服务是虚拟产品，虚拟产品如何定价缺乏衡量标准，可能出现网络诈骗和欺诈交易；买卖双方基于邮件联系达成交易而产生的付款请求，此邮件信息是否能够认定为交易真实性的材料；支付机构难以通过比对订单信息、物流信息、支付信息等方式来确认现金流与货物流或服务流是否匹配，因为从信息获取渠道角度来讲，电商平台和支付平台是两个不同的主体，支付平台仅负责支付事项，并不掌握订单信息和物流信息；从信息质量角度看，支付平台从电商平台和物流公司获取的信息可能滞后，信息的准确性也受影响。总之，第三方支付平台审核跨境交易内容真实性和主体真实性都存在不少困难，跨境电商支付存在交易真实性识别风险。

3. 跨境支付的网络风险

随着跨境电商的迅猛发展，尤其是跨境电商 B2C 与 C2C 的发展，迫切需要一站式跨境支付综合服务，开展线上支付、信用支付、移动支付等业务。作为跨境电商交易流程中的关键一环，跨境支付涉及交易双方资金的转账安全。跨境电商支付是通过互联网的渠道来进行款项的收付，在交易转账的过程中可能产生诸多的网络安全问题，主要包括由于电子信息传输系统故障或计算机信息故障造成的支付信息丢失的风险、跨境支付信息因遭黑客攻击而造成支付信息的泄露、木马和钓鱼网站泛滥造成资金的流失等，严重影响消费者的跨境购物体验，进而阻碍跨境电商的发展。另外，跨境支付对支付信息的审核要求更高、审核时间更长、审核难度更大，因而相应的跨境支付需要更长的时间，这进一步加大了跨境支付的风险。

4. 跨境支付的法律风险

由于跨境支付涉及多个国家，因此在支付过程中产生的矛盾纠纷在不同的法律制度和监管体系中会增加跨境支付的法律风险。跨境电子支付中的法律风险具体包括：第一，不同国家之间风险监管法律制度冲突的风险以及主权国家法律与国际电子支付风险监管规则之间的冲突，跨境电子商务适用哪个国家的监管体系还存在争议和模糊的地方；第二，传统金融业务法律不能适应电子商务、电子支付发展的需要，在电子支付服务中出现了许多新的问题，如发行电子货币的法律界定及范围，电子支付服务主体资格的确定，电子支付服务活动的监管缺少技术性高、层次较高的法律规定等；第三，洗钱的风险，犯罪分子利用互联网进行洗钱活动具有更强的隐蔽性，这给电子支付造成法律上的连带风险。此外，电子支付面临客户隐私权、网络交易等其他方面的法律风险，在从事新的电子支付业务时必须对其面临的法律风险进行认真分析与研究。

5. 虚拟账户沉淀资金风险

虚拟账户沉淀资金来源主要有以下三个：其一，在跨境第三方支付方式中，客户选择利用第三方作为交易中介，将货款划到第三方账户，第三方支付平台要求商家在规定时间内发货，客户收到货物并验证后通知第三方，第三方将其账户上的货款划入商家账户中，交易完成，在这一过程中资金将会在第三方的账户上停留一定时间而成为沉淀资金。其二，作为商家不能将虚拟账户中的资金全部提现，需要留下部分资金用于因货不对板、货损货差、恶意拒付等原因造成的退款，以 PayPal 为例，一般 PayPal 账户提现比例不能超过 80%，否则容易使 PayPal 账号被限制，这些留待退款的资金同样成为沉淀资金。其三，在诸多跨境在线支付方式中，将虚拟账户的资金提现需要缴纳金额不等的手续费，同样以 PayPal 为例，提现资金为 150～100 000 美元时，单笔提现需支付35 美元的费用。商家为了降低资金的提现手续费率，会在资金积累到一定金额才进行提现，在此限额之前这些资金将停留在账户中成为沉淀资金。在跨境支付业务中，由于信息不对称及监管难度大，支付机构无须缴纳存款准备金，它们可以轻易挪用虚拟账户的沉淀资金；支付机构有可能因操作失误、结算周期长、调度不及时等原因造成结算资金不足，引发流动性风险。另外，大量的沉淀资金容易引发洗钱、套现、赌博、欺诈等非法行为。

6. 外汇管理监测风险

跨境支付外汇管理监测风险主要体现在以下几个方面：其一，部分跨境电商平台的参与者是个人用户，而在第三方支付平台中，没有对企业用户和个人用户进行区分，加大了外汇管理的监管难度。其二，目前实行的资本项目下的外汇管制，经常项目基本可自由兑换，但对于个人结售汇实行年度限额管理，个人年度结售汇限额不超过等值 5 万美元。为了规避个人结售汇限额，部分跨境电商商家开设香港离岸账户，以实现对账户资金更为自由的管控。其三，第三方支付机构为了保护交易双方的相关信息，对交易双方的银行账号、信用卡账号等进行保密，屏蔽资金的真实来源及去向，影响跨境电商商家的国际收支申报和外汇监管部门对其国际收支的监管。其四，第三方支付平台中沉淀资金的存在和不断积累，不仅产生流动性风险等资金安全问题，同样会影响国际收支的统计工作及监管问题。

6.6.2　跨境电子商务支付风险控制

针对跨境贸易中主体的信息审核、支付交易的汇率变动等潜在风险问题，从企业、第三方机构和监管机构的角度考虑，本书提出如下具有建设意义的对策和建议，使得其尽早发现跨境支付漏洞和支付风险，保证跨境电商业务顺利进行和规模扩大。

1. 应对跨境电商支付中的信用风险

跨境电商发展的重要条件之一是诚信。鉴于网络的虚拟性，买家和卖家没有面对面交流，大都通过沟通工具和视频工具进行交流，交易成功的关键取决于买家对于卖家公司、产品以及交易安全性的信心。如何解决网上交易失信的问题，已首当其冲地摆在商家和各电子商务网站面前。

从跨境电商商家的角度，对于买家的信用风险，卖家也可以自行采取一些措施来鉴别是否因为信用卡被盗或账户被盗而产生欺诈交易，如通过搜索引擎的 IP 地理定位服务跟踪并核实买家的送货地址。交易存根、建立买家黑名单、限制买家购买条件和电话核对买家信息也是有效的防范手段。同时，卖家需要紧密监测和核实收货地址为高欺诈风险的国家的订单，付款后提出变更收货地址的要求，邮寄至同一地址的多个订单和由于超额支付而提出的电汇退款申请，以及其他可疑行为等。对于敦煌网和速卖通等小额外贸批发平台，除了信息、支付和物流服务外，可以充分利用系统平台上的风险预警系统。另外，可以建立信用机制，生成信用黑名单，及时停止与某些交易方进行跨境交易。

从跨境电商平台的角度，应建立健全客户身份识别机制，对客户进行实名制管理，向买家提供真实、可靠的卖家信息，鼓励卖家诚信经商，引入第三方诚信认证和自身诚信评价。目前中国十大 B2B 网站包括阿里巴巴、慧聪网、中国制造网、环球资源、酷配网、敦煌网、中国供应商、阿土伯交易网等都推出了自身网站诚信认证和第三方诚信认证两种方式。同时，跨境电商平台可与保险机构合作，推出针对平台卖家的跨境交易保险产品，如退货运费险、拒付货物损失险等网络购物类保险和个人消费信用类保险。

从政府层面的角度，建立跨境电商出口信用体系，可以营造良好的交易环境，给海外买家提供更好的用户体验，也给国内信誉好的卖家提供一个公平竞争环境，用以解决信用体系和市场秩序有待改善的问题。搭建跨境电商公共信息共享服务平台，建立企业、个人、事业单位、公共组织和政府五类信用主体的信用主体库，提供电商主体身份识别、电商信用评价、电商信用查询、商品信息查询、货物运输以及贸易信息查询、对外贸易法律咨询服务、商务咨询服务、法律机构在线服务等信用服务，以帮助跨境电商企业、个人商家和跨境电商平台更好地防控信用风险。

推动建立信用认证体系，综合多方信用基础数据，建立跨境电商信用数据库、信用监管系统和负面清单系统，形成跨境电商平台、平台经营户、物流企业及其他服务企业的基础数据，实现对买卖双方的身份认证、资质审查和信用评价。

2. 应对跨境电商支付中的网络风险

无论是企业内部的信息网络还是外部的网络平台，都必须建立在一个安全可信的网络之上。网络信息技术对现代外贸公司的作用越来越大，并成为必不可少的工具，但网络信息技术是一把锋利的双刃剑，外贸公司在日常业务和管理中大量运用网络信息技术提高自身业务效率，其中也隐含巨大的安全隐患，钓鱼网站盗号、木马病毒盗号等信息安全隐患成为网上外贸最大的威胁。

对于网络风险，卖家可以加强交易系统的维护，对交易数据加密，配置网络安全漏洞扫描系统，对关键的网络服务器采取容灾的技术手段。支付机构处于跨境贸易的核心位置，是跨境交易参与者的中介，为保障交易的安全，应加大技术的研发力度，提升跨境支付的网络安全技术，如开发可以精确验证参与者身份信息的系统，对跨境支付的数据信息进行加密，利用当前先进的大数据以及云技术对跨境交易的参与者进行信用等级划分，并在后续的交易中对等级低的客户和商家着重考量，为境内外客户提供更加安全、有保障的购物网络环境，赢得更多参与者的信赖。此外，监管机构应定期检查跨境购物的网络环境，加大支付安全的违法处罚力度，为境内消费者营造一个和谐的跨境消费氛围。

3. 应对交易真实性的核实风险

交易真实性包括交易主体的真实性和交易内容的真实性。针对交易主体的真实性，从跨境电商商家的角度，应通过 IP 地址查询、买家购买行为分析、买家购买意图等多个方面进行买家身份的核实，以降低欺诈等情况的发生概率。从跨境电商平台方面，可采用效用高的大数据信息技术进行核查，防范跨境贸易主体利用技术漏洞伪造个人身份信息，确保交易主体身份真实。从政府监管层面，外汇管理局及央行应出台相关的信息审核指导意见，要求第三方支付机构按照有关指导意见认真核实跨境支付业务中参与者的身份信息。

对于交易真实性的核实风险，从跨境电商商家的角度，应本着诚信原则进行跨境电商交易，避免采用刷单、虚假信息引流等制造虚假交易的行为。从跨境电商平台角度，构建有效的交易审查机制，严格审查交易对象信息、订单信息、物流信息，并制定严厉的奖惩制度，对提供虚假信息的交易对象予以产品下架、账号限制等惩罚，以尽量减少刷单、欺诈等行为的发生。支付机构应当向客户充分提示网络支付业务的潜在风险，及时揭示不法分子新型作案手段，对客户进行必要的安全教育，并对高风险业务在操作前、操作中进行风险警示。从政府层面，应当由海关、税务、国家外汇管理局、中国人民银行、国家邮政局等多个监管部门联手，建立联动工作机制，构建适宜的监管和服务体系，制定出相应的行业标准规范，优化监管服务体系，对跨境电商支付平台进行全面监管，实现信息流、资金流和物流的匹配和统一，有效解决跨境电商运作过程中存在的真实性和合法性问题。

4. 应对跨境电商支付的法律风险

对于法律风险，应提高立法层次，加强电子支付服务交易立法，结合我国电子支付服务实践制定相应的法律，以规范电子支付服务中参与主体间的权利义务关系，特别是风险分担规则的制定，完善电子支付服务监管法律制度。适时修改并完善相关法律，明确国家外汇管理局的监管职责和跨境第三方支付机构的法律地位。跨境电商支付机构实际上承担了一定的类银行管理职责，执行一定的外汇管理政策，但第三方支付机构是"非金融机构"，让其承担这样的管理职责缺乏上位法依据。机构明确、权责统一是实现有效监管的基本前提。建议及时修改法律，明确"非金融机构"在外汇管理中的法律地位。

同时，加强与不同国家之间电子支付服务监管的立法协调，具体包括电子支付服务内容、风险责任认定及监管标准等方面的协调，以及不同国家监管主体之间的协调，主权国家监管主体与国际规则监管主体之间的协调，明确各主权国家监管主体的责任和任务，各国联合起来专门建议有关跨境电子商务支付的法律，针对性解决跨境电子商务支付结算中所产生的纠纷。另外，加强国内法与国际监管规则的衔接，在国家间电子支付服务法律协调还存在极大阻力的情况下，积极促进电子支付服务国际监管规则在主权国家间的适用具有更为重要的意义。

5. 应对跨境电商支付的沉淀资金风险

首先，对风险分担，本金的充裕程度与抗风险能力直接对应，应建立健全风险准备金制度。2016 年 7 月 1 日，中国人民银行公布的《非银行支付机构网络支付业务管理办法》规定："支付机构应当建立健全风险准备金制度和交易赔付制度……支付机构应在年度监管报告中如实反映上述内容和风险准备金计提、使用及结余等情况。"按照这一规定，可以直接避免在支付机构的备付金账户里沉淀太多的资金，弱化部分支付机构账户体系的隐形清算结算功能，从而减少风险的积累和信息的不透明。

其次，设计风险监控指标。支付机构应将客户外汇备付金账户资金与自有外汇资金严格区分，并且将交易中使用的资金存入银行独立账户，对其设立风险监控指标，针对账户资金的使用情况和资金流向进行监控，一旦出现可疑交易便可以立即触发风险指标预警；为客户办理结售汇及跨境收付业务均应通过外汇备付金账户进行，外汇备付金账户不得提取或存入现钞，不得在无交易情况下预收、预存。同时设计出分布于支付平台控制后台和客户端账户交易当中的监控指标，分级评估风险大小，对后台操作和客户的危险转账行为进行风险划分，针对不同风险指标等级采取警告、暂停交易或者冻结账户等措施。

再次，对监管部门来说，可考虑在借鉴国外经验的基础上，结合中国金融改革的特色，逐渐尝试分层监管的模式。如在更严格的条款下给予一定的容忍度，因为在现代金融产品和服务层面，支付清算、资金融通、风险和信息管理的功能融合趋势日益明显，在风险可控前提下，某些创新探索也有其存在的意义。

最后，理清沉淀资金的持有人与第三方支付机构的关系。在跨境支付过程中，用户与支付机构不是储蓄合同关系，因为支付机构不是金融机构，而是信息服务提供商，第三方支付收入来源主要有按照交易比例收取的服务费或者手续费、沉淀资金的利息等。为了确保安全，必须像限制保险资金投资那样，限制第三方支付沉淀资金的投资范围，严控风险。

6. 应对跨境电商支付中的监管风险

现行的国际收支申报制度及其主要规定是建立在贸易方式传统、货物贸易占交易额巨大比例的基础之上的。随着越来越多的贸易由线下转移到线上、服务贸易占比逐渐攀升，虚拟商品大量出现，已经出现了一些贸易找不到对应的国际收支统计项目。这一方面需要对国际收支统计申报项目进一步细化，保证国际收支统计的准确性，缩小国际收支统计误差；另一方面，需要在网上监控境内外的交易，加强对个人外汇账户真实性的审核。

进一步完备跨境支付业务中外汇的统计制度，把检测信息和外汇信息统计相联系，强化内外的监管制度和机制，同时落实责任的追究制度，保障跨境支付有序进行。要建立审查的制度，针对异常的情况和交易账户给予预警的风险控制。这里要求处理跨境支付业务的第三方机构应具备真实物品和虚拟物品隔离的管理机制，针对不同交易的信息分类协同管理，并定期向国家外汇管理局或央行等监管机构汇报情况。另外，应在国家外汇管理局的协调下，与工商部门、海关合作，建立跨境贸易共享平台，使得跨境贸易和跨境交易的信息监测更加准确和细化，减少支付的风险。

本章要点

- 跨境支付指在两个或两个以上国家或地区之间因国际贸易、国际投资或其他方面所产生的国际债权债务，需要借助一定的结算工具与支付系统实现资金跨国或跨地区转移的行为。
- 常用的跨境支付方式有商业银行、第三方支付平台与专业汇款公司。其中，第三方支付平台的使用频率较高。
- 第三方支付具有功能整合、交易便捷、认证简便、成本更低和降低交易信用风险等特点。
- 跨境电子支付服务涉及企业、个人、银行、汇款公司及第三方支付平台等多个主体，典型的跨境电子支付服务主要包括网上银行支付服务系统和有第三方支付平台参与的电子支付服务。
- 线下支付方式主要有信用证、托收、电汇、西联汇款、速汇金、香港离岸账户。
- 线上支付方式主要有 PayPal、国际信用卡支付、阿里巴巴 Secure Payment。
- 中国第三方支付机构针对跨境电商所提供的跨境支付主要包括"购付汇"和"收结汇"两类业务。
- 跨境电子支付风险主要有交易信用风险、交易真实性的核实风险、网络风险、法律风险、虚拟账户沉淀资金风险和外汇管理监测风险。

重要术语

跨境支付   第三方支付   跨境支付牌照   购付汇   收结汇

复习思考题

1. 简述第三方支付原理。

2. 简述第三方支付业务流程。

3. 论述第三方支付的优缺点。

4. 简述不同跨境电商平台常用的跨境支付模式。

5. 简述常用的跨境电子商务线下支付工具。

6. 简述常用的跨境电子商务线上支付工具。

7. 试列出跨境电子商务支付企业的类型。

8. 论述跨境支付风险及防范措施。

讨论案例

易极付跨境支付：从默默无闻到行业前四

2013 年，支付宝、微信、银联已经形成三足鼎立态势，易极付却决定做跨境支付业务。这看似在打一场没有把握的仗，但易极付信心满满。

"我们不光为进口电商提供简单的国内人民币、跨境外汇支付，还支持海关数据对接、批量支付、24 小时订单推送等全面行业解决方案。我们可以为企业量身打造定制化的支付方案。这是其他公司无法比拟的"，易极付国际事业部总经理廖晨宇说。

为了找到首家愿意接入易极付的商户，公司可谓费尽周折。功夫不负有心人。爱购保税成为第一个使用易极付跨境支付的电商平台。爱购保税是重庆保税港区打造的跨境购物平台。在详细了解爱购保税的情况后，易极付为其定制了包括购汇、跨境付款、境外收单等一整套完善的支付方案，里面的细节都是量身打造的。这家年轻的支付公司成为跨境电商口口相传的服务商。有了爱购保税这块金字招牌，易极付的口碑渐渐打开。

取得跨境支付牌照，对接海关，优化支付通道，完善支付系统……随着系统的优化、服务的成熟以及口碑的积累，易极付在跨境支付圈开始声名鹊起。如今的易极付跨境支付已经稳居行业前四，合作客户包括聚美优品、唯品会、小红书、达令、波罗蜜等知名进口电商。从默默无闻到行业前四，易极付跨境支付始终秉承"先了解真实需求，后定制解决方案"的宗旨，为进口电商提供深受信赖的行业支付方案。

资料来源：根据雨果网资讯改编。原始出处：雨果网．易极付跨境支付：从默默无闻到行业前四 [EB/OL].(2016-04-13)[2019-12-15]. https://www.cifnews.com/article/19985.

讨论题

1. 试分析支付企业如何在跨境电子商务交易中发挥作用。

2. 试分析易极付跨境支付是如何成长起来的。

第7章

跨境电子商务物流管理

学习目标

完成本章后，你将能够：

- 掌握跨境物流的内涵与特征。
- 掌握传统跨境物流模式。
- 掌握新型跨境物流模式。
- 了解跨境物流模式的对比分析。
- 掌握跨境物流的运作流程。
- 了解跨境电子商务把出口海关与进口海关知识。
- 了解跨境电子商务商检知识。
- 熟悉常用的跨境电子商务物流追踪技术。

开篇案例　　　　　　　发展海外仓正当时

在海外仓选择的问题上，不少跨境电商卖家担心海外仓备货会占用较多资金，但为何越来越多的企业坚持使用海外仓模式，原因何在？

第一，买家购物体验。从买家层面看，买家能在某个跨境电商平台经历比较满意的购物体验，包括很容易找到商品，货物也可及时送到。海外仓从本土直接发货，与当地卖家拥有相同的时间与空间优势。卖家选择海外仓是一个高效的选择，不仅可以大幅度提升买家的购物体验，也顺应跨境电商市场发展趋势。

第二，有效地减少竞争。从平台运营方层面看，买家购物时，如在平台的导航栏上选择"配送在目的地国家"，这样的操作其实选择了使用海外仓模式的卖家，也无形地进行了卖家的筛选与剔除，竞争对手会瞬间从几十万个变成几万个甚至几千个。

第三，有效地提高好评度。使用海外仓模式的卖家，能够使买家更快收到商品，全程实时查询物流信息，还可以减少转运流程，快递破损率与丢包率也大幅降低。这些都能够提升购物体验，进而大幅提升用户评价。

第四，降低海关风险。海外仓的头程采用传统的外贸物流方式，采用正常的清关流程进口，可以较大程度地降低通关障碍，也突破了对运输物品重量、体积、价值等的限制，扩大了运输品类并能降低物流费用。

资料来源：根据雨果网资讯改编。原始出处：eBay 什么时候需要做海外仓，如何做好海外仓 [EB/OL].(2018-06-26)[2019-12-15].https://www.cifnews.com/article/36081.

讨论题

为何越来越多的跨境电商纷纷使用海外仓业务？

7.1　跨境物流的相关概念

7.1.1　跨境物流的概念

跨境物流指在两个或两个以上国家之间进行的物流服务。跨境物流是物流服务发展到高级阶段的一种表现形式。由于跨境电子商务的交易双方分属不同国家，商品需要从供应方国家通过跨境物流方式实现空间位移，在需求方所在国家内实现最后的物流与配送。根据商品的空间位移轨迹，跨境物流分为输出国物流、国际物流、输入国物流与配送。与国内物流相比，跨境物流涉及输出国海关和输入国海关，需要进行清关与商检，工作内容较为复杂，且很少有企业依靠自身能力单独办理并完成这部分业务。

跨境物流市场伴随着跨境电商的发展而异常火热起来。跨境物流不同于传统国内物流以及国际货运，其流程更为复杂，影响因素更多。跨境物流在物流资源的硬件与软件环境上，都无法回避国家间的差异以及不同物流环节的衔接。现有的跨境物流仍停留在传统模式上，物流资源与物流水平仍偏低。以中国为例，跨境物流停留在传统的货物运输及货运代理层面，物流增值服务缺失，物流系统集成性不足，供应链整合与优化方案匮乏，大数据物流、云计算信息平台、跨境物流金融、海外及时配送等能力严重不足。除此之外，跨境物流在输出国物流、国际货运、输入国物流等环节的衔接性、协同性、透明性与可追溯性表现较差。

与传统商务模式相比，电子商务优势在于对信息流、物流、资金流的利用与整合，使之更具高效性与便捷性。作为整个产业链的线上与线下两个环节，线上商品交易与线下商品物流及配送两者发展须相辅相成，如淘宝网、天猫商城、京东商城、亚马逊、当当网、唯品会等电子商务模式的产生与发展推动了国内电子商务物流的发展与变革，顺丰、圆通、申通、中通、百世汇通、韵达等一大批民营快递公司逐渐兴起并发展壮大，纷纷酝酿上市。包括京东商城、阿里巴巴在内的电商企业也在自建物流体系，使国内电子商务交易的便捷性得到极大的保障与提升。与之相比，目前跨境电子商务的快速发展却让原有的物流运输渠道无法承受，以中国邮政、新加坡邮政为例，作为跨境电子商务最常选用的跨境物流方式，却曾多次因为业务需求量增长过快，迅速达到其业务承受能力的上限，造成商品积压严重，甚至出现爆仓现象，严重降低了物流时效，降低了顾客满意度，迫使很多依赖国际邮政包裹的跨境电商或卖家不得不寻求其他物流资源，甚至是转向价格更高的跨境物流资源。对于跨境物流企业而言，重要的竞争优势除了具有价格吸引力外，还应该包括服务品质与服务内容。在跨境电子商务交易中，物流配送的时效性与安全性也是影响消费者购物及体验的重要因素，直接关系到卖家获得的评价水平，进而影响卖家的商品销售。

跨境电子商务所产生的跨境物流成为现代物流行业中的新生事物，已经呈现出蓬勃发展态势。伴随着跨境电子商务市场的发展与进一步成熟，跨境物流企业还将存在巨大的上升空间与市场，也面临巨大的挑战与危机。在未来的跨境电子商务市场中，跨境物流企业应更加聚焦全球供应链集成商角色，通过高效处理库存、仓储、分拣、订单处理、物流线路优化、物流资源调配、物流配送等相关环节，为跨境电子商务提供综合性的全球跨境供应链解决方案。

7.1.2　跨境物流的特征

依附于跨境电商发展，跨境物流既具有与国内电商物流相同的一些特征，也受到跨境的影响而产生一些相异的特征。

1. 物流环节多

与国内电商物流相比，跨境物流因其跨境属性，流程更加复杂，操作更加烦琐。从商品流通的空间范畴看，跨境物流由三部分构成，分别是输出国物流、国际货运与输入国物流。跨境物流既包含输出国物流、国际货运，也包含输入国物流，以及输出国海关与商检、输入国海关与商检、汇率、国际金融等，如图 7-1 所示。

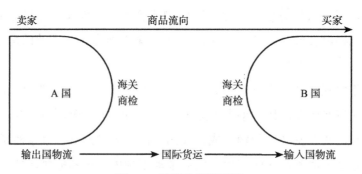

图 7-1　跨境物流流程图

不仅如此，跨境物流在输出国物流环节又会细分为诸多环节，包括集货、包装、分拣、运输、仓储、商检、通关等环节。国际货运包括提货、口岸交接、单证、保险、运输等环节。输入国物流包括入关、商检、装运、入库、仓储、分拣、物流、配送等环节。

2. 参与主体杂

跨境物流各环节涉及不同的参与主体，而这些参与主体又涉及不同领域、不同行业、不同企业，具备不同的体量与属性。涉及跨境物流业务的主体类型包括：

（1）传统零售企业通过发展跨境电子商务业务，自有的业务量足以支撑跨境物流的需求，故纷纷成立跨境物流网络，代表企业有沃尔玛、家得宝、法国 Cdiscount 等；

（2）传统交通运输业、邮政业的企业顺应跨境电子商务市场需求，纷纷增加跨境物流业务，代表企业有中远、中集、马士基航运、万国邮政联盟等；

（3）大型制造企业或传统行业的大型企业凭借原有的物流资源，利用隶属于集团的物流公司或物流职能部门，伴随自身跨境电子商务市场的扩张，开始涉足跨境物流业务，代表企业有海尔物流、安得智联等；

（4）传统电商企业随着跨境电子商务业务扩张，刺激了跨境物流的需求，在国内市场自建了物流体系，并感受到自建物流带来的优势，随之将其扩展到跨境物流市场，自建跨境物流网络，代表企业有京东物流、阿里巴巴的菜鸟物流、兰亭集势的兰亭智通、Amazon、俄罗斯 Ulmart 等；

（5）传统快递企业不愿错失跨境物流市场，纷纷切入跨境物流业务，代表企业有UPS、FedEx、顺丰物流、申通物流、Pony Express、OCA 等；

（6）新兴的跨境物流企业，成立之初就专注于跨境物流市场，代表企业有俄速通、中俄快递（SPSR）、巴西 Intelipost、Axado、巴西 Loggi、递四方、出口易等。

3. 物流周期久

根据 Focalprice 的客户满意度调查，发现客户对跨境电商最大的抱怨集中在物流方面，而物流周期长又是客户抱怨的重点。跨境贸易自身的特点使得物流的产业链和环节更长，加上清关和商检的周期，导致中国跨境电商物流周期要远远长于国内电商物流。在跨境物流上，运输与配送时间问题突出，短则半个月、一个月，长则几个月，遇到购物旺季如圣诞节，物流时间会更久。许多电商止步于物流配送，加上清关和商检的时间，跨境物流的周期则更久，这已成为制约中国跨境电商发展的一道屏障。

4. 物流风险高

跨境电商涉及跨国交易，无法回避当地的政治、知识产权、区域习惯、政策变化等因素。乌克兰政变、越南政局动荡、巴西高赋税高福利、伊斯兰国家宗教信仰、东南亚排外政策和地方保护主义等诸多因素，对中国跨境电商物流都会产生较深的影响。单以汇率风险为例，当一国货币贬值或升值时，税率就会发生变化，从而间接导致跨境电商利润的缩减。以卢布为例，自 2013 年起，卢布对美元和人民币的汇率下降，货币持续贬值。中国跨境电商在网上交易时用卢布结算，回款却是人民币，因为卢布的持续贬值，导致从事对俄业务的中国跨境电商利润下滑。

7.1.3 跨境物流的运作流程

跨境物流使商品从卖家流向买家，通过各种运输方式，实现了商品跨境的空间位移，也包括最后一个环节配送。跨境物流是跨境电子商务生态系统的一个重要环节与要素，也是跨境电子商务交易实现的重要保障。不同的跨境电商模式又产生了不同的跨境物流运作模型。从整体上看，跨境物流的运作模式表现为当卖家接到订单后，会安排相应的物流企业，进行输出国清关与商检、国际货运、输入国清关与商检等活动，随后进入输入国物流，直到商品配送到消费者手中，至此跨境物流活动才结束。

无论跨境出口电商业务还是跨境进口电商业务，按照商品流动方向看，都会涉及输出、国际运输与输入环节。根据跨境物流的三大主要环节划分，跨境物流运作流程又可细分为输出国物流运作流程、国际段物流运作流程和输入国物流运作流程。各物流环节都具有各自的运作流程与核心节点。

1. 输出国物流运作流程

根据跨境物流商品流动方向，跨境物流首先涉及输出国物流环节。根据跨境物流涉及的关键活动，输出国物流运作流程如图 7-2 所示。在输出国阶段的物流运作多为供应商到跨境电商企业，再到海关组织，商品经历多个物流节点。其中，关键节点为供应商的仓储环节，商品从供应商到跨境电商企业的物流运输环节，跨境电商企业所属的仓储与分拣环节，商品从跨境电商企业到海关分拣中心的物流运输环节，商品在海关的报关报检环节，以及商品在海关分拣中心的分拣环节。根据不同业务内容，跨境物流环节会增多，物流运作流程会更加复杂。

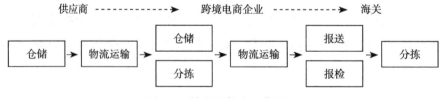

图 7-2　输出国物流运作流程

跨境电商物流运作流程有别于国内物流，而且有着本质上的区别。跨境电商物流与国内一般电商物流最大的区别在于跨境，成交商品需要通过海关进出境，货品进出境的方式决定了跨境物流的运作方式和复杂程度。在输出国物流环节，虽然也包括传统的国内电商物流运作流程，但差异点聚焦在物流在海关环节的运作，包括报关与报检运作内容，以及海关分拣中心的商品分拣运作内容。

2. 国际段物流运作流程

商品通过输出国物流阶段后，会通过空运或陆运口岸出境，然后进入国际段物流运作环节。根据跨境商品交易涉及国家的不同，国际段物流运作会涉及不同的运输方式，主要有航空运输、航海运输、公路运输、铁路运输，抑或国际多式联运等。当商品通过国际运输抵达输入国海关时，跨境电商企业还需要进行商品的报关与报检工作，以便商品能够通过输入国海关，进入商品输入国国境。国际段物流运作流程如图 7-3 所示。

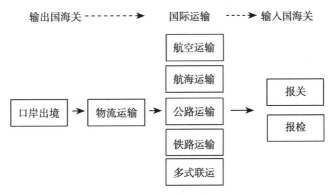

图 7-3 国际段物流运作流程

3. 输入国物流运作流程

商品通过输入国海关环节后，会在海关分拣中心进行商品分拣。商品分拣完毕，通过物流运输到输入国物流承运企业的仓储中心，再根据购买商品的消费者具体所在地进行分拣、物流运输等运作环节。与国内电商物流运作流程相似，跨境物流也需要通过配送环节，把商品运送到消费者手中，从而最终完成跨境物流所有运作流程。这些物流运作均在消费者所在国境内实现并完成，相对于跨境电商企业所在国而言，该部分也称为输入国物流。输入国物流运作流程如图 7-4 所示。

图 7-4 输入国物流运作流程

7.2 跨境物流类型

伴随着"海淘"或"代购"模式逐渐向跨境电商模式转变，跨境物流模式也逐渐趋于正规化、合法化、多样化。在跨境电商的发展过程中，国际邮政包裹（尤其是国际邮政小包）与国际快递扮演着极其重要的角色，在众多跨境物流模式中的使用比重最大。在跨境电商发展与演变的推动下，市场需求刺激了多种物流模式的出现，跨境物流模式也不再拘泥于国际邮政包裹与国际快递，以海外仓为首的新型跨境物流模式逐渐受到关注，并开始应用于跨境电商市场。根据跨境物流模式的出现及发展过程，可将国际邮政包裹与国际快递视为传统跨境物流模式，将海外仓等近两年涌现的跨境物流模式视作新型跨境物流模式。对跨境物流模式的研究较少，现有的成果也多集中在传统跨境物流模式上。虽有个别学者也进行了海外仓、第四方物流等新型跨境物流模式的研究，但是这些模式出现较晚，尚且缺乏系统的针对性研究。

7.2.1　传统跨境物流运作模式

1. 国际邮政包裹

在介绍邮政具体渠道之前，跨境电商经营者需先了解一个组织，即万国邮政联盟（Universal Postal Union，UPU），简称"万国邮联"或"邮联"。它是商定国际邮政事务的政府间国际组织，宗旨是组织和改善国际邮政业务，发展邮政方面的国际合作，以及在力所能及的范围内给予会员国所要求的邮政技术援助。万国邮联规定了国际邮件转运自由的原则，统一了国际邮件处理手续和资费标准，简化了国际邮政账务结算办法，确立了各国邮政部门争讼的仲裁程序。2019年10月，美国政府正式宣布退出万国邮政联盟，至此万国邮政联盟有191个成员方。正是由于这个组织的存在，我们可以将一个包裹或信件从中国寄送到其他国家及地区。

国际邮政包裹是指通过万国邮政联盟实现货物的进出口运输，多采用个人邮包形式进行发货，以邮政体系为商品实现跨国物流的载体。在跨境电子商务市场中，国际邮政包裹方式包括大包、小包，其中邮政小包因其时效快、价格低的综合特质而使用最为广泛。国际邮政小包在目前跨境电子商务中使用最多，也是海淘与海外代购最常用的跨境物流模式。以中国为例，据不完全统计，目前跨境电子商务中有超过60%的商品是通过国际邮政小包运输的。在万国邮政联盟中，跨境电商使用较多的有中国邮政、新加坡邮政、英皇邮政、比利时邮政、俄罗斯邮政、德国邮政、瑞士邮政等。国际邮政小包的优势较明显，其价格低，并方便个人操作实现通关；但是劣势也较为显著，主要有递送时间久、包裹丢失率高、非挂号件难以追溯进度等。在时效性方面，国际邮政小包虽然绝大部分宣称为15～30天，但80%以上的包裹递送都超过30天，如果碰到圣诞节等旺季或特殊节假日，物流周期会更久。在丢包率方面，经常使用国际邮政包裹的消费者都会有很大概率遇到包裹丢失的情况，一个包裹发出后，虽然海关出关信息都有，但是后续的信息就消失了，直到最后才发现商品根本没有送达。如果想跟踪物流轨迹，则需要通过挂号件方式，挂号件要在原有价格基础上增加挂号费用，这也是一笔不小的成本开支。国际邮政包裹适合轻、小型商品，在货物体积、重量、形状等方面限制性较高，如含电、粉末、液体等特殊商品无法通过正常方式在邮政渠道实现通关。

在一些国家通关政策变化的影响下，国际邮政小包的优势受到挑战，如俄罗斯宣布从 2015 年 1 月 15 日起停收邮政平常小包，美国从 2014 年 11 月起逐渐停止扫描国际邮政小包。

2. 国际快递

跨境电子商务常用的另一种跨境物流模式是国际快递。国际快递是指货物通过国际快递公司实现在两个或两个以上国家或地区之间的物流与配送活动。全球性国际快递公司主要有 UPS、FedEx、DHL、TNT、ARAMEX 等，中国知名的快递公司也扩展了国际快递业务，包括 EMS、顺丰速递、申通、韵达等。国际快递在对货物计费时一般分为重量计算与体积计算，常以两者中费用高的一项为最终计费方式，并在货物包装方面要求较高。国际快递可以根据不同的客户需求，如地域、货物种类、体积大小、货物重量等选择不同的渠道实现货物运输与速递。国际快递与国际邮政小包具有明显的互补性，国际邮政小包的优势是国际快递的劣势，国际邮政小包的劣势一般是国际快递的优势。国际快递具有速递时效性高、丢包率低、可追溯查询等优点。国际快递全球网络较完善，能够实现报关、报检、保险等辅助业务，支持货物包装与仓储等服务，实现门到门服务以及货物跟踪服务。但是，国际快递的价格偏高，尤其在一些国家或偏远地区收取的附加费更是惊人。国际快递也会遭遇一些国家的政策限定，尤其在货物种类方面，在一些国家会成为禁运品或限运品。在美国，一些货物被列入国际快递的禁运目录，如新鲜、罐装的肉类与肉制品，以及植物种子、蔬菜、水果、非罐装或腌熏之鱼类及鱼子等。为顺应跨境电子商务快速发展的需求，一些国际快递企业推出特色服务，如中国邮政速递与阿里巴巴旗下的全球速卖通联合推出了 e 邮宝（ePacket），该产品针对 2 千克以下跨境寄送的包裹收取的费用远低于普通 EMS 的价格，并且投递时效与 EMS 产品保持一致。

7.2.2　新型跨境物流运作模式

1. 海外仓

海外仓俗称海外仓储，是近两年兴起的跨境物流模式，是指跨境电商企业在卖方所在国之外，尤其是买方所在国租赁或建设仓库，通过国际货运方式，预先将所售商品运至该仓库，然后通过跨境电子商务平台进行商品展示与销售，在接到消费者订单后，商品从该仓库进行出货、物流与配送活动。跨境电子商务发展与需求创新推动了海外仓的出现，使其成为解决跨境电商物流困境的一个有效方案，也是跨境物流发展道路上的一个突破。海外仓模式出现后备受关注，越来越多从事跨境电商业务的企业纷纷建立海外仓，用于解决所面临的跨境物流难题。Amazon 与 eBay 在全球各地通过不同模式组建海外仓，有与政府合作模式、与企业合作模式、租赁模式、自建模式，在澳大利亚、拉美、中国、西欧快速密布海外仓；大龙网、FocalPrice 等投入巨资自建海外仓，顺丰与韵达等快递企业也试水海外仓模式。

海外仓能够集中进行大批量商品运输，提升了效率，利于降低物流成本。海外仓的使用能够有效解决国际邮政小包与国际快递的劣势与短板，如物流时效性、物流成本、通关与商检、退换货、本地化偏好等问题，还可以降低不同国家所带来的汇率、税费、文化、习俗、语言等风险。具体分析，海外仓具有以下显著的优点。

（1）海外仓可以大幅降低物流成本

在现代物流中，仓库是连接买卖双方的一个关键节点。通过设立海外仓，跨境电商企业将该节点放在海外，不仅能降低物流成本，还利于海外市场的开拓。根据市场业务量，跨境电商商家可以将货品批量运输到海外仓。由于跨境电子商务具有小批量、多批次等特点，通过批量运输，可以降低运输、通关、商检等频次，大幅度降低以上环节的成本，批量规模化也能有效降低物流各环节中的风险，实现大幅度降低跨境电商物流成本的目的。俄 E 邮的数据显示，海外仓大约能降低 60% 的跨境电商物流成本。

（2）海外仓利于缩短运输及配送周期

海外仓为跨境电子商务提供仓储、分拣、包装、配送等一站式服务。通过批量运输，大大缩短商品的整体物流时间。海外仓还可以满足买家所在地本土发货，从而大大缩短订单反应周期。当买家下单时，跨境电商企业能够在第一时间做出快速反应，及时通知海外仓进行商品的分拣和包装，提升了物流响应时间。通过结合海外仓所在地的物流特点，实现货品准确、及时的配送，缩短了配送周期。

（3）海外仓能够规避汇率、政治、文化等风险

通过海外仓，跨境电商企业可以实现本地化运作，有利于打破本地保护壁垒。通过海外仓预存商品，在较大程度上可以降低诸如乌克兰政治危机所带来的政治风险。本地仓库进行配送，易受到买家信任，降低当地消费习惯和文化的抵制。通过所建立的海外仓，跨境电商企业将收到的货币尽可能留在账户上，短期内不去结汇，而将货币用于支付海外仓产生的租赁或运营费用，如此操作，可以弥补因汇率变化带来的不利影响。

（4）海外仓可以实现退换货

海外仓能够实现本地退换货，当客户需要进行退换货时，商品可以回流到当地的海外仓，进而规避掉商品返回国内的通关和物流环节，不仅使退换货成为可能，也可以避免二次通关和商检、二次长途运输，省掉很多的时间与成本。从海外仓进行配送和发货，可以降低物流时间，提高配送的准确率，降低商品在运输过程中的破损率等，从根本上降低退换货发生的概率。

海外仓也存在一定的风险，同时需要巨大的投入与精细化管理。首先，租赁、建设与运营仓库需要人力、物力与财力；其次，需要提前将商品批量运入海外仓，这对前期的消费预期与商品数量、种类预测要求极高，否则会面临商品因销售不畅而造成库存积

压，加上因市场变化会产生资金积压与商品滞销风险，如果回流到国内，则又成为商品的进口活动，除了国际货运成本外，还需要缴纳各类进口费用；最后，海外仓也会面临所在国的政治、法律、社会等风险。

2. 边境仓

边境仓是一个衍生于海外仓的概念与跨境物流模式。边境仓与海外仓的区别在于仓库所处的地理位置不同。海外仓是建设在跨境电商交易主体的卖方所在国家之外的仓库，边境仓则是建设在跨境电商交易主体买方所在国家邻国的仓库。边境仓具体指的是在商品输入国的邻国边境，通过租赁或建设仓库，预先将商品送达该仓库，通过跨境电子商务平台进行商品的陈列、浏览、下单、处理、支付及客服等一系列活动，通过线下物流直接从该仓库进行跨境物流运输与配送。

按照仓库所处地理位置的差异，边境仓分为相对边境仓与绝对边境仓两类。绝对边境仓是指与跨境电商交易主体所在国家接壤，仓库设在交易主体卖方所在国家内，该仓库所在地与交易主体买方所在国家相邻。如中国在中俄边境的中国国境内的邻近城市设立仓库，如哈尔滨等城市，来对接与俄罗斯的跨境电子商务业务；相对边境仓指的是与跨境电商交易主体所在国家不接壤，仓库设在交易主体买方所在国家的邻国边境城市或地区，用于应对跨境电子商务交易所产生的跨境物流业务需求，如中国与巴西的跨境电子商务交易，在与巴西接壤的阿根廷、哥伦比亚、巴拉圭、秘鲁等国家临近巴西的边境城市设立仓库。

相对边境仓是一个相对的概念，相对于交易主体买方所在国而言属于边境仓范畴，相对于交易主体卖方所在国而言又属于海外仓范畴。边境仓可以规避海外仓的一些风险，是针对本国保护主义以及跨境电子商务业务发展而产生的一种新型跨境物流模式。由于一些国家政局不稳定、税收政策苛刻、货币贬值及国内通货膨胀等因素，刺激了边境仓的出现与发展。边境仓尤其在一些自由贸易区极具优势，如巴西因为本地保护主义及苛刻的税收政策，制约了跨境电子商务与跨境物流的发展，但是利用南美自由贸易协定的优势，通过在巴西的邻国建立边境仓，能够规避风险，推动南美及巴西跨境电子商务业务的发展。边境仓具有海外仓无法实现的优势：可以规避输入国的政治、税收、货币、法律等风险；可以利用区域政策，如南美自由贸易协定、北美自由贸易区等。

| 新闻摘录 | **对俄跨境电商：边境仓"风生水起"** |

　　2014 年 6 月下旬，在哈尔滨市哈南新区天池路的一栋多层建筑内，一个名为"边境仓"的大约 3 000 平方米仓库出现，受到全国媒体的争相报道。这是我国国内首个正

式运营的对俄跨境电商的边境仓。边境仓是跨境电商领域一种全新的物流仓储模式。

截至 7 月 10 日，这个运营不到一个月的边境仓日处理量在几千票货左右，成为哈尔滨对俄经贸合作重点项目之一。边境仓对中俄跨境电商而言，将逐渐成为替代俄罗斯"海外仓"的跨境物流"最佳版本"。

资料来源：根据雨果网资讯改编。原始出处：何志勇. 对俄跨境电商：边境仓"风生水起"[EB/OL]. (2014-07-24)[2019-12-15]. https://www.cifnews.com/article/10167.

提问

试分析边境仓相对于海外仓具有哪些优势。

3. 国际物流专线

国际物流专线也是跨境电子商务发展背景下出现的一种新型跨境物流模式。国际物流专线具体指在两个国家或地区以上形成的跨境物流模式，运输线路、运输时间、物流起点与终点、运输工具都是固定的，尤其是针对固定跨境物流线路而言。国际物流专线对跨境电子商务而言，可以起到长途跨境运输的功能，具有很高的规模化属性，通过专线物流模式，能够获得规模经济效应，对于降低跨境物流成本意义重大，尤其对固定市场的跨境电商企业而言，是一种行之有效的跨境物流解决方案。依据地域线路的不同，国际物流专线的种类非常多，以中国为例，可分为中俄专线、中美专线、中欧专线、中澳专线等。依据运输方式的不同，国际物流专线分为航空专线、港口专线、铁路专线、大陆桥专线以及多式联运专线。已经开通的专线主要有郑欧班列、日本 OCS、欧洲 GLS、渝新欧专线、中欧（武汉）冠捷班列、国际传统亚欧航线、顺丰深圳 – 台北全货机航线等。国际物流专线的时效性优于国际邮政小包，弱于国际快递；国际物流专线的物流成本低于国际快递，但要高于国际邮政小包。国际物流专线能够提供便利的清关服务。国际物流专线具有明显的区域局限性，无法适应跨境电子商务所产生的无地域限制性物流需求，这将导致国际物流专线无法成为跨境物流的主要模式之一。国际物流专线对于某一国家或地区的跨境电商企业而言是一种比较好的跨境物流解决方案。国际物流专线会成为挖掘固定市场的跨境电商物流解决方案，也可以成为跨境物流的中间环节以及周转环节。在业务量能够支撑的情况下，可以通过开发多条国际物流专线，从而形成国际物流专线网络，增加国际物流专线的使用频率与整体价值。

以渝新欧专线为例，这是一条从中国重庆开通至欧洲国际铁路的大通道，是指利用南线欧亚大陆桥这条国际铁路通道，从中国重庆出发，经过西安、兰州、乌鲁木齐，向西经过北疆铁路，到达边境口岸阿拉山口，进入哈萨克斯坦、俄罗斯、白俄罗斯、波兰，最后到达德国的杜伊斯堡，全长 11 179 千米。这是一条由沿途六个国家铁路、海关部门共同协调建立的铁路运输通道。渝新欧专线的名称由沿线中国、俄罗斯和哈萨克斯坦、白俄罗斯、波兰、德国铁道部门共同商定。它既是中欧专线，也是铁路专线，不仅能够帮助传统贸易提供性价比更高的服务，更为跨境电子商务企业提供了缩减中国到欧洲的距离与成本的跨境物流解决方案。

4. 保税区、自贸区物流

在跨境电子商务发展背景下，自贸区与保税区价值凸显，全球各国加快了自贸区与保税区的建设步伐。依托保税区或自贸区的物流服务，成为跨境电子商务市场中新兴的跨境物流模式。保税区或自贸区物流是指通过国际货运预先将商品运至保税区或自贸区仓库，通过跨境电子商务平台进行商品陈列、浏览、下单、处理、支付等活动，当处理完网络订单后，通过线下的保税区或自贸区仓库实现商品的分拣、包装、发货，完成终端配送等物流活动。

自贸区物流或保税区物流模式总体上属于先物流、后订单。自贸区或保税区物流模式集规模化物流、集货物流、本地化物流优势于一身，有利于缩短物流时间，提高物流时效，降低物流成本，还利于享受保税区或自贸区的资源优势。保税区或自贸区物流可以享受保税区或自贸区的优惠政策与综合优势，主要体现在物流、通关、商检、收付汇、退税等方面，也简化了跨境电子商务与跨境物流烦琐的流程与手续。如亚马逊在上海自贸区建立自贸区物流仓库，以上海自贸区为跨境电子商务交易入口，引入全球产品线，预先将商品送至自贸区物流仓库。当消费者下单后，商品由自贸区物流仓库发出，能够实现集中化的国际货运、通关与商检，既降低了跨境物流成本，也缩短了物流时间，提高了物流与配送时效。天猫国际、苏宁全球购等纷纷推出保税区物流模式，通过与郑州、重庆等跨境电商试点城市合作，在保税区设立物流保税仓库，预先将商品送至保税仓库。当消费者下单购买后，商品直接从保税区仓库发出。保税区或自贸区物流模式比较适用于母婴用品、食品、化妆品等日常消耗量较大的商品品类，或者是商品型号较多、具备销量大数据分析能力的电商巨头。此外，在一些如"双 11""黑色星期五"等大型促销活动周期内，该模式为解决大量商品集中清关的拥堵问题起到了很大的作用。

5. 集货物流

跨境电子商务隶属电子商务范畴，基于互联网络的跨时空特性，其消费较分散、单笔订单量小、产品种类繁多。在快速发展的跨境电子商务驱使下，集货物流随之出现。集货物流模式的出现是为了降低高额的跨境物流成本。集货物流模式总体上属于先订单、后物流，适用于不同销售量的各类商品需求，物流商能够通过系统响应、库存管理和高效清关，最大限度地缩短全程物流时间，性价比也具有显著的竞争优势。

集货物流具体指先将商品运输到本地或当地的仓储中心或集散中心，当积累到一定数量或达成一定规模后，通过与国际物流公司合作，通过国际货运模式将商品运至境外的买家手中；或者将各地发来的商品先进行聚集，然后批量配送；或者与一些商品属性或种类相似的跨境电商企业形成战略联盟，成立共同的跨境物流运营中心，利用规模优化与互补优势等理念，达到降低跨境物流成本的目的。如，米兰网在广州与成都自建了仓储中心，商品在仓储中心聚集后，通过与国际快递公司合作将商品送至国外买家。大龙网在深圳建立了仓储中心，采取集中发货方式满足跨境物流需求，既提高了跨境物流的整体效率，又降低了跨境物流成本。虽然保税区或自贸区物流模式类似集货物流模式，大致可以归属集货物流范畴，但是集货物流又不等同于保税区或自贸区物流模式。集货物流不仅可以集中仓储后再进行跨境电子商务活动，也可以先进行跨境电子商务活动再集中进行物流与配送。集货仓库不单独局限在保税区或自贸区，已经脱离了局限性的地理空间范畴。

6. 第三方物流

第三方物流指的是由交易主体以外的第三方承担物流功能，由第三方物流企业采取合同委托模式，承担交易产生的商品物流需求。

在国内电子商务交易中，自建物流可视为第一方物流，如中国的京东物流、阿里菜鸟物流、海尔日日顺物流，国外的 Ulmart 自建物流、Amazon 物流、沃尔玛物流等。第二方物流则由买家来承担物流功能。第三方物流由专业第三方物流公司来承担，如中国的四通一达等。在跨境电子商务中，流程与环境更加复杂，自建物流投入多、要求高、风险大，虽然个别跨境电商企业也采取自建物流模式，如京东商城、洋码头等，但是基于资金、跨境物流的复杂性以及诸多风险与障碍等因素，绝大多数跨境电商企业除了使用国际邮政小包与国际快递外，逐渐开始转向第三方物流模式，与万国邮政联盟体系、国际快递公司等合作，或者与专业第三方跨境物流公司合作。在跨境物流中，也会存在多种模式或与多个第三方物流企业合作的现象，还会存在自建物流与第三方物流共存的现象。

兰亭集势不仅自建跨境物流体系，还与国际性跨境物流资源合作，将商品销往全球 170 多个国家或地区。大批海运公司、航运公司、陆运公司、多式联运公司、国际货运代理公司，拥有丰富的国际贸易经验、海外运作经验、海外业务网点及国际化实践能力，这都是跨境电商企业或跨境物流企业合作的潜在对象。顺丰物流与荷兰邮政合作，推出欧洲小包业务，实现了中国国内物流与目的国物流的衔接，缩短了物流周期，降低了物流成本。在巴西，FedEx 与 UPS 等国际快递公司业务量无法满足该国市场的需求，只能够集中在城市区域，而偏远地区则依托于巴西邮政以及其旗下的 Sedex。

7. 第四方物流

在跨境电子商务发展刺激下，跨境物流需求驱动了第四方物流应用在跨境电子商务市场中用于解决跨境物流的需求。

第四方物流是独立于交易主体双方以及专业第三方物流商之外的主体，承担商品物流与配送业务，具体指为商品交易的买卖双方、第三方提供物流咨询、物流规划、商品运输、物流信息系统、供应链管理等综合性服务的一个供应链集成商，通过管理自身资源以及外部可协调资源、能力与技术，提供综合性的、全面的供应链解决方案。

第四方物流强调供应链资源整合能力，通过其在整个供应链的影响力与话语权，以解决物流需求为基础，通过整合各类内部及外部资源，实现物流信息共享及社会物流资源的充分利用。伴随着跨境电子商务的发展与成熟，跨境物流更加复杂，服务已不再局限于商品跨境空间位移需求，会产生许多增值服务需求，随之涌现出一批第四方物流公司，为跨境电商市场提供更丰富的跨境物流服务。如兰亭集势在 2015 年 1 月 26 日宣布正式启动"兰亭智通"全球跨境物流开放平台，通过整合全球各地物流配送服务资源，提供开放比价竞价、全球智能物流路径优化、多种物流协同配送、自动打单跟单服务、大数据智能分析等综合性服务内容。Axado 与全球 150 多个物流公司通力合作，通过整合碎片化跨境物流市场，为需求方提供一揽子物流解决方案。速四方和出口易也属于第四方跨境物流公司的范畴。全球整合物流服务资源，不仅能够提供专线物流服务，还可以提供购物车建站、货源分销、在线推广、渠道管理软件服务、在线收付、全球物流与仓储等一站式综合服务项目，并逐渐涉足大数据、信息技术及金融增值服务等。

7.2.3 跨境物流对比分析

通过分析各跨境物流模式在时效性、成本、适用性以及目前的使用率等方面的表征，能够对各类跨境物流模式有较为清晰的了解，如表 7-1 所示。在主要的跨境物流模式中，国际邮政小包与国际快递使用较早，是主要的跨境物流使用模式。国际邮政小包得益于万国邮政联盟的物流网络体系，在全球范围内网络最密集，能够辐射到全球近 200 个国家或地区。在跨境物流模式中，国际邮政小包的成本是最低的，相应的时效性也是最慢的，跨境物流周期基本在一个月以上，有时甚至几个月，还容易出现丢包、商品丢失等问题。国际快递基于成熟的全球性国际快递公司，如 UPS、DHL、FedEx、EMS 等，在跨境电子商务市场中使用率也很高，主要得益于快速的物流速度与时效。

海外仓在近两年出现后发展极快，已成为诸多跨境电商企业极佳的物流解决方案。海外仓还可以有效解决本地化及退换货需求，其使用率正处于快速上升阶段。第三方物流与第四方物流得益于专业性优势，在同一国家内应用范围较广，所以也具有较高的发展前景，其物流时效性与成本视不同情况、企业与商品需求而不同。规模性优势显著的保税区或自贸区物流、国际物流专线、集货物流等模式，在物流时效性与成本方面具有一定的优势，但是在适用性上具有显著的局限性，局限性不仅体现在地理、时间等方面，还存在于企业与商品方面。不同的跨境物流模式之间，并不存在绝对的优势或劣势，需要根据不同需求确定，不同跨境物流模式有其最佳的适用范围。

表 7-1　跨境物流模式对比表

模式	时效性	成本	适用性	目前使用率
国际邮政小包	慢	低	广	高
国际快递	快	高	广	高
海外仓	较快	较低	广	较高
边境仓	较快	较低	局限性显著	低
国际物流专线	较快	较低	局限性显著	低
保税区、自贸区物流	较快	较低	局限性显著	较高
集货物流	一般	较低	局限性显著	低
第三方物流	不确定	不确定	广	较高
第四方物流	不确定	不确定	广	较高

7.3　跨境电子商务通关

海关作为跨境物流一个必不可少的关键环节，涉及大量通关知识。作为跨境电商卖家，我们需要了解海关货物监管的基本制度及注意事项。货物监管是海关代表国家在口岸，根据《中华人民共和国海关法》和国家其他进出口法律、法规和政策，监督合法进出境货物和运输工具的重要管理职权，也是海关完成征收关税、制止走私违法、编制海关统计等各项任务的基础。对进出境的运输工具及其所载货物，进行审单（申报）、查验、征税、放行，构成货运监管既相互制约又相对独立的统一整体，是货管的基本作用。

海关对进出境个人邮递物品的管理原则是：既方便正常往来，照顾个人合理需要，又要限制走私违法活动。据此原则，海关规定了个人每次邮寄物品的限值、免税额和禁止、限制邮寄物品的品种。对邮寄进出境的物品，海关依法进行查验，并按章征税或免税放行。如果买家所购买的商品价值超过其所在国的免税金额，则买家有可能需要为商品缴纳关税。

新闻摘录

海关总署与菜鸟促天猫双 11 通关大提速

2018 年天猫双 11 跨境物流再提速，进口清关效率大幅提升。在海关总署和菜鸟的联合努力下，截至 11 日上午 9 时 01 分，双 11 进口订单清关量快速突破 1 000 万单，比 2017 年快了 10.5 小时，智能物流骨干网再度创下了"秒级通关"新纪录。菜鸟网络的最新数据显示，2018 年天猫双 11 开场 4 小时 50 分钟，进口订单清关量突破 500 万单，比 2017 年同期提速 3 小时 18 分钟，比 2016 年

更是快了 52 个小时！2017 年天猫双 11 进口清关 500 万单花了 8 小时 8 分钟，2016 年则花了 57 个小时。上午 9 时 01 分，天猫双 11 进口订单清关量快速突破 1 000 万单，纪录的刷新离不开创新的监管模式。

2018 年，海关总署与菜鸟推出"中枢直联"模式，将部分通关数据交由总署处理，分担各属地压力，在"省道"的基础上拓宽"国道"，做到了秒级响应。在与海关

总署推进"秒级通关"的同时,菜鸟2018年还投入了超过100万平方米的保税仓,构建起保税物流网络。全球好货被分别存放在国内10个口岸,在天猫双11期间快速送达千家万户。

资料来源:根据雨果网资讯改编。原始出处:雨

果网.1 000万进口订单清关仅用9小时,海关总署与菜鸟促天猫双11通关大提速[EB/OL].(2018-11-11)[2019-12-15]. https://www.cifnews.com/article/39135.

提问

人们为何会将通关环节视为跨境电子商务交易的核心障碍之一?

在跨境物流中涉及的海关有两个:一个是出口方出口海关;另外一个是消费者所在国的进口海关。

7.3.1 跨境电商出口海关

在跨境电商出口中,只要卖家遵守我国海关法律法规,不运输海关明令禁止的违禁品,办理进出口海关手续时,经查验货主申报的进出口货物的单证与实际进出口货物相一致,即做到单货相符,一般都没有什么大问题。以下大概介绍一下跨境电商出口报关方面的信息。

1. 出口报关

部分港口的跨境电商企业已经可以借助跨境电商通关服务平台实现通关一次申报,海关、税务、检验检疫、外汇、市场监管等部门则可通过这个平台同步获取跨境电商产品信息,实现对产品的全流程监管。

(1)跨境电商出口通关流程

- 在跨境电商服务平台上备案;
- 货物售出后,电商、物流、支付企业向跨境电商服务平台提交订单、支付、物流三单信息;
- 跨境电商服务平台完成三单比对,自动生成货物清单,并向中国电子口岸发送清单数据;
- 货物运往跨境电子商务监管仓库;
- 海关通过跨境电商服务平台审核,确定单货相符后,货物放行出口;
- 电商公司凭报关单向国税局申请退税。

(2)报关单据

一般情况下,传统外贸出口通关单据包含发票(Invoice)、装箱单(Packing List)、报关单。在跨境电商中,由于订单零散碎片化,大多数情况不会用到这些正式的单据。例如,邮政类小包的报关信息就直接显示在面单上。

只有在寄送商业快递时，快递公司会让卖家提供货物的发票。发票又分为形式发票（Proforma Invoice）和商业发票（Commercial Invoice）。在理论上，用于报关的发票必须是商业发票，但实际操作中，用形式发票也可以。两者涵盖的内容基本一致，主要区别在于：一方面名称不同；另一方面，形式发票更像是一种估价单据，没有商业发票那么正式。

发票一般包含以下内容：

- 发票字样及寄件人的公司抬头（英文）；
- 寄件人的公司名称、地址（英文）及电话；
- 收件人的公司名称、地址（英文）及电话；
- 分运单号码和发票号码；
- 贸易术语（如 FOB、CFR、CIF 等）；
- 货物质量；
- 货物尺寸或体积；
- 货物名称的详细描述（中英文）；
- 货物数量；
- 单价及申报总价（注明货币单位：美元）；
- 原产地；
- 海关编码（部分快递公司要求）；
- 有寄件人的公司章（部分国家有要求）。

注意事项：

- 发票必须是打印原件（不可手写），复印件、传真件无效；
- 不得有修改痕迹（修改后须盖章）。

2. 出口退（免）税

近几年，跨境电商出口退税问题受到关注。2014 年之前，区别于大型货柜出口，一个货柜达上万件货品、多款产品的特点，跨境电商出口商品的特点是多品种、小批量、多频次，国内大多从事跨境电子商务的企业选择通过行邮物品渠道将产品寄到境外。由于缺乏正规出口报关单，国内电商企业的出口产品既不能合法结汇，又不能享受退税优惠。不少跨境电商企业被迫处于"灰色"生存状态，无法做大做强。

为促进跨境电子商务零售进出口业务发展，方便企业通关，规范海关管理，实现贸易统计，决定增列海关监管方式代码"9610"，全称"跨境贸易电子商务"，简称"电子商务"，适用于境内个人或电子商务企业通过电子商务交易平台实现交易，并采用"清单核放、汇总申报"模式办理通关手续的电子商务零售进出口商品（通过海关特殊监管区域或保税监管场所一线的电子商务零售进出口商品除外）。公告内容详见海关总署公告 2014 年第 12 号。

2014 年 6 月，全国首单全程在海关 "9610" 监管代码下操作的跨境电商出口退税 2.9 万元花落前海，第一单的退税数额虽然不大，但意义不凡。

通关方面，部分港口采取分送集报、合并同类项、产品提前备案等通关监管措施。比如在通关流程上，针对电商企业的需求设计了 "入区暂存" 模式。根据规定，部分港口海关将电商货物进入保税港区设置成 "暂存入库" 状态，货物实际离境出口，电商企业才向海关报关；如果货物没有销售出去，则可以直接退回境内，从而大幅降低电商的通关成本。

那么，什么条件下电子商务出口可以享受退免税？

（1）享受退税的四种条件

电子商务出口企业出口货物必须同时符合以下四种条件，才能享受增值税、消费税退免税政策（财政部、国家税务总局明确不予出口退免税或免税的货物除外）。

一是电子商务出口企业属于增值税一般纳税人并已向主管税务机关办理出口退（免）税资格认定；

二是出口货物取得海关出口货物报关单（出口退税专用），且与海关出口货物报关单电子信息一致；

三是出口货物在退（免）税申报期截止之日内收汇；

四是电子商务出口企业属于外贸企业的，购进出口货物取得相应的增值税专用发票、消费税专用缴款书（分割单）或海关进口增值税、消费税专用缴款书，且上述凭证有关内容与出口货物报关单（出口退税专用）有关内容相匹配。

注意，对上述规定可归纳为生产企业实行增值税免抵退税办法、外贸企业实行增值税免退税办法；出口货物属于消费税应税消费品的，向出口企业退还前一环节已征的消费税。

（2）享受免税的三种条件

如果电子商务出口企业出口货物，不符合上述退（免）税条件的，但同时符合下列三种条件，可享受增值税、消费税免税政策。

一是电子商务出口企业已办理税务登记；

二是出口货物取得海关签发的出口货物报关单；

三是购进出口货物取得合法有效的进货凭证。

如出口企业只有税务登记证，但未取得增值税一般纳税人资格或未办理出口退（免）税资格认定，以及出口货物报关单并非出口退税专用联次，购进货物出口时未取得合法凭证等，不予享受免税政策。

注意，在上述规定中，如果出口企业为小规模纳税人，均实行增值税和消费税免税政策。

如何操作电子商务出口退免税申报？

根据财税〔2013〕96 号文件第三条规定，电子商务出口货物适用退（免）税、免税政策的，由电子商务出口企业按现行规定办理退（免）税、免税申报。

（3）退（免）税申报要求

①出口退（免）税预申报。出口企业在当月出口并取得销售收入后，将收齐单证（凭证）及收汇的货物于次月增值税纳税的申报期之内，向主管税务机关提出预申报，若在主管税务机关审核当中发现申报的退（免）税的单证（凭证）无对应电子信息或者信息不符的，应进行调整之后再次进行预申报。

②出口退（免）税正式申报。在主管税务机关确认申报单证（凭证）的内容与所对应的管理部门电子信息准确无误之后，企业应提供规定的申报退（免）税的凭证和资料以及正式申报电子数据，向主管税务机关进行正式申报。

（4）免税申报要求

根据《国家税务总局关于出口货物劳务增值税和消费税有关问题的公告》（国家税务总局公告 2013 年第 65 号）规定，自 2014 年 1 月 1 日起，出口企业出口适用增值税、消费税免税政策的货物，在向主管税务机关办理免税申报时采用备案制，不再实行申报制，出口货物报关单、合法有效的进货凭证等资料，按出口日期装订成册留存企业备查。

7.3.2　跨境电商目的国进口海关

全球跨境贸易蓬勃发展，"一带一路"打开"筑梦空间"，加强世界经济共同体进程。在经济全球化进程中，世界各国海关对进口贸易政策也有所不同。

1. 海关扣关

在目的国遇到的最多问题当属扣关。遇到货物被扣关时不要太紧张，首先要了解货物被扣关的原因，因为每个国家、地区的海关条例都有所不同。当出现扣货、扣关时，相关海关部门会给一份说明，里面有扣货的原因，发件人或收件人必须配合海关提供相关的文件。

（1）货物被海关扣关或者不允许清关原因

- 商品货物填写不详细、不清楚，需重新提供证明函，具体说明货物的品名及其用途；
- 货物申报价值过低（海关有理由怀疑逃税）；
- 国际快递货物单、证不齐全，需要提供必需的单、证，例如发票、装箱单、进口许可证、3C 认证；

- 敏感货物，属于进出口国家禁止或者限制进出口的物品；
- 收货人条件不允许（没有进口权等）；
- 超过目的国进口最低免税金额；
- 不符当地国家规定的其他相关政策。
- 一般情况下，B2C 遇到的大多数是前三项中当地国家的相关政策。货物一旦扣关，发件人或收件人要尽量配合海关，提供相关的文件。一般情况下，海关会对货物进行评估，只要与发件人 / 收件人陈述相符，办理完清关手续，即可放行。

（2）处理方法

- 申报货值太低扣关，与客户协商交关税后从海关拿货出来；如果关税不高可以考虑和买家分摊；
- 手续不全的货物扣关，比如个人进口，海关要求有进口权，找有进口权的公司代理清关；
- 如果是需要相关认证手续的，能提供的话就提供给海关，不能提供的话，货物就不能清关；
- 可以向海关申请货物退运，按国际惯例，清关不了的货物可以申请退运回发货地或是第三方贸易港口，如果申请了，可以退运。

（3）如何尽量避免海关扣货

- 为了避免海关扣货，针对一般的包裹，尽量勾选"gift"，但不要直接填写"gift"在申报品名里。相对而言，私人包裹被海关查的概率低一些。为了避免扣货后产生高额的清关费，申报价值可以写得相对少一点，不要低于实际价值太多，因为贵重物品的扣货率高。但低报的前提是和买家协商好，如果没有协商好，因卖家低报申报价值导致扣关，到时百口莫辩。另外，海关扣货后，清关费是根据申报价值计算的，申报价值越高，清关费越高。同样，如果需要客户寄回产品，也注意让客户把申报价值写低一点。
- 了解各国政策，如澳大利亚虽然通关容易，但电池类产品是海关不允许的，因此电池或者带电磁的产品，尽量不发往澳大利亚。如果一定要卖带电池的产品，可以对客户说清楚不发电池，只发产品。
- 选择安全的递送方式。DHL 的扣货率是很高的，其次是 FedEx 和 UPS；相对安全的递送方式是航空挂号小包和 EMS。另外，EMS 就算是被海关扣货，还是能够免费退回到发货地点的。尤其是针对俄罗斯、巴西等海关审查极为严格的国家，小包和 EMS 在通关上有绝对的优势。
- 质量越大的包裹被海关扣货的可能性越大。
- 不同产品被海关扣货的概率不同，如电子产品被扣的概率比服装类高。

- 寄往不同的国家,采用的申报策略也要有所不同。英美海关相对不那么严格,申报价值可以适当放低;德国海关比较严,就不宜放太低的申报价格。

需要注意的是,这些都只能降低被扣货的概率,不可能完全杜绝。

2. 各国关税起征点及免税金额

最低免税申报金额是指符合条件的货件其申报美元金额小于规定金额,即可免于海关正式报关,也无须缴纳关税或税款。

(1)美国

2016年初美国对入境货件的最低免税申报金额标准已从每票货件200美元提高至800美元。这意味着大多数运入美国货值低于800美元的货件可免于海关正式报关以及缴纳进口关税。此项调整将有效促进贸易发展、降低成本和加快商品的流通。特别是亚洲的出口商可因此获益,通过减少书面工作来加快货件的清关速度以及缩短货件到美国的运输时间。

起征点:800美元

综合关税的组成:DUTY(关税)+ ADV(清关杂税)

$$DUTY = 货值 \times 税率$$

(2)欧盟

欧盟对高于22欧元的包裹就开始收税,因免税申报金额较低,所以在欧盟区,包裹时常会因低申报被查。对于隶属欧盟区的西班牙、法国、挪威、瑞典等成员国,对高于22欧元的包裹会征税,从以往资料看,有少量包裹被查到,小包及EMS的安全系数相对高一些。德国是欧盟区相对特别的一个国家,海关的检验力度比其他欧盟区国家要大些,EMS时常因海关原因被退回。

综合关税的组成:VAT =(货值(向海关申报)+ 运费 +DUTY) × 19%

$$DUTY =(货值 + 运费 70\%) \times 产品税率$$

(3)英国

英国:在申报价值大于18GBP时会收关税。

起征点:15英镑

综合关税的组成:VAT(增值税)+ DUTY(关税)+ ADV(清关杂费)

$$VAT =(货值(向海关申报)+ 运费 +DUTY) \times 20\%$$

$$DUTY = 货值 \times 产品税率$$

(4)澳大利亚

对于进口的包裹类货件查验相对宽松,对于货值低于1 000澳元的包裹免征关税,除对一些违禁和原木制品外,很好清关。

起征点：1 000 澳元

综合关税的组成：DUTY + GST + ADV（清关杂费）

$$GST = 英国 VAT（货值（向海关申报）+ 运费 + DUTY）\times 10\%$$

$$DUTY = 货值 \times 税率$$

（5）俄罗斯

据俄罗斯媒体《消息报》报道，2016 年 10 月俄海关总署向俄经济发展部提出降低网购进口商品免税额度、分阶段对网购进口国际邮包征税的建议。之前，俄罗斯联邦海关对于进境包裹中一个月之内购买的、价值不超过 1 000 欧元、质量不超过 21kg 的商品实行免税。而此次，俄罗斯海关总署的提议是将这一免税进口额由每月 1 000 欧元降至 22 欧元。不过，这一建议尚存争议，也未得到俄经济发展部的批准。此外，俄罗斯是个很特别的国家，海关有不少腐败问题，快递只能走 EMS。

（6）乌克兰

乌克兰的海关也有腐败问题，除邮政 EMS 和小包裹外的 FedEx 和 DHL 的包裹都很难清关。

（7）巴西

巴西曾是速卖通平台订单主要来源国之一，但是由于物流成本居高不下及其严格的海关政策，以致这两年来逐渐失去优势。主要表现在：一方面，速卖通削减了对巴西的宣传；另一方面，平台很多卖家设置巴西需补运费，甚至设置成巴西不发货。

目前，发往巴西的主要渠道还是邮政渠道，例如各国邮政小包，通关相对简单。商业快递寄送包裹至巴西一直是跨境电商卖家最头痛的问题之一。如果用商业快递寄送包裹到巴西，会有以下条件限制：

- 需供收件人的税号，税号有两种类型：CNPJ（公司税号 - ××.×××.×××/××××-××）和 CPF（私人税号 - ×××.×××.×××/××）。一般收件人为个人，则提供 CPF，收件人为公司一般需要正式报关。
- 巴西海关对申报金额在 3 000USD 以内，无再次销售目的，且未正式清关的进口货物（如从互联网购买的进口货物或礼物，通过邮件、国际快递运输至巴西）实行简易税制。关税起征点为 50USD 左右，进口关税在简易税制的基础上征收，均按照货物申报金额的 60% 征收，另外当地还会征收 18% 左右的目的国税金（ICMS Tax）。
- 若包裹申报货值不准确，可能会导致巴西海关强制扣关、强制退运或者缴纳高昂的罚金。
- 当收件人为个人时，巴西海关可能认定货物为商业用途，禁止安排进口，要求强制退运。通常这一情况在超过合理数量的物品寄往同一个人时发生，以上判断甚至可能取决于巴西海关的主观判断。例如，十件相同商品寄给同一个收件人，则可能被认定为用于转售的商业用途货物，巴西海关会禁止进口且强制退运。故出口至巴西的个人货件，建议合理调配同一个包裹内的相同商品数量及发货时间。

（8）印度尼西亚

自 2017 年 1 月 28 日起，印尼对进口货件的最低免税申报金额标准从每票货件 50 美元（696 550 印尼盾）提高至 100 美元（1 393 100 印尼盾）。

（9）菲律宾

2016 年对入境货件的最低免税申报金额标准已从每票货件 10 菲律宾比索（0.21 美元）提高至 10 000 菲律宾比索（210 美元）。

（10）新加坡

对于申报金额大于 400 新加坡元（约 320USD）的包裹征收关税。从数据上看，到新加坡的包裹很少出现问题。

总之，由于各国海关政策的差异，卖家在发货前需大概了解相关信息，以便让货物顺利通关。相关信息可以咨询其他卖家、货运代理等。

7.4　跨境电子商务商检

随着互联网及信息化的高速发展，传统的商务活动正以一种前所未有的速度电子化。网络的全球性和非中心化，使电子商务的跨境行为丧失了传统交易所具有的地理因素，跨境电子商务应运而生。跨境电子商务已成为当今世界一种基本经济形态和贸易自由化的重要途径。作为跨境贸易活动监督管理的主管部门之一，检验检疫部门顺势而为，做了大量基础性的研究及探索工作，部分试点城市的检验检疫部门还出台了系统扶持措施。但地方政府和外贸行业对检验检疫扶持力度有更高期待，特别是 B2C 和保税 B2B 进口食品、保健品、化妆品等高风险产品方面。社会上，主要是外贸行业，甚至有了"跨境电子商务进口卡在国检，出口卡在国税"的说法，检验检疫面临巨大的社会压力。

检验检疫的主要职能就是防止人类传染病、动植物病虫害跨境传播，防止不安全、不合格产品进出口。与海关设立保税区等特殊监管区以调整"关境"不同，检验检疫在履行检疫职能过程中的"国境"是神圣不可侵犯的，不会为促进地方经济发展做出相应调整。与此相应地，检验检疫环节必须在销售和使用之前完成，其时间特性也决定了无法为便利国内消费者做出相应让步。

为了应对跨境电子商务"进口卡在国检"的传言，国内多地检验检疫机构出台了相应的检验检疫监督管理办法，从监管模式上进行改革，谋求突破。例如江苏检验检疫局出台的《江苏跨境电子商务检验检疫监督管理办法》，建立了"企业全备案、商品全申报、质量全追溯"的监管制度，实施"集中申报、集中查验、信用评价、分类监管、快速核放、质量追溯"的质量信用分类监管模式，以信用管理和风险管理为核心，便利跨境电子商务发展，此种方式值得借鉴。

检验检疫是国际贸易活动中的一个重要环节，对我国商品进出口起着重要的把关、服务与促进作用，对国内进出口企业、国内消费者起着保护、服务、扶持的功能。经济越发展，它对外贸发展的辅助作用，对国内产业的保护、国内消费者的生活安全保障作用就越大。我国检验检疫部门是我国经济贸易和国内经济发展的安全保障。

7.4.1　进出口商品检验检疫发展

进出口检验检疫是指检验检疫部门和检验检疫机构依照法律、行政法规和国际惯例的要求，对出入境货物、交通运输工具、人员等进行检验检疫、认证及签发官方检验检疫证明等监督管理工作。

中国出入境检验检疫产生于 19 世纪后期，迄今已有一百多年历史。中国出入境检验检疫的发展历程是漫长和曲折的，只有在中华人民共和国成立后，中国出入境检验检疫事业才得到迅速发展。

1. 中华人民共和国成立前的进出口商品检验

19 世纪后期，中国近代对外贸易逐渐发展起来。由于清政府的腐败，西方列强侵略中国，霸占了中国海关的主权，同时控制了中国的对外贸易和商品检验主权。清同治三年（1864 年），由英商劳合氏的保险代理人——上海仁记洋行代办水险和船舶检验、鉴定业务，这是中国第一个办理商检业务的机构。随后一些规模较大的外国检验机构，先后在上海及其他重要口岸设立了公证检验机构，办理洋行贸易商品的检验、鉴定工作，在中外贸易关系中充当居间人，袒护本国商人经济利益，控制了中国的进出口商品检验主权，成为对中国进行经济侵略的工具之一。

1928 年，国民政府工商部颁布了《商品出口检验暂行规则》，规定对生丝、棉麻、茶叶等八类商品实施检验。1929 年，工商部又颁布了《商品出口检验局暂行章程》。同年，工商部上海商品检验局成立，这是中国第一个由国家设立的官方商品检验局。之后又在汉口、青岛、天津、广州设立了四个商品检验局，并在其他指定管辖地区设立了分支机构和办事处。1932 年，国民政府行政院通过《商品检验法》，这是中国商品检验最早的法律。该法明确规定商品检验范围包括进口和出口商品，对"有掺伪之情弊者、有毒害之危险者、应鉴定其质量等级者"，依法实施检验。同时规定，"应施检验之商品，非经检验领有证书不得输入输出"，对违反该法者进行罚款或进行惩处，开创了中国对进出口商品实施法定检验的先河。

1940 年，汪伪政府公布了与国民政府商检法内容完全相同的《商品检验法》和伪工商部《商品检验局组织条例》，在沦陷区陆续成立上海、天津、青岛商品检验局，并公布应施检验的进出口商品的种类表，对列入种类表内的商品实施强制性检验。抗战胜利后，国民政府恢复了天津、上海、青岛、广州、汉口五个商检局，连同重庆商检局，当时全国共有六个商检局，属国民政府经济部领导。

中华人民共和国成立前的商品检验，虽然有法律和法规作为依据，也设有官方的商检局实施检验工作，但由于中国当时处于半封建半殖民地的地位，中国商检局的证书得不到国际上的承认，只能作为国内通关使用，不能在国际上发挥交货、结汇、计费、计税和处理索赔的有效凭证作用。

2. 中华人民共和国成立后的进出口商品检验

随着天津、上海、青岛、汉口、重庆、广州的先后解放，人民政府接管了国民政府的商检局。1949 年 10 月 1 日中华人民共和国成立后，中央贸易部国外贸易司设立商品检验处，统一领导全国商检工作，并在改造国民政府遗留下来的商检局的基础上，在大连、新疆设立了商品检验局。除青岛、新疆两局只管辖所在省和自治区的检验业务外，其他商检局都实行按大行政区划和商品的流向跨省、市、自治区检验的体制。

1952 年，中央贸易部分为商业部和对外贸易部，在外贸部内设立商品检验总局，统一管理全国的进出口商品检验工作，加强了对全国进出口商品检验工作的管理。通过全国商检人员的共同努力，中国商检证书很快在国外树立了良好的信誉，得到世界各国的普遍承认，成为国际贸易中进出口商品交接、结算和处理索赔争议具有法律效力的重要证件。

1980 年，国务院做出了关于改革商检管理体制的决定，将外贸部商品检验总局改为中华人民共和国进出口商品检验总局（副部级），并将各地商检局的建制收归中央，实行中央与地方双重领导，以中央领导为主的垂直领导体制，地方局改称进出口商品检验局，冠以所在省、自治区和直辖市名称。

1989 年 2 月，第七届全国人大常委会第六次会议审议通过了《中华人民共和国进出口商品检验法》（以下简称《商检法》）。《商检法》规定了商品检验的宗旨是确保进出口商品质量，促进对外贸易的发展。它以法律的形式明确了商检机构对进出口商品实施法定检验、办理进出口商品鉴定业务以及监督管理进出口商品检验工作等基本职责。《商检法》同时规定了法定检验的内容、标准，以及质量认证、质量许可、认可国内外检验机构等监管制度，并规定了相应的法律责任。《商检法》实施后，国家商检局根据该法第 31 条的规定，制定了《中华人民共和国进出口商品检验法实施条例》（以下简称《商检法实施条例》）。《商检法实施条例》经国务院批准，国家商检局 1992 年 10 月发布施行。

7.4.2　进出口商品检验检疫一般程序

进出口商品检验检疫一般程序是指出入境货物、运输工具、集装箱、人员及其携带物，从报检／申报、抽样／制样、检验检疫、卫生除害处理、计／收费到签证与放行的全过程。下面对出入境货物的检验检疫程序进行简要阐述。

1. 报检／申报

填写《出／入境货物报验单》，提交相应的单证和资料。

2. 抽样及制样

凡需检验检疫并出具结果的出入境货物，均需检验检疫人员到现场按有关规定抽取样品。凡需对所抽取样品经过加工方能进行检验的称为制样（样品制备）。样品及制备的小样经检验检疫后重新封装，超过样品保存期后销毁；需留中间样品的按规定定期保存。

3. 检验检疫

检验检疫是对出入境应检对象，通过感官的、物理的、化学的、微生物的方法进行检验检疫，以判定所检对象的各项指标是否符合合同及买方所在国官方机构的有关规定。

4. 卫生除害处理

按照《中华人民共和国国境卫生检疫法》及其实施细则，《中华人民共和国食品卫生法》《中华人民共和国动植物检疫法》及其实施条例的有关规定，检验检疫机构卫生除害处理的对象包括出入境的货物、动植物、运输工具、交通工具的卫生除害处理以及公共场所、病源地和疫源地的卫生除害处理等。

5. 计／收费

目前检验检疫机构执行的计／收费办法及计／收费标准的依据是国家发改委、财政部联合发布的发改价格〔2003〕2357 号文《出入境检验检疫收费办法》。

检验检疫机构严格按照《出入境检验检疫收费办法》的规定执行，不得擅自变更收费项目、提高或降低收费标准。

6. 签证与放行

（1）检验检疫的签证与放行

第一，出境货物。凡法律、行政法规、规章或国际公约规定须经检验检疫机构检验检疫的出境货物，经检验检疫合格的，签发"出境货物通关单"，作为海关核放货物的依据；同时，国外又要求签发有关检验检疫证书的，检验检疫机构根据对外贸易关系人的申请，经检验检疫合格的，签发相应的检验检疫证书；经检验检疫不合格的，签发"出境货物不合格通知单"。

第二，入境货物。凡法律、行政法规、规章或国际公约规定须经检验检疫机构检验检疫的入境货物，检验检疫机构接受报检后，先签发"入境货物通关单"，海关据以验放货物。然后，经检验检疫机构检验检疫合格的，签发"入境货物检验检疫情况通知单"，不合格的对外签发检验检疫证书，供有关方面对外索赔。需异地实施检验检疫的，口岸检验检疫机构办理异地检验检疫手续。

（2）出入境鉴定业务的检验检疫签证

第一，出境货物。检验检疫机构凭对外贸易关系人的委托，按照合同、信用证的要求，对外签发各种相应的检验检疫证书。对检验检疫鉴定不合格的出境货物，对内签发不合格通知单。

第二，入境货物。检验检疫机构根据有关合同和报检人的申请，对货物品质、卫生、重量等项目进行检验检疫鉴定，对外签发相应的检验检疫证书。凭检验检疫机构的检验检疫结果进行结算的入境货物，检验检疫机构签发检验检疫证书。其他鉴定业务按照相关规定办理。

（3）国内外委托的检验检疫签证

委托检验检疫机构检验检疫，并由检验检疫机构签发委托检验检疫结果单的签证。

（4）签证的领取

报检人领取证书时应如实签署姓名和领证时间，对证书应妥善保管。各类证书应按其特定的范围使用，不得混用。

7.4.3　跨境电商检验检疫与进出口检验检疫的异同

1.进出口检验检疫与跨境电商检验检疫的区别

（1）法定职能不同

进出口检验检疫主要法定职能为：一是"保护人类健康和安全、保护动物或者植物的生命和健康、保护环境、防止欺诈行为、维护国家安全"（《中华人民共和国进出口商品检验法》第四条）；二是"防止动物传染病、寄生虫病和植物危险性病、虫、杂草以及其他有害生物（以下简称病虫害）传入、传出国境，保护农、林、牧、渔业生产和人体健康，促进对外经济贸易的发展"（《中华人民共和国进出境动植物检疫法》第一条）；三是"防止传染病由国外传入或者由国内传出，实施国境卫生检疫，保护人体健康"（《中华人民共和国国境卫生检疫法》第一条）；四是"保证食品安全，保障公众身体健康和生命安全"（《中华人民共和国食品安全法》第一条）。通俗地理解，检验检疫主要法定职能就是防止人类传染病、动植物病虫害跨境传播，防止不安全不合格食品、保健品、化妆品、其他产品进出口。

海关的主要法定职能为："监管进出境的运输工具、货物、行李物品、邮递物品和其他物品（以下简称进出境运输工具、货物、物品），征收关税和其他税、费，查缉走私，并编制海关统计和办理其他海关业务"(《中华人民共和国海关法》第二条)。上述情况通常被归纳为三大法定职能：征税（费）、缉私、统计。

（2）法定履职地点要求不同

检验检疫机构履行检疫职能过程中用的是"国境"；海关履职过程中用的是"关境"（或称"税境""海关境域"）。一般情况下，一国的关境与国境是一致的，即关境等同于国境。第二次世界大战后，关税同盟和自由区、自由港大量出现，国境等于关境的原则被突破。例如在几个国家结成关税同盟时，其关境是几个国境之和，关境便大于国境；而一国设立自由港、自由贸易区或其他特区，其关境便小于国境。在现实生活中，海关可以通过设立特殊监管区，如保税区、出口加工区、保税物流园区、跨境工业园区、保税港区、综合保税区等方式，承接国际产业转移、联结国内国际两个市场，推动地方经济发展。而检验检疫在履行检疫职能过程中的"国境"是神圣不可侵犯的，是无法为促进地方经济发展做出相应调整的。

（3）法定履职时间要求不同

检验检疫机构履行检疫职能的时间节点要求如下：进出境商品须检疫合格后才允许进境。检验检疫部门在履行商品检验职能的时间节点上有特定要求：法定检验的进出口商品未经检验的，不准销售，不准使用。

海关履行征税职能的时间节点要求为："应当自海关填发税款缴款书之日起15日内缴纳税款；逾期缴纳的，由海关征收滞纳金。纳税义务人、担保人超过3个月仍未缴纳的，经直属海关关长或者其授权的隶属海关关长批准，海关可以采取强制措施"(《海关法》第六十条)。海关履行缉私与统计职能的时间节点没有特别规定。

综上所述，法律对检验检疫履职时间有着非常严格的规定，现实工作中必须严格执行；法律对海关履职时间的规定相对宽松，实际工作中可根据地方或企业需要做出更便利的调整。

（4）法定履职风险不同

履职风险包括三个方面：一是履职过程中工作人员的人身健康安全风险；二是履职的绩效风险；三是履职的过失风险。

① 关于履职过程中工作人员的人身健康安全风险。检验检疫的主要风险是疫病传染风险。如2003年"非典"流行期间，旅客入境见到的第一张面孔就是检验检疫工作人员，只有由检验检疫工作人员确认旅客安全后，国内其他人员才能与其接触。又如，进出境动物检疫过程中，有两百多种人畜共患病可以由动物传染给人，直接影响工作人员生命健康安全。海关履职过程中的人身风险主要体现在缉私过程中与犯罪嫌疑分子斗争时产生的生命健康安全风险。

② 关于履职的绩效风险。检验检疫的工作绩效有千千万万的国内外消费者验证，出

口产品还要面临国外官方组织的复核性检查。经检验检疫放行的出口产品，如果被进口国家检出不合格，或是国外消费者在消费过程中发现不合格，事件就会通过外交途径向国内通报，检验检疫部门将会被追究监管责任。经检验检疫放行的进口产品，如果被国内消费者在消费过程中发现不合格，或是发生消费安全事故，检验检疫部门也会被追究监管责任。所以检验检疫部门必须认真对待每一批进出口产品。而缉私、征税、统计工作完成的绩效如何，就不会像检验检疫部门的工作那样有着及时的、第三方人员的验证复核。

③ 检验检疫的履职过失风险包括人类传染病传播、动物传染病传播（含人畜共患病）、植物病虫害传播、食品保健品对人体的伤害等，不仅能导致直接的经济损失，还威胁人类、动植物生命安全健康，有的影响绵延几十年、上百年。而缉私、征税、统计职能的过失风险多表现于一时的经济损失。

2. 进出口检验检疫与跨境电商检验检疫的联系

（1）跨境电子商务的发展加速了检验检疫职能转变和监管模式调整的步伐

原本，跨境贸易的电子化与检验检疫职能转变和监管模式调整间没有必然因果关系。没有跨境电子商务的出现，检验检疫职能与监管模式也会随着经济环境和产品风险的变化而调整。但是，跨境电子商务的兴起与蓬勃发展在客观上加速了检验检疫职能进一步转变和监管模式进一步调整的步伐。

（2）跨境电子商务时代，国门检疫安全受到前所未有的挑战

一是查出禁止进境物令人触目惊心。2014年以来，全国各大邮件、快件进境口岸分别报道：以电子商务B2C邮件、快件小包方式进境大量禁止进境物，有龟类、蜂类、蜥蜴、壁虎等活体动物；有盆景、蔬菜、花卉、种子等活体植物；有微生物、生物制品、血液及其制品、动植物产品等，其中许多品种是国内原生态环境中没被发现的。二是进境邮件快件数量与日俱增，检验检疫人员严重不足。三是法律威慑力严重不足。

7.4.4　质检总局关于跨境电商零售进口通关单政策

（1）按照检验检疫法律法规的规定，进口法检货物应凭检验检疫机构签发的通关单办理海关通关手续。跨境电商零售进口新政明确了跨境电商商品的货物属性，检验检疫应依法签发通关单。

（2）为提高跨境电商商品通关效率，质检总局在通关单管理上采取了相应的便利措施。一是通关单仅针对跨境电商零售进口中的网购保税商品，而对于跨境电商零售进口中的直购商品，免于签发通关单。二是将通关单的签发环节设定在"一线"，避免在"二线"出区时对小包裹逐个签发通关单，缩短通关时间、降低企业成本。三是实施通关单联网核查，检验检疫机构将通关单电子数据直接发送海关，尽最大可能实现通关单无纸

化，进一步提高通关效率。四是清单内仅有约 36% 的编码在"法检目录"内，需要凭通关单验放，其余都不需要通关单即可办理海关通关手续。

7.5　跨境电商物流追踪技术概述

随着以计算机技术、通信技术、网络技术为代表的现代信息技术的飞速发展，人们越来越重视对信息资源的开发和利用，人类社会正从工业时代阔步迈向信息时代。电子商务物流技术的广泛应用，改变了传统的物流管理过程，使物流各节点之间的信息实时沟通和共享，提高了物流运作的效率和精确性。

7.5.1　物流技术发展背景

跨境电商和电子商务的联系是显而易见的，两者是特殊与一般、被包含与包含的关系，即跨境电商是电子商务的一种，而且是一种特殊类型的电子商务。电子商务的发展不仅给物流带来了新的发展机遇，而且使现代物流具备了信息化、网络化、智能化、柔性化、虚拟化等一系列新特点。这些特点不仅要求物流向系统化、社会化和高效化发展，而且给物流技术带来了新的变革。跨境电商物流的发展是以电子商务技术和物流技术为支撑的。

跨境电商物流技术一般是指与跨境电商物流要素活动有关的所有专业技术的总称，可以包括各种操作方法、管理技能等，如物品包装技术、物品标识技术、流通加工技术、报关技术、多式联运技术等；物流技术还包括物流规划、物流设计、物流策略、物流评价等；当计算机网络技术的应用普及后，物流技术中综合了许多现代信息技术，如GIS（地理信息系统）、GPS（全球定位系统）、RFID（射频识别）技术、IOT（物联网）等。

1. 信息化给物流技术带来的变革

现代物流与传统物流的区别，主要在于现代物流有了计算机网络和信息技术的支撑，并应用了先进的管理技术和组织方式，将原本分离的商流、物流、信息流和采购、运输、仓储、代理、配送等环节紧密联系起来，形成了一条完整的供应链。现代物流信息化包括现代物流技术手段和方法、物流技术标准、物流作业规范、物流基础设施设备、物流信息交换等方面。没有物流信息化，任何先进的物流技术设备都不可能在物流过程中发挥有效的作用，电子商务物流业也就有名无实。

2. 网络化给物流技术带来的变革

网络化主要指的是物流技术在物流系统的计算机通信网络与企业内部网的应用。电子商务的发展要与物流系统网络相适应。一是物流系统的计算机通信网络，它不仅要求物流配送中心与供应商、制造商的联系要通过计算机网络，而且要求其与下游顾客的联系也要通过计算机网络。二是组织的网络化，即企业内部网。例如，我国台湾地区的计算机业在20世纪90年代创造出了"全球运筹式产销模式"，这种模式的基本点是按照客户订单采取分散形式组织生产，将全世界的计算机资源都利用起来，采取外包的形式将一台计算机的所有零部件、元器件、芯片外包给世界各地的制造商去生产，然后通过全球的物流网络将这些零部件、元器件和芯片发往同一个物流配送中心进行组装，由物流配送中心将组装完成的计算机迅速发给客户，这一过程需要有高效的物流网络支持。

3. 智能化给物流技术带来的变革

为提高物流作业的效率，需要提高物流作业各个环节的智能化水平，如库存水平的确定、运输（搬运）路径的选择、自动导向车的运行轨迹和作业控制、自动分拣机的运行、物流配送中心经营管理的决策支持等。在物流自动化的进程中，物流智能化是不可回避的技术难题，它对于实现物流的高效化有着非常重要的作用。物流的智能化已成为电子商务下物流发展的一个新趋势。随着电子商务的发展和普及，企业对物流系统集成的要求越来越高，这主要取决于软件系统的发展和完善。目前，物流系统的软件开发与研究正朝着集成化物流系统软件、物流仿真系统软件以及制造执行系统软件与物流系统软件合二为一，并向ERP（企业资源计划）系统集成的方向发展。

4. 柔性化给物流技术带来的变革

随着市场变化的加快，产品生命周期正在逐步缩短，小批量、多品种生产已经成为企业生存的关键。目前，国外许多适用于大批量制造的刚性生产线正在逐步改造为小批量、多品种的柔性生产线。这种发展趋势要求物流配送向柔性化的方向发展，也要求与传统的物流技术相结合，如工装夹具设计的柔性化、托盘与包装箱设计的标准化、生产线节拍的无级变化与输送系统调度的灵活性管理等。

5. 虚拟化给物流技术带来的变革

随着全球定位系统的应用，社会大物流系统的动态调度、动态储存和动态运输将逐渐代替企业的静态固定仓库。由于物流系统的优化目的是减少库存直到零库存，这种动态仓储运输体系借助于全球定位系统，充分体现了未来宏观物流系统的发展趋势；随着虚拟企业、许多制造技术的不断发展，虚拟物流系统已成为企业内部虚拟制造系统的重要组成部分。

7.5.2　跨境电商物流追踪技术

跨境电商的特征要求其更加注重追踪技术的使用以努力降低成本，因此许多先进技术在物流系统中被采用。如射频识别（RFID）技术、电子数据交换（EDI）、全球定位系统（GPS）、地理信息系统（GIS）等，甚至现在正在试运行的我国自主研发的北斗卫星定位系统，将来也可用于物流系统中。物流技术不断发展，物流系统不断升级，促使物流业快速发展，直接的效果便是能够更快地满足顾客对商品的需求，从而使交易量大幅度上升，提高了跨境电商的效率。接下来本书将具体介绍跨境电商物流追踪技术。

7.5.3　射频识别技术及应用

射频识别（Radio Frequency Identification，RFID）技术是 20 世纪 90 年代开始兴起的一种非接触式自动识别技术，该技术在世界范围内正被广泛应用。

1. 射频识别技术概述

射频识别技术是一项利用射频信号通过空间耦合（交变磁场或电磁场）实现无接触信息传递并通过所传递的信息达到识别目的的技术。简单地说，RFID 是利用无线电波进行数据信息读写的一种自动识别技术或无线电技术在自动识别领域中的应用。

射频识别技术具有非接触识别（识读距离可达几十米）、标签信息可改写、可识别高速运动物体、抗恶劣环境、保密性强、可同时识别多个识别对象等突出特点。

目前，RFID 在物体跟踪方面已经得到广泛的应用。

2. RFID 系统的组成与原理

射频识别系统在具体的应用过程中，根据不同的应用目的和应用环境，系统的组成会有所不同，但从射频识别系统的工作原理来看，系统一般都由信号发射机、信号接收机、发射接收天线三部分组成。

（1）信号发射机（射频标签）

在射频识别系统中，信号发射机出于不同的应用目的，会以不同的形式存在，典型的形式是标签。标签相当于条码技术中的条码符号，用来储存需要识别传输的信息。另外，与条码不同的是，标签必须能够自动或在外力的作用下，把储存的信息主动发射出去。标签一般是带有线圈、天线、储存器与控制系统的低电集成电路。

（2）信号接收机（读写器）

在射频识别系统中，信号接收机一般称为读写器。读写器一般由天线、射频模块、读写模块组成，基本功能是提供与标签进行数据传输的途径。另外，读写器还提供相当复杂的信号状态控制、奇偶错误校验与更正功能等。

（3）发射接收天线

天线是标签与阅读器之间进行数据的发射和接收的装置。在实际应用中除了系统功率，天线的形状和相对位置也会影响数据的发射和接收，需要专业人员对系统的天线进行设计。

RFID读写器通过天线发送出一定频率的射频信号，当标签进入磁场时产生感应电流从而获得能量，发送出自身编码等信息，这些信息被读写器读取，解码后发送至计算机主机进行有关处理。

3. 射频识别技术在跨境电商物流中的应用

随着跨境电商物流量的增加，传统的人工配送效率低下、出错率高等特征日益明显。RFID的主要功能是提供配送任务以及配送的路线，其主要表现在货物出库、入库、盘点、网络物流跟踪以及物流退换货等流程上。工作人员可以通过查询RFID系统的信息，了解网络销售信息，将仓库里带有电子标签的物品经过验收后运出，也就是物流配送初始凭证，然后根据RFID提供的配送路线进行发货和运输，每个停留驻地都设有读取器，通过RFID的输入功能获取物品的所在位置，对销售物品进行实时定位，并且运达客户端。多商品运输时，RFID技术可以提高扫描效率，缩短配送时间，极大地缩短客户与商品之间的空间距离。

（1）入库

电子商务配送的入库业务主要包括进货单和补货单的确认、电子商务货物的分拣、电子标签的添加、货物上架以及更新货物信息等环节。RFID系统的使用，在确保信息的准确性和及时性的条件下实现了很多检查和信息更新的工作，无须人工参与，极大地提高了电子商务货物入库的效率。与此同时，它也降低了电子商务货物的损耗，在一定程度上提高了货物的质量，进而控制了电子商务货物的入库风险。

（2）出库

出库业务基本上与入库业务相反，主要通过网络指挥调度中心的出库命令，将货物的相关信息提供给货物出库的操作者，出库信息管理系统将出库信息传送给叉车以及相关运输设备，完成货物的下架和搬运。在货物出库后，系统将会对库中货物的信息进行自动更新。

（3）物品盘点

传统的物品盘点不仅浪费大量的劳动力，还浪费了宝贵的时间。而RFID直接通过RFID读取器，就可以对物品进行定期或者不定期的扫描检查，可以准确迅速地获取物品的信息。此外，RFID系统可以通过读取的信息自动生成盘点报告，有利于及时发现和解决问题。不仅解决了传统盘点中烦琐的记录、清点工作，还自动提供报告，实现了物品盘点的自动化操作。

（4）网络物流跟踪

网络物流跟踪主要包括车载GPS终端信息接收、GPS卫星定位以及车载信息的采集，其中车载信息的采集通过GPRS通信上传到电子商务物流配送指挥调度中心。RFID

可以随时查询车载的货物信息，并自动核对，将结果上传给管理者，确保货物的安全。一旦发现运输过程中货物丢失或者被盗的情况，可进行紧急处理。控制电子商务物流配送的风险。

（5）RFID 物流退换货

物流的退换货是逆向物流的重要内容之一。RFID 物流的退换货可以直接联系附近的服务店，通过追踪商品的交易信息及流动信息过程，来确定是否符合商品的退换货标准，判断是否可以退换货。如果达到退货或者换货标准，就应该将信息及时反馈给物流中心。如果是退货，在线销售商需要收集退货商品，并进行回收和结算，同时退款，最后将商品运输到生产厂商。如果是换货，也需要计算货款差价，将退回的货物进行逆向配送并返回厂商，同时将更换的商品再次运输到物流中心，并配送给消费者。

7.5.4 电子数据交换技术及应用

1. 电子数据交换的含义

根据中国国家标准《物流术语》（GB/T 18354—2006）的规定，电子数据交换（Electronic Data Interchange，EDI）是指采用标准化的格式，利用计算机网络进行业务数据的传输和处理。EDI 是一种利用计算机进行商务处理的新方法，它将贸易、运输、保险、银行和海关等行业的信息，用一种国际公认的标准格式，使各有关部门、公司和企业通过计算机通信网络进行数据交换和处理，并完成以贸易为中心的全部业务过程。EDI 的使用可以完全取代传统的纸张文件的交换，又称"无纸贸易"或"电子贸易"。

2. EDI 系统组成

EDI 系统主要由数据标准化、EDI 软件和硬件、通信网络三个要素构成。一个部门或企业若要实现 EDI，首先必须有一套计算机数据处理系统；其次为使本企业内部数据比较容易地转化为 EDI 标准格式，须采用 EDI 标准。另外，通信环境的优劣也是 EDI 成败的重要因素之一。由于 EDI 是以事先商定的报文格式进行数据传输和数据交换的，因此，制定统一的 EDI 标准至关重要。

（1）数据标准化

我国根据国际标准体系（UN/EDIFACT 标准）和我国 EDI 应用的实践以及未来一段时期的可能发展情况，制定了 EDI 标准体系，以《EDI 系统标准化总体规范》（ZBBZH/DS）作为总体技术文件。

在这些标准中最首要的是实现单证标准化，包括单证格式标准化、所记载信息标准化以及信息描述的标准化。目前，我国已制定的单证标准有中华人民共和国进出口许可证、原产地证书、装箱单、装运声明。信息内容的标准化涉及单证上哪些内容是必需的，哪些内容不是必需的。EDI 系统如图 7-5 所示。

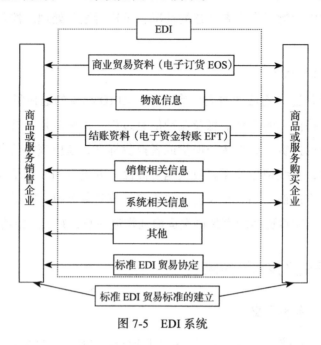

图 7-5　EDI 系统

（2）EDI 软件

EDI 软件包括格式转换软件、翻译软件和通信软件。

格式转换软件是为应用程序的需求设计的。格式转换软件大多数由公司内部开发，这是因为公司的业务不同导致单证格式的不同。格式软件可以把公司单证格式转换成平面文件，也可以将平面文件转换成公司单证格式。

翻译软件就是把平面文件翻译成 EDI 标准报文，或将接收到的 EDI 标准报文翻译成平面文件，再由通信软件进行传输。翻译软件有一张由标准数据词典及语法规则构成的表，翻译时根据表的结构执行翻译。翻译软件不能直接从数据库中读取数据来产生 EDI 单据，数据库中的信息必须先进行格式转换，才能被翻译处理。

通信软件是将 EDI 标准格式的文件外层加上通信信封，再送到 EDI 系统交换中心的邮箱，或由 EDI 系统交换中心取回接收到的文件。

（3）EDI 硬件

硬件主要包括计算机、调制解调器（Modem）等。由于使用 EDI 来进行电子数据交换需要通过通信网络，目前多采用电话网络进行通信，因此调制解调器是必备硬件设备。一般最常用的是电话线路，如果对传输时效及资料传输量有较高要求，可以考虑租用专线。

（4）通信网络

通信网络是实现 EDI 的手段。EDI 通信方式有多种，第一种方式是点对点，这种方式只有在贸易伙伴数量较少的情况下使用。但随着贸易伙伴数量的增多，当多家企业直接进行计算机通信时，会出现由于计算机厂家不同、通信协议相异以及工作时间不易配合等问题，造成相当大的困难。许多应用 EDI 的企业逐渐采用第三方网络与贸易伙伴进行通信，即增值网络（VAN）方式，可以大幅度降低相互传送资料的复杂度和困难度，提高 EDI 的效率。

3. 电子数据交换技术在跨境电商物流过程中的应用

跨境电商企业需要处理报关、退税、商检、订单等一系列交易问题，多涉及 EDI 技术的使用。现代物流中所有的电子数据交换主要是应用于单证的传递、货物送达的确认等，应用电子数据交换传输的单证种类有托单、运单、对账单、采购单、发票、到货通知单、交货确认单。EDI 接收从客户 EDI 系统传来的托单、合同等信息，从银行 EDI 系统送来的信用证信息，向海关发送报关单信息，向供应商 EDI 系统发送采购订单信息等，从而实现贸易伙伴之间的信息传输。

目前，系统中 EDI 标准仅限于区域范围内各个物流企业以及客户、供应商之间协商制定的标准。随着以后国家关于物流信息强制性标准的出台，系统只要将格式转化模块进行修改，就能够生成符合标准的 EDI 电子单证。

托单是客户委托物流公司进行运输的单证，包括目的地、收货人、时间、货物明细等信息。通常，客户是通过发送包含托单的邮件或传真来发送托单的。客户可以直接按 EDI 标准格式模板填写托单信息，然后将文件 E-mail 至公司，或者登录公司网站，直接填写托单即可。公司收到托单后，不需要重新进行输入，未处理托单会自动或手工导入系统。

业务单是客户部将托单经过初步处理后自动提交给业务部的单证。业务部对业务单进行业务调度形成运单，同样，运单自动提交给运作部，由运作部负责货品的出库和形成装运单，然后对自有车队或雇用车队进行车辆调度，包括车辆选择、路线选择和中途带货以及返程带货。当货物顺利到达收货人手中后，返回回单给业务部，财务部和客户进行财务核算，包括对账单进行对账，扣款单进行扣款，发票进行付款。以上各种单据在系统中均可以转换成 Excel 格式的问价，方便与客户交流。

7.5.5　地理信息系统及应用

1. 地理信息系统含义

根据中国国家标准《物流术语》（GB/T 18354—2006），地理信息系统（Geographical Information System，GIS）是指由计算机软硬件环境、地理空间数据、系统维护和使用人员四部分组成的空间信息系统，可对整个或部分地球表面（包括大气层）空间中有关地理分布数据进行采集、存储、管理、运算、分析、显示和描述。地理信息系统是20世纪60年代迅速发展起来的地理学研究新成果，是多种学科交叉的产物，它以地理空间数据为基础，采用地理模型分析方法，适时地提供多种空间和动态的地理信息，是一种为地理研究和地理决策服务的计算机技术系统。

GIS的基本功能是将表格型数据（无论它是来自数据库、电子表格文件还是直接在程序中输入）转换为地理图形显示，然后对显示结果进行浏览和分析。其显示范围可从洲际到非常详细的街区，显示对象包括人口、销售情况、运输线路以及其他内容。

2. GIS 组成

GIS主要由四部分组成：计算机硬件系统、软件系统、空间地理数据库、GIS系统维护及使用人员。GIS的基本组成如图7-6所示。

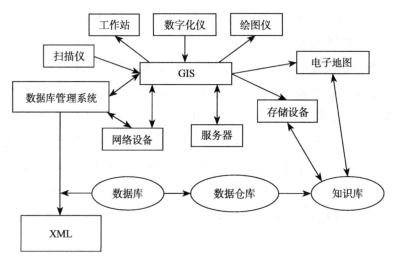

图7-6　GIS的基本组成

3. 地理信息系统在跨境电商物流中的应用

跨境电商离不开传统物流，GIS使传统物流企业在运作方式、技术、管理水平和经营理念上发生了根本性变化，使物流表现出许多新的特点，如信息化、自动化、网络化、智能化、柔性化。将GIS引入跨境电商的物流管理，符合GIS和电子商务的特点，也符合物流业的发展趋势。

GIS具有强大的数据管理功能，所存储的信息不仅包括以往的属性和特征，还具有了统一的地理定位系统，因此能将各种信息进行复合和分解，形成空间和时间上连续分布的综合信息，支持各种分析和决策。这是其他信息系统所不具备的优势之一。

（1）交通路线的选择

在跨境电商的物流管理中，涉及物质实体的空间转移，运输和仓储占成本的70%以上，因此交通运输方式及路线的选择直接影响物流成本的多少。这都属于空间信息的管理，正是 GIS 数据管理的强项。在基于 GIS 的物流分析中，对于网络中最优路径的选择首先要确定影响最优路径选择的因素，如经验时间、几何距离、道路质量、拥挤程度等，采用层次分析法，确定每条道路的权值。物流分析中的路径可以分为这样三种情况：①两个特定地点之间的最佳路径；②从一个地点到多个地点之间，车辆数量以及行驶路线选择；③网络中从多个地点运往多个地点的最优路径选择配对。

前两种情况可以采用经典的 Dijkstra 算法实现。对于第三种情况，可以采用运筹学的运输模型结合 Dijkstra 算法实现，也可以选用 Floyd 算法或是根据著名的旅行商问题的解法求解。在求得最优路径的基础上，再根据现有车辆运行情况确定车辆调配计划。

（2）机构设施地理位置的选择

对于供应商、配送中心、分销商和用户而言，需求和供给这两方面都存在着空间分布上的差异。此外，供应商和分销商的服务范围和销售市场范围具有一定的空间分布形式，因此物流设施的布局是电子商务下物流管理所必须面对的问题，其合理程度直接影响利润的多少。

机构设施地理位置的选择包括位置的评价和优化。评价是对现有设施的空间位置分布模式的评价，而优化是对最佳位置的搜索。地理位置的合理布局实质上就是在距离最小化和利润最大化两者之间寻求平衡点。现有的针对市场功能区域进行空间分析和模拟的模型很多，如 Batty 的裂点方程、Peily 的零售重力模型、Tobler 的价格场和作用风以及空间线性优化模型。

（3）车辆运输动态管理

全球定位系统是 20 世纪产生的一项高科技系统。在物流领域，全球定位系统能广泛地应用于各个环节，如用于汽车的定位、跟踪、调度，这样能极大地避免物流的延迟和错误运输的现象，货主可随时对货物进行全过程的跟踪和定位管理，还能掌握空中交通以及铁路运输中有关货物的动态信息，增强了供应链的透明度和控制能力，提高了整个物流系统的效益和客户服务的水平。GIS 能接收 GPS 数据，并将它们显示在电子地图上，这在很大程度上能帮助企业动态地进行物流管理。

7.5.6　全球定位系统及应用

1. 全球定位系统含义

根据中国国家标准《物流术语》（GB/T 18354—2006），全球定位系统（Global Positioning System，GPS）是指由美国建立和控制的一组卫星组成的、24 小时提供高精度的全球范围的定位和导航信息的系统。全球定位系统具有在海、陆、空进行全方位实时三维导航与定位能力。

美国于1973年11月开始研制，到1994年7月全部完成该系统，耗资300多亿美元。2000年5月1日，美国政府取消对GPS的保护政策，向全世界用户免费开放。

2. GPS系统的组成

GPS系统由三部分组成：空间星座部分、地面监控部分和用户设备部分。

（1）空间星座部分

GPS的空间部分由24颗工作卫星组成，它位于距地表20 200km的上空，均匀分布在6个轨道面上（每个轨道面4颗），轨道平面相对于赤道平面的倾角为55°，各轨道平面之间的夹角为60°。此外，还有3颗备用卫星在轨道运行。卫星的分布使得在全球任何地方、任何时间都可以观测到4颗以上的卫星，并能保持良好定位解算精度的集合图像，这就提供了在时间上连续的全球导航能力。

（2）地面监控部分

地面监控部分由1个主控站、5个全球监测站和3个地面控制站组成。监测站均配装有精密的铯钟和能够连续测量到所有可见卫星的接收机。监测站将取得的卫星观测数据，包括电离层和气象数据，经过初步处理后传送到主控站。主控站从各监测站收集跟踪数据，计算出卫星的轨道和铯钟参数，然后将结果送到3个地面控制站。地面控制站在每颗卫星运行至上空时，把这些导航数据及主控站指令注入卫星。这种注入对每颗GPS卫星每天进行一次，并在卫星离开注入站作用范围之前进行最后的注入。如果某地面站发生故障，那么在卫星中预存的导航信息还可用一段时间，但导航精度会逐渐降低。

（3）用户设备部分

用户设备部分即GPS信号接收机，其主要功能是能够捕获到按一定卫星截止高度角所选择的待测卫星，并跟踪这些卫星的运行。当接收机捕获到跟踪的卫星信号后，即可测量出接收天线至卫星的伪距离和距离的变化率，解调出卫星轨道参数等数据。根据这些数据，接收机中的微处理计算机就可按定位解算方法进行定位计算，计算出用户所在地理位置的经纬度、高度、速度、时间等信息。

3. GPS在跨境电商物流领域的应用

GPS在跨境电商物流领域可应用于汽车自定位、跟踪调度以及铁路、船舶运输等方面的管理。

（1）在汽车自定位、跟踪调度方面的应用

利用GPS的计算机管理信息系统，可以通过GPS和计算机网络实时收集全部汽车所运货物的动态信息，可实现对汽车、货物的追踪管理，并及时进行汽车的调度管理。据丰田汽车公司的统计和预测，日本公司在利用全球定位系统开发车载导航系统，日本车载导航系统的市场在1995～2000年平均每年增长35%以上，全世界在车辆导航上的投资将平均每年增长 60.8%。因此，车辆导航成为未来全球定位系统应用的主要领域之一。

（2）在铁路、船舶运输方面的管理

随着"一带一路"倡议的提出，中国与沿线国家的经济贸易量将会大幅增长，而对于商品的可视化管理将成为消费者和供应商的关注重点。利用 GPS 的计算机管理信息系统，可以通过 GPS 和计算机网络实时收集全航线的列车、船只、车辆、集装箱及所运货物的动态信息，实现对各类运输工具和货物的追踪管理。只要知道某货车的种类、型号，就可以从互联网上运行着的几十万辆货车中找到该货车，还能得知这辆货车现在何处运行或停在何处，以及所有的车载货物信息。全球定位系统可大大提高路网能力及运营的透明度，为货主和消费者提供更高质量的服务。

本章要点

- 跨境物流指在两个或两个以上国家之间进行的物流服务。
- 跨境物流分为输出国物流、国际货运与输入国物流与配送。
- 跨境物流特征表现为物流环节多、参与主体杂、物流周期久、物流风险高。
- 跨境物流除了传统的国际邮政包裹和国际快递外，还有海外仓、边境仓、国际物流专线、保税区或自贸区物流、集货物流、第三方物流和第四方物流。
- 跨境电子商务海关环节包括跨境电子商务出口海关与跨境电子商务目的国进口海关两类。
- 进出口商品检验检疫工作程序是指出入境货物、运输工具、集装箱、人员及其携带物，从报检 / 申报、抽样 / 制样、检验检疫、卫生除害处理、计 / 收费到签证与放行的全过程。
- 许多先进技术被应用到跨境电子商务的物流追踪中，如射频识别（RFID）、电子数据交换（EDI）、地理信息系统（GIS）、全球定位系统（GPS）等。

重要术语

跨境物流　　　　海外仓　　　　边境仓　　　　集货物流

复习思考题

1. 试论述跨境物流的基本特征。
2. 试分析跨境物流的运作流程。
3. 试论述都有哪些跨境物流模式。
4. 比较分析不同的跨境物流模式。
5. 试论述海外仓与边境仓的异同。

6.举例简述跨境物流企业的类型。

7.简述跨境电商出口通关流程。

8.简述进出口商品检验检疫一般程序。

9.简要介绍常用的几种跨境电商物流追踪技术。

讨论案例

解读亚马逊物流

在亚马逊平台运营过程中，物流占据很大一部分，是相当重要的一个环节。对于亚马逊中国卖家而言，选择一个性价比较高的物流，成为当前痛点之一。卖家在亚马逊做物流时，不仅要考虑清关、通关、运输方式、运输时间等，还需要考虑单件商品的运费、送货速度、破损率、丢包率等问题。如没有选择好适合的物流方式，不仅无法节约物流成本，还可能遭到买家的差评，导致页面的曝光、排名、转化率等急速下降。

当前，亚马逊物流配送常采用的方式有三种，分别是亚马逊物流（Fulfillment by Amazon，FBA）、第三方海外仓和自发货。

1. FBA

很多卖家会优先选择 FBA 发货。不仅因为 FBA 发货速度快，客户较为信任，更主要的是 FBA 能提升页面排名，尤其碰到买家因物流原因给的差评，亚马逊会帮忙删除。当然，FBA 的缺点是整体费用偏高，操作烦琐，需要卖家清关。这样会导致买家退货率上升，增加压货成本。如果卖家选择美国 FBA，退货地址就只支持美国。

2. 第三方海外仓

与 FBA 相比，第三方海外仓费用较低，能够有效缩短物流时长，对开拓当地市场非常有效。但是第三方海外仓的库存压力较大，有积压风险。当前的第三方海外仓的运作水平参差不齐。

3. 自发货

自发货具有操作灵活性较高、仓储费用较低等优点，还可以减少压货成本。但是页面的曝光和排名没有 FBA 多。买家比较容易因为物流遭受差评。自发货没有 Prime 标志，也就难以引起 Prime 会员的关注。

所有卖家都非常重视亚马逊的销售旺季，旺季的销售额在全年总额中的占比相当高。当订单接踵而至时，物流会出现高峰，此时最容易出现问题。以下几个问题亚马逊卖家几乎都遇到过。

（1）清关迟滞：部分国家对货物的审查较严格，查验率也会比较高。

（2）包裹配送延误：在旺季包裹数量较大，物流渠道也就很容易爆仓，运送延误现象较常见。

（3）出现丢包、掉包、送错货的情况。

资料来源：根据雨果网资讯改编。原始出处：老猫玩跨境.亚马逊物流有哪些？亚马逊旺季三个常见的物流问题[EB/OL].(2019-09-24)[2019-12-15]. https://www.cifnews.com/article/51101.

讨论题

1.亚马逊使用的跨境物流都涉及哪些方式？

2.如何解决物流高峰时出现的问题？

第8章
跨境电子商务仓储与配送管理

学习目标

完成本章后，你将能够：

- 掌握跨境电子商务仓储的概念、内容与功能。
- 了解跨境电子商务仓储的作业流程。
- 了解跨境电子商务配送的内涵。
- 了解跨境电子商务配送的特征及作用。
- 掌握跨境电子商务配送业务流程。

开篇案例　　　　　　亚马逊拟推出低价仓储服务

亚马逊计划调整其庞大的配送网络，目的在于确保旺季时订单能够准时送达客户。近期，亚马逊正测试一项新的库存存储服务项目，以满足假日购物需求隔日达的运输承诺，同时又不会造成仓库过度拥挤或商品缺货。新项目名为"亚马逊仓储与补货"（Amazon Storage and Subfication），卖家通过该项目能够在更接近亚马逊配送业务的地方建立低价库存，从而可以快速补货。

在购物旺季，亚马逊面临巨大的配送压力。虽然亚马逊通过与在其平台出售产品的第三方卖家共享仓库资源，但这提高了旺季的仓储成本。为了控制成本，亚马逊会阻止合作伙伴备货太多，但这又可能带来缺货的风险。亚马逊的合作伙伴还需要花费较多资金以存放不销售的产品，这样合作伙伴会感到不满。这项新服务希望解决这两个问题，即清理昂贵的设备与在附近设置备用库存。

这项服务是亚马逊为扩大供应链范围，以控制从工厂生产到配送至客户家中的物流体系的最新举措。亚马逊邀请了使用亚马逊 FBA 的卖家 2019 年尝试该计划。目前，该服务不包含鞋子、服装、易腐烂物品和危险物品。

亚马逊推动隔日达项目的成本超出其预期，这已经不符合习惯亚马逊提供更大利润的投资者预期。低价的仓储测试是亚马逊在继续投资隔日达项目的同时充分利用其现有设施的一种方式。

资料来源：根据三头六臂跨境电商联盟咨询整理。原始出处：三头六臂跨境电商联盟. 亚马逊测试低价仓储服务，攻克旺季物流壁垒 [EB/OL].(2019-12-04)[2019-12-15]. https://www.cifnews.com/article/56079.

讨论题

1. 亚马逊为何要推出这种新的库存存储服务?
2. 试分析仓储服务在跨境电子商务交易中的角色与作用。

8.1   跨境电子商务仓储管理

8.1.1   跨境电子商务仓储的基本概念

1. 跨境电子商务仓储的概念

对于仓储概念的认识,分别先从"仓"和"储"来分析。"仓"也称为仓库,是存放物品的建筑物和场地,如房屋建筑、大型容器、洞穴或特定的场地等,具有存放和保护物品的功能。"储"表示收存以备使用,具有收存、保管、储藏和交付使用的含义。综合"仓"和"储"的含义,"仓储"可理解为利用仓库存放、储存不需要即时使用的物品的行为。

国家质量监督局发布的中国国家标准《物流术语》(GB 18354—2006)对"仓储"的解释是这样的:仓储指的是物品在使用之前的保管,它是物品到达客户之前,介于供应和消费的中间环节。仓储是物流系统的一部分,其主要功能是在产地、消费地或两者之间储存物品(原材料、零部件、在制品、产成品等),并向管理者提供有关储存物品的状态、条件和处理情况等方面的信息。

仓储管理是指将物品存入仓库并对存放于仓库的物品进行保管、控制等管理活动,也就是对物品的入库、保管和出库等业务活动所进行的计划、组织、指挥、监督和调节工作。通过仓储管理,按照一定的程序在空间和时间上对仓储各项业务活动进行安排和组织,使整个仓储过程有条不紊地连续进行。仓储管理的目的是实现仓储合理化,即用最经济的方法实现仓储功能,其实质是在保证仓储功能实现的前提下,系统付出最少的投入。

与仓储的概念相对应,仓储管理运用现代化的管理技术与方法服务于整个仓储活动,其具体管理内容可分为经济属性和技术属性两个层面。仓储活动通常发生在仓库等特定的场所,仓储的对象既可以是生产资料,也可以是生活资料,但必须是实物。静态的物品储存通常指仓储;与仓储相关的动态的物品存取、保管、控制等过程,通常指仓储管理。

跨境电子商务仓储是指利用信息管理技术实现跨境电商业务所需商品的仓储功能,主要包括商品的储存、拣选、再包装、分拨等环节,还包括商品送达消费者之前的相应环节。

2. 跨境电子商务仓储管理的内容

具体而言,跨境电子商务仓储管理包括以下几个方面的内容。

（1）仓库的选址与建筑作业。包括现代仓库的选址原则、仓库建筑面积的确定、库内运输道路与作业的布置等。

（2）仓库设施和设备的选择与配置。根据各类仓库作业的特点和储存物的物流化特性，选择适当的仓库设施和设备，并进行相关管理。

（3）采购管理。根据需求情况和库存物品的数量，运用合理的方法确定需要采购进库的物品的种类和数量等。

（4）库存控制。根据企业和市场需求状况，采用合理的采购方式，储存适当数量的物品。

（5）仓库的业务管理。组织管理物品入库验收、库位布局、在库保管、出库检查等业务工作。

从决策的角度来分析，仓储管理通常进行以下决策。

（1）仓库的产权决策。采用自营仓储还是公共仓储。

（2）集中仓储或分散仓储决策。这一决策实质上是决定企业需要有多少家仓库进行运作。

（3）仓库的大小及选址决策。与仓库数量和集中仓储或分散仓储决策密切相关的另外两个仓储决策，即仓库大小及选址的决策。

（4）仓库布局决策。公司还必须决定仓库内部的布局，换句话说，必须决定仓库内部过道、货架、设备及其他所有占据空间的设施布局。

（5）存货种类和数量决策。在不同的仓库中储存货物的种类与数量。

3. 跨境电子商务仓储的功能

自人类社会生产有了剩余之后，就产生了仓储活动。随着技术的进步和社会生产力的提高，社会化大生产方式逐步出现，产品空前丰富，人民生活水平逐步提高。社会生产和人民生活对仓储的需求无论从数量上还是从质量上均有了较大提高，仓储的功能也因此有了较大扩展，具体有以下五种。

（1）储存和保管

储存和保管是仓储最基本的功能。由于储存和保管的需要，仓储得以产生和进一步发展，而且必须拥有必要的空间用于容纳物品。库容量是仓储的基本参数之一。保管过程中应保证物品不丢失、不损坏、不变质，并且需要有完善的保管制度、合理的装卸搬运设备和正确的操作方法，确保物品在装卸搬运过程中不会被损坏。

（2）调节供需、创造时间价值

从生产资料的角度来分析，生产和消费的连续性规律因产品不同而有较大的差别，生产节奏和消费节奏也不可能完全一致。从生活资料的角度来分析，居民消费水平的提高使得对生活品需求的季节性规律逐步减弱，这样许多食品生产的季节性就必须通过仓储来调节。

仓储在物流系统中起着缓冲、调节和平衡的作用,与运输共同构成物流的中心环节。与运输相对应,仓储是以改变"物"的时间状态为目的的活动,通过克服产需之间的时间差以获得更好的效用。物品在进入生产领域之前、生产领域过程中、从生产领域进入流通领域之前,或在流通领域过程中,均可能需要停留一定时间,这就形成了仓储。仓储对于社会再生产具有重要作用。

（3）调节运输能力

各种运输工具的运量运力相差较大,水路运输、铁路运输、公路运输、航空运输和管道运输五种运输方式有着自己的特色和要求,各运输方式之间或运输方式内部的转运,都可能产生与运输能力不匹配的情况,这种运力的差异等都要通过仓储（仓库或货场等）来调节和衔接。

（4）降低物流成本

科学合理的仓储决策和仓储管理,可以有效地降低整体仓储成本和物流成本,从而实现企业或社会仓储体系的合理化。

（5）配送和流通加工

现代仓储除了以保管和储存为主要功能外,还向着流通加工和配送的方向发展,现代仓储逐步演化成为集流通加工和配送于一体的多功能的物流配送中心。现代仓储不仅具备了储存保管货物设施的功能,也增加了分拣、配送、包装、流通加工、信息处理等功能。这既扩大了仓储的功能范围,也提高了物品的综合利用率,同时促进了物流合理化,方便了客户,提高了服务质量。

新闻摘录

自动化仓储在跨境电子商务领域的应用

人工智能、无人零售、无人驾驶,这些高技术或概念逐渐进入跨境电子商务行业。仓库的自动化、智能化便是当下最为热门的一个方向。中国仓储自动化的标杆企业鲸仓科技的CMO廖恒逸曾言,未来10年将是物流行业大清洗的10年,如果缺少自己的核心技术,就难以存活。电商企业营销的核心是要将运营和数据做好,那后端的供应该如何处理?显然需要专业的机构,专业化分工来操作,这正契合仓储的专业化趋势。

当前仓储端在整个中国物流GDP中占15%,可见中国物流的效率很低,但成本非常高。市场发展很快,在这个行业只有拥有属于自己的核心技术,拥有接地气、为市场所接受的服务,才能够存活下来。

资料来源：根据雨果网资讯改编。原始出处：雨果网.人工智能在跨境电商领域是什么样的存在? 自动化仓储第一个吃螃蟹 [EB/OL].(2018-01-18)[2019-12-15]. https://www.cifnews.com/article/32306.

提问

自动化仓储会为跨境电子商务交易带来哪些影响?

8.1.2　跨境电子商务仓储作业流程

跨境电子商务仓储作业流程是指货物从入库开始到出库过程中必须经过的、按一定顺序相互连接的作业环节。按其作业顺序，主要经过货物接运、卸车、理货、检验、入库、储存、保管保养、装卸搬运、分拣、包装及发运等环节。每个环节之间并不是孤立的，它们既相互联系，又相互制约。后一作业环节的开始依赖于前一作业环节的顺利完成，前一作业环节的完成效果也直接影响后一作业环节能否顺利完成。由于在仓储作业过程中，各环节内部存在着联系，并且需要耗费一定的人力、物力，而且仓储成本在物流成本当中占很大比重，因此必须对仓储各个作业流程进行深入细致的分析和合理的组织。

对于不同的货物，由于其特性不同，仓储作业流程所包含的作业环节、各环节的作业内容以及它们之间的联系顺序可能不尽相同。因此，在组织仓储作业时，应当对具体的作业流程进行分析，目的是尽可能减少作业环节，缩短货物的搬运距离及作业时间，提高入库、出库效率，降低仓储成本。

具体来说，仓储作业流程主要分为三个部分：入库作业管理、在库作业管理和出库作业管理，如图 8-1 所示。

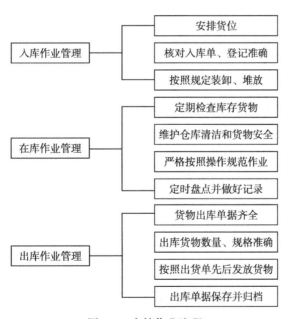

图 8-1　仓储作业流程

1. 入库作业管理

入库作业管理是仓储管理的重要环节，做好货物入库的工作是仓储管理的前提。同时，入库作业水平的高低直接影响整个仓储作业的效率和效益。入库作业流程包括入库前准备、货物接运和货物验收与入库。

（1）入库前准备

货物入库前的准备工作主要是根据采购计划和订货合同的规定，对即将入库的商品、货物安排储位，并且组织相关人力、物力完成入库作业。其主要目的是保证货物能按时入库以及入库工作的顺利进行。入库的准备工作包括九个方面的内容，分别是熟悉入库货物、掌握仓库情况、制订仓储计划、妥善安排货位、合理组织人力、准备毡垫材料及作业用具、货物验收准备、装卸搬运工艺设定、文件单证准备。

（2）货物接运

做好货物接运工作，一方面可以防止把运输过程中或运输之前就已经损坏的货物带入仓库，减少或避免经济损失；另一方面为货物验收及后期保管创造良好的条件。货物接运的主要工作是及时而准确地从交通运输部门提取入库货物，要求手续清楚、责任分明，为仓库验收工作创造有利条件。货物的接运方式主要有车站、码头提货，专线接车，仓库自行接货及库内接货。

（3）货物验收与入库

货物验收是指货物在正式进入仓库前，严格按照一定程序和手续对所接运的货物进行必要的检查，包括货物数量、外观质量等是否符合订货合同的规定。

①货物验收要求。货物验收工作是一项技术要求高、组织严密的工作，关系到整个仓储作业能否顺利进行，因此必须做到及时、准确、严格、经济。

②货物验收程序。

- 验收准备。首先，仓库接到到货通知后，根据货物的特性和数量安排好验收人员，包括专业技术人员和装卸搬运人员；其次需要收集并且熟悉待检货物的有关标准和合同；再次准备好必要的检验工具；最后调用必要的装卸搬运机械配合验收。
- 凭证核对。这些凭证包括入库验收单、订货合同副本、物品的质量证明、装箱单、发货单、运输单等。
- 实物检验。实物检验是验收工作的核心。仓库一般负责货物外观质量和数量的验收。对于有些入库物资需要进行内在质量和性能检验的，仓库应积极配合检验部门完成验收工作。

③实物验收。实物验收是指检验货物的包装、数量及外观质量是否与入库单据相符，即复核货物数量是否与入库凭证相符、货物质量是否符合要求、货物包装是否能保证货物在储存和运输过程中的安全。货物检验方式有包装检验、数量检验、质量检验及抽样检验。

④入库交接。货物经数量和质量检验合格后，由管理人员安排卸货、入库堆码，同时办理交接手续，接收货物和相关文件，并签署有关单据，划清运输部门和仓库的责任，并由仓库有关人员进行货物的登账、立卡、建档，以圆满完成入库交接工作。

2. 在库作业管理

货物的在库作业管理也是仓储作业管理的重要环节，是降低仓储成本的关键环节之一。在库作业管理包括在库货物养护和保管、盘点作业、订单处理作业、拣货作业。其中，盘点作业是在库作业管理的重要内容，是指为了有效地控制货物数量，而对各储存场所进行数量清点的作业。

①盘点作业的目的。盘点作业的目的是查清实际库存数量，并通过盈亏调整使库存账面数量与实际库存数量一致；帮助企业计算资产损益；通过盘点发现仓储中存在的问题。

②盘点作业的内容。

- 查数量。通过点数计数查明在库货物的实际数量，核对库存账面资料与实际库存数量是否一致。
- 查质量。检查在库货物的品质有无发生变化，有无超过有效期或者保质期，有无长期积压现象，必要时还必须对其进行技术检验。
- 查保管条件。检查保管条件是否与各种货物的保管要求相符合，如货物堆码是否稳固，库内温度及湿度是否符合要求等。
- 查安全。检查各种安全措施和消防器材、设备是否符合安全要求。

③盘点作业流程。盘点作业的流程通常是制订盘点计划、盘点前准备、确定盘点时间、确定盘点方法、盘点人员的组织与培训、清理盘点现场、盘点、查清盘点存在差异的原因和盘点结果的处理。

④盘点方法。盘点方法主要有账面盘点法和实地盘点。

3. 出库作业管理

仓库的出库作业管理是指根据出库凭证，将货物发放给需求部门所进行的各项活动。货物的出库业务也称为发货业务，是根据企业的业务部门或货主开具的出库凭证，进行拣货、分货、包装，直到把货物交给运输部门或货主的一系列作业过程。

货物的出库必须遵循"先进先出"原则，使仓储活动管理高效有序。无论用哪一种出库方式，都应按照以下程序做好管理工作。

（1）订单审核。货物出库的凭证，无论是领料单、发料单还是出库单，都应该由相关业务部门签字或者盖章。仓库在接到订单或者出库单时，应核对单据的内容，如证件上的印鉴是否齐全，有无涂改。在审核无误后，再按照出库单证上所列货物的名称、规格、数量等与仓库账面做全面核对，确认无误后再进行出库信息处理和拣货作业。

（2）出库信息处理。完成出库单据审核与录入后，对货物的出库信息进行处理，包括货物先进先出的安排、存货量的检验等工作。

（3）拣货。根据客户的订货要求或者仓库的出库计划，尽可能迅速、准确地将货物分拣出来。拣货分为人工拣货和自动拣货。

①人工拣货。所有的作业过程都由人工根据拣货单据或其他拣货信息进行拣选货物。拣货作业完成后，工人将各客户订购的货物放入已标记好的各区域容器，等待出货。

②自动拣货。这种拣货方式利用自动分拣机进行拣货。自动分拣机是利用计算机和识别系统来完成对货物的分类。这种方式不仅快速省力，而且准确，尤其适用于多品种并且业务繁忙的流通型仓库或配送中心。

（4）发货检查。发货检查时要根据客户信息和车次对拣选的货物进行商品编码的核实，以及根据有关信息对货物质量和数量进行核对，并对货物状态及质量进行检查。出货检查是保证单据、货物相符，避免错误，提高服务质量的关键，是进一步确认拣货作业是否有误的处理工作，因此必须认真查对，防止出错。

（5）装车。按照送货路线安排、时间安排和装车图，将完成分拣的货物搬运到车上的过程。

（6）发货信息处理。得到客户确认的出库单、送货单后，将完成的出库信息输入系统中。出库单据是向客户收款的依据，及时更新货物的在库信息也是确保库存信息是否准确无误的基础。

8.2 跨境电子商务配送概述

8.2.1 跨境电子商务配送的内涵

国家质量监督局发布的中国国家标准《物流术语》（GB 18354—2006）对"配送"的解释是这样的：在经济合理区域范围内，根据客户要求，对物品进行拣选、加工、包装、分割、组配等作业，并按时送达指定地点的物流活动。

跨境电子商务物流配送是指通过电子商务平台达成交易、进行支付结算，按照境内外消费者的要求，把配好的货物在规定的时间、规定的地点，安全、准确地送达收货人，完成跨境电商交易的一种国际商业物流活动。跨境电子商务物流配送一般简称为**跨境电子商务配送**，是跨境电子商务物流中的一种特殊的、综合的活动形式，它把商流和物流紧密结合，是包含了物流若干功能要素的一种物流形式。这种新型的物流配送模式带来了流通领域的巨大变革，越来越多的企业开始积极地搭乘跨境电子商务的快车，采用跨境电子商务物流配送模式。

1. 从经济学资源配置的角度认识配送

根据配送在社会再生产过程中的位置以及配送的本质，可以把配送描述为以现代送货形式来实现资源最终配置的经济活动。这个概念概括了四点内涵。

第一，配送是资源配置的一部分，因而是经济体制的一种形式。

第二，配送是"最终资源配置"，是接近顾客的位置。

在经营战略中，接近顾客是至关重要的内容。美国兰德公司对《财富》500 强的一项调查表明，"经营战略和接近顾客至关重要"，证明了这种配置方式的重要性。

第三，配送的主要经济活动是现代送货。

配送是以现代生产力、劳动手段为支撑，依靠科技手段实现"配"和"送"有机结合的一种方式。因此，它不同于与传统意义上的简单送货。

第四，在社会再生产过程中，配送处于接近用户的那一段流通领域。

可以说，配送是一种重要的方式，有其战略价值，但是由于其局限性，并不能解决流通领域中的所有问题。

2. 从配送的实施形态角度理解配送的概念

从配送最终实现的环节来看，可以把配送描述为按用户的订货要求，在配送中心或其他物流节点进行货物配备，并以最合理方式送交用户的过程。

这个概念的内涵包括以下五点。

第一，整个概念描述了接近用户资源配置的全过程。

第二，配送区别于一般送货。

配送的实质是从物流节点至用户的一种特殊送货形式，它区别于一般送货，是一种"中转"形式。

一般送货可以是一种偶然的行为，而配送却是一种固定的形态，甚至是一种有确定组织、确定渠道，有一套装备和管理力量、技术力量，有一套制度的体制形式。所以，配送是高水平的送货形式，即前面提到的现代送货。

从送货功能看，其特殊性表现在：从事送货的不是生产企业，而是专职流通企业；一般送货尤其从工厂至用户的送货往往是直达型的，而配送是"中转"型送货；一般送货是生产什么送什么，配送则是根据企业的需要送货。所以，要做到按需送货，就必须在一定中转环节筹集这种需要，因此配送必然以中转形式出现。当然，广义上，许多人也将非中转型送货纳入配送范围，将配送外延从中转扩大到非中转，仅以"送"为标志来划分配送外延，也有其一定的道理。

第三，配送是"配"和"送"有机结合的形式。

在运送货物过程中，如果不进行分拣、配货，有一件运一件，需要一点送一点，就会大大增加运力的消耗，使送货并不优于取货。而配送是利用有效的分拣、配货等理货工作，使送货达到一定的规模，并利用规模优势取得较低的送货成本。所以，追求整个配送的优势，分拣、配货等项工作是必不可少的。

第四，配送以用户要求为出发点。

配送的定义中强调了"按用户的订货要求"，这明确了用户的主导地位。配送是从用户利益出发，按用户要求进行的一种活动，因此，在观念上必须明确配送企业的地位是服务地位不是主导地位，因此应从用户利益出发，在满足用户利益基础上取得本企业的利益，即做到"用户第一""质量第一"。更重要的是，不能利用配送损伤或控制用户，更加不能利用配送作为部门分割、行业分割、割据市场的手段。

第五，定义中提出"以最合理方式"，目的是避免过分强调"按用户要求"。

因为用户要求受用户本身的局限，有时会在实际中损害自我或双方的利益。因此，对于配送者来说，必须以"要求"为依据，但不能盲目，应该追求合理性，进而指导用户，实现共同受益。

8.2.2　配送基本环节

配送作业是按照用户的要求，将货物分拣出来，按时按量发送到指定地点的过程。配送作业是配送中心运作的核心内容，因而配送作业流程的合理性，以及配送作业效率的高低都会直接影响整个物流系统的正常运行。从总体上看，配送是由备货、理货和送货三个环节组成的，其中每个环节又包含着若干项具体的、枝节性的活动。

1. 备货

备货是指准备货物的系列活动。它是配送的基本环节。严格来说，备货应当包括两项具体活动：筹集货物和储存货物。

一是筹集货物。在不同的经济体制下，筹集货物（或者说组织货源）是由不同的行为主体去完成的。若生产企业直接进行配送，那么，筹集货物的工作则会出现两种情况：其一，由提供配送服务的配送企业直接承担，一般是通过向生产企业订货或购货完成此项工作；其二，选择商流、物流分开的模式进行配送，订货、购货等筹集货物通常是由货主（如生产企业）自己去做，配送组织只负责进货和集货等工作，货物所有权属于事主（接受配送服务的需求者）。然而，不管具体做法怎样不同，就总体活动而言，筹集货物都是由订货（或购货）、进货、集货及相关的验货、结算等一系列活动组成的。

二是储存货物。储存货物是购货、进货活动的延续。在配送活动中，货物储存有两种表现形态：一种是暂存形态；另一种是储备（包括保险储备和周转储备）形态。

暂存形态的储存是按照分拣、配货工序要求，在理货场地储存少量货物。这种形态的货物储存是为了适应"日配""即时配送"需要而设置的，其数量多少对下一个环节的工作方便与否会产生很大的影响，但不会影响储存活动的总体效益。

储备形态的货物是按照一定时期配送活动的要求和根据货源的到货情况（到货周期）

有计划地确定的,它是配送持续运作的资源保证。不管是哪一种形态的储备,相对来说,数量都比较多。据此,货物储备合理与否,会直接影响配送的整体效益。

以上所述的备货是决定配送成败与否、规模大小的最基础的环节。同时,它也是决定配送效益高低的关键环节。如果备货不及时或不合理,成本高,则会大大降低配送的整体效益。

2. 理货

理货是配送的一项重要的内容,也是区别于一般送货的重要标志。理货包括货物分拣、配货和包装等活动。货物分拣采用适当的方式和手段,从储存的货物中分出(或拣选)用户所需要的货物。分拣货物一般采用两种方式来操作:其一是摘取式;其二是播种式。

摘取式分拣就像在果园里摘果子那样去拣货物。具体做法是:作业人员拉着集货箱(或分箱)在排列整齐的仓库货架间巡回走动,按照配送单上所列的品种、规格、数量等拣出客户所需的货物并装入集货箱。在一般情况下,每次拣选只为一个客户装配;在特殊情况下,也可以为两个以上的客户装配。目前,库房大都装配了自动化分拣设施等,大大提高了分拣作业的劳动效率。

播种式分拣货物类似田野中的播种操作。其具体做法是:将数量多的同种货物集中运送到发货场,然后根据每个货位货物的发送量分别取出货物,并分别投放到每个代表用户的货位上,直到配货完毕。为了完好无损地运送货物和便于识别装备好的货物,有些已经经过分拣、装配好的货物还须重新包装,并且要在包装上贴上标签,记载货物的品种、数量、收货人的姓名、地址及运抵时间等。

3. 送货

送货是配送中心的核心,也是备货和理货工序的延伸。在物流活动中,送货的形态实际上就是货物的运输(或运送),因此,常常以运输代表送货。但是,组成配送活动的运输(有人称为"配送运输")与通常所讲的"干线运输"是有很大区别的。由于配送中的送货(或运输)需要面对众多的客户,并且要多方向运动,因此,在送货过程中,常常在进行全面计划的基础上,制定科学的、距离较短的货运路线,选择就近、迅速、安全的运输方式作为主要的运输工具。

4. 流通加工

在配送过程中,根据用户要求或配送对象(产品)的特点,有时需要在未配货之前先对货物进行加工(如钢材剪切、木材截锯等),以求提高配送质量,更好地满足用户需要。融合在配送中的货物加工是流通加工的一种特殊形式,其主要目的是使配送的货物完全适应用户需要和提高资源的利用率。

8.2.3 配送与运输的关系

中国国家标准《物流术语》（GB 18354——2006）对运输的定义是："用设备和工具，将物品从一地点向另一地点运送的物流活动。其中包括集货、分配、搬运、中转、装入、卸下、分散等一系列操作。"

配送与运输都是线路活动。物流活动根据物品是否产生位置移动可分为两大类，即线路活动和节点活动，产生位置移动的物流活动称为线路活动，否则为节点活动。节点活动在一个组织内部的场所中进行，不以创造空间效用为目的，主要是创造时间效用或形质效用，如在工厂内、仓库内、物流中心或配送中心内进行的装卸、搬运、包装、存储、流通加工等，都是节点活动。两者区别如表 8-1 所示。

表 8-1 配送与运输的区别

内容	运输	配送
活动范围	大范围进行的，如国家之间、地区之间、城市之间等	一般局限在一个地区或一个城市范围之内
运输性质	干线运输	支线运输、区域内运输、末端运输
货物性质	少品种、大批量	多品种、小批量
运输工具	使用的是大型货车或铁路运输、水路运输等的大吨位运输工具	所使用的是小型货车，一般不超过 2 吨的载重量
管理重点	以效率优先	以服务优先
附属功能	只有装卸和捆包	较多，主要包括装卸、保管、包装、分拣、流通加工、订单处理等

配送与运输虽然都属于线路活动，但由于功能上的差异使它们并不能相互替代，而是形成了相互依存、互为补充的关系。仅有运输或仅有配送是不可能达到上述要求的，因为根据运输的规模原理和距离原理，大批量、远距离的运输才是合理的，但不能满足分散消费的要求；配送虽然具有小批量、多批次的特点，但不适合远距离输送。因此必须由两者互相配合，取长补短，方能达到理想的效果。一般来说，在运输和配送同时存在的物流系统中，运输处在配送的前面，先通过运输实现物品长距离的位置转移，然后交由配送来完成短距离的输送。

8.2.4 跨境电子商务配送的特征

1. 配送的特征

配送的概念既不同于运输，也不同于旧式送货，而有着物流大系统所赋予的特点。从美国及日本等较早开展配送业务的国家看，配送有以下几个特点。

第一，配送是从物流据点至用户的一种特殊送货形式。

配送在整个输送过程中处于"二次运输""支线运输""终端运输"的位置，是"中转"型送货，其起止点是物流据点至用户，通常是短距离、小批量货物的移动。

第二，从事送货的是专职流通企业（配送），用户（企业）需要什么配送什么，而不是生产企业（送货）生产什么送什么。

第三，配送不是单纯的运输或输送，而是运输与其他活动共同构成的组合体。配送要组织物资订货、签约、进货、分拣、包装、配装等，及时对物资进行分配、供应处理。

第四，配送是以供应者送货到户式的服务性供应。从服务方式来讲，是一种"门到门"的服务，可以将货物从物流据点一直送到用户的仓库、营业所、车间乃至生产线的起点或个体消费者手中。

第五，配送是在全面配货的基础上，完全按用户要求，包括种类、品种搭配、数量、时间等方面的要求所进行的运送。因此，除了各种"运"与"送"的活动外，还要从事大量分货、配货、配装等工作，是"配"和"送"的有机结合形式。

2. 电子商务配送的特征

电子商务配送是指物流配送企业采用网络化的计算机技术和现代化的硬件设备、软件系统及先进的管理手段，针对客户的需求，根据用户的订货要求，进行一系列分类、编码、整理、配货等理货工作，按照约定的时间和地点将确定数量和规格要求的商品传递到用户的活动及过程。这种新型的物流配送模式带来了流通领域的巨大变革，越来越多的企业开始积极搭乘电子商务快车，采用电子商务配送模式。

与传统的物流配送相比，电子商务配送具有以下特征。

（1）虚拟性

电子商务配送的虚拟性来自网络的虚拟性，通过借助现代计算机技术，配送活动已由过去的实体空间拓展到虚拟网络空间，实体作业节点能以虚拟信息节点的形式表现出来；实体配送活动的各项职能和功能可在计算机上进行仿真模拟，通过虚拟配送，找到实体配送中存在的不合理现象，从而进行组合优化，最终实现实体配送过程效率最高、费用最少、距离最短、时间最少的目标。

（2）实时性

虚拟性的特性不仅有助于辅助决策，让决策者获得更高的决策信息支持，还可以实现对配送过程的实时管理。配送要素数字化、代码化之后，突破了时空制约，配送业务运营商与客户均可通过共享信息平台获取相应配送信息，从而最大限度地减少各方之间的信息不对称，有效地缩小配送活动过程中的运作不确定性与环节间的衔接不确定性，打破以往配送途中的"失控"状态，做到全程的"监控配送"。

（3）个性化

个性化配送是电子商务配送的重要特性之一。作为"末端运输"的配送服务，所面对的市场需求是"多品种、少批量、多批次、短周期"的，小规模的频繁配送将导致配送企业的成本增加，这就必须寻求新的利润增长点，而个性化配送正是这样一个开采不尽的"利润源泉"。电子商务配送的个性化体现为"配"的个性化和"送"的个性化。"配"的个性化主要指通过配送企业在流通节点（配送中心）根据客户的指令对配送对象进行个性化流通加工，从而增加产品的附加价值；"送"的个性化主要是指依据客户要求的配送习惯、喜好的配送方式等为每一位客户制订量体裁衣式的配送方案。

（4）增值性

除了传统的分拣、备货、配货、加工、包装、送货等作业以外，电子商务配送的功能还向上游延伸到市场调研与预测、采购及订单处理，向下延伸到物流咨询、物流方案的选择和规划、库存控制决策、物流教育与培训等附加功能，从而为客户提供具有更多增值性的物流服务。

3. 跨境电子商务配送的特征

（1）跨境电子商务配送范围的全球化

跨境电子商务物流覆盖的范围广，消费者群体多变，订货规模呈现小批量化，对商品供应的及时性、准确性要求越来越高。企业之间的竞争不再局限于质量、价格等方面，而是已经扩展到物流服务等无形手段的竞争，国际配送中心正是顺应了这一趋势。作为国际物流节点，它更接近目标顾客、接近国际市场，将市场的需求及时反馈到生产企业。国际配送中心减少了流通过程的中间环节，提高了企业对客户需求的快速反应能力。因此配送的全球化扩大了企业产品的销售空间，扩大了企业的生产销售规模，使企业实现了更大的利益。

（2）跨境电子商务配送流程的智能化

物流配送的智能化是建立在配送信息化的条件之上的。企业在整个物流配送过程中需要进行大量的讨论、研究、比较，最后做出最合理的决策，例如库存的确定、配送途径的选择、物流配送中心管理决策等问题。在跨境电子商务物流的配送下，配送中心可以根据计算机网络所反馈的信息，进行快速反应和处理，最终实现物流配送的简洁化和智能化。

（3）物流配送的自动化

自动化的基础是信息化，核心是实现机器与计算机快速反应，具体表现在通过计算机来控制相关的机器设备。自动化不仅可以大大节省劳动力资源，更能提高物流企业的生产效率，减少人工物流作业时的误差等。实现物流自动化的设施非常之多，例如信息引导系统、货物自动跟踪系统、语音自动识别系统以及射频自动识别系统等。许多发达国家已普遍把这些设施与系统应用于企业物流作业环节，而我国的物流业由于起步较晚、水平较低，要全面实现物流自动化设施与系统的应用普及还需要相当长的时间。

（4）物流配送的时效化

在传统的物流配送过程中，由于缺乏先进的信息技术支持，要完成整个物流配送活动需要经过相当漫长的过程。但随着信息技术的不断发展，物流配送的时间也在网络环境下大大缩短。在跨境物流配送过程中，物流信息传递、资源整合都可以通过互联网在短短的几秒钟内得到有效解决。因此在跨境电子商务环境下的物流配送具有时效性。

（5）物流配送的柔性化

柔性化是为实现以顾客为中心的理念，从而在生产领域中考虑客户的需求，力图满足不同客户的要求。因此，物流配送模式的柔性化正是适应跨境电子商务时代下的网络客户的个性化需要，将生产、消费及物流配送有机结合。它要求物流配送中心根据计算机网络所反映的不同特点客户的消费信息，进行灵活的物流操作。

在跨境电子商务环境下，物流的各种功能可以通过网络化的方式表现出来。在网络化的过程中，人们可以通过各种组合方式，寻求物流配送的合理化，使商品实体在实际的物流配送过程中不仅减少了企业的库存量、加速资金流转、提高物流效率、降低物流成本，还有利于提高社会经济效益，促进市场经济的健康持续发展。

（6）物流配送的信息化

在电子商务时代下，跨境物流配送的信息化是发展电子商务的必然要求。物流配送的信息化表现为整个物流配送过程被现代信息技术给全副武装起来，主要体现在物流信息的商品化、物流信息收集的数据库化和代码化、物流信息处理的电子化和计算机化、物流信息传递的标准化和实时化、物流信息存储的熟悉化等。因此，一些先进的信息技术（条形码、EDI、QR 等）在物流配送上得到很好的应用。信息化是一切的基础，如果没有物流的信息化，任何先进的技术装备都不可能应用于物流领域。对于现代信息技术的应用大大推动了跨境电子商务物流的发展。

| 新闻摘录 | **印度电商希望使用无人机进行配送** |

近日，印度民航总局局长宣布已经开始制定民用无人机使用准则。该准则将在数月内完成，当时预计亚马逊印度和电商平台 Flipkart 可能要到 2016 年才能使用无人机进行货物配送。亚马逊希望能在 2014 年初使用无人机实现货物配送，但由于不符合相关规定，报告并未通过。

无人机可将货物从仓库运送至 8km 以内的目的地。"最后一公里"配送由无人机来处理，配送效率将得到大大提高。中国电商巨头阿里巴巴于 2015 年 2 月开始在上海、北京、广州对无人机配送的可行性进行测试。

资料来源：根据雨果网资讯改编。原始出处：雨果网.印度电商有望使用无人机进行配送[EB/OL].(2015-06-11)[2019-12-15]. https://www.cifnews.com/article/15311.

提问

试分析无人机在跨境电商物流配送中的发展前景。

8.2.5 跨境电子商务配送的作用

1. 配送的作用

（1）配送能够促进物流资源的合理配置

现代物流正朝着科学化、合理化、全球化、信息化、网络化和智能化等方向发展。就现代物流的本质而言，无非是保障物品移动的低成本运作和面向客户的高效率服务，配送在这一过程中发挥着重要作用。配送对现代物流的意义，不仅在于保障货物的及时送达，还在于其调动了其他物流环节的合理布局和优化配置。随着现代物流的不断发展和配送效率的不断提高，体现在物流资源配置这一方面的科学化和合理化发展对整个经济形势以及流通格局发展的影响已经越来越大。

第一，完善了输送和整个物流系统，减少了交叉运输。第二次世界大战之后，由于大吨位、高效率运输力量的出现，使得干线运输无论是在铁路、公路或者海运等方面都达到较高的水平，长距离、大批量的运输实现了低成本化。但是在所有干线运输之后，往往都需要辅以支线运输和小搬运，它们成了物流过程的一个薄弱环节。这些环节存在与干线运输不同的许多特点，如要求灵活性、适应性、服务性，致使运力利用不合理、成本过高等问题难以解决。采用配送方式，将支线运输和小搬运统一起来，输送过程得以优化和完善。

第二，简化事务，方便用户，提高物流服务水平。采用配送方式，用户只需向一处订货或者和一个进货单位联系就可以订购到以往需要去很多地方才能够订购到的货物，只需要组织对一个配送单位的接待便可以代替现有的高频率接货，因而大大减少了用户的工作量和负担，也节省了事务开支。

第三，配送对于整个社会和生态环境来说作用很大。可以节约运输车辆、缓解交通紧张状况、减少噪声和尾气污染，保护美好的家园。

第四，配送促使仓储的职能发生变化。仓储业将从储存、保管的静态储存转向以保管储存、流通加工、分类、拣选、商品输送等连为一体的动态储存。建立配送中心后，仓储业的经营活动将由原来的储备型转变为流通型。不仅要保证商品的使用价值完好无损，还要做到货源充足、品种齐全、供应及时、送货上门，其经营方式将从等客上门向主动了解用户的需求状况，以满足用户的各种需求的方向转变。

（2）配送是降低物流成本的有效途径

现代配送是以专业化为基础的综合性的流通活动。配送对于降低物流成本的意义体现在供应链物流和整个社会物流上，具体来说就是集中社会库存和分散的运力，以配送企业的库存取代分散于各家各户的库存，进而以社会供应系统取代企业内部的供应系统。

第一，通过集中库存使企业实现低库存或零库存。实现了高水平的配送之后，尤其是采取准时配送方式之后，生产企业可以完全依靠配送中心的准时配送而不需要自己持有库存。或者，生产企业只需要保持少量保险储备，而不必留有经常储备，实现生产企业多年追求的"零库存"，将企业从库存的包袱中解脱出来，同时解放出大量的储备资金，改善企业的财务状况。实行集中库存，集中库存的总量远低于不实行集中库存时各个企业分散库存的总量，同时增加了调节能力，也提高了社会经济效益。此外，采用集中库存可以利用规模经济的优势，使单位存货成本下降。

第二，提高了末端物流的效益。采用配送方式，通过增大经济批量来达到经济进货，又通过将各种商品集中起来进行一次发货，代替分别向不同用户小批量发货来达到经济发货，使末端物流经济效益提高。

此外，配送对于降低物流成本的作用不仅仅体现在供应方面和库存方面，配送的完善和不断发展又为高新技术的开发与应用提供了良机，正是随着各种专用配送设备的广泛使用和各种自动化装置及设施的相继建立，许多生产技术和现代化物流技术（如集装箱运输技术、条形码标识技术、自动拣选技术等）才陆续被开发出来。

（3）配送能够有效促进流通的组织化和系列化，提高供应保证程度

配送作为现代物流的重要内容，其发展体现着社会分工的专业化和物流资源配置的整合化，从而也促进了流通的组织化和系列化。生产企业自己持有库存来维持生产，供应保证程度很难提高（受库存费用制约），采用配送方式，配送中心可以比任何单位企业的储备量更大，因而对每个企业而言，中断供应、影响生产的风险相对缩小，使用户免去了短缺之忧。

（4）配送为电子商务的发展提供了有力的支持

随着电子商务被越来越多的消费者接受并成为习惯，他们对物流也提出了更高的要求。在未来，中国消费者将更重视互联网商家的物流服务及其他增值服务能力，配送将为电子商务的发展提供有力的支持。

2. 跨境电子商务配送的作用

（1）跨境电子商务配送是跨境电子商务的重要组成部分

随着网络技术和电子技术的发展，电子中介作为一种工具被引入生产、交换和消费，人类进入电子商务时代。网络银行、商务平台和物流公司构成电子商务运作的三大支柱，也是跨境电子商务时代连接生产企业和消费者的三大主体。电子商务是网络经济和物流一体化的产物，是网络经济和现代物流共同创造出来的，我们可以用公式

$$电子商务 = 网上信息传递 + 网上交易 + 网上结算 + 物流配送$$

来描述电子商务活动。跨境物流配送自然成为跨境电子商务的基础和重要组成部分。

（2）跨境电子商务配送为跨境电子商务优势的实现提供了可靠保障

跨境电子商务具有方便、快捷和高效等优势，足不出户便可购买到远在国外的优质、实惠、紧俏、高端的产品，但如果缺少了与跨境电子商务相匹配的跨境物流配送体系，跨境电子商务所带来的交易方便、快捷、高效等优势便难以实现。

（3）跨境电子商务配送是企业面对客户的一种营销手段

跨境电子商务配送提供了商家和客户面对面交流的机会，有助于双方增进了解和沟通，消除客户对虚拟企业及在线购物的怀疑心理，树立企业在客户心中的良好形象，同时通过跨境物流配送还可以帮助企业了解客户的真实需求，更好地为客户服务。

8.3　跨境电子商务配送业务流程

跨境电子商务配送基本流程包括以下几项作业：进货、搬运装卸、储存、订单处理、分拣、补货、配货及送货。其流程如图 8-2 所示。配送作业是配送企业或部门运作的核心内容，因而配送作业流程的合理性以及配送作业效率的高低都会直接影响整个物流系统的正常运行。

当收到用户订单后，首先将订单按其性质进行"订单处理"，之后根据处理后的订单信息，进行从仓库中取出用户所需货品的"拣货"作业。拣货完成，一旦发现拣货区所剩余的存货量过低时，则必须由储存区进行"补货"作业。如果储存区的存货量低于规定标准时，便向供应商采购订货。从仓库拣选出的货品经过整理之后即可准备"发货"。等到一切发货准备就绪，司机便可将货品装上配送车，向用户进行"送货"作业。另外，在所有作业进行中，可发现只要涉及物的流动作业，其过程就一定有"搬运"作业。

配送作业的流程涉及很多作业环节，这里选择进货作业、订单处理、拣货作业、补货作业、配货作业、送货作业、退调作业以及信息处理等进行重点介绍。

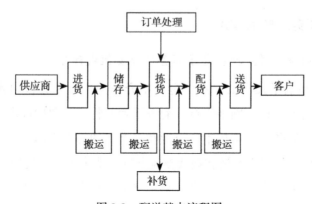

图 8-2　配送基本流程图

8.3.1　进货作业

进货作业的基本流程如图 8-3 所示。

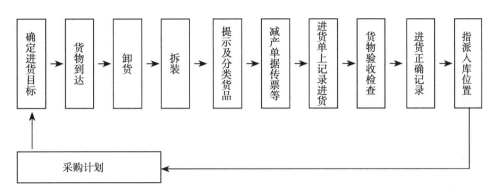

图 8-3　进货作业流程

其中，确定进货目标的内容一般有掌握货物到达的日期、品种、数量；协调进出货车的交通问题；为了方便卸货及搬运，计划好货车的停车位置；预先计划临时存放位置。

货物验收是对货品的质量和数量进行检查的工作。验收工作一般分为两种：第一种是先点收货物，再通知负责检验的单位办理检验工作；第二种是先由检查部门检验品质，认为合格后，再通知仓储部门办理收货手续。

1. 货物验收的标准

为了准确及时地验收货物，就必须明确验收标准。在实际工作中，可以采用以下标准验收货物：

（1）采购合同或订单所规定的具体要求和条件；

（2）采购合同中的规格或图解；

（3）议价时的合格样品；

（4）以各类产品的国家品质标准或国际标准作为验收货物标准。

2. 货物验收的内容

在验收货物时，主要进行质量验收、包装验收和数量验收三个方面的工作。

（1）对入库货物进行质量检验的主要目的是查明入库商品的质量状况，以便及时发现问题，分清责任，确保到库货物符合订单要求。

（2）包装验收的具体内容主要包括包装是否安全牢固，包装标志、标记是否符合要求，包装材料的质量状况是否良好。

（3）在日常作业中，入库货物数量上的溢缺是较常见的现象，这直接关系到配送中心的库存数量控制和流动资产管理。所以，数量验收是进货作业中很重要的内容。

到达配送中心的商品，经验收确认后，必须填写"验收单"，并将有关入库信息及时准确地登入库存商品信息管理系统，以便及时更新库存商品的有关数据。货物信息登录的目的在于为后续作业环节提供管理和控制的依据。

8.3.2　订单处理

从接到客户订单开始到着手准备拣货之间的作业阶段，称为订单处理。它通常包括订单资料确认、存货查询、单据处理等内容。订单处理分人工和计算机两种形式。人工处理具有较大弹性，但只适合少量的订单处理，一旦订单数量较多，处理将变得缓慢且容易出错。计算机处理则速度快、效率高、成本低，适合大量的订单处理，因此目前主要采取后一种形式。订单处理的基本内容及步骤如图 8-4 所示。

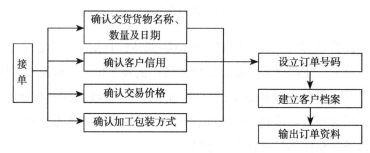

图 8-4　订单处理的基本内容及步骤

1. 接单

接单作业是订单处理的第一步。随着流通环境的变化和现代科技的发展，现在客户更趋向于高频度地订货，且要求快速配送。因此，接收客户订货的方式也渐渐由传统的人工下单、接单，演变为计算机间直接收发订货资料的电子订货方式。电子订货，即采用电子传输方式取代传统人工书写、输入、传送的订货方式，它将订货资料由书面资料转为电子资料，通过通信网络进行传送。

2. 货物名称、数量及日期的确认

接单以后，首先确认货物名称、数量及日期，即检查品名、数量、送货日期等是否遗漏、笔误或不符合企业要求的情形。尤其当送货时间有问题或出货时间已延迟时，更须与客户再次确认订单内容或更正运送时间。同样地，若采用电子订货方式接单，也须对已接收的订货资料加以检验确认。

3. 客户信用的确认

不论订单是由何种方式传至公司，配送系统都要核查客户的财务状况，以确定其是否有能力支付该订单的账款。通常的做法是检查客户的应收账款是否已超过其信用额

度。若客户应收账款已超过其信用额度，系统自动加以警示，以便输入人员决定是继续输入其订货资料还是拒绝其订单。运销部门一旦发现客户的信用有问题，应将订单送回销售部门再调查或退回订单。

4. 订单形态确认

配送中心虽有整合传统批发商的功能以及有效率的物流信息处理功能，但在面对较多的交易对象时，仍须根据顾客的不同需求采取不同做法。在接收订货业务上，交易形态表现为多种订单，所以物流中心应对不同的客户采取不同的交易及处理方式。

（1）一般交易订单

一般的交易订单，即接单后按正常的作业程序拣货、出货、发送、收款的订单，其处理方式是接单后，将资料输入订单处理系统，按正常的订单处理程序处理，资料处理完成后进行拣货、出货、发送、收款等作业。

（2）间接交易订单

间接交易订单是客户向配送中心订货，直接由供应商配送给客户的交易订单。其处理方式是接单后，将客户的出货资料传给供应商由其代配。此方式须注意的是，客户的送货单是自行制作或委托供应商制作的，应对出货资料加以核对确认。

（3）现销式交易订单

现销式交易订单是与客户当场交易、直接给货。其处理方式是订单资料输入后，因货物此时已交给客户，故订单资料可不再涉及拣货、出货、发送等作业，只需记录交易资料即可。

（4）合约式交易订单

合约式交易订单是与客户签订配送契约的交易，如签订某期间内定时配送某数量的商品。其处理方式是在约定的送货日，将配送资料输入系统处理以便出货配送；或一开始便输入合约内容的订货资料并设定各批次送货时间，以便在约定日期系统自动产生所需的订单资料。

5. 订单合格确认

对于不同的客户（批发商、零售商）、不同的订购批量，可能对应不同的售价，因而输入价格时系统应加以核验。若输入的价格不符（输入错误或业务员降价接收订单等），系统应予锁定，以待主管审核。

6. 加工包装确认

客户订购的商品是否有特殊的包装、分装或贴标等要求，或是有关赠品的包装等资料，系统都须加以专门的确认。

7. 设定订单号码

每一份订单都要有单独的订单号码，此号码一般是由控制单位或成本单位来指定，它除了便于计算成本外，还有利于制造、配送等一切相关的工作。所有工作的说明单及进度报告都应附有此号码。

8. 建立客户档案

将客户状况详细记录，不但有益于此次交易的顺利进行，还有益于以后合作机会的增加。

9. 订单资料处理输出

订单资料经上述处理后，即可开始印制出货单据，开展后续的物流作业。

8.3.3　拣货作业

拣货作业是配送作业的中心环节。所谓拣货，是依据顾客的订货要求或配送中心的作业计划，尽可能迅速、准确地将商品从其储位或其他区域拣取出来的作业过程。拣货作业系统的重要组成元素包括拣货单位、拣货方式、拣货策略、拣货信息、拣货设备等。

拣货作业在配送作业环节中不仅工作量大，工艺复杂，而且要求作业时间短，准确度高，服务质量好。拣货作业流程为：制作拣货作业单据—安排拣货路径—分派拣货人员—拣货。

整个拣货作业所消耗的时间主要包括以下四大部分：订单或送货单经过信息处理，形成拣货指示的时间；行走或搬运货物的时间；准确找到货物的储位并确认所拣货物及数量的时间；拣取完毕，将货物分类集中的时间。

拣货作业最简单的划分方式，是将其分为按订单拣取、批量拣取与复合拣取三种。按订单拣取是分别按每份订单拣货；批量拣取是多张订单累计成一批，汇总后形成拣货单，然后根据拣货单的指示一次拣取商品，再根据订单的品种、数量及出库频率，确定哪些订单适合按订单拣取，哪些适合批量拣取，然后分别采取不同的拣货方式。

8.3.4　补货作业

补货作业是将货物从仓库保管区搬运至拣货区的工作，其目的是确保商品能保质保量地按时送到指定的拣货区。补货作业的基本流程如图 8-5 所示。

补货方式主要有整箱补货、托盘补货和从货架上层到货架下层补货三种。补货的时机主要有批组补货、定时补货和随机补货三种。

批组补货，是指每天由计算机计算所需货物的总拣取量和查询动管储区存货量后得出补货数量，从而在拣货前一次性补足，以满足全天拣货量。这种一次补足的补货原则，较适合一日内作业量变化不大、紧急订单不多或是每批次拣取量大的情况。

定时补货，是把每天划分为几个时点，补货人员在时段内检查动管拣货区货架上的货品存量，若不足则及时补货。这种方式适合分批拣货时间固定且紧急处理较多的配送中心。

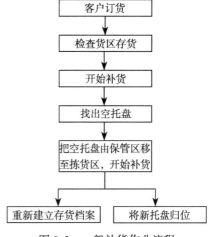

图 8-5　一般补货作业流程

随机补货，是指专门的补货人员，随时巡视动管拣货区的货品存量，发现不足则随时补货。这种方式适合每批次拣取量不大、紧急订单多以至于一日内作业量不易事先掌握的情况。

8.3.5　配货作业

配货作业是指把拣取分类完毕的货品经过配货检查过程后，装入容器并做好标示，再运到配货准备区，待装车后发送。配货作业既可采用人工作业方式，也可采用人机作业方式，还可采用自动化作业方式，但组织方式有一定区别。其作业流程如图 8-6 所示。

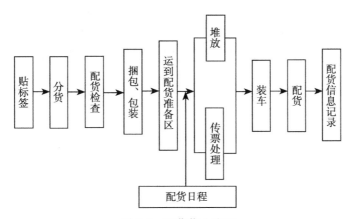

图 8-6　配货作业流程

8.3.6　送货作业

送货作业是利用配送车辆把用户订购的物品从制造厂、生产基地、批发商、经销商或配送中心，送到用户手中的过程。送货通常是一种短距离、小批量、高频率的运输形式。它以服务为目标，以尽可能满足客户需求为宗旨。从日本配送运输的实践来看，配送的有效半径最好在50km以内。我国国内配送中心、物流中心，其配送经济里程在30km以内。送货是运输中的末端运输、支线运输，因此，如何集中车辆调度、组合最佳路线、确定送货顺序、完成车辆积载是配送活动中送货组织需要加以解决的主要问题。送货作业流程如图8-7所示。

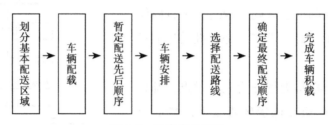

图 8-7 送货作业流程

8.3.7 退调作业和信息处理

1. 退调作业

退调作业涉及退货商品的接收和处理。而退货商品的处理，还包含着退货商品的分类、整理（部分商品可重新入库）、退回供货商或报废销毁以及账务处理。

2. 信息处理

在配送中心的运营中，信息系统起着中枢神经的作用，其对外与生产商、批发商、连锁商场及其他客户联网，对内向各子系统传递信息，把收货、储存、拣选、流通加工、分拣、配送等物流活动整合起来，协调一致，指挥、控制各种物流设备和设施高效率运转。在配送中心的运营中包含着三种"流"，即物流、资金流和信息流。

物流信息系统的具体功能包括：掌握现状、接收订货、指示发货、配送工作组织、费用结算、日常业务管理、库存补充、与外部沟通。

本章要点

- 跨境电子商务仓储是指利用信息管理技术实现跨境电商业务所需商品的仓储功能，主要包括商品的储存、拣选、再包装、分拨等环节，还包括商品送达消费者之前的相应环节。
- 跨境电子商务仓储的功能包括仓储与保管、调节供需、创造时间价值、调节运输能力、降低物流成本、配送和流通加工。
- 仓储作业流程主要分为入库作业管理、在库作业管理和出库作业管理。

- 跨境电子商务配送是跨境电商物流中的一种特殊的、综合的活动形式，它把商流和物流紧密结合，是包含了物流若干功能要素的一种物流形式。
- 电子商务配送是指物流配送企业采用网络化的计算机技术和现代化的硬件设备、软件系统及先进的管理手段，针对客户的需求，根据用户的订货要求，进行一系列分类、编码、整理、配货等理货工作，按照约定的时间和地点将确定数量和规格要求的商品传递到用户的活动及过程。
- 与传统配送相比，电子商务配送具有虚拟性、实时性、个性化与增值性特征。
- 跨境电子商务配送基本流程包括以下几项作业：进货、搬运装卸、储存、订单处理、分拣、补货、配货及送货。

重要术语

仓储管理　　　　　　跨境电子商务仓储　　　　　　跨境电子商务配送

复习思考题

1. 简述跨境电子商务仓储管理的主要内容。
2. 简述跨境电子商务仓储的功能。
3. 试分析跨境电子商务仓储的作业流程。
4. 试分析电子商务配送区别于传统物流配送的特征。
5. 简述跨境电子商务配送的作用。
6. 论述跨境电子商务配送的业务流程。

讨论案例

海归女博士揭秘百万订单仓库

陈昱洁和团队伙伴们共同打造菜鸟首个全数字化跨境仓库。这个仓库位于宁波杭州湾的菜鸟进口保税仓内，是"双11"期间处理进口包裹量最大的保税仓之一。"双11"期间，该仓库的日接单量达百万单。这些订单通过一系列物联网智能设备，使员工在仓库的作业流程数字化，实时记录、追踪、调配，整个仓库产能提高了50%，人工效率提高了20%。

大型仓库作业模式复杂。从订单进入仓库后，订单如何处理、商品如何调度作业、如何补货作业、如何出仓，都是非常繁杂的。陈昱洁团队要做的就是通过组合优化算法，找到仓库运营最有效率的方式。作为算法工程师，她可以做"智能决策"。比如当大型促销来临前，通过算法预测当天订单量的增长倍数，从而指导商品备货以及人员车辆等资源准备方案，而这些原本是仓库经理凭"经验"来处理的。

每一次新项目推行都不是那么容易的。物流是个"粗糙"的行业，这里依据的大多数是经验。一个刚毕业的小女孩想要赢得信任太难了。陈昱洁记不清，这两年被多少仓库经理拒绝过，被多少仓库员工反对过。

在传统仓库里，分拣员需要满仓库跑，除了拼体力，还要比记性。当几个订单一起来的时候，怎么同时分拣，如何组合分拣才能分拣得更快，靠的是分拣员的经验。

在宁波杭州湾菜鸟进口保税仓，仓库面积巨大。订单入仓后，先"分单"——被拆分到不同区域的仓库，然后在不同仓库内订单再"合单"。这个合单过程就好像是在玩俄罗斯方块，并且是进阶版的玩法。陈昱洁解释：大量订单实时动态流入，就好比在俄罗斯方块游戏中，同时掉下来很多个"方块"，通过快速搜索优化，使得每一个掉下来的"方块"都能与邻近方块组团，并快速映射到最佳位置，各种结构的订单集合后快速出库。

所以接收到的 task 是一个多订单组合的任务。在同一行走空间内，刚好能把这些订单串成一次行走就能完成更多的订单的活，则这一个 task 的组合就是比较优化的。当所有的分拣员通过完成 task 提高分拣效率，那么从接到订单到商品出库的时间将大大缩短。仓库的产能和人工效率都能最大程度发挥。商品出库越快，消费者就能越早收到商品。

资料来源：根据天下网商资讯改编。原始出处：汪佳婧. 海归女博士揭秘百万订单仓库：工作就像玩俄罗斯方块 [EB/OL].(2019-12-11)[2019-12-15]. http://www.iwshang.com/Post/Default/Index/pid/262051.html.

讨论题

1. 试分析仓储进行自动化处理的必要性。
2. 试论述如何发挥仓储在跨境电子商务交易中的作用。

第9章
跨境电子商务营销管理

学习目标

完成本章后，你将能够：
- 了解营销管理相关理论知识。
- 掌握跨境营销产品的内涵与定位。
- 掌握跨境营销选品策略。
- 了解定价策略的影响因素。
- 掌握常用的定价方法。
- 熟悉常用的几种定价策略。
- 熟悉跨境分销策略。
- 了解常用的促销方法。

开篇案例　　　　　一个"跟单部门"，撑起千万营销

甲公司是传统外贸工厂，在转向跨境电商业务时，在望远镜这个冷门选品领域，每年都能保持近5 000万元人民币的营业额。与大多数传统外贸工厂不同的是，甲公司更侧重售后服务并贯穿始终。

当谈到工厂的售后部时，创始人李总很有感触："早些时候，我们工厂与大多数传统外贸工厂一样，主要以生产为主。但随着贸易环境的变化，跨境电商卖家的订单在工厂所有订单中，占比越来越大。随即延伸出工厂跟单流程，接着专门成立了售后服务部，也叫跟单后勤保障部队（跟单部门）。对于跨境电商碎片化、少批量、大批次的订单需求，特别是定制化订单，这个部门当之无愧称得上是跨境卖家与工厂之间互惠共赢的快车道。"

其一，售后部主要工作是预备安全库存，实时跟进跨境卖家产品销售情况，及时帮卖家解决产品脱销、滞销等头痛的问题。

李总举例道，比如刚刚过去的"黑色星期五""网络星期一"大促，卖家的产品一旦出现爆单的迹象，他们只要与工厂的跟单部门反馈，下完单后，跟单部门便会进行处理，将预备的安全库存调配给卖家，保证卖家可以及时将库存补上，从而不影响卖家店铺的正常销售。不仅如此，如果卖家产品滞销，工厂也可以用这个部门帮助他们消化滞销产品，解决一些库存回购换货、升级的问题，让产品或卖家起死回生。

其二，能让工厂在跨境电商行业中更具竞争力。

短期看，售后部可以帮助工厂留存更多的长线客户，增加销售额；长期看，工厂可以与长线客户保持更深入的沟通，更精准地把握跨境电商卖家需求及市场新动向，有利于产品的迭代升级，提升爆款产品出现的概率以及工厂的口碑，有益于企业的长远发展等。

资料来源：根据雨果网资讯整理。原始出处：雨果网 ."10 年工厂"转型跨境"一路白骨"，他靠一个"跟单部门"撑起千万营销 [EB/OL].(2019-12-04)[2019-12-15]. https://www.cifnews.com/article/56085.

讨论题

1. 售后部在跨境电商营销活动中扮演什么角色？
2. 除了注重售后部外，传统外贸企业向跨境电子商务业务转型时还应该关注哪些事项？

9.1 营销管理理论基础

9.1.1 国际市场营销的概念

跨越国界的贸易行为古已有之，随着人们对地理的不断探索和交通方式的愈加便利，国际之间的贸易也更加普遍。可以说，国际市场营销是伴随着国际贸易发展而来的。国际市场营销通常是指公司跨越国界的经营与销售活动。美国著名营销学家菲利普·科特勒（Philip Kotler）在《国际市场营销学》一书中指出："国际市场营销是指在一国以上把企业生产的商品或劳务引导到消费者或用户中去的经营活动。"

国际市场营销经历了三个发展阶段，具体如下。

20 世纪 60 年代之前的阶段归结为出口营销阶段，这个时期企业单纯追求向外出售商品。

20 世纪 70 年代，企业尤其是跨国企业开始把国内市场和国外市场从整体上通盘运营，这个阶段为跨国营销阶段。

进入 20 世纪 80 年代后，企业开始立足全局，从全球化的角度对资源、技术、资产、人才进行比较，优化资源配置，以满足不同国家不同用户的需要，比如宝洁公司。这个阶段为全球营销阶段。

随着互联网和电子商务等新技术的发展，跨境电子商务成为国际贸易的一种创新模式，它极大地降低了信息收集、传递和交流的成本，改善了贸易双方的交易方式，并对物流和供应链、营销方式等各方面产生了深远的影响。

跨境电子商务营销目前还没有权威的定义，通常是指企业为通过跨境电子商务方式销售产品或服务，综合运用产品策略、定价策略、渠道策略和促销策略而进行的一切经营与销售活动。

9.1.2 营销组合理论

尼尔·博登（Neil Borden）于 1953 年首次提出市场营销组合的概念，指市场需求在某种程度上受到"营销变量（营销要素）"的影响，为了达到既定的市场营销目标，企业需要对这些要素进行有效组合。博登最早把营销组合要素归为 12 个，即产品设计（product planning）、定价（pricing）、品牌（branding）、分销渠道（channels of distribution）、人员销售（personal selling）、广告（advertising）、促销（promotions）、包装（packaging）、展示（display）、服务（servicing）、实物处理（physical handling）和实际调查与分析（fact finding and analysis）。

菲利普·科特勒认为，**营销组合**是企业在目标市场上用来达成企业销售目标所运用的一系列营销工具的组合。

4P 营销组合是市场营销组合的基本框架，也是迄今为止影响最大的市场营销组合要素，它是站在企业的角度提出的营销组合概念。1964 年，美国密歇根州立大学市场营销学教授麦卡锡在《基础营销》（*Basic Marketing*）一书中总结了博登的营销组合要素后提出了 4P 组合，将市场营销组合要素概括为四类：产品（product）、价格（price）、渠道（place）和促销（promotion）。科特勒对 4P 营销组合进行了详细的分类。

（1）产品组合（product mix）包括产品和服务的设计、质量、性能、式样、品牌、包装、型号、质量保证、服务和回收。

企业采用产品组合时应注意：要根据市场的需要来生产相应产品的项目、种类、数量；要确定和选择产品的目标市场；确定产品的标志与档次；分析产品的生命周期，并进行产品的开发与组合。

（2）价格组合（price mix）是顾客购买产品时的价格及其他条件的组合，主要有标价、售价、折扣、支付期限、信用条件等。

企业采用价格组合时应注意：把握供求与价格的关系及其规律；分析价格的特点、性质；掌握一些制定价格的技巧；分析与价格有关的环境因素，如竞争、季节等。

（3）渠道组合（place mix）是企业根据产品的特征与顾客的方便需要，把产品传递到目标市场或目标顾客手中的各种销售形式的组合，如通过零售商、中间商、批发商等渠道形式来进行的营销活动。其主要包括中间商网络布点、渠道管理、仓储、运输、库存和物流配送等。

企业采用渠道组合时需注意渠道的中间环节的利益、顾客对中间环节的意见等。

（4）促销组合（promotion mix）指企业说服顾客购买产品和服务所运用的各种促销工具、手段和活动的组合。其主要有广告宣传、人员推销、销售促进、公共关系及直接销售等。

企业采用促销组合时要注意：应根据产品的特性来选择促销组合，以及信息可触达顾客的路径来规划，组合方式可以多样化。

市场营销组合指的是企业在选定的目标市场上，综合考虑环境、能力、竞争状况，对企业自身可以控制的因素加以最佳组合和运用，以完成企业的目的与任务。跨境营销组合策略区别于传统的国际营销，在跨境营销的产品、定价、分销、促销策略的制定上，要充分考虑跨境电子商务的特殊性，充分利用电子商务与互联网的技术便利性，结合企业自身的能力和跨境营销的竞争环境，实现跨境营销的目标。跨境营销组合是跨境营销战略的基础，是企业立足于跨境电商竞争，利用自身可控的营销因素，应对外部动态的市场机会和威胁的强有力手段。

9.2　跨境电子商务产品管理

跨境营销需要以产品为载体。营销学意义上的产品是指能提供给市场，用于满足人们某种欲望和需要的任何事物，包括实物、服务、场所、组织、思想、主意等。在电子商务出现之前，要做好跨境营销，产品策略关乎国际营销的成败。一款产品在打入国际市场前，需要经过周密的国际市场调研，针对目标国家和地区选择合适的产品，制订完善的产品推广方案再推向国际市场。新产品的开发和设计则更为复杂。

不同于传统的国际营销，跨境营销借助发达的电商平台和互联网营销手段，在产品选择方面可以利用数据化的手段进行科学的选品。对选择出来的产品，可以通过跨境电商平台或社交媒体等互联网营销手段做小范围快速测试，一旦测试效果较为理想，则可以扩大范围进行跨境营销。对于新产品的开发来说，跨境营销同样可以借助数据，从市场需求、用户群等方面进行精准的新产品开发。

9.2.1　产品策略的内涵

跨境营销的产品策略是企业跨境营销组合战略的基础，也是 4P 营销组合战略中最为关键、影响最大的策略。**产品策略**是指企业在营销组合中，为了赢得竞争优势，在产品的生产和销售过程中，针对产品本身所采取的一系列具体策略，包括跨境营销产品的定位、产品的品牌策略、标准化策略、差异化策略、新产品开发策略、选品策略等。

区别于传统意义上的国际营销，跨境电商营销首先是伴随着跨境电子商务的蓬勃发展而创新开展的一种市场营销方式。跨境电子商务的迅猛发展为跨境营销带来了营销方式上的根本变革，跨境营销能够更好地利用互联网和电子商务技术进步带来的红利，突破传统国际营销在地域、信息的传递和获取、营销手段、对消费者心智／消费决策的影响等多方面的限制。相比于传统的国际营销，跨境营销的产品策略优势有四个方面。

1. 跨境营销极大地缩短了产品的营销周期

传统的国际营销在产品选择方面，需要进行前期的国际市场需求调查，这是有时间成本的；选定了产品后，要针对目标国家制定产品推广策略，包括媒体选择等，然后要就产品的商标、包装针对本土语言进行设计。当产品推出后，还要综合评价目标国家地区的市场反馈情况。整个过程导致国际营销周期较长。

跨境营销借助于互联网、电子商务技术的发展，可以极大地缩短营销周期，无论从产品选择，还是产品推广策略、收集目标国家地区的市场反馈等方面，都可以通过网络数据而进行快速的数据化决策。

2. 跨境营销降低了产品的营销成本

跨境营销在目标市场和用户数据获取上具有先天优势，获取速度快，成本低，借助于跨境电商平台和互联网营销媒介，可以通过低成本的内容营销策略对产品进行市场测试。

3. 跨境营销降低了企业进入国际市场的门槛

对于传统的国际营销来说，将一款产品推向国际市场，是要以足够的资金实力和品牌实力作为依托的，这对于小微企业来说是不可想象的。而跨境电商平台和互联网营销平台极大地降低了企业进行国际营销的门槛，如在亚马逊、速卖通等平台上，一个名不见经传的、无品牌的产品突然之间成为畅销款已经不再是新鲜事。

不同用户群有不同的需求，在当前国际市场上用户越来越追求个性化的趋势下更是如此。就拿手机壳来说，用户对品牌的关注度降低，而手机壳产品的创意和个性成为用户购买决策的首选，只要手机壳在设计上凸显个性，就会有国际用户为其买单，而这恰恰是小微企业的长处，能够获得崭露头角的机会。

4. 跨境营销可以快速收集市场反馈，及时进行产品策略调整

相比于传统国际营销，跨境营销可以通过网络问卷、现有数据分析、用户网络评价分析等手段，快速收集市场反馈，根据市场反馈情况对产品策略及时进行调整。这也给了产品进行低成本的、快速市场试错的可能，这是传统国际营销所无法做到的。

9.2.2　跨境营销产品的分类

1. 跨境营销产品的内涵

产品策略围绕产品制定。对于产品，营销学大师菲利普·科特勒提出了核心产品、有形产品和附加产品这三个基本层面；美国市场营销专家理查德·黑斯进一步发展了科特勒的理论，认为除了这三个基本层面，产品还应该包括期望产品和潜在产品。

结合跨境营销，从消费者的角度，如何理解产品包括的这几个层面？

（1）核心产品

核心产品是指消费者在购买产品时，最看重的产品的核心功能或价值。在跨境营销中，即使同一款产品，在推向不同国家或地区的消费者时，消费者所关注的产品的核心也会发生变化。例如对于同一款智能手机，在跨境营销时，面向非洲等经济落后地区，消费者可能最看重手机的实用功能、性价比；而面向新加坡等经济较为发达的国家，娱乐功能可能才是人们关注的重点，如是否具备强大的自拍功能。

（2）有形产品

有形产品是指消费者在购买产品时，能够直接看到的产品的外观、形状、包装、品牌、颜色、材质等有形物。在国际营销中，产品可以通过门店、购物商场、超市等线下门店接触消费者，消费者对于有形产品的感受更为直观。比如消费者在购买一件礼服时，不仅可以观察样式，还可以触摸布料、上身试穿，全方位地了解产品效果。

受限于地域条件，跨境营销更多是在线上完成和用户的接触，通过电商平台和社交媒体平台将产品传递给目标国家或地区的消费者，消费者对于有形产品的感受不再那么直观，所以要通过产品图片来体现产品的细节，甚至通过真人使用场景的图片或视频将一些有形信息传递给消费者。

（3）附加产品

附加产品是指该产品所附加的无形服务。在跨境营销中，附加产品通常包括产品的运费政策（如是否免运费）、退换货政策（是否支持一定时间内的无理由退换货）、产品使用培训、安装服务、产品保修政策、延长保修政策等。值得注意的是，在欧美等发达国家和地区，用户还会关注产品在保护隐私方面的一些政策。

（4）期望产品

期望产品是指消费者在使用产品前的期望内容，即能够引起消费者意外惊喜的内容。在跨境营销中，企业可以通过在产品之外附加赠品，通过社交媒体在产品送达用户手中之前的一些营销活动等方式来为消费者制造惊喜。

（5）潜在产品

潜在产品是指消费者在购买使用了产品后，可能会产生的新的需求。如用户在购买了某品牌的智能手机后，可能会激发用户购买该手机专业版（非标配版）耳机配件的需求，或者为手机购买一个个性化手机壳的需求。

2. 跨境营销产品的定位

跨境营销产品定位是指在跨境营销过程中，根据不同国家或地区消费者需求的不同，生产或选择相应的产品来满足消费者不同的需求，并在营销推广过程中，通过各种营销手段在消费者心中确立一个具体的形象。通俗来讲，就是在跨境营销中，给不同国家或地区的用户一个购买产品的理由。

由于跨境电商平台或其他跨境销售渠道中的产品极大丰富，对于跨境消费者来说，具有足够的选择空间。因此，针对不同国家或地区的不同消费者，精准地对产品进行定位，并将这种定位通过文字描述、图片、视频等方式传达给消费者是非常关键的。定位的核心在于与同类产品的比较，通常可采用以下几种方法：

（1）价格比较定位法，对价格敏感型用户强调价格更低；

（2）产品差异比较定位法，在同类产品之间强调产品的不同之处；

（3）核心功能强化定位法，对消费者强调产品的核心功能更为突出；

（4）价值传递定位法，能够为消费者带来什么样的使用价值；

（5）特征细分定位法，对产品的某一项特征进行细分定位，突出其不同；

（6）竞争定位法，强调优于主要竞争对手的特点。

3. 跨境营销产品的标准化与差异化策略

（1）产品标准化策略

产品标准化是指在跨境营销中，对不同国家和地区的用户提供相同的产品，即产品的性能、规格、材质等采用一致的标准。

产品标准化策略在快速消费品领域是比较常见的，比如最常见的可口可乐，全世界同一个配方。在跨境营销中，产品标准化策略也是非常常见的，尤其对于中小企业来说，产品标准化能够大大降低研发和生产成本。

产品标准化策略具有如下优点：规模化生产，降低生产成本；在不同国家和地区树立统一的品牌形象，有利于品牌的树立和推广；降低产品研发成本；降低市场营销成本。

产品标准化的缺点也是显而易见的，就是无法针对不同国家和地区的消费者，难以满足他们的不同需求。

（2）产品差异化策略

产品差异化策略，即企业在跨境营销中，对不同国家和地区的消费者提供不同的产品，以满足其不同的需求。

产品差异化策略无疑提高了企业的生产和营销成本，毕竟针对不同国家和地区要生产不同的产品，并采取不同的营销策略。该策略在跨境营销的一些个性化产品中比较常见。比如手机壳品类，可以通过在手机壳上印制不同的图案、颜色、外观来满足不同国家和地区消费者的个性化审美需求，从而实现差异化生产。

跨境企业在跨境营销中，选择标准化还是差异化策略，不仅要考虑企业自身产品特性及经营状况，进行成本—收益分析，还要考虑不同国家和地区的市场差异、消费者需求特点、使用条件的限制，目标市场的竞争环境等各种因素。

4. 产品的品牌策略

产品的品牌是指用来识别产品的名称、术语、记号、图案或象征等特征，也包括这些特征的组合，通常有产品的品牌名称和品牌标志。产品品牌策略的目的是将产品与竞品区分开，能够在消费者心智中占据一席之地，从而降低发展新客户的营销成本。

构建产品品牌能达到四个作用，包括识别作用、增值作用、装饰作用和促销作用。就拿增值作用来说，典型的例子是可口可乐的品牌价值。全球最大的传播集团 WPP 在英国伦敦发布了"2018 年 BrandZ ™全球品牌价值 100 强"排名，可口可乐品牌以价值799.64 亿美元排在全球第 14 位。

对于跨境营销企业来说，通常采取如下的品牌策略。

（1）多品牌策略，同时经营两种或两种以上互相竞争的产品品牌，典型例子如宝洁公司的潘婷和飘柔洗发水。

（2）统一品牌策略，也就是一个品牌囊括企业旗下所有产品，如宝马汽车，统一使用 BMW 字样及其图案的品牌标志。

（3）家族品牌策略，不同系列的产品分别使用不同品牌，但都带有家族品牌标记，如苹果公司的产品，手机系列使用 iPhone 品牌名称，平板系列使用 iPad 品牌名称，但统一使用苹果的品牌图案。

（4）品牌重建策略，这种情况多发生于消费者偏好发生了根本性变化或竞争对手推出强有力的品牌，也就是市场环境发生了巨大的变化，使企业主动或被动地采取产品品牌重建策略。

（5）品牌国际化策略，可以根据具体情况采取不同国家地区使用统一品牌、使用部分改变的品牌或使用完全不同的品牌三种策略。

值得中国跨境营销企业关注的是，中国的跨境营销经过多年的发展后，已经从卖货思维转变为品牌出海思维。在卖货思维阶段，企业在跨境营销中，品牌意识淡薄，多次发生类似亚马逊平台上热卖的中国的企业品牌、产品品牌或店铺品牌被国外同行恶意抢注的问题。随着中国整体产业升级战略的推进，中国的优质产品以科技、品牌驱动进行跨境营销成为趋势，大疆无人机成为科技、品牌驱动的跨境营销的典范。未来几年，品牌出海将成为中国企业跨境营销的红利期。

9.2.3 产品策略的选择

在跨境营销初期，要对国外消费者需求进行充分分析，从而正确选择产品的定位策略；对于跨境贸易商（区别于生产厂商）来说，针对不同国家或地区的消费者，正确的选品策略则直接决定了跨境营销的成功与否；在跨境营销过程中，要合理采取产品标准化或产品差异化策略将产品推向不同国家或地区；跨境营销过程中发现了新的需求，则要采取正确的新品开发策略；贯穿整个跨境营销的还有产品的品牌策略。

1. 新品开发

在跨境营销中，由于面向不同国家和地区的消费者，消费者个体之间差异较大，当现有产品难以满足消费者需求，或者在原产品市场推广过程中，发现了目标市场新的需求点，就需要进行新产品开发。

需要注意的是，这里所说的新产品开发是指生产企业的新产品开发，在跨境营销领域，对贸易商（区别于生产厂商）来说，新产品开发实际是指下文所述的选品。所谓新产品，在跨境营销环境中，是指生产企业改变了产品的功能或形状，区别于原有产品，或者生产企业对产品进行了革命性创新，生产出市场上所没有的产品，这些都属于新产品。开发新产品的目的是满足消费者需求，为消费者提供新的利益或价值。

新产品通常包括以下几类：

（1）创新性的全新产品，比如第一款数码相机，就是对传统的胶卷相机革命性的创新；

（2）原产品的更新换代，比如华为手机的 P8、P9、P10 系列；

（3）原产品的改进型产品，对产品进行了局部改进，但未达到更新换代的程度；

（4）竞品的仿制产品，这是企业为应对市场竞争常采取的做法，比如可口可乐和百事可乐的低糖可乐；

（5）由于产品定位上的失误而重新开发的产品。

在传统国际营销中，新产品的开发通常需要经历较长的开发和市场验证周期，从新产品的需求发现开始，目标国家和市场的市场需求调查，到新产品的创意构思，到构思征集论证，形成概念产品，针对概念产品制订营销战略计划，对目标国家的市场进行商业分析，才能走到新产品的实质开发阶段。

而在跨境营销中，由于跨境电子商务平台和社交媒体营销平台的便利性，以及互联网营销环境的敏捷性，很多商机稍纵即逝。一旦错过最佳推出时机，企业往往便失去了先机，在跨境电商平台这种充分竞争的环境下，失去先机往往意味着失败。例如在 2016 年 12 月，在谷歌搜索 Fidget Spinner，几乎没有任何结果，而到了 2017 年 4 月份，短短几个月的时间，这个小小的解压玩具——指尖陀螺就已经风靡全美。当时亚马逊最畅销的产品绝大部分是指尖陀螺，事实上，从无人问津到几乎人手一个仅仅用了一个月的时间，这就是互联网的速度。显然，再用传统国际营销的新产品开发模式已经无法跟上互联网速度，这会错失很多机会，严重到企业被市场无情淘汰的程度。

跨境营销新产品开发流程相比传统的国际营销发生了巨大的变化。跨境营销的新产品开发流程通常如下。

第一步，分析市场环境数据和用户需求数据。

针对性地收集目标国家的市场环境数据和用户需求数据，跨境电商平台和社交媒体平台为我们提供了可能。在传统国际营销中，仅收集数据就需要一个较长的周期。我们可以通过研究跨境电商平台的产品品类，同品类下的产品在目标国家或地区的销量、用户评论来挖掘用户未被满足的需求点。例如，某款女式办公套装，在用户评论区域，存在大量的关于该套装款式的负面评论，则可以收集分析这些评论，找到用户需求的痛点，从而针对性地进行新产品开发。

在这个阶段，我们需要收集的市场环境和用户需求数据包括：①目标用户的群体属性数据，如年龄段、收入水平（消费能力）、性别比例、职业特征等；②消费行为数据，如消费偏好、个人风格、爱好、消费周期、消费决策路径等；③国家和地域特性，如气候、宗教、文化特点、禁忌、经济发展程度、人口密度等；④竞品分析，包括市场上同类产品的品牌数量、品牌影响力、同品牌的热卖产品、产品卖点等；⑤行业数据，该产品所属行业的生命周期、市场竞争情况、市场玩家数量、头部玩家特征、市场饱和度、市场结构、产品类目结构、成长空间等；⑥用户需求痛点分析，用户有哪些痛点没有被满足，可以重点分析用户评论。

收集到足够的数据后，对数据进行清洗、分析、归纳，总结出核心的市场和用户需求数据集，从而辅助决策。

第二步，基于第一步的数据分析进行新产品创意构思，或者对市场上已有产品进行改进型的仿制。

对于目标市场上还没有、需要完全创新生产的产品，需要进行产品创意构思、创意征集，最终确定产品设计稿；对于目标国家地区市场上还没有、而企业已有的产品，则需要考虑针对第一步的数据分析结果，针对目标市场做出适应性的新产品开发；对于目标市场上已有的产品，结合所处的产品生命周期阶段，则可以采取仿制的新产品开发策略。

第三步，生产出概念产品，并小范围投入市场，测试市场反应。

跨境营销和社交媒体营销环境提供了小范围测试新产品的极佳实践，生产者可以针对性地向电商平台或社交媒体平台投放小范围概念产品，甚至先行投放到社交媒体的粉丝社群中，来收集、测试用户的反馈。

第四步，根据收集到的用户反馈进行概念产品的改进。

根据收集到的小范围用户的反馈，对概念产品不足之处进行改进，如用户反馈产品颜色单一的问题，则可以通过生产多种颜色（哪几种颜色同样可以征集用户意见）来满足用户需求。

第五步，扩大测试范围，概念产品定型。

小范围测试或改进后，如要取得比较理想的用户反馈，则可以扩大测试范围，比如在跨境电商平台或社交媒体平台扩大产品推广范围，收集更大样本量的用户意见，根据用户意见进行快速改进，最终定型概念产品。

第六步，批量生产，进行大范围的市场推广。

概念产品定型后，企业可以批量生产产品，并对产品进行大范围的市场推介和推广。

上述步骤虽然较多，但借助互联网与用户间沟通的便利性和互联网反馈的敏捷性，企业可以实现新产品的快速迭代开发。医学上有个名词叫循证，也就是循环论证的意思，网络平台的存在，使得这种对市场和用户需求的循环论证具备了技术上的可能性。

2. 选品策略

正确的选品策略关乎跨境营销的成败，在各大跨境平台的用户交流板块上，选品永远是热门。打造一款畅销产品是多数卖家的梦想。那么，在跨境营销中，正确的选品策略是什么呢？

（1）选品策略宏观上需要考虑的因素

对跨境营销来说，选品从宏观上首先要考虑该产品是否适合跨境销售。需要考虑的内容有：①市场潜力是否足够大；②利润率是否足够高；③是否需要提供现场安装等售后服务？显然这类产品是不适合做跨境营销的，需要操作简单的产品，如服装、数码3C 等；④是否能够体现差异化，尤其在设计上的差异化？比如瓶装水就很难体现设计上的差异化；⑤国际物流的不利因素，如周期长短（生鲜类需要冷链物流的）、是否易碎、轻重如何？重量大则意味着运费高；⑥是否适合目标国家的宗教和文化；⑦是否违反目标国家的法律法规，有没有可能存在知识产权侵权问题；⑧是否违反平台规则，这可能导致产品被快速下架甚至店铺被封禁。

当然以上因素并不是绝对的，比如现在工业品的跨境营销方兴未艾，有些工业品是需要现场提供安装服务的，这并不意味着就不能做跨境电商了。现场安装服务只是一个宏观上常规的考虑因素。

（2）选品策略需要收集的数据

跨境营销区别于传统营销一个显著的优势就是可以通过数据进行科学选品。在选品过程中，我们需要收集以下几个方面的数据。①产品的潜在用户数据：这些数据包括用户的年龄、性别、收入水平、所在地区、职业等，潜在用户消费特征数据，包括用户的消费偏好、消费决策路径、接触媒体等。②产品所属行业的数据：产品所处的生命周期阶段（处于生命周期衰退期的产品是没有前途的），产品的销售周期，计划推向市场的时间是淡季还是旺季；市场饱和度，该产品市场中如果已经有了足够多的卖家，就很难再进入；③产品竞争环境数据：同行业中的顶级商家的销售额、销量、客单价、产品定价、产品结构等；热销产品数据，同行业中顶级销量的产品、产品的销量、主要购买用户的特征、营销方式等；竞争对手，主要的目标竞争对手有哪些？这些竞争对手采取了哪些跨境营销策略，其优劣势有哪些。④产品所属类目属性的数据：类目销售总额、类目商家数量、类目成交总量、类目客单价、细分类目数量，以及各细分类目的销售额、销量、商家数量等，类目成长空间，类目平均推广费用。⑤产品关键属性数据：产品材质，竞品都使用了哪些材质；产品风格、竞品的外观、气质定位、消费者的感受评价；产品规格、竞品的规格尺寸是否常规，例如服装加肥加大；价格区间，竞品的定价区间；产品款式，竞品的款式描述；产品颜色，销量高的竞品的颜色有哪些；产品卖点提炼，竞品的核心卖点有哪些；产品功能、性能，竞品的功能、性能描述；产品包装，竞品包装上有什么特色；产品复购率，竞品复购率情况；产品销售组合，竞品在销售时所采取的组合销售策略。⑥行业顶级卖家店铺数据：店铺装修风格、店铺品牌、品牌知名度、社交媒体曝光度、店铺销售额、销量、热销产品，店铺文案风格、店铺定位、店铺差异化经营策略、店铺营销策略。⑦产品供应商、竞争对手供应商调查：目标供应商能力评估，包括生产能力、品质管理能力、新产品研发能力、仓储物流能力。

（3）选品策略

跨境营销选品策略的核心就是对跨境电商平台的店铺和产品进行差异化定位，或者在社交媒体营销中，通过内容营销对产品进行差异化定位，以避免同质化价格竞争。主要体现在以下方面。

● 店铺定位：差异化策略

在前述竞争对手店铺分析的基础上，对店铺进行差异化定位，突出店铺不同于竞争对手店铺的特色，在店铺装修、文案风格、品类规划上做足差异化。

● 数据化选品策略

利用选品的数据化工具，收集上述产品信息，科学选品，打造畅销款。

● 用户痛点选品策略

通过社交媒体收集用户痛点，分类整理用户痛点，针对用户未被满足的痛点进行选品。

● 产品组合策略

在跨境营销中，可通过以某一畅销款产品为核心，拓展其相关产品，进行产品组合销售的策略打造产品矩阵。

（4）选品工具

● Google Trends（https://trends.google.com/trends/）

Google Trends 是非常好的一个选品工具，可通过输入产品关键词，查看产品在一定时间段内的用户搜索趋势，从而判断这款产品的市场前景，比如搜索 DIY 工具——

Chalk Paint（粉笔漆）这个词，可以看到在美国市场近几年呈上升趋势。

- 使用产品分类或跟踪工具

Jungle Scout 是亚马逊 listing 跟踪工具，可以在选品时帮助我们对平台上的产品进行分类，从而快速定位 listing。这款产品不仅可以用于亚马逊，还可以用于其他电商平台。

- 订阅国外一些关于市场趋势的内容

The Cool Hunter：全球性的创意产品推荐，在跨境营销中具有较高权威度。

Trend Watching：提供全球范围内的消费趋势情报。

- 查看不同的 B2B 平台或竞争对手的社交媒体账号

新闻摘录

七分靠选品，三分靠运营

做跨境电商，第一个要思考的问题就是卖什么。亚马逊是一个需要精品和畅销款的跨境电商平台。一个畅销款胜过十个表现平平的产品，运营的精力也能节省很多。"亚马逊七分靠选品，三分靠运营"的说法为大部分亚马逊卖家所认可。

一般通过几个维度去分析，比如发货方式是 FBA、FBM 还是亚马逊自营，评论的数量，上架时间等，一般上架时间在一年以内可操作的可能性比较大，评论的数量在 1 000 以内基本也都可以考虑。产品评分在 4.5 分以上的产品，一般而言产品功能比较稳定，客户满意度较高（刷单的虚假评论除

外）；评分区间为 4.0 ～ 4.5 分，产品可能有些问题，一般也可以做；如果评分低于 4.0 分，说明产品被差评的概率较大，退货率可能比较高，对品控要求较高，后期运营起来可能会比较麻烦。

资料来源：根据雨果网资讯改编。原始出处：跨境电商大人物. 七分靠选品，三分靠运营，亚马逊选品真的那么难吗？如何选品运营？ [EB/OL].(2019-11-13) [2019-12-15]. https://www.cifnews.com/article/54292.

提问

跨境电子商务选品都需要考虑哪些因素？

9.2.4　产品策略的管理

在跨境营销产品策略的制定和实施过程中，什么时期采取什么样的产品策略，如何确保产品策略能得到较好的执行，尤其是跨境营销面临多个跨境电商平台或多个社交媒体营销矩阵时，如何更好地管理就成为产品策略是否能得到贯彻落实的关键。

在产品策略管理中，跨境营销的多平台产品管理和产品生命周期管理是其中比较容易出现问题的环节，下面我们将重点论述在跨境营销中如何做好多平台产品管理以及产品的生命周期管理。

1. 多平台产品管理

跨境电商平台是为买家和卖家提供跨境电商交易服务的电子商务系统。我国跨境电商行业在近几年得到了长足的发展，进口和出口的跨境电商都已经成型，涌现了很多优秀平台，例如进口端有自营 B2C 模式的网易考拉、平台 B2C 模式的天猫国际、平台 C2C 模式的淘宝全球购等。另外，洋码头创新采用了 C2C 买手直播的形式，小红书成为社区进口电商。

当然，对于卖家来说，出口跨境电商平台更为重要一些。目前，国际上比较受欢迎的平台包括亚马逊、速卖通、Wish 和 eBay 等。出口卖家在销售时，可能会存在多平台同时经营的情况，我们这里便针对这四大跨境电商平台来讲解多平台产品管理。

2. 多平台产品管理的范围

- 产品管理：产品的选品、上新、上下架、产品违规处理等；
- 订单管理：对产品的订单信息、订单执行情况等的管理；
- 物流管理：产品发货、退换货、运费管理等；
- 产品进销存管理：库存管理、进货管理、进销存操作等；
- 客户关系管理：包括客户关系维护、投诉处理等；
- 供应链管理：供应商关系管理、渠道管理；
- 多平台管理：多平台联动、多平台联合节日促销等。

3. 多平台管理的作用

- 提升单个平台管理的专业度；
- 提升管理效率；
- 明确分工，提高团队沟通效率；
- 提升客户满意度。

4. 多平台管理细节

（1）产品信息管理

- 多平台产品信息同步，当某个平台上产品信息更新时，其他平台同步更新；
- 不同仓库、不同批次产品的管理；
- 不同仓库、不同渠道的产品运费政策管理；
- 产品基础信息维护；
- 产品多语种、多币种管理；
- 产品的促销管理；
- 产品价格管理，价格的实时调整与同步。

（2）订单信息管理

- 不同平台订单的收集、汇总；
- 不同平台订单处理；
- 不同平台订单状态管理，比如对用户取消订单的处理；
- 不同平台订单处理与物流处理对接，防止漏单、错单；
- 订单统计与结算。

（3）物流管理

- 订单中不同品类产品的拆分与物流配送；
- 不同销售渠道的物流管理；
- 不同平台上不同产品的物流配送管理；
- 不同国家的货物分拣与物流信息匹配；
- 退换货的物流处理。

（4）进销存管理

- 库存管理、统计库存信息、及时补货；
- 商品订单预测，根据预测的订单量提前备货；
- 收集售后买家对产品、包装的投诉，与厂家沟通。

（5）供应链管理

- 供应商管理；
- 供应商激励；
- 供应商拓展；
- 供应商沟通。

（6）客户关系管理

- 客户关系维护；
- 客户投诉处理；
- 社交媒体负面信息处理；
- 会员关系、VIP 客户关系管理。

（7）多平台联动管理

- 节日大促联动管理；
- 多平台日常联动管理；
- 账号问题处理，如账号被投诉；
- 账号、店铺封禁处理。

5. 生命周期管理

任何一款产品都具有生命周期属性，在合理的产品生命周期介入市场非常重要。同时，一款在售产品也存在生命周期管理的问题。

通常所说的产品生命周期是指一款产品从投入市场到最终退出的时间周期。产品生命周期分为导入期、成长期、成熟期、衰退期四个阶段，这也是国际营销中较为常见的一种划分方式。

9.3　跨境电子商务价格管理

定价策略是企业营销组合中非常关键的策略。狭义的价格是指人们为获取某种产品或服务而付出的货币数量；广义的价格则不仅包含消费者付出的货币支出，还包括了其他付出，诸如时间、精力等。产品的价格往往成为交易成功与否的关键因素，至少也是关键因素之一，而定价策略由于其高度的灵活性与多样化的影响因素，成为产品营销组合策略中的难点。在制定定价策略时，不仅要考虑企业的成本、利润，还要考虑消费者的接受能力，跨境营销中则需要考虑不同国家和地区的消费者对定价的接受能力。此外，不同国家和地区货币的汇率问题，会进一步放大定价的复杂度。

互联网和电子商务技术的发展使得定价策略更为灵活，制定难度也变得更高。相比于传统的国际营销，跨境营销中的定价策略更具即时性，比如促销时临时的价格修改需要即时完成。此外，电子商务平台上竞品的定价一目了然，定价策略也变得更加透明。由于跨境电商平台随时可以修改价格，定价策略的灵活性也提高了。

9.3.1　定价策略的内涵

定价策略是指跨境企业为实现跨境营销目标，根据对成本、需求和竞争状况的分析研究，运用价格决策方法，科学合理地确定产品价格的策略。

对企业来说，希望通过产品价格手段来实现营销目标，这种营销目标虽然最终指向盈利，但并非仅以当前盈利为目标，还隐含了企业希望通过合理定价实现产品的持续营销。灵活的定价策略能够实现当期利益和市场占有率最大化、产品质量最优化的目标。

1. 影响定价策略的因素

在跨境营销中，影响定价策略的因素主要有以下几个方面。

（1）成本因素，决定了产品的最低定价，主要包括：产品的生产成本、管理成本、跨境营销中间环节成本（如物流成本，分销成本等）、关税、货币汇率波动、通货膨胀造成的成本上升。

（2）营销推广因素：节日促销打折；参与电商平台的活动所带来的营销费用；付费

推广；会员运营等日常活动的促销打折；电商平台的价格政策变动。

（3）市场需求因素，决定了产品的最高定价：供不应求，则定价高；供过于求，则定价低。

（4）市场竞争因素，体现了定价的灵活性：竞争对手调整了价格；有新的竞争者加入或竞争对手退出竞争。

（5）跨境营销目标国的政府调控行为：税收政策、关税政策、利率、所采取的反倾销措施等。

2. 通过数据分析科学定价

跨境电商平台和社交媒体平台等为跨境营销提供了便利、全面的营销环境，但也由于其信息的立体化传递、与消费者的全天候沟通（消费者全天候可以评论）等特点，使定价策略变得更加灵活，也提高了合理制定定价策略的难度。那么，在跨境营销中，如何科学合理地制定定价策略呢？

跨境电商平台和社交媒体平台的立体化传递、全天候沟通等特点虽然增加了定价的难度，但其透明、开放的平台特点，也为我们快速获取公开数据提供了便利。因此，数据分析就成了我们科学定价的利器。

在跨境营销的日常管理中，我们需要动态收集跨境平台和社交媒体平台上与价格相关的数据，这些数据如下。

（1）竞争对手及竞品的数据

- 同行业中 TOP 商家的销售额、销量、客单价、产品定价等；
- 竞品中的热销产品数据，产品的销量、定价、客单价等；
- 竞品的定价区间；
- 竞品的包装及包装费用预估；
- 竞争对手的营销推广活动、活动费用估算；
- 竞争对手的组合营销策略、哪些产品参与组合销售及各自的定价；
- 产品所属类目属性的数据：类目销售总额、商家数量、客单价；
- 细分类目数量，各细分类目的销售额、销量、商家数量，类目平均推广费用等；
- 电商平台和社交媒体平台中消费者对竞品定价的反馈。

（2）消费者对价格相关的反馈

- 电商平台上消费者对定价、运费的反馈；
- 电商平台上消费者对促销折扣价格的反馈；
- 社交媒体平台上消费者对定价相关的反馈；
- 专业评论网站上消费者对定价相关的反馈。

通过对以上数据的收集，在甄别保留可信度比较高的数据后，可以对数据进行分析。数据收集工作长期进行下来，就可以形成一条竞争对手价格曲线，能够方便地监测竞争对手及竞品的价格波动，而且可以根据历史价格来预测竞争对手或市场上竞品的价格走势，从而提前调整定价策略。

更进一步，跨境营销企业可以综合以上的数据曲线和影响因素的数据，推导出一个价格预测公式，这个公式还可以把每天的汇率波动等因素综合考虑进去，使得定价策略变得更加科学、合理和可控。

新闻摘录

亚马逊产品价格问题

定价策略对亚马逊卖家来说非常重要。定价影响亚马逊店铺的销量，但卖家常常会低估定价策略的作用，导致店铺销售不理想。如果产品定价过高，则无法吸引买家，无法刺激销售；如果定价过低，则导致利润减少。

一开始进行产品定价，不建议使用自动定价工具。卖家可以先了解市场行情，根据自己预期的利润，手动设定产品价格，然后根据市场反应找到最佳的平衡点。等时机成熟了，卖家可以使用定价软件去分析定价策略，实时调整自己的产品价格，从而保持强大的市场竞争力。

很多卖家在产品定价时，容易进入一个误区，即频繁调整价格。卖家应该有一个长期的定价策略，而不是一有风吹草动就立刻进行价格调整。目光要放长远，一个长期的定价策略有利于建立稳固的业务，增加店铺的流量，提高店铺销售额。

资料来源：根据雨果网资讯改编。原始出处：跨境电商卖家邦.亚马逊产品价格调整策略讲解[EB/OL].(2019-04-24)[2019-12-15]. https://www.cifnews.com/article/43585.

提问

1. 如何避免上述的定价策略误区？
2. 试分析定价在跨境电子商务交易中的作用。

9.3.2 定价策略的选择

1. 定价策略的选择

在国际营销中，影响价格的核心因素有三个，即成本、需求和竞争。在跨境营销中，除了这三个因素，还有一个重要的因素：电商和社交媒体等互联网环境的营销推广因素。所以在定价方法的选择上，也往往从这四个因素出发进行灵活选择。定价策略则是定价方法在不同条件下的应用。

（1）成本导向的定价法

- 综合成本定价法。综合成本定价法是指企业在产品定价时，不但要考虑企业自身的生产成本，还要考虑消费者的使用成本和维护成本，综合考虑这些因素进行定价。

- 成本加成定价法。成本加成定价法是一种广为人知的定价方式，它是以产品的单位成本为基础，以产品预期利润为附加来制定价格。

产品的单位成本综合了多项成本，在生产成本之外，还有运营成本，例如销售、管理、推广、运输、税负等。

单个产品的定价公式：产品定价 = 产品成本 ×（1+ 成本加成率）

式中，成本加成率为预期利润加成。如，预期 35% 的利润，则单个产品的价格为：价格 = 成本 ×1.35。

- 目标利润定价法。

定价公式：单位产品销售价格 =（总成本 + 目标总利润）/ 总销量

目标利润定价法是根据企业的总成本和一定测算周期内的总销量，以及目标总利润推算出来的单位产品的售价。

（2）需求导向定价法

需求导向定价法是从市场需求出发，根据市场需求进行定价的方法。

- 差别定价法。根据目标国的地域、目标用户群、产品及消费时间上的差别所引起的需求的不同而制定的价格。

比如在指尖陀螺已经风靡美国，而亚洲的一些国家刚刚知道指尖陀螺为何物的时候，面向美国和美国之外的国家，就需要进行差别定价。

- 倒推定价法。根据目标国市场上同类产品的价格，估算产品的零售价格，然后减去电商平台的佣金、关税、运费等，倒推出产品的出厂价。

（3）竞争导向定价法

很多时候，跨境营销会参考竞争对手的价格来定价，这就是竞争导向定价法。

- 随行就市定价法。根据产品在目标国的一个平均价格来定价，这种定价方法能够有效避免恶性价格竞争。
- 竞争性定价法。当企业综合考虑自身实力和竞争对手实力的对比情况，认为可以与竞争对手正面竞争时，可采取竞争性定价法，即盯紧竞争对手，价格低于竞争对手从而从价格上击败竞争对手的策略。

（4）营销导向定价法

在跨境电商平台或社交媒体平台，节日大促、日常促销活动比比皆是，因此，营销导向定价法是有别于传统国际营销的一种定价方法。

- 节日大促定价法。在跨境电商平台主导的大促活动中，企业的产品定价通常远低于非大促期间的日常售价，一般是以略高于成本价的方式定价。目标是短期冲销量，同时积累和提升店铺级别。

节日大促定价法是一种薄利多销的策略，甚至企业参与一次大促的销量就可以完成年度销量目标。

- 活动打折定价法。通过参与或发起电商平台或社交媒体平台的活动来带动销量，这种活动往往伴随一些打折让利的促销手段。
- 产品组合营销定价法。将店铺内的热销产品和滞销产品进行组合销售，通过热销产品带动滞销产品的营销活动。在定价时，对热销产品以一定让利作为卖点。

2. 新产品定价策略

新产品由于其刚投入市场，有待市场大范围验证的特点，因此在定价上不能简单地比照其他成熟产品的价格。所以，我们会给新产品一些独特的定价策略，包括撇脂定价策略、渗透定价策略和温和定价策略。

（1）撇脂定价策略

撇脂定价策略是指把新产品的价格定得远高于成本，以求短期内攫取最大利润，尽早收回投资。

撇脂定价策略的优点是便于快速收回投资，当产品销售进入新的阶段时，能拥有足够的降价空间，同时便于通过高价格控制市场需求。通常，对于大众型的消费品，市场容量足够大，即使定价较高，也仍然有足够的用户量买单。另外一种情况是，企业有足够的技术壁垒，比如专利保护，即使定很高的价格，竞争对手也很难在短时间内介入。这两种情况都适合采用撇脂定价策略。

很多数码产品比较喜欢采用撇脂定价策略，当新产品上市时会制定一个较高的价格，我们熟悉的苹果手机就在此列，销售一段时间后再回落至正常价格，当下一代新产品推出时，价格进一步降低。

撇脂定价策略的缺点也比较明显，高价格意味着高利润，这势必会刺激和鼓励新的竞争对手加入而加剧竞争，同时高定价策略也不利于快速占领市场，扩大市场份额。

（2）渗透定价策略

渗透定价策略通常适用于企业本身资金实力雄厚，又有足够的品牌知名度的情况。企业在新产品面市时，可以通过较低的定价策略迅速打开市场，扩大市场范围，提高市场占有率，占得先机，从而形成市场壁垒以阻止或延缓竞争者加入。

渗透定价策略的优点是能够快速打开和占领市场，提高市场占有率，在消费者心智中提前占位。消费者在选择产品时是有心智选择成本的，一旦产品在消费者心智中成功占位，则会大大提高被消费者选择的概率。这种定价策略在消费者价格敏感的快消品或日用品领域较为常用，比如一些矿泉水企业和奶制品企业在新产品面市时，会采用强力的市场推广手段，包括渗透定价策略。

渗透定价策略的缺点是回收成本速度慢，由于一开始就定低价，日后涨价就比较困难，还有可能在消费者心目中留下由于质量低才价格低的印象。

（3）温和定价策略

这是相对中庸的一种定价方式，相比前面两种激进的定价方式来说，温和定价策略不容易引起市场的剧烈反应，更具稳定性。

实力和品牌知名度相对较低的企业在推出新产品时，为了避免刺激竞争者和出于成本考虑，通常采用温和定价策略。

3. 其他定价策略

（1）心理定价策略

消费者在购物时会有一些相似的心理，总结消费心理并针对性地定价就是心理定价策略。心理定价策略包括声望定价策略、尾数定价策略和招徕定价策略三种。

所谓声望定价策略就是在跨境营销中，根据消费者仰慕国际名牌、行业中的名牌的心理，制定远高于市场同类产品的价格。这种定价方式的前提是企业品牌知名度极高，常见于奢侈品或礼品行业，如爱马仕的包、派克钢笔等。

尾数定价策略其实也是依据消费心理进行的定价，对产品的价格做形式上的修饰之后，能迎合消费者对低价实惠的渴求，常采用整数位加小数位以及以 9 为尾数的方式，例如预计定价 10 的产品标为 9.99。这种定价方式在线下的超市、商场的服饰打折活动中较为常见，目前这种技巧也被跨境营销的卖家所采用。

招徕定价策略是指将一款产品的价格定得远低于市场价，以此来吸引消费者，让消费者以为同类产品价格都低于市场价，实际上其他商品中的某些商品是高于市场价的，以此来弥补低价商品的损失。这种定价方式在线下的沃尔玛等大型超市经常得到采用。

（2）折扣与折让定价策略

在跨境促销中经常使用折扣与折让定价策略，例如节日大促或活动促销等。促销折扣的方式多种多样，如现金折扣、买赠折扣、季节特价、换新促销等。

在跨境促销中，现金折扣即卖家在原价的基础上给予一定的折扣。随着跨境促销方式的变化，在跨境平台的大促活动中，卖家在原价基础上给予折扣后，往往还要参与电商平台的品类促销，这就存在双重或多重折扣，卖家在定价时要把这些因素一并考虑进去。现金折扣的表现形式除了直接打折外，还有满减打折，比如满 200 减 50，是为了鼓励消费者多购买。

数量折扣在跨境营销中也较常见，表现为买赠活动，如买 5 赠 1，即消费者购买 5 件商品即获赠 1 件商品。

季节折扣比较容易理解，常见于季节性比较明显的服装上，比如夏季时，对冬季穿的羽绒服打折。跨境营销中较常见的有错季打折和换季打折，错季打折就是前面所说的夏天时对只有冬季才穿的服装进行打折；换季打折是指在季节变换时进行打折，比如春天时对冬季商品打折，秋天时对夏季商品打折。跨境营销需要注意的是不同目标国的季节和气候变化往往是不一样的，典型的例子是，非洲热带国家对冬季服装的需求量较小。

换新折扣是指商家对已经售出的商品折算成低价，消费者在购买商家新产品时，可以抵消老产品折算的价格而获得一定折扣的定价策略。

除了以上定价策略外，还有地理位置定价策略、转移价格策略等。跨境营销不能不考虑的一个因素就是运费和递送时长，国际运费往往成为跨境营销中较大的一块成本，尤其是对于重量较大的商品来说。现在已经有越来越多的企业为了降低运费和缩短送达消费者的时长，开设了海外仓。对于开设了海外仓的商家来说，定价时就要考虑地理位置因素了。而转移价格策略基于合理避税等考量。

9.3.3　定价策略的管理

在跨境营销中，由于跨境电商平台价格的透明性，同类产品之间的竞争越来越"短平快"，这对价格变化反映时间的要求越来越高。同时，跨境电商平台越来越多样化、越来越频繁的促销活动也使企业的定价策略具有足够的灵活性，这就要求企业必须有一套行之有效的定价策略管理机制。定价策略的管理通常体现在价格调整策略和跨境营销的多平台价格管理两个方面。

1. 价格调整策略

在传统的国际营销中，价格调整是一项系统工程，会受各种因素的影响，比如原材料上涨、劳动力工资上涨导致的生产成本上涨，通货膨胀因素或供需关系发生变化，出现了供不应求或者供过于求的现象。企业对于价格调整都是很谨慎的，因为这会带来市场和消费者一系列的变化，有些变化甚至是不可预测的。错误的价格调整策略甚至会给企业带来毁灭性打击。

而在跨境营销中，由于跨境电商平台使价格变得透明化，竞争对手或竞品的价格一目了然。跨境电商平台也会经常进行全平台性质的促销活动，价格调整就成为跨境营销中非常常见的一种价格策略。

（1）价格调整策略的影响因素

在跨境营销中，影响价格调整策略的因素与传统国际营销既相似又存差异。

- 企业生产成本因素。企业所处的宏观经济环境的变化会导致企业生产成本变化，例如原材料涨价、劳动力工资上涨、通货膨胀等因素都会导致企业生产成本上涨。在上述情况下，企业为了能够维持利润或维持企业持续经营，会被迫选择涨价。

不过在跨境营销环境中，由于同一电商平台上可能存在不同国家的卖家销售同种产品，企业所在国劳动力工资上涨并不意味着其他竞争者所在国劳动力也上涨。因此，这种情况下，涨价往往意味着处于竞争劣势。

- 产品的供求关系发生了变化。在传统国际营销中，当某种产品供不应求，涨价往往是最佳选择，但在跨境营销中，同样由于跨境电商平台透明化的价格，即便产品供不应求，也要看竞争对手是否采取了涨价策略。不过，另一个方面，由于跨境营销价格策略的灵活性，即使错误地选择了涨价策略，也仍然可以快速地修正，降低不利影响。

在跨境营销中，更多时候是产品供过于求，同一种产品也存在多个竞争者，所以即便供过于求，也并不意味着需要降价销售。这与传统国际营销是有着明显区别的。但是当整个市场的产品明显供应过剩时，降价就成为一种趋势。

- 促销因素。在跨境营销中，促销是极为常见的营销手段，无论是跨境电商平台全平台性质的大促，还是跨境卖家自己发起的活动促销，都会伴随着价格的调整，通常是让利促销。价格调整的方式多种多样，比如满减、买赠等，本质上都是出让一定的利润来拉升销量。

在促销过程中，价格调整极为灵活，这需要企业提前制定好促销活动的价格调整规则，以免价格调整过于随意而导致亏损。企业可以根据活动形式来制定价格调整规则，比如平台大促活动制定一种统一规则，而周期性的促销，比如周末促销，则采取另一种规则；活动类促销则需要制定更为灵活的调价规则。

（2）价格调整策略的管理

跨境电商平台价格的透明化使我们自动化监测同类产品的竞品价格成为可能，可以通过人工或爬虫自动抓取的方式，将竞品的价格以直观的价格曲线的方式呈现出来，这样就可以根据竞争对手动态调整产品价格。

企业需要将价格调整策略的管理纳入企业的日常管理，设置专人甚至专岗进行专业化的价格管理，制定不同场景下的价格调整规则和计算公式，同时参考监测到的竞品的价格变化，进行科学而又不失灵活的调价。

2. 跨境营销多平台价格管理

在跨境营销中，多平台销售策略在卖家中较为常见。不同平台有不同的佣金结算制度，也有不同的平台促销活动，这都增加了价格管理的复杂度。

卖家在多个平台销售商品时，由于不同平台的佣金结算制度不同，无法采用统一的定价策略。显然，针对不同平台制定不同的定价策略，以及制定不同的价格调整策略是非常有必要的。而且由于跨境平台的价格透明度，监测竞品价格变动也是日常管理的一部分，根据竞品价格波动进行调价也是非常有必要的。所以，多平台销售商品的价格管理通常需要制定以下价格管理规则或制度：

- 各个平台的定价规则／制度；
- 各个平台竞品的日常监测制度；
- 各平台根据竞品价格调整的调价规则／制度；
- 各个平台参与大促定价的指导规则／制度；
- 各个平台的店铺活动定价规则／制度。

9.4　跨境电子商务渠道管理

在分销渠道中，可以将生产商看作起点、将用户看作终点，处于两者之间的是中间商和代理中间商，跨境营销也不例外。近年来，随着全球贸易的发展和互联网的普及，各种互联网销售网站成为跨境分销渠道架构中不可缺少的一环，例如我们熟知的阿里巴巴、亚马逊等跨境电商平台。

和线下分销策略中常见的长渠道不同，以互联网为依托的**分销策略**被认为能够最大限度地降低分销渠道的长度，甚至是支持企业建立直接分销渠道，不通过中间商即可将商品销售给消费者。加上互联网分销不需要开设实体门店，这能在很大程度上降低销售成本，使跨境电商平台成为跨境分销中的宠儿。

9.4.1　分销策略的内涵

在西方经济学中，分销的含义是建立销售渠道的意思。根据著名的营销大师菲利普·科特勒的定义，分销渠道（Distribution Channel）或营销渠道（Marketing Channel），是指某种商品（Commodity）或服务（Service）从生产者（Producer）向消费者（Consumer）转移的过程中，取得这种商品、服务所有权并帮助所有权转移的所有企业和个人。

国际分销渠道是指通过交易将产品或服务从一个国家的制造商手中转移到目标国的消费者手中所经过的途径以及与此有关的一系列机构和个人。在国际分销渠道中，通常包括生产商、国内中间商、国外中间商、经销商、代理商、批发商和零售商等类型。

（1）国内中间商：国内中间商与企业同处在一个国家，包括出口（经销）商和出口代理商。

（2）国外中间商：国外中间商与产品消费者处在同一个国家，包括进口（经销）商和进口代理商。

（3）经销商：在指定区域内销售产品的中间商，特点是拥有产品的所有权。

（4）代理商：代理商和经销商的区别在于，代理商没有商品的所有权，仅是受生产者委托，从事商品交易业务。

（5）批发商：顾名思义就是批量进出货物的中间商，通常不会和最终用户产生直接联系。

（6）零售商：将产品出售给最终消费者的销售单位。

9.4.2　分销策略的选择

国际分销渠道通常按照间接程度、长度和宽窄进行分类。

国际分销渠道按间接程度划分为直接渠道和间接渠道，在分销过程中是否存在出口商是划分两者的依据。国际市场直接分销是指产品在从生产者流向国外最终消费者或用户的过程中，不经过任何中间商、国外消费者或用户；国际市场间接分销是指产品经由国外中间商销售给国际市场最终用户或消费者的一种分销形式。

国际分销渠道按长度划分为一级渠道、二级渠道、三级渠道等，划分依据是产品或服务从生产者到最终消费者所经过的渠道层级。

国际分销渠道的宽窄是指产品或服务从生产者到最终消费者所经过的渠道中某一层次中间商的多少，当处于同一层次的中间商越多，渠道就越宽。

1. 分销渠道的选择

任何分销渠道的建立和维护都需要时间和成本，所以在制定分销策略、选择分销渠道之前都应当对产品进行分析，例如产品的价格、体积、质量等基本因素，以及产品是否易损、易腐，是否定制化等，同时要考虑市场对同类产品的接受程度、潜在顾客的数量和购买习惯等。

分销渠道的选择是企业销售策略中非常重要的一部分，企业要决定分销渠道的间接程度、长度和宽度，以适应目标销售市场的需求。正确地选择分销渠道能帮助企业更好、更快、更高效地将产品传递到用户手中。

（1）间接程度

直接销售渠道和间接销售渠道的选择通常是根据生产商的实力和产品的特性来进行的。特别是在跨境销售中，需要考虑文化差异、地理位置差异带来的种种变数，更要慎重决策。一般来说，大型设备、专有工具、专有技术、虚拟产品以及部分生鲜商品等，更适宜建立直接销售渠道。

（2）长度选择

在线上销售占比越来越大的今天，很多企业开始提倡减少中间商环节，毕竟渠道越短、层次越少，越有利于压缩成本，从而为产品赢得更多利润空间或价格优势。但要注意的是，销售渠道也不是越短越好，中间商的存在显然不会是毫无意义的，适当地增加中间商环节有可能提升产品的宣传力度，加强本地化服务并让生产企业集中更多精力专注于生产。

综合来说，生产企业应该全面考虑各项因素，诸如产品特点、外贸条件、目标市场容量、中间商业务能力、生产企业本身的状况、用户消费习惯等，来决定自己的分销渠道长度。在通常情况下，当生产企业在市场上处于强势地位或能力出众时，例如在营销、宣传、组织结构等方面实力出众，同时具备良好的物流、仓储能力时，在符合企业利益的前提下，可以相应减少分销渠道的层级。

（3）宽度选择

制造商在同一层次选择较多的同类型中间商（如批发商或零售商）分销其产品的策略，称为宽渠道策略；反之，则称为窄渠道策略。常见的宽度选择包括广泛分销策略、选择分销策略和独家分销策略。

广泛分销策略是指在同一渠道层次使用尽可能多的中间商分销其产品，企业对每个中间商所负责的地区范围不做明确规定，对其资格条件也不做严格的要求。广泛分销策略能最大限度地让产品尽可能地接触到用户，常用于一些高标准化、消费频率高的商品。广泛分销策略的缺点是难以控制分销渠道，可能出现渠道之间的价格竞争。

选择分销策略是指企业在一定时期、特定的市场区域内精选少数中间商来分销自己的产品。毫无疑问，选择分销策略会减少企业和用户之间的接触机会，但企业对渠道的控制能力提升，适合那些专业化的产品或用户相对固定的产品。在跨境分销中，选择分销策略通常和广泛分销策略配合使用，新产品拓展市场时采用广泛分销策略，尽可能地让用户了解和接受产品，当产品销售趋于稳定后，再采用选择分销策略，有目的地减少一些低质量的中间商，以方便维护和管理分销渠道。

独家分销策略是指企业在某一时期、特定的市场区域内，只选择一家中间商来分销其产品。采用这种分销策略能加强企业和中间商之间的联系，为产品品牌的构建提供保障，并能加强用户服务。缺点则是用户接触产品的机会低，不利于新产品的推广。那些希望构建良好品牌形象或推广特殊消费品适合采用独家分销策略。

2. 在线分销与线下分销

在跨境电商得到长足发展的今天，线上分销已经是企业销售中举足轻重的一环，越来越多的企业选择同时进行线上和线下分销，甚至有些企业已经专注于互联网分销，而不再花费成本维护线下的销售渠道。

线上分销和线下分销的本质相同，但在层级和结构上往往存在着一定的差异。相对来说，线上分销更容易建立少层级的短渠道，减少中间环节，让产品销售更为简单快捷，也给生产企业带来更大的价格优势。线下分销则更容易建立多层级的长渠道，增加的中间环节固然会分薄产品利润，但如果能发挥多层级的服务优势，与用户构建稳定的交易关系，树立生产企业的品牌形象，也同样有利于加强生产企业的市场竞争力。

总体上，生产者需要根据自己的产品特点、企业实力来对线上、线下两种方式进行选择，是单一的线上或线下，还是有侧重地兼顾线上和线下，都是企业分销决策的一部分。那些标准化、数字化的快销产品适合侧重线上销售，而专有产品、大型设备等周期长、定价高的则更适合线下销售。

9.4.3 分销策略的管理

分销渠道并非建立之后就一劳永逸，对分销渠道的管理和维护是生产企业不可忽视的工作。生产企业应当经常检查分销渠道是否畅通、高效、稳定、可控，同时要协调和平衡各个分销渠道之间的关系，并适时地增减销售渠道来调节产品分销覆盖面积，发挥出分销渠道的最大作用。

跨境分销通常比境内分销要复杂，例如它涉及更多的运输、仓储环节而可能造成库存积压，难以确定生产规模和商品交付时间等问题。特别在互联网的线上销售环节，一个信息热点可能意味着数以亿计的利润，而物流时间和应对速度则直接决定了生产者能否赶上市场热点，是否能分享互联网高速信息传播的红利，所以在现今的市场环境下，对分销渠道的管理更应该引起生产商的重视。

1. 跨境营销分销渠道的整合

跨境分销的渠道有很多，电商平台只是最常见的一种而非唯一的一种，生产商可以根据产品情况、市场情况，选择恰当的、多元化的渠道组合。多渠道的分销方式让消费者有更多的途径可以接触到自己的产品，更有利于迎合消费者和目标市场对渠道的多样性偏好，增加产品的展示机会。

多渠道的分销方式在带来更多产品竞争优势的同时也存在天然的缺陷，例如各个渠道的用户消费体验可能存在差异、各个渠道之间存在竞争等问题，都需要生产商进行整合和管理，才能平衡渠道之间的关系，架构理想的渠道结构。

在多渠道的整合中，线上和线下的关系被认为是较难协调的，特别是线上和线下渠道之间常常存在的线上销售、线下服务的矛盾，很容易引起两者渠道商之间的竞争和对抗，如果对渠道之间的横向竞争不能正确处理，可能会加剧渠道冲突，最后反而影响产品的销售。

目前，如何协调线上和线下的关系，很多企业都在研究和尝试。一般认为，扬长避短、促进线上线下结合是比较理想的方式，例如构建线上线下合作伙伴式的渠道关系，线上招徕用户、收集用户信息，结合线下的用户服务、顾客培训、品牌忠诚建立来达到多渠道的利益共赢。

2. 跨境营销分销渠道管理

渠道管理是指制造商为实现企业分销的目标而对现有渠道进行管理，以确保渠道成员间、企业和渠道成员间相互协调与合作的一切活动，其意义在于共同谋求最大化的长远利益。简而言之，减少冲突、加深合作、保持各个渠道之间的良性关系是渠道管理的重点，这要求生产者拥有与渠道规模相匹配的控制能力和协调能力。

渠道管理中容易出现的问题包括渠道商之间的恶性竞争、渠道过于庞大造成管理困难、随意选择中间商、缺乏后续管理等。

（1）渠道商之间的恶性竞争：这在跨境营销中是常见的管理问题之一。跨境企业为了能迅速打入本地市场而选择多重分销渠道，造成渠道之间的价格竞争，导致消费者虽然有多个接触产品的途径，却因为价格混乱、服务混乱等原因未能形成购买。对此，生产商应从选择分销渠道的环节就开始构建合理的渠道关系，建立奖惩措施和巡查机制，通过人性化和制度化的管理，培育出理想的渠道关系。

（2）渠道过于庞大造成管理困难：分销渠道过深或过宽都会使生产商的管理出现困难并增加管理成本。例如，分销渠道层级过多会造成产品损耗增加、渠道成本上升等情况，这就需要企业适当地减少分销层级、缩短渠道链条。过宽的分销渠道则容易让问题回到渠道商之间的恶性竞争上，造成渠道之间的内耗，损害产品形象，降低消费者好感度。

（3）随意选择中间商：企业应当以慎重的态度制定一套整体、完备的标准来选择中间商，例如财力和绩效、市场覆盖率、信誉、目前正在经营的业务、合作态度等。

（4）缺乏后续管理：很多企业认为渠道建立是一劳永逸的事，这是一个错误的想法。已经建成的分销渠道需要管理和维护，要知道产品、市场和消费者都不是一成不变的，甚至可以说分销渠道中的每个影响因素都在随时改变。生产商要定期和渠道成员进行沟通，根据实际情况对渠道进行管理，保证分销渠道能适应市场的要求。

9.5 跨境电子商务促销管理

在信息爆炸的今天，人们的注意力被无限分散，加上层出不穷的新创意、新产品，令商家不得不想尽办法来赢得用户关注。可以说，即便是知名的品牌和成熟的产品，也需要促销来保持用户兴趣，而新企业、新产品就更需要促销来打入市场。

促销的本质是建立生产者和消费者之间的信息渠道，加强双方的联系。生产者和销售者通过广告、宣传、推销等种种手段，增进消费者对产品的了解并增进消费者的购买欲望。促销的手段多种多样，广告就是最常见的一种促销方式，此外，陈列、捆绑销售、免费赠送、口碑宣传等也都是有效的促销手段。

9.5.1 促销策略的内涵

促销就是促进销售，指企业将本企业及产品的信息通过各种方式传递给消费者和用户，促进其了解、信赖并购买本企业的产品，以达到扩大销售的目的。促销的作用包括缩短入市进程、激励消费者购买、提高销售业绩、巩固产品市场地位等。

（1）缩短入市进程：在新产品上市的时候，合理的促销手段能在短时间内让用户了解新产品的信息，建立起对新产品的初步印象，缩短用户接受新产品的过程。

（2）激励消费者购买：当用户购买产品的意愿不够明确时，促销活动可以激发用户的购买。例如，在新产品推广时常会使用低价促销策略，通过降低价格的方式来鼓励用户尝试新产品。在面对成熟产品的时候，持续性的促销计划也有助于维持用户的长期购买意愿。

（3）提高销售业绩：长期的促销计划能帮助厂商和用户建立稳定的关系，也就是提高品牌的知名度和用户的忠诚度，持续性地促进用户购买。

（4）巩固产品市场地位：用户在促销信息的反复提示下，会对产品产生长期的品牌印象，在合理的引导下，即可建立良好的品牌形象，稳固产品的市场地位，在同类型产品的市场竞争中处于更有利的位置。

1. 促销的目标

在创意无限的今天，促销的方式五花八门，但万变不离其宗，不管多么复杂、多么新颖的促销计划，都不能背离促销的目标，也就是和受众的信息沟通。我们将促销的目标归结为三点：告知目标受众、提醒目标受众和劝说目标受众。

（1）告知目标受众：告知信息是促销任务的第一个目的。它负责向受众传达与厂商、产品有关的内容。例如，一个新产品广告促销中详细表述产品的用途、性能、原理和卖点，这就是告知产品存在并将产品信息传递给用户。除了告知和传递产品信息之外，促销还能向受众建议产品的新用途，宣传公司形象，提高产品认知度。通常，新企业、新产品在进行促销时，应当以告知目标受众为重点，让用户更快地知道和了解相关信息，缩短产品进入市场的进程。

（2）提醒目标受众：提醒受众是促销任务的第二个目的。在产品成熟期的促销中，我们常会将这一目的作为主要任务，它负责向受众提示产品的存在和价值、维持受众的认知度。在买方市场中，产品极大丰富，用户每天都能面对多种选择，某款产品长期得不到用户的关注就可能被淡化甚至是遗忘，这时候就需要持续性的促销活动来增加产品的存在感。在提醒目标受众环节中，我们还要注意竞争对手的促销活动，用自己的促销活动来抵消对方的促销效果，以保持己方产品在同类中的市场地位。

（3）劝说目标受众：劝说受众是促销任务的第三个目的。在产品成长期和成熟期中，都可以将劝说作为促销重点，它往往着重劝说受众来访、影响受众购买决策，或改善受众对产品的认知、鼓励品牌的转换。劝说目标受众需要很多技巧，如果操作不当可能引起受众的逆反心理，而造成反向的营销结果。例如，饥饿营销就可以看作一种劝说式的促销手段，通过向用户宣传产品的稀有度来促进购买，而人们在"害怕失去"的心理推动下就可能立刻完成购买行动，但过度饥饿营销也可能让人们产生厌烦的情绪，影响用户对产品甚至是品牌的好感度。

2. 促销的方法

有了促销目标和策略的指导，还需要有行之有效的促销方法。例如，广告就是极为常见的一种促销方式，它的形式灵活多变，可以达成告知、提醒和劝说这三种促销目的。当然，促销的方法显然不只局限在广告上，在思维创意无限的今天，促销的方式、方法也可以说是无限的，甚至每天可能都有新的促销方法被发明出来，这里我们只简单介绍一些已有的、常见的促销方式。

（1）指定促销：指定产品，例如，某款产品买 A 送 B，或是低价加购指定商品；指定用户对象，例如，新顾客专享优惠、老顾客专享优惠、儿童节 12 岁以下专享优惠等。指定促销非常有利于销售特定的产品，在新产品投放或清理积压库存方面都有很好的效果。

（2）赠送类促销：买赠是深受用户喜爱的促销方式，买 N 件赠 N 件、买商品赠会员积分、买够指定数额送礼品等都属于这一范畴。赠送类促销迎合用户对性价比的追求，有利于提升产品的销量和好评度，保持甚至提升产品的市场占有率。

（3）回报式促销：回报式促销和赠送类促销异曲同工，买产品赠试用品、买满即减、买满返现、买够 N 件享折扣价等都在此列。满减和返现可以称得上是用户最喜欢的促销方式，也是厂商让利最直观的促销方式，它能极大地激发用户的购买欲望，但也会让厂商损失一部分利润空间，所以厂商在进行回报式促销时要进行仔细的设计，确保自己的利润达到预期。

（4）借力促销：在博取用户有限关注的时候，借力是非常好的办法。各种时下热点事件、热门活动、名人明星都可以成为借力的对象。在借力促销中，明星代言、知名赛事赞助比较常见。例如，网红同款、明星同款在服装饰品、美妆护肤领域有着极强的号召力，一条推荐微博能带来数以万计的销量。近年来，随着互联网传播能力的提升，热点事件营销也成为借力促销中的佼佼者，跟随热点事件可以用极低的成本博取极大的关注，如果操作得宜还能促进从关注到购买的转化。只不过，这一促销方式要求厂商有热点捕捉能力、较快的反应能力和相应的宣传能力，并不是简单地策划一下就能达到的。

（5）主题促销：主题促销在具体操作中和借力促销有一定的相似之处，当厂商选择一个热门的主题时，也会形成借力的效果，如公益主题广告、配合销售平台的主题广告等。主题广告经常通过一个名目来吸引用户，只要能形成统一内容和关注热点的都可以尝试作为主题，例如，全球首发、本地首发等。

（6）时令促销：所有具备时令特点的产品都可以进行时令促销，如水果蔬菜的当季促销以及各类产品的反季节促销。季节促销有利于匹配厂商的产品和用户的需求，在用户正处于购买决策的犹豫期时得到促销鼓励，促使其下定购买决心。反季节促销和时令促销的本质其实并不相同，它是利用反季节的特异之处来吸引消费者，再通过价格优势来降低过季商品库存。

（7）特殊日期促销：特殊日期促销和时令促销一样，都是通过给用户一个购买理由来缩短对方的决策犹豫期、促进购买行为的发生。节日促销是最典型的特殊日期促销，但商家显然希望在更多的时间里都能采用这种促销方式，因此有了"双 11""双12""6·18"等购物节。另外，商家也会指定一些会员特价日来吸引用户。

（8）附加式促销：为产品额外附加价值，引起用户注意进而促进购买也是一种行之有效的促销方式。电器促销中的以旧换新、只换不修，互联网销售中的包邮、7 天无理由退换等属于服务性质的附加促销。产品赢得某种荣誉后进行重点促销也属于附加式促销，如 ×× 大奖第一名、×× 榜单推荐等。另外，有一种附加式促销是给产品增加文化内容，如特殊的广告语、产品故事、品牌故事等。

（9）榜样式促销：在宣传过程中树立一个榜样能增加用户的真实感和参与感。例如在推荐产品性能的时候，将产品宣传为"同事都在用的 ×× 款产品""朋友用了都说好"，相当于树立一个使用榜样，由此拉近和用户的距离。很多企业在线上销售时，在展示页面贴出用户评论截图，也有同样的促销效果。榜样式的促销重点是让用户跟随榜样做出购买决策。

（10）另类促销：在促销中有很多我们意想不到或是难以复制的方式，例如，很多奢侈品牌无折扣策略就属于另类促销，但这种促销方式很难应用在普通商品上，另外还有饥饿营销、绝版促销等。

9.5.2　跨境促销的策略

跨境促销的策略可以根据执行方式的不同划分为广告促销策略、销售促进策略、人员促销策略和公共关系促销策略。

（1）广告促销策略：广告促销策略通常以告知和提醒为主，兼顾劝说用户购买的目标。广告促销策略的即时性强，能以极快的速度让用户对广告和产品产生兴趣。想要获得理想的广告促销结果，企业要对自己的产品、用户进行分析，在预算费用内选择合适的宣传渠道、传播范围。同时，创意在广告促销策略中的作用不可忽视，优秀的广告创意能极大地提高促销效果。

（2）销售促进策略：这是从营业销售层面对产品进行推广的一种直观促销策略。在策划销售促进活动时，要考虑促销的目标，是增加产品的接受度，提升用户好感度还是清理产品库存。如果是以宣传、推广为主的促销活动，可以适当放宽支出预算，用较低的价格刺激消费者购买，令消费者更深入地了解产品优势，形成良好品牌印象。如果促销的目标是清理现有产品库存，则不妨考虑通过捆绑销售、赠送促销等方式，让成熟产品带动新产品销售，发挥促销的最大价值。

（3）人员促销策略：促销中人的价值永远不能忽略，好的销售团队才能保证最佳的促销效果。对产品了解深入、语言能力、沟通能力和亲善力等，都是销售人员的优秀品质。可以说，人员是所有促销策略能成功实现的基础，生产企业要制定严格的销售团队选拔机制，促进人员能力提升。已经架构完成的销售团队，要保持敏感度，把握市场动向，洞察用户需求，抓住促销时机，并协助反馈用户意见，保持用户关系。

（4）公共关系促销策略：这一个长周期的促销策略，它需要立足长远，见效慢，但非常有利于企业形象、产品品牌的塑造。企业可以借助新闻宣传、网络宣传、公益宣传、榜单宣传、获奖宣传等渠道，提高自身的知名度和美誉度。另外，在公开场合举办演讲和展会等方式也能达到宣传和扩大影响的效果。

9.5.3　跨境促销管理

跨境促销管理是以提高销售额为目的，吸引、刺激消费者消费的一系列计划、组织、领导、控制和协调的工作。它要求管理者制定促销的目标，拟订促销计划，最终衡量促销计划执行的效果。

（1）制定促销的目标：从大的角度来说，制定促销目标是要在告知、提醒和劝说中选择侧重点；从小的目标来说，可以从提高营收、提高流水、提高用户数、提高客单价、提高品牌影响力等方向中进行选择。如果暂时没有明确的促销目标，厂商可以针对产品周期、市场规模、用户人数等因素进行分析，找到目前最紧迫的需求，以此来指导促销目标的制定。制定目标后，厂商要分析目标的合理性，以便拟订切实可行的促销计划。

（2）拟订促销计划：根据促销目标和促销的规模选择相应的促销手段，如果促销规模较大，可以采用多种促销方式结合的全面促销计划。影响促销计划的因素有很多，如活动能力、资金能力、生产能力、技术能力、危机处理能力等。在制订促销计划中，要明确促销的渠道、方式、时间和行动方案，编制促销预算，最后向执行人员安排具体执行流程。

（3）促销计划执行效果：在促销计划落实之后，厂商要检验促销效果。根据之前设定的促销目标来对比促销后的数据表现，如是否完成了预定的销售目标，是否吸引了更多的新用户等。由于促销的计划通常都是兼顾多个目标，在效果检查时也要综合考虑多方面的因素。

本章要点

- 营销组合是企业在目标市场上用来达成企业销售目标所运用的一系列营销工具的组合。
- 相比传统的国际营销，跨境营销的产品策略优势包括缩短产品营销周期，降低产品营销成本，降低进入国际市场的门槛，快速收集市场反馈，及时进行产品策略调整。
- 跨境营销产品策略包括标准化与差异化策略。
- 企业进行跨境营销时，常采用的品牌策略包括多品牌策略、统一品牌策略、家族品牌策略、品牌重建策略、品牌国际化策略。
- 定价策略是指跨境企业为实现跨境营销目标，根据对成本、需求和竞争状况的分析研究，运用价格决策方法，科学合理地确定产品价格的策略。
- 定价策略的管理通常体现在价格调整策略管理和跨境营销的多平台价格管理两个方面。
- 国际分销渠道通常按照间接程度、长度和宽窄进行分类，任何分销渠道的建立和维护都需要时间和成本，所以在制定分销策略、选择分销渠道之前都应当对产品进行分析。生产者还需要根据自己的产品特点、企业实力来对线上、线下进行选择。
- 促销的作用包括缩短入市进程、激励消费者购买、提高销售业绩、巩固产品市场定位等。

重要术语

营销组合　　产品策略　　跨境营销产品定位　　定价策略　　分销策略

复习思考题

1. 如何理解营销组合理论？
2. 试分析跨境营销的产品策略具有哪些优势。
3. 为了赢得竞争优势，可以采用的产品策略有哪些？
4. 试分析哪些因素会影响到定价策略。
5. 跨境营销可以采用哪些定价方法？
6. 新产品定价可以采用哪些定价策略？
7. 设计分销渠道需要考虑哪些内容？
8. 如何进行跨境营销分销渠道管理？
9. 促销的目的、作用和方法有哪些？

讨论案例

2018 年 Facebook 营销怎么做

Facebook 是跨境电商卖家最有效的营销手段之一。跨境电子商务的发展滋生出许多依托

Facebook 进行推广业务的专业企业，这些都有助于跨境电商企业的营销活动。

1. 内容质量胜于数量

每分钟都有很多内容被上传到 Facebook。如何从每天海量的内容中脱颖而出，需要注重内容质量，而不是数量。数量不能增加点击率。在新的 newfeed（动态消息）更新中，Facebook 更注重高质量内容。

2. 网页推广小技巧

在创建广告活动时，Facebook 会根据页面设置来自动调整文本与产品描述。为了提高对每个细分市场的客户响应率，通过单击 Advanced Options（高级选项）来定制标题，并使用文本框对标题进行调整。

3. 整合策略

无论创建 PPC（点击付费）广告还是 Facebook 的网页内容，目的应该都是一样的，即为潜在客户提供高度相关的内容。目标可能会有所不同，PPC 广告会将流量导向网店，网页上的帖子则负责让粉丝获取他们想要的信息，不过要确保创造的每一个内容都是有趣的、高质量的。

4. 视频直播

视频内容对 Facebook 营销相当重要。如何获得好的视频内容？可以使用 Facebook 旗下的视频直播平台 Facebook Live。据视频网站 Livestream 统计，82% 的品牌观众喜欢直播视频，而不是其他形式的社交媒体帖子。用直播展示新产品、促销，为利基市场提建议，或者为即将到来的产品系列展示幕后花絮。

5. 试试 @ 粉丝

如何最大化有机点击量？当与粉丝分享 UGC（用户原创内容）、合作伙伴、出版物或 Facebook 网页时，可以试着 @ 粉丝。

6. 不要低估 "Instant Replies"（立即回复）

许多消费者倾向于直接通过 Facebook 与品牌商沟通，并非电子邮件。Instant Replies 可以创造更个性化的购物体验，不过人们往往期望得到即时回应而不是自动回复。

7. 讲故事

即便一个付费的 Facebook 广告活动，讲故事也能帮助你获得更多关注，并与目标受众建立更紧密的联系，从而提高广告点击量。例如，2010 年建立的 Facebook 账号 Human of New York（纽约人），创作者 Brandon 就用讲故事的方式使这个账号拥有 1 800 万粉丝。

8. 分享 UGC 和推荐帖

当围绕品牌建立社区时，没什么比 UGC 和推荐帖更好的。这不仅能把粉丝和潜在顾客容纳进来，而且 UGC 纳入 Facebook 营销内容，有助于增强娱乐性、增加客户信任度，最终提高销量。

9. 让图片广告更吸引人

UGC 能脱颖而出，不仅仅因为其值得推荐，更因为 UGC 的图片比平常广告更独特。在用图片吸引住潜在客户注意力时，需要保持广告文字简洁明了、切题，那样才能吸引潜在顾客的注意力。

10. 聚焦潜在客户

这里有个词很重要——细分。需要细分目标受众，在利基市场创建针对性较强的广告。不应该关注总点击量，而要重视有效点击量的比例。

11. 实时优化营销活动

就像大多数 PPC 广告一样，为了充分利用预算，广告主想要监控营销活动并实时调整，以确保花的每分钱都能得到最高点击率。一个广告活动需要一两天时间，才能获得足够的数据来判断其广告效果。

资料来源：根据雨果网资讯改编。原始出处：雨果网. 2018 年 Facebook 营销怎么做？ [EB/OL].(2018-03-15) [2019-12-15]. https://www.cifnews.com/article/33648.

讨论题

1. 试分析利用 Facebook 能够涉及哪些营销策略。

2. 为何"立即回复"在跨境电子商务交易中非常重要？

第10章
跨境电子商务风险管理

学习目标

完成本章后，你将能够：

- 掌握跨境电子商务风险的来源。
- 掌握跨境电子商务风险的主要类型。
- 熟悉跨境电子商务风险的防范措施。

开篇案例　　　　　买家利益至上与知识产权的痛

王先生在东莞有一家电动牙刷工厂，以前主营业务是海外客户的OEM订单生产。几年前，王先生参与了一次跨境电商分享会，便开始从传统的B2B业务转型做跨境电商，一开始在eBay做跨境零售，因为销售火爆转而发展Wish，跟Wish合作的两年一直非常顺畅，每次只要物流显示投妥就正常收汇，虽然有时候也会有一定的收款延迟，但是总体合作非常愉快。突然，短短几天内王先生的账户被冻结，里面的款项全部被退回，而且款项没有具体的说明，至今下落不明。

经过与Wish总部的反复沟通，最终答复是海外买家对王先生店铺的知识产权和消费欺诈进行投诉，所以Wish最终判定支持海外买家的利益。关于Wish单方面直接冻结王先生账户的资金，他一直很吃惊，无法相信Wish的做法。王先生针对自己的案例咨询过律师，被告知Wish是美国公司，类似这样的纠纷需到美国本土打官司。一想到高额的法律成本，王先生灰心沮丧。王先生无法理解Wish作为一家资本雄厚的跨境电商平台，突然的变脸让他这样一个普通的中小跨境商家血本无归。这个案例背后是美国人思维方式的差异，其核心的价值观和理念就是买家至上，在知识产权和消费欺诈方面有高度敏感的制度规范。关于Wish电子合同条款，很多中国中小微跨境电商卖家很少会仔细阅读。诸多类似王先生的中小跨境电商卖家，长期凭借低价参与市场竞争，对于知识产权、消费纠纷、品牌定制等法律知之甚少。以王先生为代表的中国跨境卖家因为知识产权付出了真实的代价，目前王先生50多万元货款还是不了了之，无奈的王先生真是心力交瘁。

资料来源：根据外贸圈网站资料改编。原始出处：朱秋城.跨境电商如何规避支付风险 [EB/OL].(2016-04-05)
[2019-12-15].https://waimaoquan.alibaba.com/newbbs/topic/593249.

讨论题

为何王先生会面临账户被冻结，款项全部被退回的情况？

作为一项复杂的系统工程，跨境电子商务需要对互联网信息技术、跨境贸易、跨境电子支付、跨境物流、海关报关报检、法律、外语等多种服务和知识进行整合。由于我国外贸相关法律法规的制约以及税收、物流环节监管的不健全等原因，我国跨境电子商务占外贸的份额仍然较低，并且始终存在诸如基础设施和物流体系不完善、交易过于烦琐、支付结算违约率高、人才缺乏、企业信息化水平较低等问题，导致我国跨境电商企业缺乏国际竞争力。跨境电子商务交易常常在通关环节遭遇各类困难与挑战，与此同时，企业自身的限制性因素和支付结算环节的障碍同样极大地阻碍着跨境电商在我国的长远发展。

涉足跨境电子商务的企业越来越多地在其跨国经营过程中面临许多新型、隐蔽而不容小觑的经营风险的挑战，例如信息风险、信用风险、跨境物流风险等内生风险，以及法律风险、政治风险、自然风险、基础设施风险等外生风险。其中，信息风险包括供应链中信息不确定性和网络安全隐患造成的风险；信用风险主要指参与实体的信用不确定性，包括跨境电子支付中的信用风险以及产品流通过程中产生的信用风险；跨境物流风险主要包括跨境物流本身的风险以及在通关环节面临的风险。另一方面，由于跨境电子商务的主体和经营模式具有特殊性，传统管理机制与跨境电商发展存在脱节现象，监管部门在日常工作中可能面临税务环节的出口退税风险，具体表现为企业虚构可抵扣税额、虚构出口业务、中间代理商违规操作、虚假报关出口等风险事件。此外，中国跨境电子商务企业在其跨境经营过程中也诱发了人力资源风险、基础设施风险和产业链低端锁定风险，以及消费者法律纠纷风险等。跨境电子商务企业的跨国经营同样诱发了政府部门的数据采集和监管失效风险。

10.1　跨境电子商务风险来源

10.1.1　外部来源

1. 行业规则及监管方面

自《联合国国际贸易法委员会国际商事仲裁示范法》颁布以来，一般贸易的商事纠纷均有判定准绳可依。但跨境电子商务的贸易模式与传统贸易差异颇大，跨境电商企业需要与来自各国的消费者打交道并与多国政策制度交锋，应对形形色色的法律法规体系，面临国际贸易规则、主要贸易国之间的贸易规则以及各国内部的贸易规则、各平台之间的贸易规则差异等共同形成的多层次约束。在出现跨国纠纷时，司法管辖权的认定往往比较困难。同时，产品标准、检验检疫等关卡是国际商品进出口必不可少的环节，各国相关标准宽严不一、时有变动，跨境电商也可能因为这些标准之间的差异及其变动遭受损失。

从进口国层面来看，制度环境和商业环境的不断变化也会给企业带来较大的经营风险。跨境电商遵守出口国溯源法律的同时，也有必要遵循进口国的溯源规范。未能遵守本土化法规的出口电商更易卷入国际商事纠纷和国际仲裁，尤其表现在售后、追责环节，国际商事纠纷显然不利于跨境电子商务企业的正常经营和风险防控。当目标市场国际贸易责任追溯主体的相关规范加速整饬或与跨境电子商务企业所在国规定存在矛盾时，出口电商企业将难以实现责任主体的快速确定和精准究责，追责机制这一短板也将影响跨境电子商务企业经营收益的实现和服务质量的保障。

2. 法律方面

跨境电子商务是一种商业经济行为，既涉及消费服务领域，也涉及知识产权领域。传统领域的法律法规对跨境电子商务活动会产生诸多影响，但是它们是否适用于跨境电子商务活动，是否已经根据跨境电子商务的发展而有所更新？就目前来说，这些传统领域的法律法规尚未建立和健全针对跨境电子商务行为的条款细则。

在消费领域，我国已制定《中华人民共和国消费者权益保护法》（以下简称《消法》）《中华人民共和国产品质量法》《中华人民共和国反垄断法》《中华人民共和国反不正当竞争法》《中华人民共和国价格法》《中华人民共和国食品安全法》等来保护消费者权益。其中，以《消法》与消费者最为贴近。2013 年，我国对《消法》进行了更新与修订，加大了对网络交易的规范力度，甚至针对网络购物制定了七天无理由退货制度，遗憾的是未对跨境电子商务消费做出相关规定。在知识产权方面，我国制定了《中华人民共和国商标法》《中华人民共和国专利法》《中华人民共和国著作权法》等相关法律。但各部法律之间的关系尚未理清，突出表现在《消法》第二条和第五十六条关于法律适用的问题上，前者是《消法》优先适用，而后者是其他法律法规优先适用。法律定位模糊不清，立法目的相互交叉，调整范围相互重叠，不仅无法形成法律保护的合力，也有碍于确定统一的规范跨境消费行为的指导思想。

3. 平台规则方面

不同跨境电商平台的制度规则存在差异。例如，敦煌网采用佣金制、免注册费与 EDM（Email Direct Marketing，电子邮件营销）模式，成本较低；速卖通坚持"价格为王"，卖家一定要价格低才能有优势；eBay 对卖家的要求更严格些，形成了质量与价格并重的策略；对卖家要求最高的是亚马逊，它以产品为驱动，产品质量有优势的同时必须建设品牌。企业需要同时周旋在不同平台的规则体系中，容易导致产品销售方案等决策的复杂程度上升，也会给平台管理团队产生巨大的压力。在不了解规则体系或难以适应不同国家、平台的规则的情况下，风险事件更容易发生，导致运营成本上升。

电商平台作为跨境电子商务交易的核心环节，其责任与义务非常重大。电商平台是交易活动第一责任人，需要承担起主体责任。电商平台作为商业交易主体，对平台商家应进行经营资格审查、登记、公示等工作。电商平台还需与商家签订合同或协议，明确双方在电商平台进入和退出、商品和服务质量安全保障、消费者权益保护等方面的权利、义务与责任。电商平台应建立与完善平台管理规章制度，包括但不限于交易规则、交易安全保障、消费者权益保护、不良信息处理等。平台还需强化对商家发布的商品与服务信息的检查监控制度，对违反工商行政管理法律、法规、规章的行为，应及时采取措施制止，必要时停止对其提供平台服务。不仅如此，电商平台还要承担如下责任，如对注册商标专用权、企业名称权等权利的保护，商家商业秘密与消费者个人信息的保护、消费者权益保护，制止违法行为、协助与配合查处违法行为，保存交易信息、定期向工商行政管理部门报送网络商品交易及有关服务经营统计资料等。此外，交易平台还要考虑境外商家能否入驻、网站服务器和数据中心的选择等诸多问题。

4. 物流基础设施

在物流渠道欠发达的国家和地区，跨境电商企业容易暴露在较高的物流风险下。选择开拓这些市场的跨境电商企业不仅需要承担高昂的物流费用，也会遭遇时效性与安全性方面的困扰。跨境物流因物流环节的复杂性会产生诸多法律问题，包括合同签订与履行、商品运输安全、时间与成本矛盾、退换货纠纷、信息安全与保护等，在跨境运输与退换货物流方面问题更加突出。应建立与完善国际运输保障体系，包括电子支付、物流保障相关法律制度，同时依赖法律法规、技术提供、运输货物信息标准化建设。因退换货的流程比国内物流更加复杂，不仅物流时间久、物流痕迹无法查询，物流成本有时会超过商品价值，使物流成为消费者投诉的重点领域。

5. 区域知识产权壁垒

不同国家和地区存在着不同的知识产权现状和规章制度，这给商品的跨国流动带来了困难。同时，各大电商平台上存在抢注专利的"专利流氓"问题：抢注者利用中国卖家对美国专利制度的认知缺失，将卖家自主打造的"热销商品品类"的全部或部分细节进行专利抢注，之后向各大销售平台（如亚马逊）进行卖家侵权投诉。由于事发突然，平台与卖家并不清楚投诉的来龙去脉，致使被投诉的卖家只能按照平台侵权的操作流程予以调整，下架并"删除"商品。

在现行的跨境电子商务交易中，知识产权保护与使用意识仍较淡薄，尤其在跨境C2C 交易模式中，假冒、仿制商品较多，商品商标、图片、文字等使用不当容易引发知识产权风险。品牌抢注也成为跨境电子商务交易的难题，当境外商家计划进入一个市场时，发现其品牌已被注册，会引发知识产权纠纷，如新百伦公司被判赔 9 800 万元就是典型的知识产权案例。我国市场对于知识产权的保护意识更加淡薄，相关法律体系尚不健全，这滋生了知识产权风险。相对于欧美等重视知识产权的市场，我国商家进入该地区跨境电子商务市场时，由于受到传统电子商务交易习惯与思维的影响，大都会遇到或多或少的知识产权问题。2015年，发生在亚马逊平台上我国商家被大量封锁账号的事件，就是典型的忽视知识产权导致侵权事件，从而受到严厉的制裁，使我国商家遭遇了巨大的经济损失与商誉损失。

6. 文化差异

在经济全球化背景下，企业跨国经营和并购活动日益频繁，企业不可避免地面临着外来竞争以及多元文化的冲突，所有的管理者都要用全球化观念来考虑本企业的经营与管理，都要考虑文化差异给企业带来的影响。跨境电子商务业务使企业面临东道国文化与母国文化的差异，这种文化的差异直接影响管理的实践，构成经营中的文化风险。在一种特定文化环境中行之有效的管理方法，应用到另一种文化环境中，也许会产生截然相反的结果。跨境电子商务制造商与消费者之间往往存在文化差异。为了开拓中国市场，众多欧美优秀品牌近年来通过电商渠道上线了"贺岁纪念版"商品，却让中国消费者啼笑皆非。如阿玛尼推出的鸡年高光粉底等，而耐克的 Air Foamposite One Tianjin 以及 Air Force 1 Chinese New Year 2016 更被网友戏称为"天津喷"和"祝你发福鞋"。

新闻摘录

语言文化：影响中俄跨境电商的瓶颈

在运作俄罗斯跨境电子商务市场时，一个好的本地化的俄语翻译网站，会有较好的线上转化率，转化率约为 3.5%；一个不好的本地化的俄语翻译网站，线上转化率仅为 0.25%。俄罗斯最大搜索引擎公司 Yandex 大中华区总裁蔡学峰曾提出，语言文化是影响中国在俄罗斯跨境电子商务市场发展的一大瓶颈。

语言与文化障碍在全球范围内均有存在，中国企业可能印象更深。中国贸促会国际联络部副部长韩梅青曾总结，中国人在对外交流方面面临两大问题：第一个是不擅长对抗性交流，即表达自己的情绪与最终决策间的联系，中国企业在交流过程中不会表达自己的情绪，让谈判方无法判断其决策情绪，从而导致交流不畅；第二个是交流过于含蓄，中国人喜欢迂回的表达方式，外国人则喜欢直白的表达方式，这种差异导致许多信息沟通不到位或沟通产生误解，进而浪费了时间与精力。

资料来源：根据雨果网资讯改编。原始出处：雨果网. 俄罗斯"百度"：影响中俄跨境电商的瓶颈——语言文化 [EB/OL].(2014-11-24)[2019-12-15]. https://www.cifnews.com/article/11803.

提问

语言文化差异如何影响跨境电子商务交易？

7. 不可控事件

跨境电子商务涉及跨国交易，无法回避当地的政治、区域习惯、自然灾害、政策变化等因素，如乌克兰政变、越南政局动荡、东南亚排外政策和地方保护主义等诸多因素。另外，由于重大自然灾害难以预测，破坏严重，当这种灾害波及商品质量时，跨境电商也将面临销售困境。例如日本"3·11 大地震"以及并发的福岛核电站核泄漏危机，使得日产的食材、乳制品乃至汽车、化妆品等在华销售均受到影响。时至今日，从日本进口的商品仍旧需要放射性物质检测合格证明。由于无法证明原产地，卡乐比麦片以及三得利、Orihiro、Rakuten 等品牌的食品和保健品在跨境电商平台旗舰店中均遭下架。

政治与舆情风波也会带来商品销量的波动，从而给跨境电子商务造成损失。例如因为"萨德"事件，韩国乐天百货遭到了民间的抵制，在多家实体门店关闭的同时，2015 年 9 月拿下乐天网购中国唯一战略合作伙伴的京东也关闭了韩国乐天旗舰店，天猫国际、1 号店、网易考拉、聚美优品等跨境电子商务平台均下架了韩国乐天的全部商品。

10.1.2　内部来源

1. 知识产权意识不足

传统的国际贸易大多以国外买家采取大批量订货的方式完成，进口商通常在进口商品前主动进行知识产权调查和风险防范，进行知识产权的把关，国内出口商虽然没有过多关注知识产权问题，也不会存在知识产权侵权风险。与传统的外贸模式不同，在跨境电子商务中，卖家以中小企业为主，甚至很多自然人，往往缺乏有关知识产权方面的专业知识，而面对的国外买家也具有不特定性，因此知识产权问题变得十分突出。目前，知识产权方面的纠纷构成了电子商务的主要问题。在电子商务产业高速发展的形势下，侵犯知识产权的行为不断发生，严重影响中国商家的国际形象和跨境电子商务产业的长足健康发展。国内电子商务和知识产权属于新兴领域，原有问题本已千头万绪、梳理不清，而跨境电子商务知识产权更因电子商务知识产权涉及"境外"因素，更为棘手。

跨境电子商务企业可能面临因在售商品被投诉侵犯他人的知识产权，而导致产品下架、链接被删除、库存积压或企业成为知识产权人诉讼索赔的对象。遭遇这些知识产权风险事件的主要原因在于知识产权意识薄弱，对于国外知识产权保护体制缺乏了解，对于侵权行为抱有侥幸心理或是不懂得如何在跨国销售中应对来自竞争对手的恶意诉讼。

2. 维权应诉能力不足

跨境电子商务交易主体在应对复杂多变的国际跨境电子商务活动时，在国际维权方面通常存在困难。部分企业缺少对国外法律的了解，在出现涉及侵权问题时往往无力承担高昂的跨国诉讼费用，难以进行维权。跨境电子商务活动中数量庞大的中小微企业，以及跨境电商平台入驻的众多网店与网商，自身规模较小、组织结构不完整、维权意识薄弱等，通常没有能力成立自己的法务部门或难以负担获取优质法务资源的高昂成本，在应对法律诉讼等问题时，往往缺乏法律支持和线下应对机制，可能导致企业在多个平台上同时遭遇危机。

3. 市场分析能力不足

当前，大多数中国厂商在产品开发与市场分析方面能力不强，习惯于仿款、抄款，普遍缺乏创新意识和对于蓝海空间的敏锐感知，很少有企业能够根据目标国市场的具体消费需求有针对性地配置研发与选品资源，进而导致目标市场上的中国商品出现较为严重的同质化竞争，使跨境电商出口企业常常无法如期完成销售目标而导致囤货滞销与资金链断裂。出口厂商在销售环节产生囤货滞销风险的主要原因是选品阶段对目标市场需求的分析能力不足，进而导致了不匹配的产品开发与同质化严重的海外仓囤货。

4. 经营平台选择不当

跨境电子商务企业特别是中小企业在选择第三方跨境电商平台时，往往对自身定位不准，对入驻第三方跨境电子商务平台的目的缺乏认识，因而盲目选择平台，造成企业资源的浪费。企业在各平台之间应该有所侧重地进行经营，毕竟企业的资源是有限的，在跨平台经营时不可能面面俱到，如何确定自己的主战场以及辅助战场是跨境电子商务跨平台经营企业需要关注的核心问题。

跨境电子商务企业必然面临着入驻平台的选择。各平台主要面向的国家和地区各不相同，甚至主营的产业也不相同。比如速卖通主打俄罗斯、中东等新兴市场，eBay、亚马逊与 Wish 都主攻欧美市场，其中 eBay 在澳大利亚的市场份额较大，而亚马逊在美国的市场占有率比 eBay 更高。除了平台之间的地域分布不同，平台也出现了细分市场的趋势，诸多专营平台开始占有市场。平台选择不当有可能导致企业选择入驻平台后面临着平台转型风险、信息安全风险、滞销风险等不同的风险。

10.2　跨境电子商务风险类型

10.2.1　运营管理风险

1. 物流风险

跨境电商物流因其跨越国境完成物品空间位移，常伴随丢包率高、运输时间过长等运输风险。对于跨境电商出口企业的完整供应链而言，在常见的运营管理风险中首当其冲的就是物流风险，主要表现为跨境物流妥投失败带来的"财货两空"损失，常见原因包括物流企业管理不善引起的包裹丢失、目的国海关扣关、目的国内派送过程中包裹丢失等。

中国跨境电商物流环节多、涉及面广，整个物流链条的各节点都会产生退换货物流，退换货成为困扰跨境电商的一大难题。电子商务的自身特点导致退换货比例高、物流周期长、货品质量问题、货品的丢失、海关和商检的风险、配送地址错误等一系列问题，都导致了退换货物流的产生。尤其在欧美发达国家，当地"无理由退货"的消费习惯和文化，使得中国跨境电商的退换货率呈现持续增长趋势。由于涉及跨境通关和物流，退换货很难有一个顺畅的通道返回国内，各种相关成本的增加，甚至出现由退换货导致的费用严重超出货品的价值，这是中国跨境电商无法接受的，从而出现难以实现退换货的现象。

2. 支付风险

支付是跨境电子商务经营风险的重要来源之一，且危险性很高。支付风险涉及交易真实性识别风险、资金非法流动风险、资金管理及外汇管制风险等。汇率变动同样会作用于支付环节。由于跨境电子商务交易具有时滞性，且跨境支付存在付款与回款的时间差，这将导致跨境电商企业的大量资金在第三方支付机构、银行等账户上产生一定时间的停留，从而形成沉没资金。在跨境支付业务中，支付机构需在不同备付金账户之间，包括境内外不同备付金账户间进行资金调度。由于结算周期长、业务操作复杂等因素，还会形成很大的资金流动风险。这些沉没资金会受到汇率变动的影响，会因汇率变动而产生资金损失。

我国跨境第三方支付机构对相关国内法与国际法的协调起步较晚，国际支付方式结构性转变以及国际支付、金融规则的变动使得我国跨境电商主要面临三类支付风险：①进口电商支付风险。我国进口电商支付主要依赖支付宝、银联，在"无现金化"和移动支付方面已走在世界前列，但"中美电子支付争端案"绝非个案，进口电商支付体系与国际支付规则间仍未全面契合。②出口电商支付风险。世界市场在由卖方市场逐渐转变为买方市场的同时，我国出口电商尚未形成整体的本土化支付体系，国外消费者、进口商的结算和支付为国外支付机构所垄断，在货款回收、资金沉淀、即期收益等方面存在极大的低效率。如 PayPal 针对新收款账户的 21 天资金临时冻结规定，直接导致跨境电商卖家资金难以周转，给其日常运营带来风险。③互联网支付平台安全风险。据国家互联网应急中心（CNCERT）的数据显示，我国互联网钓鱼站点 96% 位于境外，遭受境外网络攻击日趋严重，跨境电子商务支付效率降低，存在很大安全隐患。在信息安全、网络安全未得到完全保障时，第三方支付平台的运行势必会伴随一定的风险和隐患。

3. 备货风险

中国跨境电商模式目前多以保税进口与海外直邮两种经营模式为主。以天猫国际为代表的跨境电商采用品牌方官方入驻保税进口的模式。以洋码头为代表的跨境电商采用海外直邮为主、保税进口为辅的模式。由于商品销售价格灵活浮动，海外直邮模式受到市场变动的影响并不太显著。保税进口模式则不同，该模式需要提前将商品运至国内仓库，由于市场变动导致这些商品销售利润减少，进口备货成本增加，从而带来较高的经营风险。跨境电商出口企业在将货物运抵目标国海外仓后，也常常需要应对无法如期完成销售目标进而导致囤货滞销的困境。在这种情况下，资金链断裂往往也会伴随着囤货滞销风险出现。近年来，每当临近销售旺季，囤货滞销风险事件的发生频率就有所上升。

4. 汇率风险

跨境电商经营无法回避汇率变动问题。汇率变动表现形式是不同国家之间的货币兑换比率的变化，这也代表了一国货币的贬值或升值状态。中国跨境电商在商品交易涉及的资金流环节都会面临汇率风险的挑战。这类经营风险多发生在汇率变动幅度大的国家或地区，如日本、俄罗斯、英国，以及尼日利亚、东南亚等。尤其这些国家或地区货币出现贬值，会导致中国跨境电商出口企业的销售额减少、利润下滑，还会出现消费者实际购买力下降，消费需求减少。付款与结算货币间汇率的变动，会加剧中国跨境电商经营的不确定性。

在跨境贸易中，汇率是一个重要的影响要素。在销售完成之后的跨境结算环节，汇率变动不仅会影响到跨境电商的利润、成本、资金等，也会带来跨境电商企业经营的汇率风险。以国内某电商平台为例，一年的交易量是 300 亿元人民币，按 8% 波动计，就有 24 亿元人民币的汇率风险存在，对于该企业而言是相当大的风险。汇率的波动可能会抵消企业一年盈利，甚至可能会导致亏损。2014 年，人民币双向波动汇率正式开启，人民币汇率波动幅度加大。艾瑞咨询报告数据显示，2008 年至 2014 年，人民币汇率每年上涨 3%，而 2015 年、2016 年人民币汇率整体波动在 8% 左右，这意味着跨境电商面临的汇率变动风险在增加。而随着跨境电商经营规模的增大，汇率变动带来的经营风险也将加剧，从而制约其健康发展。据统计，目前有 40% 的电商对汇率风险仍没有充分认识，20% ~ 30% 的电商已对汇率带来的风险有所认识，并开始逐步了解汇率变动风险，已经在做汇率避险的电商仅有 10% ~ 20%。可见，整个跨境电商行业对于汇率风险尚未有充分的认识和防范。

新闻摘录

委内瑞拉有望取消"怨声载道"多轨制汇率制度

目前委内瑞拉实行的汇率分为三档:第一档,1 美元等于 6.3 玻利瓦尔,用在食品、粮食、药品方面的进口结算;第二档,1 美元约等于 11 玻利瓦尔,主要以拍卖形式用于少部分企业;第三档,1 美元约等于 50 玻利瓦尔,大多数企业法人与个人有权竞拍这一汇率。作为全球最为奇葩的经济政策之一,委内瑞拉这种多轨制汇率令民众怨声载道。针对不同交易对象和交易目的,委内瑞拉实行多重不同的固定汇率制度,并严格限量供应美元。不过,委内瑞拉很有可能将取缔这种混乱的政策。

资料来源:根据雨果网资讯改编。原始出处:雨果网.委内瑞拉:有望取消"怨声载道"多轨制汇率制度 [EB/OL].(2014-07-09)[2019-12-15]. https://www.cifnews.com/article/9999.

提问

试分析委内瑞拉原有的汇率。

10.2.2 信息风险

1. 企业信用风险

相较于传统交易模式,跨境电子商务依托互联网络实现商品交易活动,交易主体既分属于不同国家,也体现了网络环境带来的虚拟性与匿名性。不同国家的市场环境不同、语言不通、购物习惯不同等,再加上互联网络的虚拟性,使得信息不对称问题更加明显。交易双方的身份识别、责任追溯都有很大难度。信用的缺失往往会引发交易市场中的逆向选择与道德风险问题,使得交易成本增加,市场效率降低。根据中国电子商务投诉与维权公共平台的数据,仅 2015 年上海市消保委就受理跨境电商投诉 1 059 件,同比上升了 368.6%。2015 年我国涉及电子商务的投诉事件较 2014 年增长了 3.27%,投诉增长最快的一类即是跨境网购(7.53%),投诉问题涉及网络售假、网络诈骗、虚假发货、订单取消、霸王条款、账户冻结、退换货难、售后服务差等众多方面。

2. 信息安全风险

区别于传统的国际贸易模式,跨境电子商务是基于国际互联网、电商平台等先进电子信息技术而生存和发展的。电子信息技术成为跨境电子商务基础服务的同时,计算机和互联网的信息安全问题也成为参与跨境电子商务的外贸企业必须面对的重要风险。

信息安全的风险主要源于计算机和互联网系统软硬件的兼容性与稳定性。由于计算机和网络软硬件更新换代周期短、升级频繁,整个跨境电子商务运行的软硬件基础包括互联网服务、电子商务平台、网络支付结算系统以及企业本地操作环境等都存在着多个软硬件品牌、型号、版本混杂共存的情况,各种兼容性问题、设计漏洞甚至是系统崩溃很难完全避免,从而导致了企业跨境电子商务业务的中断,甚至是交易信息和支付信息的丢失和泄露。

3. 信息不对称风险

在委托－代理关系中，跨境品牌代理电商对被代理品牌货源具有较强依赖，商品的制造、检验等均由品牌商负责，多数跨境品牌代理电商是从品牌商处直接获取商品，对质量并没有把控与质疑的权力。即便跨境品牌代理电商质疑货物的合规性，也只能"硬着头皮"上线商品。

由于跨境电商业务涉及不同国家或地区，以及不同的关境，导致市场的准入与退出障碍较高。对于一些信息变动大的市场，中国跨境电商会面临进入还是退出的选择性困难。尤其一些国家因政治或经济等原因，会加剧跨境电子商务交易主体间的信息不对称风险，市场经营环境严重恶化。即便在短期内，中国跨境电商企业可以退出该市场，但仍要面临重大的损失，甚至会导致企业入不敷出。

10.2.3 结构性风险

1. 入驻平台风险

对于同时铺开多平台销售的企业来说，能否在一开始就制订一个协调、高效的平台组合和团队管理方案，以及做好后续的跟进工作，是决定企业经营成败的关键所在。而对于逐步增加平台数的企业来说，每增加一个平台就意味着打破一次原有的平衡模式，是对企业内部运营、产品销售的一次重新洗牌，需要进行适度的调整使企业的运转重新回归平衡状态。若缺乏充分准备就盲目增加入驻电商平台，可能会造成企业内部人力资源缺乏、资金流转不畅以及团队管理混乱等情况，对企业内部的平衡造成巨大破坏。

2. 代理关系风险

一方面，代理关系为一些劣质境外品牌乃至虚假境外品牌创造了鱼目混珠的条件。例如，仅在中国香港地区就存在 60 多家与法国"梦特娇"（Montagut）重名或者名称相似的企业，2016 年也涌现出了"美素丽儿"等一批仿照境外知名品牌的"假洋品牌"。另一方面，一些品牌虽然拥有十分优秀的品牌号召力、市场跨度广，但在中国并没有长远的战略设想，也未对中国市场形成清醒的认识，对于与这些类型品牌代理关系的建立，中国电商应当持谨慎态度，否则很可能使构建旗舰店的投资真正成为"沉没成本"。

跨境品牌代理电商往往需要从零开始建立销售支持系统，进行人员培训，乃至进行产品策划等。正是这种前期开发市场的巨大投入与艰苦开拓，使得劳动成果的保有对于代理电商格外重要，关系到资金回笼等一系列问题，"为人作嫁衣""中途换马"的担忧时刻存在。例如 2017 年初，花王"展翅高飞"，与上海家化五年的战略合作走到尽头，这一代理关系的结束使得上海家化面临 10 亿美元的营收缺口，引起了市场对上海家化业绩预期的波动。

10.2.4　政策监管风险

1. 法律监管风险

产品标准、检验检疫等关卡是国际商品进出口必不可少的环节，各国相关标准宽严不一、时有变动，跨境电商也可能因为这些标准之间的差异及其变动而遭受损失。从国际通关政策变动来看，有关国际贸易通关的政策是各国海关协调进出口贸易、维护本国贸易利益的权衡结果。例如，2012 年 9 月 28 日，新西兰初级产业部（MPI）与新西兰海关在其官方网站发表声明，称将联合对非法输出婴儿配方奶粉的行为实施严打，限制了包括网购及亲友赠送等渠道的乳制品输出，对非法输出婴儿配方奶粉的公司与个人分别处以最高 30 万与 5 万新西兰元[⊖]的罚款，并酌情决定是否对其提出指控。在新西兰政府相关法律开始生效后，我国奶粉的境外进口电商均出现了缺货、断货的情况，一些规模较小的进口电商无以为继，只能关门歇业。

国际贸易法规政策造成的跨境电商经营风险主要集中在三个方面：①各国贸易法规差异。据报道，近年来常有来自美国的买家以高价购买仿冒品为由与中国商户聊天，获取其 PayPal 账户，相关品牌商随即凭借聊天记录在美国提起诉讼。PayPal 随后冻结这些中国商户的账户及资金，甚至清零。PayPal 政策偏向买家，这与我国商法、经济法以及相关惯例略有不同。因此，出口电商在未熟悉目标市场相关法律法规之前，进行跨境经营存在较大风险和隐患。②产品质量追溯主体的认定。跨境电商生态系统作为经济转型的新引擎，本身运作存在诸多薄弱环节，不同国家和地区的相关法律和管理参差不齐，而跨境业务又涉及多方主体，产品质量追溯存在较大困难和不确定性。③代码和条码机制固有缺陷。据跨境电商平台相关管理层介绍，输入条码和代码的物流记录方式极易被复制，违法者只需在某个终端输入复制的完整条码和代码，就能形成全部的物流信息，给合法经营的跨境电商企业和平台带来了巨大的维权隐患。此外，《海牙规则》较多地维护承运人利益，风险分担很不均衡，因此在新的航运秩序建立起来之前，跨境电商企业要应对较高的物流追责风险。

当前，我国政策监管造成的跨境电商经营风险主要集中在三个方面：①税率。四八新政将跨境电商零售进口商品的单笔交易和个人年度交易限值分别设定为人民币 2 000 元、20 000 元。在限值内进口的跨境电子商务零售进口商品，关税税率暂设为 0%；进口环节增值税、消费税取消免征税额，暂按法定应纳税额的 70% 征收。关税新政要求跨境电商进口产品按一般贸易商品进行通关，给跨境电商企业的经营带来较大风险。②检验检疫。2016 年，我国消费者网购的保税进口商品总额为 256 亿元，近 1/3 是食品。国家质检总局监管政策出台较为滞后，为保税进口模式下的跨境电商检验检疫工作带来难度，给跨境电商企业经营收益带来不确定性和风险。例如，跨境网购产品属"个

⊖　据央行 2012 年 8 月 12 日发布的汇率中间价，100 新西兰元合人民币 514.57 ～ 518.71 元。

人行邮物品"，其清关检验检疫责任主体不在平台，导致难以消除质量溯源风险。③跨境电商经营正面清单。正面清单出台后，跨境电商企业在经营品类和清关对策方面必将倍感掣肘。例如，牛肉等牲畜类食品被排除在正面清单之外，进出口商和生产商的进入门槛再次增高，为跨境电商平台、企业和潜在进入者均带来一定程度的不确定性和风险。

2. 知识产权风险

跨境电商企业可能面临因在售商品被投诉侵犯他人的知识产权而导致产品下架或链接被删除的风险。知识产权风险除了会导致库存积压外，部分情况下还会使企业成为知识产权人诉讼索赔的对象。在中国跨境电商企业的业务实践中，常见的知识产权主要包括商标权（如仿品）、外观专利或实用新型专利以及产品图片盗用侵权等几类。

从理论上讲，构成知识产权侵权的跨境电商产品需要平台和卖家共同承担责任。但从近年来诸多判例来看，平台并不会为此担责。这就意味着卖家需独立承担侵权后果，导致了平台和卖家利益的分离。因此，跨境电商企业入驻的平台越多，面临侵权的风险越大，在规模较大的平台遭遇知识产权纠纷往往也会波及其他平台相关产品的销售。

从本质上看，跨境电子商务知识产权问题仍然是电子商务知识产权问题，具有电子商务知识产权问题的共同属性，但在"跨境"的经营环境下，它又具有显著的独特性。这些共性或个性知识产权问题对平台商家和卖家的知识产权能力与风险防控建设提出了更高的要求。如果知识产权做得不够完善，那么产生的或许仅仅是短暂的繁荣，知识产权问题很可能影响平台企业和卖家在国际市场中的信誉和形象，成为跨境电子商务可持续发展的重要障碍。

10.3 跨境电子商务风险防范

10.3.1 外生风险的防范

1. 法律政策监管风险防范

跨境电商企业可能会面临来自多个国家的同时交易，事先做好功课是必不可少的，了解目标市场国家有利于企业分析消费者偏好，进而制定相应的营销策略，规避潜在经营风险。对于企业主要的目标市场，需要充分了解相关国家的知识产权、关税、外汇等政策。短期内，国际贸易通关政策因国而异，难以左右其变动趋势，但可采取一定措施以应对通关、检验检疫、正面清单等难题。

一方面，跨境电商企业应当努力制定新型动态通关战略，以缓和政策监管风险带来的负面影响，具体举措如下。①形成战略合作联盟。针对跨境电商中小企业，在进出口通关方面可以形成一定层级的一体化战略合作联盟，彼此整合资源、共担风险、提高通关效率。针对出口电商与目标市场服务商，应当形成本土化战略合作联盟。针对跨境电商与跨国公司，可以在适当层面形成全球化战略合作联盟，借力后者的资源与全球影响力，降低政策监管风险。②成立本土化品检小组。不同目标市场对跨境电商的通关政策各不相同，尤其表现在检验检疫环节。在食品生产和检验检疫过程中，务必注意应形成品检的差异化。此外，不同关境对部分化学成分含量上限的规定不同，当目标市场标准不一时，跨境电商企业应形成可调整的产品质检制度，以适应不同关境检验检疫规则的差异，降低通关风险。③实时跟进最新正面清单。正面清单在各发布国具有严格执行力，跨境电商企业战略涉及扩展目标市场或扩展经营品类时，有必要实时跟进最新正面清单。例如我国禁止电商进口牛肉，跨境电商平台和企业在确定经营品类时应避免牛肉类业务的开展。

另一方面，跨境电商企业也应当通过强化跨境权责意识来提高政策变动响应速度与预防风险的能力，从而降低跨境电商政策监管风险，具体举措如下。①强化权利意识。企业应全面了解己方享有的权益，在质量溯源等追责冲突发生时依法维权，有效降低跨境追责难度，消除跨境追责风险。②强化义务意识。跨境电商企业要主动承担国际贸易法律规定的相关义务，从根本上避免未尽义务和不作为责任的产生，降低跨境运营风险。③强化责任意识。国际贸易法规的责任主体不尽相同，而跨境电商企业应承担的责任范围相对较广。跨境电商企业应以承担法定责任为首要原则，强化跨境责任意识，制定管理经营策略，降低跨境追责风险。

2. 平台规则风险防范

（1）谨慎选择入驻平台

跨境电商企业特别是中小企业在选择第三方跨境电商平台时，往往对自身定位不准，对企业入驻第三方跨境电商平台的目的缺乏认识，因而盲目选择平台，造成企业资源的浪费。企业在各平台之间应该有所侧重地进行经营，毕竟企业的资源是有限的，在跨平台经营时不可能面面俱到，如何确定自己的主战场以及辅助战场是跨境电商跨平台经营企业需要关注的核心问题。选择入驻平台涉及两方面的考核：一方面需要从单个平台入手；另一方面应该注意各平台之间的配合，即多平台的整体效果。就单个平台选择而言，首先需要注意对平台进行分析和测评，了解平台模式和定位是否与企业经营目标相符。其次企业还需要关注平台的客户群体以及知名度，例如俄罗斯、巴西等新兴国家的客户大多数属于价格敏感型客户，欧美客户则大多对产品的质量以及产品的运输时效较为看重。此外，目前各类跨境电商平台的收费模式各不相同，因此需要考虑平台入驻成本。而在跨平台经营中，企业选择入驻平台时最为重要的是应充分结合各平台的优势、地理位置等，根据企业整体发展战略来制订入驻平台的方案。

首先，需要考虑产品和平台的匹配，根据自身产品的价格特征、目标消费者群体等筛选合适的平台。如当企业产品较为大众化时，可偏向于注重价格优势的平台与客户群体，而走高端路线的产品战略正好相反。其次，需要根据平台规则规范等匹配企业定位，选择合适的平台数量及具体平台。最后，需要根据已经选定的平台分配管理团队等企业资源。例如，中小企业可将产品与人力资源集中于主要经营平台，确保其主平台的产品销售。

（2）详细制定运营策略

在决定了入驻的平台后，企业需要为通关、商检、报税退税、收汇结汇、保税仓储物流、风险监控管理等环节制定详细周密的运营策略。一方面，从产品销售的流程来看，物流在跨境电商企业成本中占20%～40%，因此物流和库存在经营过程中关注跨境消费时更多元化的商品需求，而这一点恰恰是海外直邮模式的优势。企业可根据自身产品特征、产品国际市场行情、人民币波动趋势等因素在保税仓与海外直邮这两种模式中做出取舍，选择对应不同平台的经营模式，确保自身经营安全。如何高效、灵活地在不同物流渠道之间进行协调、统筹，成为影响跨平台经营效率的一个关键部分。另一方面，跨境电商企业在跨平台经营过程中需要思考如何构建管理团队以实现最高效率，并根据企业各自的发展需求以及定位，采取相应的措施降低管理成本及人工成本。跨平台经营面临的管理问题更多的时候是对"人"的管理，而非日常业务运营本身。企业领导层不需要把任何细节都弄清楚，但是要保证团队明白自身的目标，从而实现效能最大化。另外，在通常情况下，任意两家平台商城的数据并不支持直接共享，这就需要企业以自建平台数据库为蓝本，进行灵活处理。在不同平台经营时尽量安排专门团队，保证足够专注、专业，同时尽量保证跨平台经营商品品类的高度关联，不要过度开拓库存量单位（stock keeping unit，SKU），以免造成管理难题。由于跨平台经营的管理难度增加，跨境电商企业需要强大的智能系统来支撑整体的运营管理，可以考虑引入跨平台经营适用的供应链管理系统，但需要事先权衡利弊。

（3）把握政策规则导向

在跨平台经营过程中，企业可能会面临来自多个国家的同时交易，事先做好功课是必不可少的，了解目标国市场有利于企业分析消费者偏好，进而制定相应的营销策略，规避潜在经营风险。对于企业主要的目标市场，需要充分了解相关国家的知识产权、关税、外汇等政策，以及对应平台的一些执行惯例，例如亚马逊在美国站点退货只支持美国地址等。同时，企业在开展跨平台经营前，应先用一段时间分别熟悉各个平台的后台操作与基本守则，摸透各平台之间的异同点以及特殊之处。跨境电商平台的规则有可能一周一变，甚至一日一变，企业需要安排专门团队跟进规则变更，从注册、发布、交易、放款、评价、售后等方面分别入手，吃透相关平台的规则，明确各平台的活动区域和禁区。在清楚把握不同平台给企业划定的业务范围后，企业再进行系统性的思考总结，建立起自身的跨境思维框架，进行战略扩张。

（4）实现战略合作互助

在应对知识产权纠纷时，国内大多数卖家并不会选择积极应诉，从而有可能对企业在其他平台的经营与我国企业的整体形象产生影响。特别是中小企业资金少，组织结构也不够完善，在应对知识产权侵权等问题时，往往缺乏法律支持和线下应对机制，可能导致企业在多个平台上同时遭遇危机，心有余而力不足。在这种情况下，战略联盟或行业协会可以给中小企业提供必要的法律援助，例如在遭遇知识产权侵犯纠纷时，协助寻求最优的解决方案，指导中小企业在积极应诉与寻求和解中进行取舍。同时，在中小企业遭遇法律纠纷引发产品滞留时，大企业可以协助中小企业实施货物转移等紧急应对措施，如为中小企业提供一段时间的免费仓储或者协助寻找其他销售渠道，共同应对跨平台经营中的风险。一个可行的建议是，在政府职能部门指导下成立应对跨境知识产权诉讼的专门组织，实现跨境诉讼的信息共享、抱团应诉。如今，上海跨境电子商务行业协会等类似组织已陆续成立，在贸易配对、贸易融资、物流服务、海关通关报检、政策共享、法律援助等方面为中小企业提供信息服务。与此同时，企业也可以借助战略联盟交流各平台经营经验，为中小企业和新手卖家提供入门指导和进一步的学习机会。由此可见，建立战略联盟是共同规避跨平台经营中的知识产权侵权等风险的重要举措。

3. 物流风险的防范

跨境电商企业应熟悉并响应国际物流货运政策变动，有必要将完善跨境物流运作为一个大方向，通过整合供应链最佳资源兼顾物流成本、时效性、准确性和安全性。跨境电商企业需要完善供应链上节点企业的管理信息系统，充分实现信息共享，提升自身智能监控与协调能力，增强国际物流服务响应能力，保证信息流和商品流的快速流通，降低跨境电商物流风险，具体举措如下。①建立国际物流服务能力评估体系，明确跨境货运责任主体。《鹿特丹规则》的修订警醒跨境电商企业，只有建立健全企业对于国际物流服务商的能力评估体系，才能从源头全面定位货运责任主体，降低物流风险。②提高国际物流成本管控能力，降低货物赔偿风险。物流外包协议达成后，应就综合交付、风控、保险金等各方面因素对承包方进行全面监管，必要时可要求后者提供完整的备选方案或应急计划，以应对《海牙规则》和《汉堡规则》调整的赔偿金新政策，降低货物赔偿成本和经营风险。③提供国际物流差异化服务，增强政策适应能力。跨境电商企业应从实际出发，提供差异化的国际物流服务，尤其应注重出口产品在目标市场的物流本土化，提升企业的国际货运政策动态适应能力，降低目标市场物流风险。

就出口电商而言，企业需要适应各平台不同的物流模式。保税模式尽管确保了配送速度与用户体验，却忽略了消费者跨境消费时更多元化的商品需求，而这一点恰恰是海外直邮模式的优势。企业可根据自身产品特征、产品国际市场行情、人民币波动趋势等因素合理在保税仓与海外直邮这两种模式中做出取舍，选择对应不同平台的物流模式，确保自身经营安全。

就进口电商而言，目前采取的发货模式主要有海外直邮与保税备货两种，其中进口零售保税备货模式在运输成本、税收成本、发货效率、退货成本等方面具有非常大的优势。进口电商通常不仅需要直接承担海外品牌直销消费者的"B2C"职责，同时具备掌握地区供货、拓展下一级店铺的"B2B"职能。相比"直邮集货"的少量多种、积少成多，进口电商对于货物体量与供应链弹性的需求显然与保税备货模式更为契合。因此，进口电商可以尝试利用这一模式进行货品供应的调节。

4. 知识产权风险的防范

为了应对知识产权风险，亟须成立以处理知识产权等领域法律事务、给中小企业提供必要法律援助为主要目的战略联盟或行业协会。战略联盟或行业协会中规模较大的跨境电商企业已经在应对日益增多的知识产权贸易摩擦方面积累了丰富的经验，逐渐获得了话语权，因此可以在遭遇知识产权侵犯纠纷时，协助寻求最优的解决方案，指导中小企业在积极应诉与寻求和解中进行取舍。同时，在中小企业遭遇法律纠纷引发产品滞留时，大企业可以协助中小企业实施货物转移等紧急应对措施，如为中小企业提供一段时间的免费仓储或者协助寻找其他销售渠道，共同应对经营风险。此外，企业也可以借助战略联盟交流各平台经营经验，为中小企业和新手卖家提供入门指导和进一步的学习机会。

由此可见，建立战略联盟或行业协会是共同规避跨平台经营中的知识产权侵权等风险的重要举措，政府监管职能部门应当扶持并引导成立应对跨境知识产权诉讼的专门战略联盟或行业协会组织，实现跨境诉讼的信息共享、"抱团"应诉。如今，上海跨境电子商务行业协会等类似组织已陆续成立，在贸易配对、贸易融资、物流服务、海关通关报检、政策共享、法律援助等方面为中小企业提供信息服务。

5. 支付风险的防范

国际支付政策的变动和跨境电商的发展相互促进、相互影响，跨境电商企业有必要积极应对国际支付政策变动，实现传统支付方式与跨境电商支付体系之间的健康转型，完善跨地区、跨文化的电子支付体系，保证复杂交易环境的安全性和资金的顺畅流通，从而防范跨境电商支付风险，具体举措如下。①扩展进口支付平台。进口第三方支付平台扩展国际业务的同时，应全面参考国际规范，以应对汇率波动、支付合法性等国际风险。②创建出口支付体系。目前我国跨境电商企业尚未形成出口地的跨境电子支付体系，境外消费者以 PayPal 等国外支付平台为主，我国出口电商的资金流受目标市场消费者选用的第三方支付平台限制，资金沉淀问题日益尖锐，在途资金难以周转。创建出口支付体系有利于跨境电商业务一体化和经营风险的降低。③促进进出口支付平台一体化。跨境电商发展至一定阶段后，可以形成第三方支付平台国内业务与国际业务的一体化。例如，支付宝可以将业务分为国内进口电商企业板块和出口电商企业板块，分别服务于境内消费者支付和境外消费者支付，有利于统筹协调，并提高跨境支付效率，降低经营风险。

6. 汇率风险防范

（1）宏观层面

第一，金融政策。国家加快推动金融制度改革，依托人民币进入直接提款权的优势，加快推动人民币国际化。国家层面在加快双边本币互换协议国家与地区的覆盖率。借助人民币跨境支付系统的上线，应在"一带一路"沿线国家和地区加快该系统的覆盖与利用，鼓励用人民币进行结算，积极推动从美元过渡到人民币与美元双币标价。

第二，汇率政策。在汇率管理方面，建议采用小幅渐进方式对汇率变动进行管理。通过该措施的实施，既有利于增强汇率弹性，在一定程度上还利于稳定市场对人民币的预期。从长期看，有利于促进我国跨境电商企业尤其是中小微企业逐步适应并培养汇率变动带来的风险防范意识与能力。

第三，贸易政策。依托我国"一带一路"倡议，制定积极的贸易政策，旨在鼓励中国企业"走出去"。聚焦我国跨境电商整体偏弱的市场现状，通过适当的金融或税收杠杆效应，鼓励制造型企业、贸易型企业积极参与跨境电商交易活动。通过主观意识的引导，鼓励新兴产业的发展，引导资源通过更有效与更合理的方式实现配置，推动产业的转型升级，为中国企业"走出去"保驾护航。

第四，数据政策。依托大数据技术，整合政府、行业及企业资源，建立中国跨境电子商务指数，完善动态发布机制。充分发挥政府部门在数字平台搭建工作中的主体责任，建立起长效机制，确保数据的可获得与可使用，实现业务数据化与数据业务化，并积极推动中国跨境电子商务指数的价值实现。

（2）产业层面

第一，规模结构。大力发展产业集群战略，加快我国跨境电商现有产业链的整合与完善，加快现有产业结构优化升级与产业重组。依托跨境电商平台，同一产业或关联产业内积极推动企业联合，形成中小企业集群效应，旨在实现规模效应与产业集群效应，以提高产业竞争力与市场集中度，提高汇率变动风险的应对能力。

第二，生产方式。借助劳动力为主导的传统型优势，通过产业内研发与设计，向新兴技术为主导的新兴产业优势转变。积极发展跨境服务业务，如教育服务进出口、医疗服务进出口等，围绕商品的微创新，实现差异化、定制化、柔性化。通过产业生产方式转变，提高商品的附加值，为商品预留足够的利润空间。以生产方式为抓手，回归到商业本质，回归到商品本身。

（3）企业层面

第一，经营策略。中国跨境电商企业以经营策略的转变为着力点，在提高商品质量的同时，还应关注对中高端市场，尤其经济环境稳定、市场接受度高、利润空间高的市场进行扩展，以确保较高的市场竞争力。根据实际市场需要，适时调整跨境电商企业的产品结构，努力推行品牌战略，通过品牌溢价增加商品的利润空间，增加高附加值的商品比重，进而实现转嫁汇率损失的目的。中国跨境电商企业还可以通过多元化经营，多产业、多商品、多市场、多平台等方式，分散汇率变动风险。关注汇率变动，增强汇率风险管控与对冲意识，构建汇率变动风险防范与预警机制。

第二，管理策略。从提高企业生产效率入手，科学地管理与控制商品产量与质量，通过流程化、科学化、系统化的管理体系，降低商品的间接成本。借用科学方法，量化汇率风险。自建风控部门，或依托跨境电商平台或银行机构，建立汇率变动联动机制，实现汇损转嫁。将汇率风险考核纳入高级管理人员的管理机制、激励机制及财务人员的考核机制，增强企业相关人员的汇率风险防范意识。

第三，金融策略。依托中国跨境电子商务指数数据，利用金融衍生工具降低汇兑风险。积极推行人民币业务结算和人民币国际化。根据实际需求，采用适合的货币种类，尤其要选择最佳的支付与结算币种，综合利用多种手段降低汇率风险，如即期结售汇、远期结售汇、外汇买卖等。利用金融产品的不同模式，围绕不同跨境电商平台的支付与放款政策差异，进一步挖掘平台的汇率业务。

7. 不可控事件风险的防范

重大自然灾害、政治与舆情风波对于跨境电商而言，是最严重也是最难以避免的风险，一旦"黑天鹅"起飞，跨境品牌代理电商将会陷入极大的困境。考虑到风险的不可抗性，跨境电商应当积极利用保险工具分散风险，同时应当坚持合规经营，遵守业务所在国家的法律法规，通过内外兼顾、双管齐下的风险预防措施积极合理"避险"。

10.3.2 内生风险的防范

1. 入驻平台风险防范

企业在各平台之间应该有所侧重地进行经营，毕竟企业的资源是有限的，在跨平台经营时不可能面面俱到，如何确定自己的主战场以及辅助战场是跨境电商跨平台经营企业需要关注的核心问题。选择入驻平台涉及两方面的考核：一方面需要从单个平台入手；另一方面应该注意各平台之间的配合，即多平台的整合效果。

就单个平台选择而言，首先，需要注意对平台进行分析和测评，了解平台模式和定位是否与企业经营目标相符。其次，企业需要关注平台的客户群体以及知名度，例如俄罗斯、巴西等新兴国家的客户大多数属于价格敏感型客户，欧美客户则大多对产品的质量以及产品的运输时效较为看重。此外，目前各类跨境电商平台的收费模式各不相同，因此还需要考虑平台入驻成本。

在多平台经营中，企业选择入驻平台时最为重要的是应充分结合各平台的优势、地理位置等，根据企业整体发展战略来确定入驻平台的方案。首先，需要考虑的是产品和平台的匹配，根据自身产品的价格特征、目标消费者群体等筛选合适的平台。例如，当企业产品较为大众化时，可偏向于注重价格优势的平台与客户群体，走高端路线的产品战略则正好相反。其次，需要根据平台规则规范等匹配企业定位，选择合适的平台数量及具体平台。最后，需要根据已经选定的平台分配管理团队等企业资源。例如，中小企业可将产品与人力资源集中于主要经营平台，确保其主平台的产品销售。

2. 备货滞销风险防范

一方面，针对备货滞销风险问题，跨境电商应当树立可持续发展的品牌观念，主动摒弃不正当竞争，抵制"低价低质"的倾销活动。针对供需波动风险应当重视销售、库存情况的科学统计，在预订拿货环节提高准确度，同时留有合理的弹性供应余地，也可与供应商就"快速响应"供应链进行协商，提高货物周转速度。另一方面，出口厂商在销售环节产生囤货滞销风险的相当部分原因是选品阶段对目标市场需求的分析能力不足，导致了不匹配的产品开发与同质化严重的海外仓囤货。为此，跨境电商应当重视文化因素，提高产品的针对性，在商品销售之前就对商品精挑细选，评估其文化接受度；重视商品的本地化营销、广告推广等环节，在营销时注重结合本土文化因素，紧跟消费者习惯变化。例如，网易严选的兴起正是凭借其精准而又别具一格的定位，很好地在普通消费者对于日用品质量与价格的追求之间实现了平衡。

3. 代理关系风险防范

首先，为了降低代理品牌本身的质量风险，代理电商应当充分了解品牌的背景、实力、资金状况、信誉等，防止受到欺诈或者产生侵权，通过品牌调查避免成为"假洋品牌"的代理商。而针对线下分销渠道混乱、市场定位模糊的境外品牌，跨境品牌代理电商也可以通过调查，对于今后将要面临的线上销售状况、可能采取的线上销售战略有所准备。其次，跨境品牌代理电商应当充分了解被代理品牌对代理电商的支持程度，并且对提供支持较少的境外品牌提高警惕，防止接手"烫手山芋"。

针对代理合同中的不合理责任划分条款，跨境品牌代理电商应当认真审阅合同内容，警惕授权人通过合同设置陷阱。如果企业单独审阅合同具有较大的困难，也可考虑对接专门的法律机构请求援助。除此之外，跨境品牌代理电商还应当认真考察品牌授权中的层级代理关系，防范潜在风险。在发生代理终止事件时，跨境品牌代理电商应当更多地求助于委托－代理关系，确认合同中的"退出机制"相关条款，争取在退出机制中首先保障自身权利不受损害，并为自身进一步争取权利。

在确保代理品牌和代理关系"质量过关"的前提下，为了能够获得更大的发展和盈利空间，跨境品牌代理电商也应当主动了解国际品牌在华的"发展蓝图"，如品牌代理战略是长期战略还是短期战略，被代理品牌给予代理商的发展空间有多大，被代理品牌面向的潜在销售群体规模有多大，代理电商需要多长时间可以实现盈利等。总而言之，只有充分掌握境外品牌的相关信息，尽可能缓解委托－代理关系中的信息不对称状况，跨境品牌代理电商才可能避免因此而产生的风险与潜在损失。

随着品牌影响力的扩大、市场认可度的提高、客户忠诚度的上升，跨境电商应当注重自身用户群的培养，在培养消费者对于品牌接受度的同时，也要培养消费者对于电商自身声誉与自有平台的消费黏性。

4. 企业信用风险防范

跨境电商的虚拟性、网络化和非实体化等特点，使得这种交易模式比传统的交易模式更加需要信用的支持。建立并完善信用评估体系，可以在一定程度上降低信息不对称的程度，纾解企业信用风险，进而降低交易双方的风险和交易成本，提高交易的意愿，提升市场效率。具体来说，应当采用合适的信用评估方法，精确科学地筛选处理所需指标，高效建立信用评估模型，准确评估企业信用状况并对信用主体进行实时性、动态性的监测，及时反映信用主体的信用变化并提出解决方案，提高企业违约概率测度的准确性，从而降低交易活动违约的概率，降低跨境交易中交易各方参与企业信用风险管理的成本，提高跨境电商信用风险管理的时效性和准确性，有效防范跨境电商中的信用风险。

其中，跨境电商大数据信用评估体系需要结合互联网、物联网、移动技术、大数据技术，通过准确评估、高效建模、实时监控和降低违约概率等途径构建并进一步完善。首先是大数据挖掘。跨境电商作为一种新型贸易方式，产生并积累了大量的、形式多样的用户网络行为大数据。应当通过互联网获取数据，弥补传统评估方法的不足，集合社交网络与电子商务行为中产生的海量数据，给评估结果提供侧面支持，实现多源数据融合；实时监测信用主体的信用变化，及时拿出解决方案，避免风险；利用海量数据得到因素之间的强相关性，避免偶然因素造成的影响，实现高效建模。其次是仿真模拟。建立在对企业多项综合指标的收集以及对中观和宏观环境的重要指标的大数据挖掘上，通过蒙特卡罗算法以及机器学习来实现对市场实际情况的尽可能准确还原，反映相同企业指标在不同外部环境下的不同违约情况，为企业提供相机抉择的参考，降低违约概率。最后是人工智能模型。通过模仿人脑信息加工过程，对信息进行智能化处理，实现大数据风控。利用人工智能机器学习平台，通过数据分析、处理、挖掘、模型构建更为准确地评估企业违约的概率。

本章要点

- 跨境电子商务风险外部来源包括行业规则及监管方面、法律方面、平台规则方面、物流基础设施、区域知识产权壁垒、文化差异、不可控事件等。
- 跨境电子商务风险内部来源包括知识产权意识不足、维权应诉能力不足、市场分析能力不足、经营平台选择不当。
- 跨境电子商务运营管理风险包括物流风险、支付风险、备货风险、汇率风险。
- 跨境电子商务信息风险包括企业信用风险、信息安全风险、信息不对称风险。
- 跨境电子商务结构性风险包括入驻平台风险、代理关系风险。
- 跨境电子商务政策监管风险包括法律监管风险、知识产权风险。

复习思考题

1. 简述跨境电子商务风险的外部来源。
2. 简述跨境电子商务风险的内部来源。
3. 试论述跨境电子商务风险都包括哪些类型。
4. 试分析如何防范平台规则风险。
5. 试分析如何防范汇率风险。

讨论案例

别让在线支付风险成为跨境电商成功的障碍

跨境电子商务行业对于中国卖家而言，既具有巨大的商机与潜力，也存在比线下市场与国内电子商务行业更复杂的交易风险问题。应对这类新型风险必须防患于未然，需要事先了解在线跨境交易可能存在的各类风险以及相应的解决方案，方能降低风险发生的概率与带来的损失。

1. 抵挡网络欺诈

从全球看，网络欺诈屡有发生，亚洲更是网络欺诈的高发区。据 2013 年 Sophos 网络安全报告，亚太地区的企业及消费者更容易受到网络安全的危害和骚扰。在全球最易受网络犯罪侵袭的 10 大城市中，亚洲城市有 8 个。中国更被列为第二大具有高风险级别的国家。

精心安排的网络欺诈预防机制与工具被全球广泛使用，旨在预防诸如个人信息及信用卡盗用等问题。但是，采用不同的网络欺诈预防机制往往会产生不同的防范效果。因此，选择一款安全可靠的在线支付工具成为降低跨境交易风险的重要环节。

美国 2checkout 欺诈指数报告指出，相较信用卡而言，商户们认为使用 PayPal 收款的风险率更低。作为值得信赖的第三方支付平台，**PayPal** 拥有全球领先的风险管理系统，帮助卖家从交易开始之初便着手规避恶意欺诈风险。一旦买家提交购买订单，**PayPal** 的欺诈检测模型便即时启动跟踪，对欺诈交易做出风险预警。一旦监测到可疑交易，**PayPal** 将立即安排专业的人工核查，将由世界一流的风险管理专家亲自核查，然后判定该笔交易是否存在欺诈嫌疑。

2. 降低现金流压力和解决信任问题

为了降低资金风险，卖家常期望在发货前收到货款，而买家则希望先收货再付款。这个问题在跨境交易中显得尤为突出。因为物品寄送至买家手中要花费更长的时间。更长的运输时间意味着商家需要承担更高的现金流风险和买家拖欠款项的风险。

PayPal 不同于传统银行汇款和一些第三方支付平台，后面这两类组织会选择买家收货确认后向商家汇款的运营方式。**PayPal** 在订单生成时便会向商家及时放款。

有效的风险管理应当平衡风险和用户体验，帮助交易双方在最短的时间内鉴别对方的信誉度。如果评估时间过长，可能会损失客源。因此，对于商家而言，在选择支付解决方案时，考察其安全性和用户体验是同样重要的。选择 **PayPal** 这样有着全面可靠的风险管理系统和全球领先技术的第三方支付平台，商家能集中更多精力发展业务，助其制胜跨境电商贸易市场。

资料来源：根据雨果网资讯改编。原始出处：雨果网.别让在线支付风险成为跨境电商成功的绊脚石 [EB/OL]. (2015-05-11)[2019-12-15]. https://www.cifnews.com/article/14667.

讨论题

1. 在线支付风险将如何影响跨境电子商务交易？

2. 以 PayPal 为例，试分析该如何应对在线支付风险。

第11章
跨境电子商务法律制度

学习目标

完成本章后，你将能够：

- 了解传统领域及电子商务领域相关法律对跨境电子商务的影响。
- 掌握跨境电子商务核心环节的法律问题。
- 熟悉跨境电子商务知识产权问题及保护措施。
- 熟悉跨境电子商务消费者的相关权益。

开篇案例　　　　　美国海关严查涉嫌知识产权侵权商品

在跨境电子商务市场中，每年都有不少卖家货物因涉及侵权而被海关扣留。一位售卖耳机的卖家表示，在美国被扣了一批货，因为没有 Logo，外观不是 100% 侵权也会被扣。另一位卖家表示，其售往巴西的内存卡经过 Cicinati 中转也被扣。

针对上述情况，有专业人士指出，知识产权是企业经营中非常重要的组成部分，在电子商务环境中也是非常重要的因素。对于中小微企业或卖家而言，如不按照平台规则或流程运作，或没有注册自己的专利与商标，依赖侥幸心理进行商业活动，就会存在巨大风险。

伴随跨境电子商务的飞速发展，越来越多的平台、企业通过一系列渠道走向国际市场。在跨境电子商务发展过程中，知识产权的保护显得更加重要，尤其对知识产权要求严格的欧美市场。中国商家在知识产权保护方面意识淡薄，很容易发生侵权行为，进而面临巨额罚款，甚至"赚的都不够赔的"。

美国贸易代表办公室（USTR）在"2018 特别 301 报告"中，围绕外国知识产权保护情况，确认了 36 个特别观察名单和重点观察名单的国家，其中阿尔及利亚、阿根廷、加拿大、智利、中国、哥伦比亚、印度、印度尼西亚、科威特、俄罗斯、乌克兰和委内瑞拉 12 个国家被列入优先观察名单。中国已连续第 14 年内被纳入优先观察名单目录，并会继续受到第 306 条的监测。

2017 年 4 月与 8 月，美国海关及边防局（CBP）与中国海关总署（GACC）分别进行为期两个月的联合行动。在行动中，CBP 和 GACC 都聚焦于阻止侵犯知识产权的货物进入美国。CBP 于美国边境缉查，GACC 则禁止向美国出口假冒仿制商品。在这两次联合行动中，一共查处大约 3 500

票涉嫌知识产权的商品。

资料来源：根据雨果网资料改编。原始出处：雨果网 . 美国海关严抓知识产权侵权货物，已有卖家被扣 [EB/OL].
(2018-07-18)[2019-12-15]. https://www.cifnews.com/article/36544.

讨论题

1. 知识产权保护对于跨境电子商务交易是否非常重要？

2. 除了知识产权带来的法律风险外，跨境电子商务交易还存在哪些法律问题？

传统的国际贸易活动大多是国外买家采取大批量订货的方式完成。进口商通常在进口商品前主动进行知识产权调查和风险防范，进行知识产权的把关，国内出口商虽然没有过多关注知识产权问题，也不会存在知识产权侵权风险。然而，与传统的外贸模式不同，在跨境电子商务中，卖家以中小企业为主，甚至有很多自然人，他们往往缺乏有关知识产权方面的专业知识，而面对的国外买家具备更大的不特定性，因此知识产权问题变得突出。目前，知识产权方面的纠纷构成电子商务的主要问题。在电子商务产业高速发展的形势下，侵犯知识产权的行为不断发生，严重影响中国商家的国际形象和跨境电子商务产业的健康发展。国内电子商务和知识产权属于新兴领域，原有问题本已千头万绪、梳理不清，而跨境电子商务知识产权更因电子商务知识产权涉及"境外"因素，变得更为棘手。从本质上看，跨境电子商务知识产权问题仍然是电子商务知识产权问题，具有电子商务知识产权问题的共同属性，但在"跨境"的经营环境下，它又具有显著的独特性。这些共性或个性知识产权问题对平台商和卖家的知识产权能力与风险防控提出了更高的要求。换言之，如果知识产权做得不够完善，那么产生的或许仅仅是短暂的繁荣，知识产权问题很可能影响平台企业和卖家在国际市场中的信誉和形象，成为跨境电子商务可持续发展的重要障碍。

11.1　跨境电子商务相关法律现状

11.1.1　传统领域法律对跨境电子商务的影响

跨境电子商务是一种商业经济行为，涉及消费服务领域，也涉及知识产权领域。这些传统领域的法律法规对于跨境电子商务活动会产生诸多影响，而传统领域的法律是否适用于跨境电子商务活动，是否已经根据跨境电子商务发展而有所更新？就目前来看，这些传统领域法律、法规尚未建立和健全针对跨境电子商务行为的条款细则。

在消费领域，我国已制定《中华人民共和国消费者权益保护法》（以下简称《消法》）《中华人民共和国产品质量法》《中华人民共和国反垄断法》《中华人民共和国反不正当竞争法》《中华人民共和国价格法》《中华人民共和国食品安全法》等来保护消费者权益。其中，又以《消法》与消费者最为贴近。2013 年，我国对《消法》进行了更新与修订，加大了对网络交易的规范力度，甚至针对网络购物制定了七天无理由退货制度，遗憾的是并未对跨境电子商务消费做出相关规定。在知识产权方面，我国制定了《中华人民共和国商标法》《中华人民共和国专利法》《中华人民共和国著作权法》等相关法律。各部法律之间的关系尚未理清，突出表现在《消法》第二条和第五十六条关于法律适用的问题上，前者是《消法》优先适用，而后者是其他法律法规优先适用。法律定位模糊不清，立法目的相互交叉，调整范围相互重叠，不仅无法形成法律保护的合力，也有碍于确定统一的规范跨境消费行为的指导思想。

在新《消法》中，网络购物七天无理由退货不等于无条件退货，消费者退货的商品务必保持完好。根据规定，消费者定做的、鲜活易腐的、在线下载或者消费者拆封的音像制品、计算机软件等数字化商品以及交付的报纸、期刊等不能要求退货；此外，其他根据商品性质并经消费者在购买时确认不宜退货的商品，不适用无理由退货。目前新《消法》对于这类商品并没有做出明确规定，这需要在施行后的实际案例中进行归纳。

近几年，支付环节安全事故频发，如支付宝转账信息被谷歌抓取、超级网银存在授权漏洞、携程安全支付日志泄露大量用户银行卡信息等。《消法》第二十九条规定"经营者不得泄露、出售消费者个人信息，应采用技术措施防止消费者个人信息泄露或丢失"，但尚未就发生信息泄露时双方的责任认定与补偿环节做出具体的规定。使用电子支付的消费者也难以就数据泄露安全事故追究第三方支付机构的关联责任，法律条款只是明确了警示作用，实际追责方面尚存在空白地带。当消费者与境外商户发生类似纠纷时，由于双方并未签订纸质合同，境外商户一般情况下无法受到国内法律约束，具体问题的举证与追责难以实现，不利于跨境电子商务消费者依法维权。

以《消法》为例，虽然传统领域相关法律多数已实行，但其自身尚存在一些法律真空地带，尤其是针对跨境电子商务这一新兴事物而言，现有的法律条文在涉及跨境电子商务活动时，存在一些条款不适用的情况，导致跨境电子商务活动在出现类似法律诉求时无法可依，或无适当的、合理的法律条款可以参考执行。

11.1.2　电子商务相关法律对跨境电子商务的影响

电子商务在我国发展时间较久，发展模式业已相对成熟，相关环境较为完善，关于电子商务及相关法律立法也提上了日程。一些法律草案、管理办法、规定等相继出台，也会影响跨境电子商务法律环境。我国电子商务相关立法工作较国外有所滞后，目前多集中在网络安全与支付方面。从法律层面，目前有《中华人民共和国电子签名法》，并于 2015 年进行了修订。《中华人民共和国网络安全法》尚处于草案阶段，尚未上会通过。其他关于网络、支付方面，多是一些政策与规章等，尚未提升到立法层面。

针对电子商务的专门立法，即《中华人民共和国电子商务法》于 2013 年 12 月 7 日经由全国人大常委会正式启动进入立法进程。它是政府、企业、个人以数据电文为交易手段，通过信息网络所产生的，因交易形式所引起的各种商事交易关系，以及与这种商事交易关系密切关联的社会关系、政府管理关系的法律规范的总称。它的立法工作启动后，根据十二届全国人大常委会立法规划，被列入第二类立法项目。2014年11月24日，全国人大常委会召开了起草组第二次全体会议，就电子商务重大问题和立法大纲进行了探讨。起草组已明确提出，《中华人民共和国电子商务法》要以促进发展、规范秩序、维护权益为立法的指导思想。在电子商务立法中，坚持问题导向，对电子商务经营的主体责任、交易与服务安全、数据信息的保护、维护消费者权益，以及市场秩序、公平竞争等内容都进行了规范，于2016年形成了法律草案稿，经财经委全体会议审议后，报请全国人大常委会审议。2018年8月31日，十三届全国人大常委会第五次会议表决通过《中华人民共和国电子商务法》，自2019年1月1日起施行。

在《中华人民共和国电子商务法》草案中，并未设有针对跨境电子商务的章节。《中华人民共和国电子商务法》正式立法后，在第二十六条、第七十一条、第七十二条与第七十三条提到跨境电子商务法律相关规定。跨境电子商务归属于电子商务范畴，但是不完全同于电子商务。具体如下：

第二十六条　电子商务经营者从事跨境电子商务，应当遵守进出口监督管理的法律、行政法规和国家有关规定。

第七十一条　国家促进跨境电子商务发展，建立健全适应跨境电子商务特点的海关、税收、进出境检验检疫、支付结算等管理制度，提高跨境电子商务各环节便利化水平，支持跨境电子商务平台经营者等为跨境电子商务提供仓储物流、报关、报检等服务。

国家支持小型微型企业从事跨境电子商务。

第七十二条　国家进出口管理部门应当推进跨境电子商务海关申报、纳税、检验检疫等环节的综合服务和监管体系建设，优化监管流程，推动实现信息共享、监管互认、执法互助，提高跨境电子商务服务和监管效率。跨境电子商务经营者可以凭电子单证向国家进出口管理部门办理有关手续。

第七十三条　国家推动建立与不同国家、地区之间跨境电子商务的交流合作，参与电子商务国际规则的制定，促进电子签名、电子身份等国际互认。

国家推动建立与不同国家、地区之间的跨境电子商务争议解决机制。

跨境电子商务涉及部门与环节远超过国内电子商务，除了依托法律确定协调机制等规则外，还需要海关、税务、检验检疫等多部门协调。跨境电子商务发展日新月异，其创新能力与变化也无确定轨迹可循，无法前瞻性地制定法律。电子商务法律体系为跨境电子商务提供借鉴，但仍不完备的电子商务法律体系尚无法真正发挥推动跨境电子商务所需法律解决方案的实现。

新闻摘录

跨境进口自建网站与平台方责任更重

《中华人民共和国电子商务法》第三十八条规定，电子商务平台经营者知道或者应当知道平台内经营者销售的商品或者提供的服务不符合保障人身、财产安全的要求，或者有其他侵害消费者合法权益行为，未采取必要措施的，依法与该平台内经营者承担连带责任。对关系消费者生命健康的商品或者服务，电子商务平台经营者对平台内经营者的资质资格未尽到审核义务，或者对消费者未尽到安全保障义务，造成消费者损害的，依法承担相应的责任。

很多跨境进口电商平台企业既要注意自营业务，还要对入驻平台的服务商承担责任。跨境进口电商经营的热卖产品，比如保健品或者特殊食品、特殊化妆品等高风险类目都要注意。违反第八十三条，由市场监督管理部门责令限期改正，可处 5 万元以上 50 万元以下的罚款；情节严重的，责令停业整顿，并处 50 万元以上 200 万元以下的罚款。

资料来源：根据雨果网资讯改编。原始出处：跨境进口老歪.电子商务法如何影响跨境进口电商 [EB/OL].(2018-09-04)[2019-12-15]. https://www.cifnews.com/article/37626.

提问

1. 跨境电子商务平台为何需要承担更多的责任？

2.《中华人民共和国电子商务法》的实施对跨境电子商务带来哪些影响？

11.1.3　国外电子商务法律对跨境电子商务的影响

联合国国际贸易法委员会先后通过的《电子商务示范法》《电子签名示范法》《电子合同公约》，为各国及地区电子商务立法提供了一整套国际通行规则。作为电子商务及跨境电子商务法律较为健全的国家，美国制定了《统一电子交易法》和《电子签名法》；德国也颁发了《电子签名框架条件法》和《电子签名条例》。

欧盟在电子商务领域的立法在于确保电子商务在欧洲发展没有障碍，包括电子协议、新技术因缺乏法律依据而引发的发展障碍。起初，欧委会提出了《欧洲电子商务行动方案》，作为欧盟内部电子商务制定基本法律的框架。欧盟后续颁布了《电子商务指令》，该指令主要目的是确保欧盟成员国之间信息与服务的自由流动，促进内部市场的形成。《电子商务指令》协调了欧盟成员国信息社会服务的国内相关法律，规定了服务提供者、电子合同、中间服务提供者的责任、纠纷解决机制及法律诉讼等内容。英国在跨境电子商务方面的立法借鉴了欧盟立法经验，同时结合了英国自身情况与跨境电子商务发展的实际需要。与欧盟的立法相比，英国法律更加细致、更具有针对性。英国支持电子商务发展，促使降低交易成本，提高交易灵活性及收益，推动跨境电子商务发展。英国基于欧盟的《电子商务指令》颁发了《电子商务条例》，根据网络销售的发展需要修订了《消费者保护（远程销售）章程》。德国是大陆法系的代表国家，法律体系比较健全，虽然尚未出台一部统一的电子商务法律，但涉及电子商务的相关法律较为清晰。德国根据欧盟《电子商务指令》修订了新《民法典》，其中，以"特殊营销形式"模块对电子商务进行阐述，后续的《电信媒体法》是《电子商务交易统一法案》的第1章。

在跨境电子商务跨境支付与金融监管方面，欧盟实施了《第一银行指令》与《第二银行指令》，界定了跨境支付环境下金融监管的责任归属与交易纠纷时的管辖归属问题。此外，欧盟还出台了《关于电子货币机构业务开办、经营与审慎监管的指令》，在《远程销售条例》中还涉及保障信用卡支付的安全规定。在跨境物流方面，欧盟颁发了《欧洲电子商务发展统一包装配送市场绿皮书》，重申了对物流配送起到约束作用的各项法令，包括《欧盟邮政指令》《欧盟消费者保护框架》《竞争法》等。此外，《鹿特丹规则》创设的电子运输记录制度，有利于推动跨境物流发展。

在信息安全与知识产权保护方面，欧盟的《远程销售指令》对消费者信息保护进行了详细的规定。欧盟还出台了《数据保护指令》，对个人数据、数据主体和数据控制等方面做出规定。在知识产权方面，欧盟委员会正式公布数字单一市场战略，旨在为数字时代改革欧盟单一市场。《版权法》改革包括了五份提案，其中三份《数字单一市场版权指令》《内部市场中的在线内容服务跨境可携条例》和《电视与广播节目转播及广播组织在线播送条例》涉及欧盟版权法改革，另外两份提案是对《马拉喀什条约》的执行。此外，还有《电子通信行业个人数据处理与个人隐私保护指令》《关于协调信息社会版权与相关权指令》。英国《数据保护法》《信息自由法》《隐私和电子通信条例》，德国《电信媒体法》《反不正当竞争法》等都做了相关规定。

在税收方面，欧盟内部各成员国反对将跨境电子商务交易作为免税区。在跨境电子商务税务征收方面，欧盟认同国际合作模式，在渥太华会议与巴黎会议上，欧盟国家接受经合组织跨境电子商务税收若干原则。英国在《电子商务法》中规定，网络商店与实体商店都要征收增值税，网络销售商品都要缴纳税款，并向实体店看齐，采用"无差别"征收。德国网络销售商品的价格为含税价，也与实体经济执行统一标准。

美国在电子商务及相关方面法律较为健全，除了早期的《电子资金划拨法》《金融服务现代化法》《统一货币服务法案》外，还建立了《统一电子交易法》和《电子签名法》等法律。目前，跨境电子商务领域重要的文件属于美国的《全球电子商务政策框架》。通过制定《互联网商务标准》《网上电子支付安全标准》，美国提出了安全可靠的支付系统，有利于推动跨境电子商务发展。美国法律放宽物流行业准入，推动其向自由市场体系发展，相关法律包括《协议费率法》《汽车承运人现代化法案》《斯泰格斯铁路法》《机场航空通道改善法》《卡车运输行业改革法》等。在信息安全方面，美国颁发了《互联网个人隐私法案》《国家网络空间可信身份国家战略》，并同欧盟签订了《隐私权保护安全港协议》。在交易纠纷处理方面，美国支持国内与全球形成统一商务法律框架。美国各州采纳了"统一商务法规",尝试用于网络交易,支持在电子商务中使用国际合同,并确定电子合同的规则与范式、履行合同的标准、电子书写有效的条件,提出电子签名的可接受度。美国牵头的美洲国家组织还尝试构建跨境电子商务纠纷网上解决机制。在税收方面,美国发布了《全球化电子商务的几个税收政策问题》报告,对跨境电子商务全球关税设计进行了框架性构想。

亚太地区一些国家在电子商务及相关领域的法律条款也值得参考与借鉴。韩国实行了《电子交易基本法》与《电子署名法》等电子商务基本法案,对电子商务行业进行了基础性的界定与约束。日本出台了《电子签名与认证服务法》,用于规范用户的认证和交易双方电子签名的使用。新加坡的第一部综合性电子商务法律,即《新加坡电子交易法》,为电子交易法律纠纷提供依据。马来西亚的《电子签名法》是亚洲较早的电子商务法。澳大利亚以联合国的《电子商务示范法》为蓝本制定了《电子交易法》。在金融环境方面,韩国认为稳定的网络金融环境可以推动电子商务发展,由此颁发了《电子金融贸易基本法》。澳大利亚在支付领域颁发了《支付系统监管法》,并出台《电子资金划拨指导法》,用于规范电子支付金融机构及其业务。在信息安全与知识产权保护方面,韩国有《个人信息保护法》与《信息通信促进法》。为适应电子商务发展,韩国还修订了《信息通信交流网络的使用和信息通信保护法》。日本制定了《电子签名和认证服务法》《电子商务与信息交易准则》,修订了《著作权法》《专利法》《外观设计法》《商标法》等一系列法律的相关条款,将跨境电子商务产生的新类型知识产权一并纳入日本专利法律体系的保护。新加坡制定了《互联网管理法规》《行业内容操作守则》,修改了《版权法》,进一步强化了对数字领域版权的保护。

11.2　跨境电子商务关联环节法律问题

跨境电子商务交易各环节都会遇到很多问题,这些问题或多或少与法律有关,需要参考法律来解决,以推动跨境电子商务相关环节的发展。

11.2.1　跨境电子商务平台责任

电子商务平台作为跨境电子商务交易的核心环节,其责任与义务非常重大。电子商务平台是交易活动的第一责任人,需要承担起主体责任。电子商务平台作为商业交易主体,对平台商家应进行经营资格审查、登记、公示等工作。电子商务平台还需与商家签订合同或协议,明确双方在电子商务平台进入和退出、商品和服务质量安全保障、消费者权益保护等方面的权利、义务与责任。电子商务平台应建立与完善平台管理规章制度,包括但不限于交易规则、交易安全保障、消费者权益保护、不良信息处理等。平台还需强化对商家发布的商品与服务信息的检查监控制度,对违反工商行政管理法律、法规、规章的行为，及时采取措施制止，必要时停止为其提供平台服务。不仅如此，电子商务平台还须承担：注册商标专用权、企业名称权等权利的保护，商家商业秘密与消费者个人信息保护、消费者权益保护，制止违法行为、协助与配合查处违法行为，交易信息保存、定期向工商行政管理部门报送网络商品交易及有关服务经营统计资料等。此外，交易平台还要考虑境外商家能否入驻、网站服务器和数据中心的选择等诸多问题。

11.2.2 消费者权益保护

消费者权益主要包括安全保障权、知悉真情权、自主选择权、公平交易权、依法求偿权、求教获知权、依法结社权、维护尊严权、监督批评权等。在跨境电子商务活动中，有些消费者权益已得到体现，在保护程度上得到较大满足，但是仍有一些权益受限于跨境电子商务的特征，在追诉与补偿方面难以实现。在跨境电子商务活动中，国内关于消费者权益保护的一些规定，如七天无理由退货就难以实现，跨国交易纠纷与处理也存在较大困难，这些都影响了消费者购物体验。从事跨境电子商务交易时，应尽可能参照消费者所在国对消费者的服务标准提供消费者权益保护。此外，消费者权益保护多采取司法救济途径，但相对于跨境电子商务情境下消费者权益受损的发生频率高、数量案件多、涉及面广泛、所涉标的额小、消费者弱势等显著特征，决定了消费者一般不会选择或者不会优先选择司法救济方式来维护自身权益。在跨境消费纠纷处理过程中，随着审判级别提高与审判期限延长，消费者维权成本倍增，这会大大降低消费者维权积极性与主动性。跨境电子商务尚处于发展初期，快速发展带来诸多问题，商品标签、成分不符合国标、仿制商品等成为跨境电子商务的软肋，也成为消费者权益保护的重灾区。

11.2.3 跨境物流

跨境物流因物流环节的复杂性，会产生诸多法律问题，包括合同签订与履行、商品运输安全、时间与成本矛盾、退换货纠纷、信息安全与保护等，在跨境运输与退换货物流方面问题更加突出。我国虽然制定了一些法律法规，如《中华人民共和国铁路法》《中华人民共和国民用航空法》《中华人民共和国海商法》《中华人民共和国消费者权益保护法》《中华人民共和国反不正当竞争法》等，仍无法满足跨境物流行业的高速发展。现有法律法规仍存在规范不完整、可操作性不强等问题，制约着跨境物流行业进一步良性有序发展。应建立与完善国际运输保障体系，包括电子支付、物流保障相关法律制度，同时依赖法律法规、技术提供、运输货物信息标准化建设。因退换货的流程比国内物流更加复杂，跨境物流不仅物流时间久、物流痕迹无法查询，物流成本有时会超过商品价值，也成为消费者投诉的重点领域，如何建立与完善适合跨境电子商务退换货的物流法律体系，也成为重点工作。

11.2.4　跨境支付

跨境支付涉及跨境第三方支付与跨境人民币支付两种。跨境第三方支付依托中华人民共和国国家外汇管理局发布的《支付机构跨境电子商务外汇支付业务试点指导意见》，消费者使用本国货币在跨境电子商务平台购买商品，通过试点的支付机构转化成外币支付给商品卖家。跨境人民币支付依托中国人民银行的《关于金融支持中国（上海）自由贸易试验区建设的意见》和中国人民银行上海总部的《关于上海市支付机构开展跨境人民币支付业务的实施意见》，以人民币作为跨境电子商务商品交易的结算方式，省去币种兑换环节，缩短支付周期，能够避免汇率差额损失。

为推动跨境电子商务发展，中国人民银行、国家外汇管理局积极响应国务院关于促进跨境电子商务健康快速发展的有关文件，鼓励有条件的支付机构办理跨境支付业务，积极支持跨境支付市场发展，依法对支付机构实行监管核查职责，防范跨境支付相关外汇风险。从外汇管理法律体系、反洗钱法律体系、监管政策协调性、跨境消费者权益保护与跨境支付国际法律制度等方面，现行法律、法规、规章等仍存在法律问题与风险隐患，在国内金融监管与国外金融监管之间存在冲突与合作的法律关系并存局面。各国在电子支付法律体系与监管模式方面各不相同，从维护本国支付体系安全与消费者权益保护的角度，在产生跨境支付纠纷时难以避免产生利益冲突与法律适用性问题。就合作角度看，为解决国际纠纷、打击跨国洗钱等违法行为，各国都在加强跨境电子支付方面的合作监管力度，尝试建立跨境合作监管长效机制。当发生支付纠纷时，跨境维权专业性强、维权成本高，主要体现在国内消费者、第三方支付机构与国外商户存在语言差异与习惯差异，在跨境电子支付纠纷中难以进行有效的沟通。此外，各国跨境法律的适用性问题也较显著，跨境消费者因不熟悉交易方所在国的法律政策与仲裁调解程序，导致维权时间长，维权成本高。

11.2.5　海关与商检

在海关方面，主要有《中华人民共和国海关法》《快件监管办法》等法律法规，此外，还实施了"探索建立负面清单管理模式"。所谓"负面清单"，也称"否定清单"或"负面列表""否定列表"，在投资协定中通常是"不符措施"的代称，即在外资市场准入（设立）阶段不适用国民待遇原则的特别管理措施规定的总汇。"负面清单"制度属于黑名单，遵循的是"除非法律禁止的，否则就是允许的"解释逻辑，体现的是"法无禁止即自由"的法律理念。为了推动跨境电子商务发展，我国相关部委着力于通关环节，近两年实施了一系列通关方面的政策。代表性政策主要有增列海关监管方式代码"1210"，增列海关监管方式代码"9610"，对电子商务出口经营主体进行分类，建立适应电子商务出口的新型海关监管模式并进行专项统计，建立相适应的检验监管模式，建立跨境电子商务清单管理制度，构建跨境电子商务风险监控和质量追溯体系，创新跨境电子商务检验检疫监管模式等。

我国在跨境电子商务检验检疫方面，主要依据"四法三条例"，即《中华人民共和国进出口商品检验法》《中华人民共和国进出口商品检验法实施条例》《中华人民共和国进出境动植物检疫法》《中华人民共和国进出境动植物检疫法实施条例》《中华人民共和国国境卫生检疫法》《中华人民共和国国境卫生检疫法实施细则》《中华人民共和国食品卫生法》，此外还有《进出境邮寄物检疫管理办法》等部门规章。这些法律条例过于陈旧，与跨境电子商务产生的检验检疫需求仍存在一定差距。

新闻摘录

泰国海关新规，或有高额罚金

2018 年，泰国海关发布新规定，要求所有进出口泰国的货物涉及包括空运及海运在内的所有运输方式，要求在货物箱体外备注唛头，并且要求备注唛头信息与配套的进出口文件"SHIPPING MARK"内容/信息保持一致，否则将产生高达 50 000 泰铢的罚金，具体的罚金金额由泰国海关拟订。

进出口文件包括：（1）发票（Invoice）；（2）箱单（Packing List）；（3）FTA（Applicable Customs Privilege Forms）。即，箱体外显示的唛头信息一定要与跟单文件中发票、箱单

及 FTA 中的"SHIPPING MARK"信息保持一致，才能够顺利进出泰国。

资料来源：根据诚商新视界资料改编。原始出处：诚商新视界.出口印度、俄罗斯、苏丹等国需注意的海关新规 [EB/OL].(2018-03-21)[2019-12-15]. https://www.cifnews.com/article/33828.

提问

1. 在跨境电子商务交易中，为何要关注海关政策变化？

2. 如何规避海关政策变化带来的跨境电子商务交易风险？

11.3 跨境电子商务知识产权问题及保护措施

11.3.1 知识产权在跨境电子商务中的作用

知识产权因为自身的价值特性，成为消费者降低寻找成本和获得优质服务、提升生活体验品质的重要因素。跨境电子商务作为利用电子数据处理技术进行贸易活动的电子化商务运作模式，其核心是"数据信息"，而这些数据信息的内容大多是一连串的文字、图形、声音、影像、计算机程序等，这些客体都涉及商标、作品等不同种类的知识产权。

在跨境电子商务活动中，知识产权已成为传递品牌信赖的标识，买家主要通过专利、商标、版权对消费产品的信息、可靠度进行比较。在无法亲眼看到货物的情况下，绝大多数买家只能通过知识产权辨别万里之外的商家的信誉和商品的品质。因此，知识

产权（特别是商标）在跨境电子商务营销活动中就显得特别重要，知识产权的价值分量相应增加。在跨境电子商务平台上，知识产权的价值更加凸显，拥有知识产权的产品销售火爆，不含知识产权（如商标、专利技术）的产品点击率低，无人问津。

11.3.2　跨境电子商务知识产权侵权表征

从目前的情况来看，国内跨境电子商务行业的市场秩序比较混乱，侵犯知识产权、贩卖假冒伪劣产品等违法行为时有发生，海外消费者投诉众多，"劣币驱逐良币"现象严重，中国卖家集体知识产权形象不佳，严重影响国外买家对中国产品的消费信赖。一方面是我国有部分假冒伪劣产品以及违反知识产权的产品通过快递出口这种方式逃避国家监管，进入国际市场，影响中国商品的国际形象；另一方面是国内企业对知识产权，特别是国际知识产权及相关法律重视及了解度不够，在知识产权纠纷中往往是失利方。在跨境电子商务活动中，国内中小卖家知识产权意识和能力不足，电子商务的知识产权风险往往成为其面临的主要风险因素。国内只有一些大公司有财力进行知识产权保护的投入，更多中小企业无意识、无动力、无能力做跨境电子商务知识产权能力沉淀和风险防范工作，纠纷及败诉越多越影响中国卖家的集体形象，影响买家对中国产品的信赖和忠诚度。

1. 商标权侵权

跨境电子商务平台中，**商标权侵权**的问题最为突出，也最需要解决。商标权遭遇侵权主要有以下几种情形：网络销售侵犯注册商标专用权的商品，在相同或类似商品上使用与他人注册商标相同或者近似的商标，商标被注册为域名，商标被使用于企业名称等。而且这几种情形并不是单独的，有时候会同时发生。随着电子商务向纵深的不断发展，商标侵权行为将越来越多地以综合化和新类型化的形式出现。这将给商标保护带来一定的困难。在电子商务平台上，既有商家销售假货的问题，也有使用侵权商标、标识、图案的问题，还有使用侵权网店名称、网店标识等问题。

2. 著作权侵权

在跨境电子商务业务中，通常要将享有著作权的作品进行数字化，如将文字、图像、音乐等转换成为计算机可读的数字信息，以进行网络信息传输。将数字化的作品上传到网络后，由于网络的无国界性，任何人都可以在任何地点、任何时间通过网络下载得到该作品。除了自己下载以外，侵权行为人还可以通过电子公告栏、电子邮件等传播、交换、转载有著作权的作品，并利用享有著作权的作品在网上营利，这显然侵犯了著作权人的网络传播权，使著作权人的利益受到损失，即**著作权侵权**。具体表现如商家在"第三方电子商务平台"中销售未经授权的出版物；在网店中使用未经授权的广告描述、广告语与原创性广告图片、产品图片等。

3. 专利权侵权和假冒专利

在跨境电子商务中，涉及专利侵权的主要行为类型是非法销售专利产品或者使用其专利方法。与版权和商标侵权的易判断性不同，专利权保护缺乏像著作权中信息网络传播权那样详细而清晰的规范，加上专利权权属的判定是非常专业的问题，而第三方电子商务平台仅仅掌握产品的信息，而无法掌握产品的实物，因此交易平台与第三方电子商务很难对相关权属做出判断，也无法清晰界定自己的责任范围。

11.3.3　跨境电子商务知识产权保护面临的问题

1. 各方侵权认识不足

一是消费者辨别能力低，因为食品安全等问题，国人对国外产品信任度高，对国外高品质商品需求量大，但国外产品也存在侵犯知识产权问题，也有假冒伪劣商品，对此风险，消费者普遍认识不足；二是商家知识产权保护观念淡薄，尊重他人知识产权、维护自身合法权益的意识和能力普遍缺乏，跨境电子商务多为邮政小包，价值较低，即使海关查到侵权商品也只能予以收缴，无法适用罚款等其他制裁措施，商家侵权成本低，使得其重视不足，一再尝试。

2. 海关对侵权行为认定困难

跨境电子商务这种新型业务形态有别于传统的进口货物，呈现出境内境外两头复杂的特点，即商品境外来源复杂，进货渠道多，有些源于国外品牌工厂，有些源于国外折扣店，有些源于国外买手等。此外，境内收货渠道复杂，且多为个人消费，无规律可言；而商品进境时品牌众多，与其他进口渠道比较，其涉及的商品品牌将大幅增加，商品种类也较丰富，而海关执法人员对相关品牌认识不足，难以确认是否有侵权行为。这些特点都会给开展知识产权确权带来一定困难，需要确权的数量、难度也会大大增加。

3. 侵权责任划分困难

跨境电子商务是指交易主体（企业或个人）以数据电文形式，通过互联网（含移动互联网）等电子技术，开展跨境交易的一种国际商业活动。涉及境内外电子商务平台、商家、支付、报关、仓储、物流等一系列企业，而电子商务平台又可分为自营型电子商务平台、第三方电子商务平台，主体多元、形式多样、结构复杂。其中在所有类型的平台中，第三方平台涵盖的知识产权客体极为广泛，成为知识产权侵权纠纷的重灾区。而在第三方商务平台纠纷案件中，争议最大、最缺乏法律规范规制的就是第三方电子商务平台的责任问题，诸如审查义务、归责原则等。从一般的电子商务到跨境电子商务的知识产权保护责任划分问题一直争议不断，难以划分。

4. 国际争端解决困难

一是司法管辖权认定困难。跨境电子商务的支撑载体是国际互联网，就网络空间中的活动者来说，他们分处于不同的国家和管辖区域之内，跨境电子商务的随机性和全球性使绝大多数的网上活动都是跨国的，很难判断侵权行为发生的具体地点和确切范围，使得司法管辖区域的界限变得模糊、难以确定。二是国际立法差异较大。在跨境电子商务中，还没有国际组织统一的立法指导，各国根据自己的实际需要，制定不同的立法标准，而我国更是缺少相关的法律法规，有关的立法在知识产权的保护方面还存在很多分歧。三是国际维权困难。跨境电子商务涉及大量的中小电子商务企业，有的甚至是个人，这部分商家或个人缺少对国外法律以及跨国诉讼费用的认知，在出现侵权问题时，国际维权困难。如国际第三方支付平台 PayPal 曾爆出有大量中国跨境电子商务商家的账户因为侵权诉讼遭到冻结。此次账户遭冻结或清零的中国商家超过 5 000 人，保守估计金额超过 5 000 万美元。

11.3.4　跨境电子商务知识产权保护建议

1. 完善我国现有跨境电子商务知识产权法律体系

将跨境电子商务活动纳入法律管制的范畴，制定专门性的电子商务操作规范性法律，强调电子商务过程中对知识产权的法律保护，使合法与非法行为有一个明确的界定，减少新形势下出现的新种类知识产权之权利不稳定及"游离"状态。

2. 建立健全跨境电子商务行业自律机制和信用体系

在跨境电子商务知识产权保护相关法律法规不健全的情况下，海关、工商等政府机关可以帮助建立起适应时代要求的跨境电子商务行业协会，制定跨境电子商务知识产权保护自律规范和内部监督机制。同时，依托海关监管和行业协会自律，通过建立电子商务认证中心、社会信用评价体系等，建立和健全跨境电子商务信用体系和信用管理机制，通过行业自律和信用管理打击侵犯知识产权和销售假冒伪劣产品等行为。

3. 完善海关监管体系

一是尽快出台海关跨境电子商务知识产权保护监管制度和标准作业程序，尽量减少需要一线关员主观认定结果的操作程序，降低执法难度和执法风险。二是探索跨境电子商务知识产权保护监管的风险分析和后续稽查制度：一方面要加强前期信息收集工作，将跨境电子商务平台上的商品种类、品牌、价格等纳入情报搜集范围，针对重点商品的来源地、商标、包装图案进行风险分析比对，确认监管重点；另一方面，将后续稽查制度纳入监管工作，尽快出台跨境电子商务的稽查办法，加强对跨境网购商品的后续流向监管，弥补查验放行阶段的监管漏洞。

4. 借助电子商务平台进行数据监控和管理

一是海关执法单位加强与电子商务平台的沟通和数据对接，对商品信息流进行合理的监控管理，要求跨境电子商务运营者提供相关授权证明或采购单据等，切实加强货物来源渠道的管理，保留必要的货物来源证明材料。二是发挥跨境电子商务平台的管理责任，强化事前审查、事中监控、事后处理等一系列控制制度。

5. 加强国际合作

一是我国商务、海关等部门积极与相关国家推进跨境电子商务知识产权保护规则、条约的研究和制定，包括跨境电子商务侵犯知识产权行为的认定、产生纠纷的解决办法、产品的监管和溯源机制等，建立跨境电子商务国际合作机制，为国内企业开展跨境电子商务创造必要条件。二是积极利用 WTO 等相关国际组织的标准和协商体系，帮助国内企业处理如 PayPal 冻结中国商家账户等跨境电子商务贸易纠纷。

6. 强化人才培养

知识产权保护问题涉及贸易、法律等方面的专业问题，而涉外知识产权的纠纷和诉讼都有很强的专业性，国家和企业应共同努力，大力培养知识产权专业人才，并给他们充足的空间与资源，发挥其在知识产权战略中的核心作用，造就一支包括各类专业人才和管理人才在内的知识产权队伍。相关监管部门更是要加大培养既精通知识产权保护管理，又了解跨境电子商务特性的专家，更好地为跨境电子商务知识产权保护做出贡献。

11.4 跨境电子商务消费者保护

维护消费者的合法权益是电子商务法律重要的立法目的。电子商务的兴起极大地拓宽了消费市场，增加了消费者获得信息的途径，提供了更加方便快捷的消费方式，降低了消费成本。互联网等信息技术的飞跃创新促进着电子商务规模的不断扩大，使这种新兴的交易形式正在不断突破传统交易形式的壁垒，以其开放性、便捷性、低成本、无国界等得天独厚的优势吸引广大潜在的经营者与消费者不断参与其中。我国网络购物用户与手机购物用户的规模呈逐年增长态势。与组织性和经济实力强大的经营者相比，消费者在为生活需要而购买商品时，在经济实力、谈判能力和抵御风险能力等方面明显处于劣势，信息极不对称。传统交易下产生的纠纷及消费者面临的风险并没有随着网络技术的进步而消灭，反而因为网络的虚拟性、流动性以及隐匿性，对交易安全与消费者保护提出了新的挑战。消费者在交易过程中完全是被动接受经营者制定的一系列规则，如用户注册、商品价格、付款、物流、保修、退换货等，消费者自身权益受到一定限制。另外，消费者一旦选择电子商务交易形式，必须承担由于网络安全隐患所带来的个人账户安全、个人信息泄露等风险，消费者在电子商务交易形式下对经营者的依附更加明显。

我国目前虽有《中华人民共和国消费者权益保护法》《中华人民共和国产品质量法》《中华人民共和国民法总则》《中华人民共和国合同法》《中华人民共和国反垄断法》《中华人民共和国反不正当竞争法》《中华人民共和国食品安全法》等法律，对传统与电子商务领域的消费者保护进行了规定，但并未形成在电子商务背景下保护消费者的系统性法律规则，法律法规的滞后导致消费者权益在电子商务交易模式中受到损害，严重挫伤消费者对电子商务的信心，甚至会阻碍电子商务的顺利发展。因此，应当在传统消费者权益保护法律制度的基础上，针对电子商务交易形式所具有的特殊性与个别性，对电子商务领域的消费者提供特殊的保护。对电子商务消费者的保护应当是一种全方位的保护。从立法角度，应确立保护消费者合法权益的宗旨，并在侵犯消费者某些权利频率较大的事件上给予消费者充分保护，如消费者的隐私权、安全权以及个人信息受保护权等；从行政角度，工商行政管理部门从维护公共利益的角度对网络经营者进行监管，通过登记、许可等制度给消费者提供相对透明、安全的网络环境，其他相关部门（如信息产业、食品药品监管等有关部门）依职权在各自范围内进行相应的监督管理；从司法角度，应提供有利于消费者权益保护的诉讼管辖原则及充分的救济方式。对于消费者的行政与司法保护在本书其他章节已有论述，本节主要针对消费者的权利结合国际条约、惯例、域外立法及《中华人民共和国电子商务法》等相关法律的规定进行系统梳理。

11.4.1　消费者安全权

在世界范围，为适应电子商务发展对消费者保护的需求，经济合作与发展组织（OECD）于 1999 年 12 月公布的《电子商务中对消费者保护的指针》，对 B2C 电子商务中如何保护消费者的问题提出了一些原则和指导性意见，规定了电子商务的支付方式及手段，要求电子商务经营者及第三方支付平台为消费者提供安全、操作方便的支付方式，以及与之相关的保密措施方面的信息。美国《电子资金划拨法》对未授权电子资金划拨中企业不能证明消费者存在故意或重大过失时应承担责任的规定，也值得在电子商务中发生身份或密码以及电子货币被盗用时借鉴。

在《中华人民共和国消费者权益保护法》第七条与《中华人民共和国产品质量法》第十三条相关规定的基础上，电子商务中的**消费者安全权**即消费者通过电子商务平台购买商品或者接受服务，享有人身、财产和信息安全不受损害的权利，电子商务经营者不得侵害消费者的人身、财产和信息安全；消费者有权获得有关商品或服务真实、全面的信息，保证交易安全；消费者有权要求电子商务经营者、物流或快递服务提供者与支付服务提供者等提供的商品或服务符合安全要求。

11.4.2　消费者知情权

在电子商务交易中，交易当事人并非一对一对接，而是由众多潜在的交易人集中在一个虚拟的平台市场上，借助于便捷的计算机网络检索、查询和浏览功能，使用户自己相互匹配、磋商和交易。正因为网络环境的虚拟性，交易各方无法判断对方的真实身份、资信状况等，而只能更多依靠平台上发布的信息和店铺招牌加以判断。由此，确保交易主体的真实性、交易信息的正确性以及交易过程的安全性变得非常重要。

OECD 的《电子商务中对消费者保护的指针》规定了电子商务经营者应公正地进行营业、广告、促销活动，明确了应当提供的信息与禁止从事的行为。欧盟以《电子商务指令》《电子签名指令》《远程销售令示》和《数据保护指令》等法律文件形成了比较完善的电子商务消费者保护制度体系，明确规定了供应商缔约前的信息公示义务，以及一般情形下消费者在"冷却期"内无条件退货或解除合同的权利。美国的《反滥发商业电子邮件法案》将包含虚假商业信息的电子邮件定性为垃圾邮件，并以具体罚则明确规定了对消费者知情权的保护。韩国的《电子商务消费者保护法》基于销售方式的不同规定了电子商务经营者的网络公示、交易记录及提供查询的义务。

《中华人民共和国消费者权益保护法》第八条也明确规定了消费者的知情权，指消费者有获得电子商务经营者及其提供商品或服务以及其他服务提供者真实情况的权利。消费者有权要求电子商务经营主体主动向其提供真实、全面的信息。

电子商务消费者知情权的主要内容如下。

第一，消费者有权根据商品或者服务的不同情况，要求经营者提供商品的价格、产地、生产者、用途、性能、规格、等级、主要成分、生产日期、有效期限、检验合格证明、使用方法说明书、售后服务，或者服务的内容、规格、费用、期限、起始及终止时间等有关情况，电子商务经营者应当如实提供，方便消费者选择甄别。

第二，消费者有权向电子商务平台经营者或主管部门获取平台内电子商务经营者的法定名称和交易名称、经营场所或住所地、注册地、许可证号或有效证件号、经营者的法定代表人姓名或负责人姓名及有效的联系方式等详细信息，平台或主管部门应当如实、及时提供有效信息。电子商务平台经营者对平台内电子商务经营者提供的信息具有审查义务。

第三，对于借助电子商务平台发布的商业广告，消费者有权要求广告的内容真实合法，并有权要求电子商务平台经营者提供广告主、广告经营者、广告发布者等相关方的信息。

第四，对于非在线交付的商品，消费者有权获得快递或物流服务提供者的名称、送达时间、交接方式，并保证商品完好、单据齐全。

第五，消费者有权要求电子商务经营者对其提供的格式合同进行提醒和说明，并享有与经营者协商个性化条款的权利。

第六，消费者有权获得真实的用户评价。用户评价极强的交互性是电子商务独有的特征，互联网等信息网络使用户与用户之间的交流变得更为简易。用户评价是消费者选择是否进行交易的重要参考指标，电子商务经营者不得编造用户评价。

新闻摘录

因未经消费者同意就发送服务短信，A 公司被起诉

美国加利福尼亚州一位消费者声称，跨境电商平台 A 没有经她同意就给她发送短信，侵犯了她的隐私。2018 年 8 月 2 日，Norah Straczynski 代表自己和其他有类似遭遇的消费者在加利福尼亚南部地区法院起诉了 A 公司，指控其违反《电话消费者保护法》（Telephone Consumer Protection Act，TCPA）。

Norah 称从 2018 年 3 月起，A 公司没有经她的同意，就给她发送短信，企图推销服务。她声称从未同意被告发送短信。Norah 要求 A 公司对此负责，因为被告涉嫌侵犯原告隐私，向她发送未经授权的自动文本消息。Norah 要求被告对每起违规行为支付 300 美元的法定损害赔偿，并对每起故意违规行为、集体诉讼确认、集体诉讼代理人和辩护律师、律师费等，支付 2 000 美元的赔偿。

资料来源：根据雨果网资讯改编。原始出处：雨果网. Wish 在美国被起诉了，原因竟然是未经消费者同意就发送服务短信 [EB/OL].(2018-05-28)[2019-12-15]. https://www.cifnews.com/article/35480.

提问

上述案例中，A 公司侵犯了消费者哪项权益？

11.4.3　消费者自主选择权

自主选择权是消费者应当享有的一项最重要的权利。在电子商务交易中，经营者通过格式合同、捆绑销售等方式限制消费者的自由选择权。此外，电子商务经营者推送信息的质量也会影响消费者自主选择权的实现。

在世界范围内，保护消费者自主选择权的立法主要是针对垃圾邮件及商业信息传播，要求商业性电子信息的发送应事先征询消费者的同意或者明确标示邮件属性，给当事人是否阅览或直接删除的选择权。如美国《反滥发商业电子邮件法案》、日本《特定电子邮件法》、欧盟《电子商务指令》、韩国《电子商务消费者保护法》《信息与通信的传播、通信网络的应用以及信息保护法》《促进信息通信网络利用以及信息保护法》及我国台湾地区《电子商务消费者保护纲领》等规范中都有类似的规定。尤其是欧盟指令对电子商务消费者自由选择权的保护最为充分，也最具有代表性。其认为通过电子邮件等方式进

行非需求商业信息传播可能对消费者与网络服务提供商造成侵扰与损害，甚至干扰互联网的正常运行，故规定其成员国可根据本国情况通过国内立法禁止或开放非需求商业信息传播；即便允许传播的成员国，也必须规定非商业信息传播必须易于识别、不得收费，且应设置相应的过滤机制予以监控和管理，尊重不希望收取非需求信息传播之自然人的意愿。

保护消费者权益的指令中规定，使用无人干预的自动寻呼机以及传真机进行商业信息传播必须征得消费者的同意，其他远程通信中的任何手段，也只有在消费者没有明确异议的前提下才能使用。在电信行业中，个人数据处理和隐私权保护的97/66指令及关于远程金融服务的2002/65/EC指令中也有几乎相同的规定。2002年欧盟理事会和欧洲议会共同颁布的关于在电子通信领域个人数据处理及保护隐私的指令，在电子商务指令的基础上将非需求促销信息的发送对象区分为个人和公司及其他法人，除非消费者事先明确且特别说明同意使用其通信地址接收促销性信息，否则，服务商不得向任何消费者通过传真、自动语音电话、电子邮件或手机短信发送任何促销性信息。

在《中华人民共和国消费者权益保护法》第九条、第二十九条及《全国人大常委会关于加强网络信息保护的决定》和《互联网电子邮件服务管理办法》等法律规定的基础上，结合《中华人民共和国电子商务法》第十八、十九条的规定，电子商务消费者自由选择权的内容包括：第一，消费者有权自主选择电子商务经营者，有权自主选择商品或服务的种类和方式，有权获得充分的比较、鉴别、挑选的条件，有权决定是否进行交易；第二，消费者有权拒绝或者允许电子商务经营者推送商品或服务信息，拒绝捆绑销售。

11.4.4　消费者公平交易权

由于市场垄断与信息不对称的存在，以及现代消费交易形式的变化，消费者在消费交易中往往得不到公平的对待，故需要通过法律对消费交易关系进行适度矫正，正视消费者与经营者之间的现实差异，赋予消费者相应的权利并规范经营者的行为，从而实现交易公平。在电子商务交易中，消费者不像传统线下交易一样具有讨价还价的能力，其是否能享受到公平交易取决于商品或服务信息的真实性。

OECD在《关于电子商务下的消费者保护指南的建议》中指出：经营者在从事电子商务时应当关注消费者的利益，并且其商业广告和营销行为必须符合公平商业行为的要求。经营者不得做出误述、遗漏或实施任何其他可能具有欺骗性、误导性欺诈的或者不公平的商业行为。欧盟关于消费者合同中的不公平条款的指令中明确规定了不公平条款的概念、认定及无效的法律后果。韩国的《电子商务消费者保护法》中也列举了电子商务经营者与通信销售业者不得实施的有违公平交易的行为。

《中华人民共和国消费者权益保护法》与《网络交易管理办法》规定电子商务消费

者公平交易权的内容包括：第一，消费者有权要求电子商务经营者提供的商品或服务质量与其描述的相一致；第二，消费者有权要求邮寄费不得高于支付所购商品的对价。对于以收取高额运费变相涨价、转移成本的行为，消费者有权拒绝。

11.4.5　消费者便利获取权

与传统交易相比，电子商务交易流程更加复杂，参与的主体更多，一般包括用户注册、登录浏览、出价成交、网下交割、信用互评等流程。流程背后的交易系统是消费者无法参与制定的，若步骤过于复杂，会违背电子商务快捷便利的初衷，也会加大交易风险。无论在支付环节、发货退货环节还是损失赔偿环节，消费者都应当得到经营者的配合和提供的便利。

欧盟在有关电子支付的建议案中规定了发售商的信息告知义务、电子支付工具的使用条件和方式，以及发售商与持有人之间的权利义务关系，同时在《远程销售指令》中规定了经营者对消费者无条件退货过程中的协助义务。韩国的《电子商务基本法》中规定电子交易者、网上商店经营者等应接受消费者保护组织提出的让消费者获得必要信息的要求，并予以合作，以对消费者提供保护。我国台湾地区的《电子商务消费者保护纲领》中规定经营者应当提供交易程序便利消费者的网络购物。我国在《计算机系统安全保护条例》《计算机信息网络国际联网安全保护管理办法》《电子认证服务管理办法》《网络交易管理办法》等行政法规和规章中从经营者义务的角度间接规定了消费者有便利获取权。因此，电子商务消费者的便利获取权的内容是：在电子商务交易过程中，消费者有要求电子商务经营者在支付、退货、退款等各环节从技术、程序等方面提供便利条件的权利。

11.4.6　消费者收货验货权

由于电子商务中大部分的货物买卖与服务交易成立的履行或交付之间存在一定的时间差，相较于传统销售，电子商务中保障消费者及时收货涉及两方主体，即电子商务经营与快递或物流服务提供者。实践中，电子商务经营者一般没有明确约定发货时间，快递或物流公司也很少有送货时间的承诺。对于消费者在验货方面存在的问题：一是消费者自身缺少相关意识，忽视了对相关内容的关注或者因为格式条款的存在而对相关信息了解不全；二是虽然很多电子商务经营者都在退换货政策中提醒消费者当场验收商品，但大部分消费者往往直接在物流单上签名，发现问题后可能错过举证商品质量存在问题的最好时机，给后续的维权带来不便。当然，对于收货、验货，既是消费者的权利也是消费者的义务，应该积极收货验货，以实现电子商务迅捷、高效的要求。因此，电子商务消费者收货验货权的内容包括：第一，消费者有权在合同约定的时间内收到电子商务交易的商品或服务单据，但因不可抗力造成运输迟延的除外；第二，消费者享有检验所收到商品的权利，有权在签收商品之前就商品的外观、数量、附件和配件进行检查和验收，发现不符合合同约定的，有权拒绝签收。由于现实中存在购买者或付款者与收货者不一致的情况，收货者或服务的实际接受者才是货物或服务的真正使用或享用者，因此，收货验货不仅是商品或服务购买者、付款者的权利，也是商品实际收货者或服务实际接受者的权利。

11.4.7　消费者退货权

依据传统的争议解决办法，在商品或服务存在质量瑕疵时，消费者可以选择修理、更换或退货。然而，在电子商务交易中，考虑到电子商务经营者的售后服务能力与交易的效率，消费者一般选择换货或退货，因此，在电子商务中更应该强调对退货权的保障。此项权利基于合同法的基本理论而延伸，同时也对处于弱势地位的消费者倾斜保护。在电子商务中，基于其交易延迟性、非当场性和快递物流依赖性等特点，赋予消费者退货权，有利于交易的顺利进行，节省交易成本，对经营者和消费者均有利。

欧盟的上门交易指令、远距离交易指令对消费者撤销权做了比较系统的规定。在此基础上，2011 / 83 / EU 是关于消费者权益保护的最新指令，强化在远程及无店铺销售中消费者权利尤其是知情权和撤销权的保护，将撤销期限延长为 14 日。如果消费者通过网站购买，行使撤销权时也可通过网站进行；即便消费者已经使用过商品且使用超过必要限度，消费者依然可以撤销合同，只不过需要对商品价值贬损部分进行弥补。德国新《民法典》在远程销售合同、电子交易等 9 类消费合同中规定了消费者退回权与冷却期的规则。美国消费者的撤回权称为冷静期制度，主要规定于消费信贷保护法与联邦贸易委员会的冷却期规则中，明确规定了消费者行使解除权的时间及具体的权利与义务。我国台湾地区《消费者保护法》与《公平交易法》也参照欧盟远距离交易立法的规则，基于消费者未能亲自检视商品、欠缺对商品认识和选择可能性的特点，规定了消费者撤回权即无因解约制度。我国相关法律法规对消费者退货权的规定经历了一个从无到有的过程，先是 1996 年辽宁省《实施〈消费者权益保护法〉规定》，消费者对购买的整件商品（不含食品、药品、化妆品）保持原样的，可以在 7 日内提出退货；经营者应当退回全部货款，不得收取任何费用。2000 年北京市《电子商务监督管理暂行办法》规定了冷却期条款。2005 年国务院《直销管理条例》以及上海、浙江、四川等地的行政法规也有类似规定。新修订的《中华人民共和国消费者权益保护法》第二十五条明确规定了消费者 7 天无理由退货的适用条件与限制。

电子商务消费者的退货权不仅包括出现质量问题情况下的有理由退货权，也包括约定时间内的无理由退货权。其具体包括的内容如下。

第一，消费者签收商品或服务单据后，发现有瑕疵或缺陷的，有权要求退货并要求电子商务经营者退还全部货款，退货的费用由经营者承担；因电子商务经营者不能履行的服务，消费者有权要求退还已付的全部费用。

第二，消费者有权自收到商品之日起 7 日内退货且无须说明理由，除消费者定做的、鲜活易腐的、在线下载或者消费者拆封的音像制品、计算机软件等数字化商品，交付的报纸、期刊、图书等商品，以及其他根据商品性质并经消费者在购买时确认不宜退货的商品外，消费者在保证商品完好的情况下可以无理由退货，往返运费由消费者承担，另有约定除外。上述不宜退货的商品，经营者明确承诺可以退货的，则消费者享有无理由退货的权利。消费者实现无理由退货，不得更换商品内容，因消费者行为导致的成本增加应由消费者承担。

第三，消费者有权在购买服务后 7 日内，对未履行的服务退订且无须说明理由。

第四，消费者有权要求电子商务平台经营者在其收到货物之日起 7 日内，不得向平台内经营者支付其已预付给支付平台的货款。当然，针对部分消费者利用 7 天无理由退货权报复商家或者在拿到商品后更换商品、通过退货损害经营者利益的行为，此时的消费者已不属于传统意义上购买生活用品用以消费的消费者，应当由其承担因此给经营者造成的损害。

11.4.8　消费者评价权

消费者评价权属于电子商务经营者信用评价体系的组成部分。在电子商务迅速发展的市场背景下，消费者的评价权也日益得到重视。但是该权利无论在崇尚市场自律的美国还是在注重国家介入的欧盟，法律中都很少涉及。其原因在于：其一，相关立法要求电子商务中书面材料与书面确认信息的适用为消费者提供了较为充分的信息获取途径，欧美国家的电子商务立法是以消费者的后悔权即冷却期条款为基础构建的，即使消费者基于不真实信息而做出了错误的购买决定，也可以通过该制度挽回损失与寻求救济；其二，欧美市场上数百年来形成的诚信体系为消费者与电子商务经营者之间的相互信任提供了支撑。

国内外电子商务平台普遍采用在线信誉管理系统进行消费者评价的处理和反馈，通过用户与经营者的互相评价，形成信用反馈，经营者通过获取消费者的"好评"提高自己的信誉等级，消费者可以利用等级与评价帮助自己选择合适的商品和服务。

我国目前消费者评价权方面的问题集中表现在以下三个方面：一是电子商务平台经营者与平台内经营者达成协议，屏蔽掉对平台内电子商务经营者不利的评价；二是非平台电子商务经营者以不正当手段诱使消费者进行有悖于事实的评价；三是非平台电子商务经营者雇用大量的"刷客"进行好评以提升其信誉等级。由于消费者评价权制度的功能主要是为其他消费者选购商品与服务提供参考，国外的立法实践是将其作为电子商务平台经营者的自我管理行为，而在法律制度上通过完善第三方支付和冷却期制度来落实消费者保护的目的。在我国，新的消费者权益保护法颁布后冷却期条款的执行情况不理想。消费者对电子商务经营者信誉与商誉的微观评价具有信息传递作用，其他消费者在参与电子商务交易时关注其他消费者的评价远多于关注"销量排序"与"商品推荐"等因素，很大程度上能避免因电子商务经营者提供信息不真实导致的纠纷；同时，对商品服务的评价也有助于改进电子商务经营者的经营质量，对消费者大量评价的整理与掌握不仅是经营者进行决策的重要参考，还能为监管部门的监管政策提供实证基础。

保障消费者的评价权，实际上就是在保护其他潜在消费者的知情权。因此，应原则规定消费者有权就所购买的商品或接受的服务如实进行评价并发表在相应的公共平台上。同时，应该特别强调消费者如实评价的义务，防止其权利滥用。

11.4.9　消费者信息权

电子商务交易具有信息依赖性，消费者在参与电子商务过程中的注册信息、财务信息等必然为电子商务经营主体所知悉，正如传统商务活动中经营者应当负担保密等附随义务一样，电子商务环境下掌握消费者个人信息的主体有义务对消费者个人信息负担更为严格的管理义务。与此相对应，应明确消费者具有相应的信息权。消费者信息权涉及两个基本的问题：一是个人信息的范围；二是信息权的主要内容。就个人信息的范围而言，德国个人资料保护法、英国资料保护法、韩国个人信息保护法及我国台湾地区计算机处理个人资料保护法中都对个人信息进行了界定，通过其规定可以总结个人信息的范围包括两个方面：①易于识别的信息，即通过姓名、身份证号等能够识别个人的信息；②不易于识别的信息，即虽属于个人信息但因匿名性难以识别，如果能与其他有关的个人信息结合起来识别个人，就属于个人信息的保护范围。通常强调个人信息的可识别性而不限于列举的范围。新修订的《中华人民共和国消费者权益保护法》与《网络交易管理办法》虽然也对个人信息的保护进行了规定，但没有界定个人信息的含义，只是明确了个人信息需要保护及相关主体的义务与行为规范。

就个人信息权的主要内容而言，美国对个人信息的保护采取法律规范与行业自律相结合的方式，如隐私权法、反垃圾邮件法案、控制主动提供色情和产品推销邮件骚扰、儿童网上隐私保护法等特殊的法律规范及网络隐私认证、建议性行业指引及软件保护模式等行业自律规范。欧盟数据资料保护指令从资料收集原则、处理目的、收集范围、收集后的保存时限及收集后的处理都进行了规定。法国计算机与自由法规定数据库必须公布其搜集资料的授权、目的、种类等。德国联邦政府信息与通信服务法对个人信息的保护程度最强，任何人、任何公司都不能对网民个人信息进行搜集和整理。日本计算机处理个人资料保护法之个人资料类别规定了政府部门及银行、保险等8个非政府部门收集个人资料并用于计算机处理时必须申请许可证。

整体上，国外立法对个人信息权的规定可总结为两个方面。

第一，个人信息收集、使用人的行为规则，欧盟的"资料品质原则"被广泛采纳，具体包括正当处理原则、目的明确和限制原则、适当原则、准确原则、保存时限原则。

第二,个人信息权利人的权利,包括权利人对自己信息的访问权与自主决策权,对他人收集、使用信息的知情权,对他人使用信息的拒绝权,以及对他人侵犯个人信息后的救济权。

我国台湾地区"个人资料保护法"规定了个人信息收集、使用的规范及权利人的权利,我国香港地区个人资料条例规定了企业及工商界对于个人资料保护应实施的行为。

新修订的《中华人民共和国消费者权益保护法》与《网络交易管理办法》规定了较为系统的个人信息保护规则,电子商务消费者的个人信息权应在此基础上做如下调整。

第一,电子商务消费者个人信息是在消费者参与电子商务交易中被收集、使用的,可为信息系统所处理、与电子商务消费者相关、能够单独或通过与其他信息结合识别该特定消费者或者其计算机等电子设备的计算机数据。

第二,消费者享有信息安全不被侵犯的权利。电子商务经营者及其他电子商务服务提供者不得泄露或擅自使用消费者的注册信息和财务信息等各类个人信息,未经消费者本人许可不得向消费者推送商业广告。

第三,消费者有权向电子商务经营者及其他电子商务服务提供者索取相关交易、支付或物流等服务详情的详细信息,上述主体应当在合理期限内妥善保存并及时提供相关信息给消费者。

11.4.10　消费者求偿权

求偿权是消费者权益最终得到保障的最重要手段,求偿权的实现需要多种权利与制度的配合。在电子商务环境下,消费者求偿权面临的挑战较传统更大,具体表现为:第一,消费者人身、财产或信息安全受到损害时的责任主体难以确定,即便能够确定所谓的责任主体,也经常发生因其隐藏信息或公开虚假信息而导致无力救济;第二,传统诉讼方式、举证规则及管辖权等均不利于电子商务消费者的求偿,非诉讼方式的作用也未得到充分发挥;第三,电子商务经营主体对消费者电子商务活动记录的保存期限与保存方式并不统一,消费者提出求偿主张时相关证据难以查询。

在世界范围内,对于责任主体的确定问题,欧盟关于内部市场中与电子商务有关的若干法律问题的指令中规定,信息服务的提供应使其获取者和有关管理当局得以方便、直接并随时获得服务供应商的相关情况;在远程销售指令中规定消费者在所有的情况下都必须获得可以处理消费者的任何投诉的供应商的营业厅地理位置。日本 ECOM 虚拟商店与消费者交易准则及我国台湾地区《电子商务消费者保护纲领》均规定了电子商店应提供的信息。对于争议解决方式,OECD 公布的关于在电子商务中对消费者保护的指导建议鼓励商业机构、消费者代表和政府部门共同努力,为消费者提供各种不同的替代性争议解决机制,以通过这种机制公正、有效、及时地解决争议,且不给消费者增加任何不适当的费用负担。欧盟关于内部市场中与电子商务有关的若干法律问题的指令草案规定，各成员国应确保在服务供应商和获取方之间出现争议时，其本国立法允许当事人有效地诉诸非诉讼争议解决机制，包括通过适当的电子手段解决争议。美国统一计算机信息交易法也允许争议双方协议选择管辖法院。对于证据方面，欧盟远程销售指令中规定了销售者应当收到有关交易的书面确认信息。我国香港地区电子交易条例也有类似的规定。

在我国消费者权益保护法相关规定的基础上，电子商务消费者求偿权的内容如下。

第一，商品或服务造成消费者人身、财产或信息安全损害的，消费者有权要求电子商务经营者或服务提供者等责任主体赔偿。上述责任主体等未及时采取措施造成消费者扩大损失的，消费者有权要求责任主体对扩大的损失承担法律责任。

第二，在途商品或服务单据毁损灭失的，消费者有权向责任人要求赔偿。

第三，消费者向电子商务平台经营者、支付服务提供者或快递物流服务提供者索取相关交易、支付情况、物流详情等详细信息，而上述主体拒不提供或在合理期限内没有保存的，消费者有权要求上述主体进行赔偿。

11.4.11　消费者监督权

监督权是传统消费者必然享有的权利之一，《中华人民共和国消费者权益保护法》对此做了明确规定，对消费者权益保障具有重大意义。在电子商务交易中，与电子商务经营主体相比，消费者的弱势地位更加明显，更应注重发挥其监督权的积极作用。不同于传统消费者监督的对象是国家的消费者保护工作与经营者的行为，电子商务消费者监督的对象是电子商务经营主体的经营行为，消费者的监督可以避免传统监管手段的不足，引导电子商务的健康发展。

在传统消费者监督权的基础上，电子商务消费者的监督权内容有：第一，消费者有权对电子商务经营主体的经营行为进行监督，有权对其违法行为提出建议、意见、批评或控告；第二，消费者有权检举和控告电子商务经营者以返现、回扣、优惠等方式引诱、唆使消费者做出有违客观事实评价的行为。为此，《中华人民共和国电子商务法》第五十九条规定了电子商务经营者应当建立便捷和有效的投诉、举报机制，公开投诉、举报方式等信息，及时受理并处理投诉、举报。这是为保证消费者行使监督权而对所有电子商务经营者提出的要求。

本章要点

- 传统领域相关法律多数已实行，但仍存在一些法律真空地带，尤其是针对跨境电子商务这一新兴事物而言。现有的法律法规在涉及跨境电子商务活动时，存在一些条款不适用的情况，导致了跨境电子商务活动出现类似法律诉求时无法可依，或无适当的、合理的法律条款可以参考执行。

- 跨境电子商务涉及部门与环节远超过国内电子商务，电子商务法律体系为跨境电子商务提供借鉴，但仍不完备的电子商务法律体系尚无法真正推动跨境电子商务所需法律解决方案的实现。
- 跨境电子商务重要关联环节会存在诸多法律问题，这些环节包括跨境电子商务平台责任、消费者权益保护、跨境物流、跨境支付、海关与商检等。
- 跨境电子商务知识产权侵权主要表现为商标权侵权、著作权侵权、专利权侵权和假冒专利。
- 跨境电子商务消费者权益包括消费者安全权、消费者知情权、消费者自主选择权、消费者公平交易权、消费者便利获取权、消费者收货验货权、消费者退货权、消费者评价权、消费者信息权、消费者求偿权和消费者监督权。

重要术语

消费者权益　　　商标权侵权　　　著作权侵权　　　消费者安全权

复习思考题

1. 简述与我国跨境电子商务业务相关的条款。
2. 从跨境电子商务环节的角度，简述与跨境电子商务相关联的法律问题。
3. 简述跨境电子商务中知识产权侵权的常见形式。
4. 简述跨境电子商务知识产权保护面临的问题。
5. 试分析如何进行跨境电子商务知识产权保护。
6. 简述跨境电子商务消费者权益的具体内容。

讨论案例

职业打假人第一次败诉，跨境电商企业怎么规避法律风险

2015 年 6 月 10 日至 16 日期间，金某在某跨境电商企业的实体店处购买了澳大利亚某品牌的奶粉 12 罐，随后发现所有产品包装均没有中文标签说明。金某认为跨境电商企业违反《中华人民共和国食品安全法》第六十六条的规定，预包装食品没有中文标签的不得进口。金某要求该跨境电商企业退回购买奶粉货款 1 887 元，并给予 10 倍赔偿 18 870 元。

跨境电商企业认为，与金某交易方式系跨境电子商务，具有特殊性，是以消费者的名义报关、通关。海关对此种货物按照个人行邮物品进行监管和收取关税，不需要提供中文标签。货物一直处于海关严格监管下，交易过程合法有效，通关产品也没有质量问题，不应当承担退还货款和 10 倍

赔偿的责任。

法院审理认为，跨境电子商务是一种新型的国际贸易方式，与传统进出口贸易有重大区别：第一，在订购时，消费者需要向跨境电商企业提供完整的、准确的个人信息；第二，跨境电子商务服务过程中，是以消费者本人的名义向海关报关与纳税；第三，境外商品通关的性质是消费者个人行邮物品，并不是贸易商品。还查明，跨境电商企业将涉案奶粉样品委托重庆出入境检验检疫局检验，检验结果符合我国相应的食品安全标准。

基于此，法院认为该案件的核心要素是跨境电商企业是以金某的名义与费用来处理事务，即金某与跨境电商企业之间成立的是委托合同关系，不是买卖合同关系。本案件中，金某作为委托人，跨境电商企业作为受托人，由跨境电商企业为消费者提供采购商品、通关、纳税、物流托运等服务，收取消费者的购买价款、关税、运费与委托报酬，跨境电商企业并不是销售者。跨境电商企业向金某出售的是服务，并不是商品本身，也不承担食品安全法中销售者的法律责任。金某也没有证明因跨境电商企业的过错造成自己的损失。所以，法院判决驳回原告金某的诉讼请求。

目前，本案是跨境 O2O 体验店第一次跨境购买的法律纠纷。跨境 O2O 体验店展示跨境商品不作为销售，不能标示价格和直接购买，这是一个容易出错的误区。

资料来源：根据云通关资料改编。原始出处：跨境进口老歪. 职业打假人第一次败诉，跨境电商怎么规避法律风险 [EB/OL].(2016-10-12)[2019-12-15]. http://www.sohu.com/a/115926027_485333.

讨论题

1. 上述案件中的法律问题都涉及跨境电子商务哪些关联环节？
2. 本案中的跨境电商企业为何能够胜诉？

参 考 文 献

[1] Azam R. Global Taxation of Cross Border E-Commerce Income[J]. Virginia Tax Review, 2012, 31(4): 639-693.

[2] Cardona M, Duch-Brown N, Martens B. Consumer Perceptions of (Cross-Border) E-commerce in the EU Digital Single Market[J]. Available at SSRN, 2015.

[3] CBEC. Cross-border E-commerce Report-Brazil[EB/OL]. http://www.thepaypers.com/cross-border-ecommerce/cross-border-ecommerce-report-Brazil/7, 2013-10-09.

[4] Del Duca L F, Rule C, Loebl Z. Facilitating Expansion of Cross-Border E-Commerce-Developing a Global Online Dispute Resolution System (Lessons Derived from Existing ODR Systems-Work of the United Nations Commission on International Trade Law)[J]. Penn State Law Legal Studies Research Paper, 2011 (25-2011).

[5] Edwards L, Wilson C. Redress and Alternative Dispute Resolution in EU Cross-Border E-Commerce Transactions 1[J]. International Review of Law Computers and Technology, 2007, 21(3): 315-333.

[6] Feng Y, Hua M. Research on Non-verbal Graphic Symbol Communication of Cross-Border E-commerce[M]//Digital Services and Information Intelligence. Springer Berlin Heidelberg, 2014: 251-263.

[7] Gomez-Herrera E, Martens B, Turlea G. The Drivers and Impediments for Cross-border E-commerce in the EU[J]. Information Economics and Policy, 2014, 28: 83-96.

[8] James L. Morrison, Ganiyu Titi Oladunjoye. E-Commerce Infusion into Business Education—Encompassing the Realities of an Emerging Business Model[J]. Journal of Education for Business, 2002, 77(5): 290-295.

[9] Jiao Z. Modes and Development Characteristics of China's Cross-border E-commerce Logistics[M]. Contemporary Logistics in China. Springer Berlin Heidelberg, 2016: 211-232.Contemporary Logistics in China Part of the Series Current Chinese Economic Report Series pp211-232 Date: 16 June 2015.

[10] Keira McDermott. Key Business Drivers & Opportunities in Cross-border E-commerce[R/OL]. (2014-11-02)[2016-01-08]. http://www.payvision.com/cross-border-ecommerce-report-survey-2014.

[11] Lambert D M, Stock J R, Ellram L M. Fundamentals of Logistics Management[M]. McGraw-Hill/Irwin, 1998.

[12] Lendle A, Olarreaga M, Schropp S, et al. There Goes Gravity: How eBay Reduces Trade Costs[J].

Available at SSRN DP9094, 2012.

[13] Lowry P B, Wells T M, Moody G, et al. Online Payment Gateways Used to Facilitate E-commerce Transactions and Improve Risk Management[J]. Communications of the Association for Information Systems (CAIS), 2006, 17(6): 1-48.

[14] Lumpkin G T, Dess Gregory G. E-business Strategies and Internet Business Models:How the Internet Adds Value[J]. Organizational Dynamics, 2004, 33(2): 161-173.

[15] Lummus R R, Vokurka R J. Defining Supply Chain Management: a Historical Perspective and Practical Guidelines[J]. Industrial Management & Data Systems, 1999, 99(1): 11-17.

[16] Lewis G. Asymmetric Information, Adverse Selection and Online Disclosure: The Case of eBay Motors[J]. The American Economic Review, 2011,101(4): 1535-1546.

[17] Martens B. What Does Economic Research Tell Us about Cross-border E-commerce in the EU Digital Single Market?[J]. Available at SSRN 2265305, 2013.

[18] Paul Timmers.Business Models for Electronic Markets[J]. Journal on Electronic Markets, 1998, 8(2): 3-8.

[19] Power T, Jerjian G. Ecosystem: Living the 12 Principles of Networked Business[M]. Financial Times Management, 2001.

[20] Shanty Elena van de Sande. Profitable Cross-border E-commerce Industries [EB/OL]. [2014-09-22]. http://www.payvision.com/cross-border-ecommerce-white-paper.

[21] Sinkovics R R, Yamin M, Hossinger M. Cultural adaptation in Cross Border E-commerce: a Study of German Companies[J]. Journal of Electronic Commerce Research, 2007, 8(4): 221-235.

[22] Stevens G C. Integrating the Supply Chain[J]. International Journal of Physical Distribution & Materials Management, 1989, 19(8): 3-8.

[23] Suchánek P. Business Intelligence as a Support of E-commerce Systems in Connection with Decision Making and Cross-border Online Shopping[J]. Journal of Applied Economic Sciences (JAES), 2010 (11): 94-102.

[24] Surana A, Kumara S, Greaves M, et al. Supply-chain Networks: a Complex Adaptive Systems Perspective[J]. International Journal of Production Research, 2005, 43(20): 4235-4265.

[25] Tapscott D. The Digital Economy: Promise and Peril in the Age of Networked Intelligence[M]. New York: McGraw-Hill, 1996.

[26] Weber R H. Digital Trade in WTO-law–taking Stock and Looking Ahead[J]. Asian Journal of WTO and International Health Law and Policy, 2010 (51):10.

[27] Baker S, Baker K. Going Up! Vertical Marketing on The Web[J]. Journal of Business Strategy, 2000, 21(3): 30-33.

[28] Bambury P. A Taxonomy of Internet Commerce[J]. First Monday, 1998, 3(10).

[29] Steven C, Davis T V. Partnering on Extranets for Strategic Advantage[J]. Journal of Information Systems Management, 2000, 17(1): 58-64.

[30] Weill P, Vitale M R. Place to Space: Migrating to E-business Models[M]. Harvard Business School

Press, 2001.

[31] 阿里研究院 . 贸易的未来：跨境电商链接世界——2016 中国跨境电商报告 [R/OL].(2016-09-08)[2017-06-20].http://www.aliresearch.com/blog/article/detail/id/21054.html.

[32] 艾瑞咨询 . 中国跨境电商行业研究报告 2014[R/OL].(2014-12-16)[2017-06-20].http://www.iresearch.com.cn/report/2293.html.

[33] 安春生 . 加快推进中俄跨境电子商务合作 [J]. 宏观经济管理，2015（12）：50-52.

[34] 保罗 A 郝比格 . 跨文化市场营销 [M]. 芮建伟，李磊，孙淑芳，译 . 北京：机械工业出版社，2000.

[35] 蔡磊 . 数字经济背景下跨境电商税收应对策略探讨 [J]. 国际税收，2018（2）：26-29.

[36] 陈健 . 高职跨境电商专业方向人才培养模式的创建与探索 [J]. 大学教育，2016（4）：47-48.

[37] 程宇，陈明森 . 福建跨境电子商务发展机遇与对策 [J]. 亚太经济，2014（5）：115-120.

[38] 陈致中，金璐瑶 . 跨境电商平台的病毒营销策略分析 [J]. 现代管理科学，2016（9）：33-35.

[39] 陈剑玲 . 论消费者跨境电子商务争议的解决 [J]. 首都师范大学学报（社会科学版），2012（02）：159-161.

[40] 崔晓静 . 跨境电商交易中代理型常设机构的认定 [J]. 法学，2018（11）：32-46.

[41] 崔文全 . 中日跨境电子商务背景下中国消费者权益的维护 [J]. 淮海工学院学报（人文社会科学版），2015, 13（4）：105-107.

[42] 崔雁冰，姜晶 . 中国跨境电子商务的发展现状和对策 [J]. 宏观经济管理，2015（8）：65-67.

[43] 崔艳红 . 跨境电子商务促进农产品出口成本下降的路径分析 [J]. 对外经贸实务，2015（9）：36-38.

[44] 丁锋，陈军，陈超，等 . 基于差异化战略的跨境电商竞争策略研究 [J]. 运筹与管理，2019（6）：33-40.

[45] 丁晖 . 跨境电商多平台运营 [M]. 北京：电子工业出版社，2015.

[46] 对外经济贸易大学国际商务研究中心，阿里研究院 . 中国跨境电商人才研究报告 [R/OL].(2015-06-02). http://www.100ec.cn/detail-6254680.html.

[47] 段雅丽 . 优化供应链提升跨境电商竞争力 [J]. 物流技术，2015，34（18）：15-17.

[48] 鄂立彬，刘智勇 . 跨境电子商务阳光化通关问题研究 [J]. 国际贸易，2014（9）：32-34.

[49] 菲利普 R 凯特奥拉，玛丽 C 吉利，约翰 L 格雷厄姆 . 国际市场营销学（原书第 15 版）[M]. 赵银德，沈辉，张华，译 . 北京：机械工业出版社，2016.

[50] 范筱静 . 论我国跨境电子商务平台的海关法律责任 [J]. 国际商务研究，2017（6）：66-75.

[51] 冯然 . 中国跨境电子商务关税监管问题的研究 [J]. 国际经贸探索，2015，31（2）：77-85.

[52] 高云莺 . 平潭发展跨境电子商务的瓶颈及其突破路径 [J]. 福建论坛·人文社会科学版，2015（10）：199-204.

[53] 高翔 . 跨境电子商务 B2C 进口供应链模式绩效研究 [J]. 安徽师范大学学报（人文社会科学版），2019，47（1）：137-144.

[54] 高翔，贾亮亭 . 基于 ECSI 的跨境电商消费者满意度实证研究 [J]. 山东社会科学，2019（5）：151-156.

[55] 高翔，贾亮亭.基于结构方程模型的企业跨境电子商务供应链风险研究——以上海、广州、青岛等地 167 家跨境电商企业为例 [J].上海经济研究，2016（5）：76-83.

[56] 管荣伟.服装出口企业跨境电商贸易面临的问题与转型策略 [J].对外经贸实务，2015（5）：48-51.

[57] 郭晓合，赖庆晟.上海自贸区跨境电子商务创新发展研究 [J].北华大学学报（社会科学版），2015，16（4）：27-32.

[58] 郭立甫，王素君.跨境电子商务人民币结算的兴起与发展中的问题 [J].对外经贸实务，2015（4）：53-55.

[59] 龚柏华.中国（上海）自由贸易试验区外资准入"负面清单"模式法律分析 [J].上海对外经贸大学学报，2013（6）：23-33.

[60] 龚柏华.论跨境电子商务/数字贸易的"eWTO"规制构建 [J].上海对外经贸大学学报，2016（6）：18-28.

[61] 郭春荣，郑秉秀.浅析我国海关便捷通关模式 [J].对外经贸实务，2006（5）：61-62，80.

[62] 何传添.跨境电子商务（出口篇）[M].北京：经济科学出版社，2016.

[63] 贺丽蔚，王宏鹏.跨境电商监管的对策分析 [J].人民论坛，2019（20）：80-81.

[64] 何继新.跨境电子商务供应链模式创新：属性特征、关系模型及前提条件 [J].中国流通经济，2017（3）：52-61.

[65] 胡建发.中美应对跨境电子商务法律挑战的异同 [J].人民论坛·学术前沿，2018（5）：84-87.

[66] 胡蓉，高翔，黄丙志.基于贝叶斯网络的跨境电商海关风险 [J].系统工程，2017（7）：115-121.

[67] 金虹，林晓伟.中国跨境电子商务的发展模式与策略建议 [J].宏观经济研究，2015（9）：40-49.

[68] 冀芳，张夏恒.跨境电子商务物流模式创新与发展趋势 [J].中国流通经济，2015（6）：14-20.

[69] 冀芳，张夏恒.电子商务模式划分新视角——基于交易主体空间位置 [J].中国流通经济，2016（4）：40-46.

[70] 冀芳，张夏恒.跨境电子商务物流模式及其演进方向 [J].西部论坛，2015（4）：102-108.

[71] 姜颖.对国际商务专业跨境电商人才培养的思考 [J].黑龙江科学，2016，7（16）：78-79.

[72] 柯颖.中国 B2C 跨境电子商务物流模式选择 [J].中国流通经济，2015（8）：63-69.

[73] 柯丽敏，王怀周.跨境电商基础、策略与实战 [M].北京：电子工业出版社，2016.

[74] 马丁·克里斯托弗.物流与供应链管理（原书第 4 版）[M].何明珂，霍连广，郑媛，等译.北京：电子工业出版社，2012.

[75] 刘娟.小额跨境外贸电子商务的兴起与发展问题探讨——后金融危机时代的电子商务及物流服务创新 [J].对外经贸实务，2012（2）：89-92.

[76] 来有为，王开前.中国跨境电子商务发展形态、障碍性因素及其下一步 [J].改革，2014（5）：68-74.

[77] 李涛，唐齐国，王峰.哈尔滨市对俄跨境电子商务发展研究 [J].俄罗斯学刊，2015（3）：21-30.

[78] 李金龙.义乌跨境电商保税物流平台的探索 [J].中国流通经济，2015（7）：30-34.

[79] 李海莲，陈荣红. 跨境电子商务通关制度的国际比较及其完善路径研究 [J]. 对外经济贸易大学学报，2015（3）：112-120.

[80] 李伟. 关于促进中国跨境电子商务发展的观点综述 [J]. 经济研究参考，2015（30）：41-49.

[81] 李适时. 各国电子商务法 [M]. 北京：中国法制出版社，2003.

[82] 李肖钢，王琦峰. 基于公共海外仓的跨境电商物流产业链共生耦合模式与机制 [J]. 中国流通经济，2018（9）：41-48.

[83] 李京普. 跨境电商中知识产权纠纷的平台治理——以鸿尚公司诉阿里巴巴案为线索 [J]. 电子知识产权，2019（3）：81-89.

[84] 李向阳. 促进跨境电子商务物流发展的路径 [J]. 中国流通经济，2014（10）：107-112.

[85] 李旭东，安立仁. 跨境电商物流企业综合服务体系及其实证研究 [J]. 中国流通经济，2015（11）：49-57.

[86] 李剑力，雷瑛. 加快跨境电子商务发展的思路与着力点——以河南省为例 [J]. 学习论坛，2015，31（8）：36-39.

[87] 逯宇铎，孙秀英. 基于 SD 的跨境电子商务风险分析管理模型研究 [J]. 商业研究，2017（12）：162-167.

[88] 连丽样，成全. 跨境电子商务用户采纳行为的演化博弈研究 [J]. 现代情报，2016，36（5）：23，28，48.

[89] 吕兰，赵晶. 基于电子商务能力的电子采购流程绩效实证研究 [J]. 中国地质大学学报（社会科学版），2008，8（6）：98-101.

[90] 吕红. 跨境电子商务零售物流问题探析 [J]. 对外经贸实务，2014（5）：87-89.

[91] 吕宏芬，俞涔. 面向拉美实施跨境贸易电子商务 [J]. 宏观经济管理，2015（11）：71-73.

[92] 吕雪晴，周梅华. 我国跨境电商平台发展存在的问题与路径 [J]. 经济纵横，2016（3）：81-84.

[93] 马述忠，卢传胜，丁红朝，等. 跨境电商理论与实务 [M]. 杭州：浙江大学出版社，2018.

[94] 孟亮，孟京. 我国跨境电商企业海外仓模式选择分析——基于消费品出口贸易视角 [J]. 中国流通经济，2017（6）：37-44.

[95] [美] 迈克尔·波特. 国家竞争优势 [M]. 李明轩，邱如美，译. 北京：华夏出版社，2002.

[96] 偰娜. 中国跨境电子商务贸易平台模式探讨 [J]. 中国流通经济，2015（8）：70-74.

[97] 庞燕. 跨境电商环境下国际物流模式研究 [J]. 中国流通经济，2015（10）：15-20.

[98] 邱国丹. 传统产业借助跨境电商实现转型升级途径探究——以温州为例 [J]. 生产力研究，2017（11）：64-68.

[99] 芮廷先，郑燕华. 电子商务概论 [M]. 北京：清华大学出版社，2014.

[100] 任志新，李婉香. 中国跨境电子商务主推外贸转型升级的策略探析 [J]. 对外经贸实务，2014（4）：25-28.

[101] 上海社会科学院经济研究所课题组. 中国跨境电子商务发展及政府监管问题研究——以小额跨境网购为例 [J]. 上海经济研究，2014（9）：3-18.

[102] 苏比哈什 C 贾殷. 国际市场营销（原书第 6 版）[M]. 吕一林，雷丽华，译. 北京：中国人民大学出版社，2004.

[103] 孙慧 . 中外口岸通关模式的比较研究 [J]. 商业研究，2006（17）：188-191.

[104] 孙蕾，王芳 . 中国跨境电子商务发展现状及对策 [J]. 中国流通经济，2015（3）：38-41.

[105] 孙静 . 跨境电商人才培养模式研究评述 [J]. 现代商业，2016（15）：187-188.

[106] 孙伟，赵文珺 . 吉林省跨境电子商务服务平台构建 [J]. 情报科学，2015，33（6）：106，108，119.

[107] 谌楠 . 政府扶持性政策在促进跨境电子商务发展中的有效性研究——基于复杂网络视角 [J]. 浙江社会科学，2016（10）：88-94.

[108] 谌楠，刘罡 . 跨境电子商务在中国不同规模企业中的应用 [J]. 中国流通经济，2014（8）：55-62.

[109] 陶涛，李广乾 . 平台演进、模式甄别与跨境电子商务拓展取向 [J]. 改革，2015（9）：63-73.

[110] 文瑞 . 中国跨境电子商务发展的"痛点"分析 [J]. 区域经济评论，2015（5）：70-74.

[111] 王冰 . 自贸区背景下中职学校跨境电商人才培养 [J]. 现代商贸工业，2015（17）：76-78.

[112] 王蒙燕 . 跨境电子商务与物流互动发展研究 [J]. 学术探索，2014（5）：105-106.

[113] 王伟泉 . 世界电子商务发展现状与我国电子商务发展战略 [J]. 清华大学学报（哲学社会科学版），1999（4）：34-39.

[114] 王春芝，高强，Heiko Gebauer. 基于扎根理论的服务备件跨境物流协同系统研究 [J]. 管理评论，2015，27（2）：178-186，208.

[115] 王冠凤 . 贸易便利化机制下的上海自由贸易试验区跨境电子商务研究——基于平台经济视角 [J]. 经济体制改革，2014（3）：38-42.

[116] 王杏平 . 跨境电子商务与第三方支付管理研究 [J]. 南方金融，2013（12）：54-56，16.

[117] 王惠敏 . 跨境电子商务与国际贸易转型升级 [J]. 国际经济合作，2014（10）：60-62.

[118] 王惠敏，张黎 . 电子商务国际规则新发展及中国应对策略 . 国际贸易，2017（4）：51-56.

[119] 王景河，罗文樊 . 中国—东盟跨境电商链支付问题研究 [J]. 华侨大学学报（哲学社会科学版），2018（1）：45-55.

[120] 王娟娟，郑浩然 . "一带一路"区域通关一体化建设问题研究——基于跨境电商视角的分析 [J]. 北京工商大学学报（社会科学版），2017（4）：57-65.

[121] 王文娟，徐颖 . 跨境电商物流管理 [M]. 长沙：湖南师范大学出版社，2016.

[122] 武玥，王铸东，杨晓璇 . 跨境电子商务发展趋势及对中国外贸转型升级的促进作用 [J]. 商业经济研究，2015（23）：63-65.

[123] 薛源 . 跨境电子商务交易全球性网上争议解决体系的构建 [J]. 对外经济贸易大学学报，2014（4）：95-103.

[124] 徐松，张艳艳 . 应将跨境电商建成"中国制造"出口的新通道 [J]. 经济纵横，2015（2）：26-30.

[125] 许振宇，王宏 . 小额跨境电子商务：拓展新兴市场国家的经验 [J]. 对外经贸实务，2014（12）：50-52.

[126] 谢泗薪，尹冰洁 . 中美贸易摩擦下跨境电商物流联盟风险预判与战略突围 [J]. 中国流通经济，2019（2）：73-82.

[127] 肖建辉 . 跨境电商物流渠道选择与发展 [J]. 中国流通经济，2018（9）：30-40.

[128] 肖婷云 . 跨境电子商务的法律规制 [J]. 长沙大学学报，2015，29（3）：70-71，87.

[129] 尤申 . 物流供应链结构在跨境电商中的选择和优化 [J]. 江苏商论，2016（29）：10-12.

[130] 严圣阳 . 我国跨境电商支付现状与发展前景 [J]. 经济与管理，2014（5）：31-33.

[131] 杨志敏 . 对近年巴西经济增长态势的分析 [J]. 学海，2014（3）：38-45.

[132] 杨松，郭金良 . 跨境电子支付服务风险监管法律问题研究 [J]. 法治研究，2013（2）：64-72.

[133] 杨松，郭金良 . 第三方支付机构跨境电子支付服务监管的法律问题 [J]. 法学，2015（3）：95-105.

[134] 杨璐，张成科，李方超 . 双寡头跨境电商 App 平台产品价格博弈分析 [J]. 价格理论与实践，2017（6）：154-157.

[135] 杨相红 . 中俄跨境电商发展现状及其重要战略机遇研究 [J]. 西伯利亚研究，2015，42（4）：16-19.

[136] 杨坚争，于露 . 中国外贸企业跨境电子商务的应用分析 [J]. 当代经济管理，2014，36（6）：58-63.

[137] 杨坚争，刘涵 . 中国不同规模企业跨境电子商务应用状况调查分析 [J]. 当代经济管理，2014，36（1）：25-29.

[138] 余筱兰 . "一带一路"背景下跨境电子商务运输法律体系构建 [J]. 学术交流，2016（6）：88-94.

[139] 易法敏，马亚男 . 电子商务平台形态演进与互联网商务模式转换 [J]. 中国流通经济，2009，23（10）：42-45.

[140] 郁晓 . 跨境电子商务新政的税务问题探析 [J]. 财会月刊，2015（14）：85-87.

[141] 詹文杰，杨颖 . B2B 电子商务模式的特征及其演变 [J]. 管理评论，2004，16（1）：55-58.

[142] 章慕荣 . 中国综合保税区转型升级中的跨境电子商务海关监管问题 [J]. 对外经贸实务，2015（10）：31-34.

[143] 曾小春，王曼 . 电子商务的信任机制研究——针对不同模式的比较分析 [J]. 山西财经大学学报，2007，29（2）：57-63.

[144] 赵广华 . 破解跨境电子商务物流难的新思路：第四方物流 [J]. 中国经贸导刊，2014（26）：16-20.

[145] 赵海乐 . 贸易自由的信息安全边界：欧盟跨境电子商务规制实践对我国的启示 [J]. 对外经济贸易大学学报，2018（4）：140-151.

[146] 赵骏，向丽 . 跨境电子商务建设视角下个人信息跨境流动的隐私权保护研究 [J]. 浙江大学学报（人文社会科学版），2019，49（2）：59-72.

[147] 周莉萍，于品显 . 跨境电子商务支付现状、风险与监管对策 [J]. 上海金融，2016（5）：73-78.

[148] 赵志田，杨坚争 . 中小制造企业跨境电子商务能力识别、检验与综合评价 [J]. 系统工程，2014，32（10）：53-62.

[149] 邹磊，徐策 . 推动中国跨境电商健康快速发展 [J]. 宏观经济管理，2015（12）：33-36.

[150] 张新元，王龙，张鹏，等 . 我国 C2C 电子商务发展存在的问题及解决措施 [J]. 情报杂志，2005，24（6）：78-79.

[151] 张丽娟 . 跨境电子商务客户体验影响因素实证分析——消费者特征角度 [J]. 对外经济贸易大学学报，2015（3）：94-101.

[152] 张滨，刘小军，陶章 . 中国跨境电子商务物流现状及运作模式 [J]. 中国流通经济，2015（1）：51-56.

[153] 张铎，曹武军 . 中国对外贸易跨境电商物流的模式分类与风险评价——基于模糊层次分析的实证研究 [J]. 河南师范大学学报（哲学社会科学版），2019（5）：53-59.

[154] 张晓东 . 跨境电商消费者参与价值共创对品牌偏好的影响 [J]. 商业经济与管理，2019（8）：20-29.

[155] 张秀兰 . 网络隐私权保护研究 [M]. 北京：北京图书馆出版社，2016.

[156] 张磊，张曙霄 . 基于贝氏 SEM 方程的跨境电商平台选择 [J]. 统计与决策，2019，35（11）：52-55.

[157] 张旋璇，曹国华 . 基于 Bertrand 模型的进口跨境电商备货及定价策略 [J]. 软科学，2017（10）：134-139.

[158] 张夏恒，陈怡欣 . 中国跨境电商综合试验区运行绩效评价 [J]. 中国流通经济，2019（9）：73-82.

[159] 张夏恒，张荣刚 . 跨境电商与跨境物流复合系统协同模型构建与应用研究 [J]. 管理世界，2018，34（12）：196-197.

[160] 张夏恒 . 全球价值链视角下跨境电商与跨境物流协同的内生机理与发展路径 [J]. 当代经济管理，2018，40（8）：20-24.

[161] 张夏恒 . 中国跨境电商消费者研究：特征及其行为评价 [J]. 广西经济管理干部学院学报，2017（2）：83-87.

[162] 张夏恒，马天山 . 中国跨境电子商务物流困境及对策建议 [J]. 当代经济管理，2015（5）：41-45.

[163] 张夏恒 . 非洲跨境电子商务的发展方兴未艾 [J]. 对外经贸实务，2015（4）：19-22.

[164] 张夏恒 . 跨境电子商务发展动力与运营研究 [J]. 福建商学院学报，2017（2）：41-46.

[165] 张夏恒，刘梦恒，马述忠 . 跨境电商：战略驱动、成长困境和政策牵引 [J]. 浙江经济，2017（9）：48-49.

[166] 张夏恒 . 京东：构建跨境电商生态系统 [J]. 企业管理，2016（11）：102-104.

[167] 张夏恒，马天山 . 澳大利亚跨境电子商务发展机遇与困扰探究 [J]. 中国流通经济，2015（9）：46-51.

[168] 张夏恒 . 跨境电子商务发展探析——以拉丁美洲为例 [J]. 资源开发与市场，2015（7）：829-833.

[169] 张夏恒 . 跨境电子商务支付表征、模式与影响因素 [J]. 企业经济，2017（7）：53-58.

[170] 张夏恒 . 俄罗斯跨境电子商务发展路径及优化方向 [J]. 俄罗斯东欧中亚研究，2016（6）：81-93.

[171] 张夏恒 . 跨境电商类型与运作模式 [J]. 中国流通经济，2017，31（1）：76-83.

[172] 张夏恒 . 跨境电子商务法律借鉴与风险防范研究 [J]. 当代经济管理，2017，39（3）：29-34.

[173] 张夏恒，郭海玲 . 跨境电商与跨境物流协同：机理与路径 [J]. 中国流通经济，2016，30（11）：83-92.

[174] 张夏恒 . "一带一路"下印度跨境电商市场与中国的机遇 [J]. 云南开放大学学报，2017，19（1）：50-53.

[175] 张夏恒 . 跨境电子商务生态系统研究 [M]. 北京：经济科学出版社，2017.

[176] 郑少敏，袁方兴 . 跨境电商背景下复合型外语人才需求现状与对策研究——以金华市为例 [J]. 海外英语，2016（5）：55-56.

[177] 郑成思，薛虹 . 各国电子商务立法状况 [J]. 法学，2000（12）：35-42.

[178] 郑鲁英 . 跨境电子商务知识产权治理：困境、成因及解决路径 [J]. 中国流通经济，2017（10）：110-118.

[179] 郑远民，李俊平 . 新加坡电子商务法最新发展及对我国的启示 [J]. 湖南师范大学社会科学学报，2012（5）：55-59.

[180] 郑彧 . 自贸区背景下跨境电子支付的若干法律问题 [J]. 学术月刊，2014，46（5）：51-56.

[181] 章宁，王天梅，许海曦，等 . 电子商务模式研究 [J]. 中央财经大学学报，2004（2）：68-70.

[182] 卢泰宏，周懿瑾 . 消费者行为学 [M]. 2 版 . 北京：中国人民大学出版社，2015.